U0954580

中央民族大学"985 工程"中国少数民族非物质文化遗产研究与保护中心
中央民族大学教育部人文社会科学重点研究基地中国少数民族研究中心 主办

民族遗产

（第三辑）

主　　编　文日焕
　　　　　祁庆富
执行主编　苑　利

學苑出版社

图书在版编目（CIP）数据

民族遗产．第3辑／文日焕，祁庆富主编．—北京：学苑出版社，2010.11
ISBN 978-7-5077-3690-8

Ⅰ.民… Ⅱ.①文…②祁… Ⅲ.①民族遗产-中国-文集
Ⅳ.K203-53

中国版本图书馆CIP数据核字（2010）第224653号

出 版 人：孟 白
责任编辑：刘 丰
出版发行：学苑出版社
社 址：北京市丰台区南方庄2号院1号楼 100079
网 址：www.book001.com
电子邮箱：xueyuan@public.bta.net.cn
邮购电话：010-67674055
销售电话：010-67675512、67602949、67678944
印 刷 厂：高碑店市鑫宏源印刷包装有限责任公司
印 张：16印张
字 数：350千字
版 次：2010年12月第1版
印 次：2010年12月第1次印刷
定 价：42.00元

目　录

非物质文化遗产核心概念阐释与地方文化传统的重建

萧　放（北京师范大学文学院教授）

非物质文化遗产是具有生命力的概念，它强调文化遗产对群体社会历史感与认同感的加强作用。在中国非物质文化遗产抢救保护过程中，伴随着的是潜在地方文化传统的重建过程。地方文化传统的重建有利于民族文化共同体基础的稳定，同时我们也应注意避免地方文化建设中存在的一些非理性的文化主权归属的竞争，由此提出三点对策性思考。

一、联合国“非物质文化遗产”概念定义中的核心观念

2003年10月，联合国教科文组织第32届大会通过了《保护非物质文化遗产公约》(Convention for the Safeguarding of the Intangible Cultural Heritage)，对非物质文化遗产有严格的定义：“非物质文化遗产指被各群体、团体、有时为个人视为其文化遗产的各种实践、表演、表现形式、知识和技能及其有关的工具、实物、工艺品和文化场所。各个群体和团体随着其所处环境、与自然界的相互关系和历史条件的变化不断使这种代代相传的非物质文化遗产得到创新，同时使他们自己具有一种认同感和历史感，从而促进了文化多样性和人类的创造力。”[①]《公约》还就非物质文化遗产涉及的范围作了具体的界定，非物质文化遗产有以下五个方面的内容：(1) 口头传说和表述，包括作为非物质文化遗产媒介的语言；(2) 表演艺术；(3) 社会风俗、礼仪、节庆；(4) 有关自然界和宇宙的知识和实践；(5) 传统的手工艺技能。

由此定义，我们看到非物质文化遗产指人们特定的精神创造、社会实践以及与之相关的实物与空间场所。其表现形态是人、物、空间的综合。定义中说明承载非物质文化遗产的主体是一定的社会群体与团体，有时是个人。如果我们根据本定义及非物质文化遗产形成、传递与保护方面来说，群体或团体是承载非物质文化遗产的重要载体，是

① 参见联合国教科文组织官方网站刊发《公约》中文文本。

非物质文化遗产得到创新与发展的能动力量。在全球化的时代，联合国教科文组织之所以要拟订《保护非物质文化遗产公约》，就在于强调文化的多样性，强调不同类型的文化存在的合理性及对不同文化类型的尊重与理解。世界不同类型文化的共存与共享，是人类有机团结与健康发展的正道。因此，非物质文化遗产公约中，不仅明确指出了非物质文化遗产本身的五方面内容，同时提出了关于非物质文化遗产的几个核心概念：文化传递、文化空间、文化表达，以及由此形成的认同感和历史感。我觉得这几个核心概念强调了非物质文化遗产的历史性（换句话说即传统性）、流动性、生态性、功能性的文化特点。历史性是指非物质文化遗产产生与传承的时间性，非物质文化遗产是产生或形成于历史时代的文化成品，它经历了时间的淘洗，它与我们的精神生命与情感记忆紧密相关，我们今天所看到的非物质文化遗产状态是历史的结晶；流动性是指非物质文化遗产的传衍性，非物质文化遗产虽然经常与具体物质形态结合，但它的本质是动态的传递过程，它与固定的物质文化不同，它处在不断的演化之中，流动性是非物质文化遗产获取生命力的重要体现；生态性指非物质文化遗产存在的状态，它存在于特定的文化空间中，不仅与其他文化现象形成相互倚重，同时也与特定地方的生态环境形成一种互动的关系，[①]从而形成非物质文化与物质生活基础共生的文化生态。功能性指非物质文化遗产在社会文化系统中的功能定位，非物质文化遗产是特定社会群体创造传承享用的文化传统，它对特定的社会群体有着重要的精神服务性意义，这正是非物质文化遗产的生命力所在。

一些非物质文化遗产虽然从目前处境上讲面临着消失的危险，但这并不都是非物质文化遗产本身的问题，是我们身处的社会环境的急剧变化，是以欧美文化为主体的现代社会政治与经济文化浪潮冲击的结果，这种冲击改变了人们的传统生活方式，影响着人们的价值观，各群体的文化传统面临着前所未有的传承危机。但危机不等于消亡，它是危险与机遇并存，只要我们充分重视非物质文化遗产自身的特性，我们可以转危险为机遇。非物质文化遗产大多与群体生活相连，即使是个人的独特文化创造，它也处在一定的文化环境之内。因此，要充分重视非物质文化遗产的群体属性，重视非物质文化遗产在群体或团体生活中的共享传统与服务功能，重视非物质文化遗产在特定群体、特定文化空间中的动态传承，将代代相传的非物质文化遗产融入变化了的现代生活环境中，使它成为生生不息的精神资源与丰富物质生活、社会生活的重要辅助。从这样的角度理解与认识非物质文化遗产，我们就会觉得非物质文化遗产保护不仅是责任的重担，更是我们生活的基石与前进的动力。

---

① 本观点由唐纳德·L.哈迪斯蒂著，郭凡、邹和译《生态人类学》导论中有关文化生态学介绍的启发而形成，本书由文物出版社2002年出版。宋俊华《遗产学时代的遗产生态》（《文化遗产》2008年第2期）系统论述了遗产生态问题，可供参考。

二、中国“非物质文化遗产名录”申报中的文化主权归属与地方传统重建的诉求

近年来，中国非物质文化遗产抢救与保护工作蓬勃开展，2006年、2008年政府相继公布的两批国家级非物质文化遗产名录，共计1000余项，内容涉及传统艺术、传统节日、传统工艺、民间文学、民间医药、民间体育杂技娱乐、民间信仰等方面。在名录申报过程中，各级政府的文化部门进行了积极的发动与组织协调工作，相关专业的专家学者也参与其中，帮助发掘、整理、提升、审核各类非物质文化遗产，新闻媒体也对非物质文化遗产进行了前所未有的持续报道，有的高校开设了非物质文化遗产专业招收硕士研究生，各种培训班、研讨会也纷纷开办，非物质文化遗产成为社会热议话题。还有学者正在进行深入的理论研究，以使非物质文化遗产成为独立学科。

非物质文化遗产的重要性在社会上下形成了共识，虽然不同层级、不同职位的人对它的具体理解与把握有一定的差异，非遗保护工作的动机也不尽相同，但非物质文化遗产的抢救保护是国家适应联合国公约的要求所启动的大型文化工程，它既是政府工作业绩的体现，也是彰显地方文化资源的有效方式。在经济社会发展的情况下，为了提高地方知名度，非物质文化遗产成为一些地方着力打造的对象，力图将具有重要社会影响的非物质文化遗产项目打造成地方的文化名片，非物质文化遗产地位空前上升。一旦非物质文化遗产离开特定群体成为负载重大地方意义的文化象征，它的文化性质必然发生改变，它不仅是具体的精神性遗产，而且一些历史悠久、影响巨大的非物质文化遗产项目还是地方社会荣誉、地方文化资源、地方文化建设的重要标志。这些非物质文化遗产历史久远，历代社会关注程度高，传播范围广泛，在很多地方都有不同程度的保存与流传，这是一个不争的事实。随之而来的是非物质文化遗产名录申报过程的文化主权归属问题。出现了伏羲、女娲故里之争，梁祝传说、牛郎织女传说发源地之争，端午节、重阳节等节日起源地之争等等文化归属地的争论。我个人认为，这些非物质文化遗产受到各地的追捧并非坏事，它反映了人们对非物质文化遗产价值的认识，同时在文化资源的竞争中，对非物质文化遗产的大众认知程度也是一个有力的提高。当然，我们也要防止文化资源的滥用与文化归属权的恶性竞争。

在各地申报非物质文化遗产的热潮中，无论他们有哪种主观考虑，无论他们自觉或不自觉，客观地看，这次非物质文化遗产抢救保护工作不仅是为国家民族乃至世界人民保存与传承文化财富，而且我觉得它还有一个深远的文化意义，这就是对已经破碎的地方文化传统的重建。

地方文化传统是特定地区、特定群体共享的精神生活与物质生活的传统。长久、特定的地域生活，人与地方易于形成有机的互动关系，并逐渐养成特有的地方趣味与地方感觉，这种趣味与感觉构成了地方文化传统的深层内涵；同时，地方文化传统更明显地体现在地方生活方式、地方历史记忆、地方风物传说中。地方文化传统是维系地方文化生态的重要力量，是地方社会良性运行的精神保障。

中国地域广袤，族群众多，地方文化丰富多彩。同时，由于中国自秦汉郡县制确立之后行政区划相对固定，更重要的是中国农业社会的长期稳定，人们安土重迁，促成了地方文化传统的形成与长久保持。但这种地方文化传统在近一百年来持续的社会政治变革中遭到重大损毁，我们今天视为非物质文化遗产的许多文化现象曾经被贴上旧文化的标签予以全面扫荡，统率一切的政治文化替代了丰富多彩的地方文化。文化同质化造成了地方文化传统的大面积消失，地方文化传统的缺失不仅是对依赖这些文化传统生活的地方居民心理的严重伤害，从长远的角度看，也是对中华文化根脉的阻断。

值得庆幸的是，20 世纪末期，我们终于回归理性，开始正确面对我们的文化传统。21 世纪之初，改革开放的中国在世界文化的视野下，重新评价传统文化，从实现伟大民族复兴的高度，传承优秀的民族文化传统。作为民族文化传统基础的地方传统文化获得了复兴的机缘，地方文化传统在地方有识之士的推动下逐步进行恢复与重建，如家谱的编修、地方说唱传统的复活、村落节日仪式与城市庙会的复兴等。而自 2003 年中国成为联合国《保护非物质文化遗产公约》缔约国之后，非物质文化遗产保护成为中国政府的工作任务之一，地方文化传统的重建获得了空前的便利条件。我们看到了明智的地方官员对待非物质文化遗产的理解与支持，同时更感受到地方知识分子对于复兴地方文化传统的热望。地方文化工作者积极参与地方非物质文化遗产的调查、资料整理与申报文案的写作工作，因为他们对地方乡土文化的熟稔及发自内心地热爱，在非物质文化遗产的抢救保护工作中特别关注文化的主权，地方文化传统重建的诉求特别强烈。抢救保护非物质文化遗产工作，给地方文化传统的复兴提供了重要机遇。虽然这不一定是中国抢救保护非物质文化遗产工作的原初宗旨与直接目标，但事实上，人们充分利用这一难得的历史机缘，在抢救保护非物质文化遗产的名义下，直接将地方文化遗存作为地方标志凸显出来。

下面用一些具体的事例说明人们在保护非物质文化遗产的热潮之下，如何强调地方标志文化的情况。

民间传说是地方民众的精神与情感的传递与表达，它在民众生活中有着特殊的位置。牛郎织女传说是中国四大传说之一，影响久远，传播地域广阔，遗迹众多，因此意欲将牛郎织女传说纳入本乡文化传统的地方不少。在白蛇传、孟姜女、梁山伯与祝英台三大传说标志地确定之后（2006 年列入国家级非物质文化遗产名录），对于牛女传说的文化归属地的争论也随之激烈。从媒体报道中可知，有陕西、山西、河北、山东、河南、湖北、江苏等省加入了此次传说发源地的竞争。西安以在昆明池遗址中仍存有牛郎织女石像，并在农历七月有相关庙会活动，认为这里是最早的牛郎织女传说地。为了进入国家非物质文化遗产名录，当地做了大量工作。《西安日报》2007 年 3 月 7 日刊载了一篇文章，标题是《牛郎织女之乡保卫战已经打响》，这种保卫战虽然不一定合适，但反映了地方对于借申遗确定文化主权归属的积极性。

山西和顺也在 2006 年进入牛郎织女之乡的竞争行列中，据深圳新闻网 2007 年 4 月 26 日题为《山西和顺获“中国牛郎织女之乡”身份证》的报道：4 月 24 日，由中国民间文艺家协会、和顺中国牛郎织女文化和景区保护开发促进会联合举办的“中国牛郎织女文化之乡”授牌仪式在太原举行。山西省委领导、中国文联与民协领导为和顺颁发“中国牛郎织女文化之乡”“身份证”。据报道，2006 年 8 月，和顺县委、县政府聘请专家学者多方调研，科学论证以及实地考察论证，确定“牛郎织女”传说起源地就在太行山中段，以天河梁为中心，方圆 20 公里范围内的晋冀交界处，即和顺县松烟镇牛郎峪、南天池一带的天河山。中国民间文艺家协会派出专家到和顺进行了实地考察，并于 2006 年 12 月 13 日正式向山西省民协与和顺县政府行文，决定授予和顺县为“中国牛郎织女文化之乡”称号。

山东沂源与中国民俗学会合作，除了中国民俗学会的命名外，还设立牛郎织女传说研究中心，请专家学者撰写有关牛郎织女的史迹传说资料及田野报告，在北京开首发式。并且在申报为国家牛郎织女传说地之一的名录后，在中央电视台播放的广告中直接打出“中国牛郎织女之乡”。

此外，还有河南南阳、河北邢台、江苏太仓等地，也都在争取“牛郎织女之乡”的合法性。

女娲是创始大神，作为中国人的老祖母，得到人们世代景仰，女娲祭祀在北方地区广泛存在。地方社会的人们充分认识到女娲的特殊文化意义，纷纷以地方存在的女娲遗迹与女娲神话传说来论证女娲为本土的乡贤。河北涉县因为有女娲的圣迹，2006 年也被中国文联命名为“中国女娲之乡”。①此前涉县已经举行三次祭祀女娲的大典。

陕西平利也因当地有女娲山、女娲庙，就借助学术界召开女娲学术讨论会，号称“女娲之乡”。当地的网站资料中说：“在新石器时期，人类生产力水平低下，抗拒灾害、征服自然的能力非常有限，气候等自然条件相对优越的女娲山区，正是人类理想的栖身之所。女娲率领部落在女娲山周围活动是可能的。正是这些平利的先民，创造了原始的平利文化。女娲炼石补天、除猛兽治洪水；女娲抟土造人，救灾救民；女娲兄妹成婚，繁衍人类的系列传说，在平利民间，妇孺皆传，是女娲文化得以传承的重要载体。这些传说反映了一个共同的主题：人们崇敬这位伟大的圣母，是她拯救了人类。所以人们修建庙宇塑造圣像，世代祭祀。”这段带有强烈主观色彩的文字，旨在强调女娲在平利地方信仰中的特殊位置。河南济源市邵原镇流传着以女娲事迹解释地方山川风土形成的神话，据一篇当地人的博客资料介绍：“有关女娲神话的传说好像都是对邵原自然风貌和气候特征的描述。一批史学家、地学家反复论证，认定这里是中华文明起源的地方。2006 年 9 月，邵原镇被国家民协命名为中国女娲神话之乡。”②这样的说明颇有意味。

伏羲这位人文始祖也倍受推崇，甘肃天水有伏羲故里，自 1988 年开始，天水市每年在龙诞日（农历五月十三日），都要在天水伏羲庙隆重举办“天水伏羲文化节”。期间会举行肃穆的祭祀和朝拜仪式，并举办伏羲文化研讨会、伏羲文化观光和考察活动，同时进行旅游、经贸交流洽谈。此外，每年正月与七月举行春秋两季祭祀，祭祀活动都在

---

① 据新华社石家庄 2006 年 3 月 11 日电，由中国文联组织的“中国女娲文化之乡”暨“中国女娲文化研究中心”考察评审组，近日到河北涉县考察评审涉县女娲文化。评审组决定命名涉县为“中国女娲文化之乡”。

② 新浪网“无心插柳”博客的博文《女娲之乡——邵原》，2008.7.8。

伏羲庙隆重举行。1992 年 8 月，中央领导亲笔题写了“羲皇故里”四个大字。①河北新乐人说当地自古就是“羲皇圣里”，伏羲生于天水，长于新市（今新乐），卒于淮阳。②新乐自 2005 年起结合当地伏羲庙会，连续召开四届伏羲文化节，并召开了三次国际伏羲文化研讨会。③2008 年 10 月，河南省新密市被中国民间文艺家协会命名为“中国羲皇文化之乡”，同时还被挂上了“中国羲皇文化保护基地”的牌子。

上面这些地方都充分利用国家重视非物质文化遗产、重视历史文化传统的大好形势，对有重大影响的历史人物进行乡里认同，直接推动的力量是地方政府，民众并非主力，但民众可以借此机会表达自己的文化诉求。

还有一则是安徽黄山人对唐代著名乡宦汪华的推崇与研究，这是一则远离经济动机的真正的地方文化传统重建的例子。隋朝末年汪华在徽州一带集结地方武装，保境安民，后主动归附唐朝，被授为地方节度使。徽州人民感念汪华护佑地方的恩德，世代崇奉汪华，历代帝王也多有封赠，著名的封号是“汪王”、“汪越国公”、“汪公大帝”。汪华不仅是汪氏的重要祖先，也是徽州地方的重要保护神。在徽州文化研究中人们通常关注程朱理学，殊不知与徽州人精神联结得最密切的是汪公信仰。徽州汪氏后裔 2008 年 4 月在安徽黄山市成立了汪华研究会，制定了研究会章程，章程宗旨认为研究汪华文化可“为继承、挖掘和弘扬中华民族优秀的传统文化，繁荣徽州文化，促进徽州地区自然与社会持续、协调、和谐发展服务”。对于民众这样的诉求，黄山市政府也予以精神鼓励与支持。

在非物质文化遗产抢救保护的旗帜下，人们认识到传统文化的价值，对传统文化的态度发生了根本转变，一些久被冷落的传统文化现象，在新的历史条件下被重新激活。促动传统文化复兴的动机可能有多种，但其客观上无一不使地方文化成为引人瞩目的对象。地方文化精英也极力利用这一机会重建地方文化传统，虽然地方传统的重建会是一个较长的历史过程，但地方文化标志的树立是地方传统重建的重要步骤。由此，我们对当前地方文化资源开掘及对流动的非物质文化遗产主权归属的竞争给予积极的评价。但是，作为知识分子，也应该对地方文化传统重建过程中的一些问题予以思考。

三、对地方文化传统重建的几点思考

如上所述，伴随着非物质文化遗产抢救保护工程的是地方文化传统的复兴，在地方文化传统复兴与重建过程中，虽然主流值得充分肯定，但由于情况复杂，我们应该对其中所发生的情况进行理性的辨析，以保证地方文化传统在重建过程中达到良性状态。

---

① 中国广播网，《伏羲文化节》。

② 《新乐将建“伏羲文化园”》《河北日报》2004 年 7 月 7 日文化新闻。

③ 新华网石家庄 2008 年 4 月 23 日电（辛华）：22 日，由石家庄市政府主办、新乐市政府承办的中国新乐第四届伏羲文化旅游节开幕式暨公祭伏羲大典在河北省新乐市伏羲台举行，一万多名来自国内外的华人代表、学术社团代表、专家学者、各地客商以及当地群众参加。

（一）在地方文化传统重建过程中重视整体文化与地方文化相互依存的关系。

从世界文化史上看，中国是唯一没有出现历史中断的文明类型，中国文化史的绵延不绝，有许多重要因素，对统一文化的强调是其中重要因素之一。在大一统的中央集权体制下，重视意识形态的控制，重视伦理文化的灌输；在社会上强调“广教化，美风俗”的生活规范。在长达数千年的一以贯之的伦理文化氛围中，中国人创造了丰富而有效的为各社会层面所共享的历史文化传统，这种超越地域的文化大传统，对于维系与促进中华文化共同体的稳定与发展十分重要。如果从整体文化影响地方文化传统形成的角度看，可用古代理学家所说的“月印万川”的譬喻，在民族文化共同体的主流文化制约下，地方文化中自然蕴蓄着整体文化的光华。因此，我们应该从这一角度来审视地方文化个性与特色，也只有从这一角度看地方文化，我们才能避免将广大地域共享的文化财富主观论证为地方文化的固有产物。如女娲之乡、盘古起源地、牛郎织女之乡等争论，就源于人们对传统文化的共享意义的客观不理解或者主观上不理会。同时，中国又是一个地域广阔、生态条件复杂、人口众多的国家，超越地域的文化大传统要落到实处，还有赖于地方文化小传统的接受与转化。因为风土的不同，也会产生服务于特定地域人群的地方文化，形成地方性文化标志，这些地方文化既是对文化大传统的丰富与补充，同时也使地方社会生活富有活力。中国的地方文化传统既是地方自足的文化整体，也是整体性中国文化的一个子系统，二者相辅相成、相得益彰。

值得进一步说明的是，今天重建的地方文化传统还离不开当代信息社会与经济全球化的新背景，地方生活方式中的现代性渗入十分明显。地方文化传统不仅与民族历史文化有着纵向的源流关系，同时也有着与世界文化交织的横向联系。由此可见，重建的地方文化传统是一种既保留传统底色，又具有现代新鲜元素的新型传统。这是地方社区文化与人类整体文化的关系，区位文化与整体文化的内在联系在未来社会中呈增强趋势。

（二）地方性文化传统的重建要符合地方文化生态法则与地方文化历史的逻辑。

随着地方经济自主化的过程，地方文化逐渐复兴，地方文化传统的重建日益为人们所重视。由于地方文化传统在近现代遭受重创，中断了大半个世纪，要重建文化传统并非易事。在20世纪末期开始的地方文化传统重建工作任务繁重，困难重重。如何重建地方文化传统，人们大都没有清醒的认识与构想。地方文化传统的重建是今天我们面临的新课题，这种重建既要接续地方历史传统，找到地方历史文化源头与发展逻辑，也要重视当代地方文化生态环境，使重建的地方文化传统具有符合当代社会需要的适应性与延展性。

每一文化区域都有自己的文化品性与文化景观，我们应该善于开掘利用地方文化资源。在近年来非物质文化遗产资源的开掘中，许多地方人士对地方文化遗产进行了合理的总结与提升，人们从丰富的地方文化中提炼地方标志文化。按照文化类型学的观点看，地方文化作为统一文化的亚文化类型，它有一个总体的特点，最能反映这一总体特点的文化现象就属于地方文化的标志文化，比如北京文化，从历史积淀的文化层次看，它有帝王文化、官宦文化、平民文化等；从北京文化来源看，有来自本土的农耕文化与游牧文化、有来自国际的现代工业文化与后工业时代的文化。北京作为传统社会的帝都与现代国际大都市，传统文化与现代文化并陈，文化形态异常复杂。我们要提炼北京的标志文化就得考虑这几个文化层面与文化成分，找它们共享的文化。当然，从非物质文化遗产的角度看，我们首先是看它的传统性。比如北京的庙会，就是北京独特的文化景观，京西妙峰山庙会在晚清民国初年享誉华北。同时北京还有各个区县，它们也有自己独特的文化传统。由此可见，地方的标志文化不是轻易获得的，它要求对地方文化空间与群体生活进行考察、分析与总结，然后找出能反映该地文化特性的标志文化。反思当前的地方文化建设，在一定程度上存在着急功近利的盲目比附或任意夸张的弊端，眼睛只盯住那些具有全国性影响的文化现象，极力在地方上找到那些文化依据。虽然这些文化在当地的确或多或少地存在，也为地方人们所知晓，但它大体是统一文化的地方呈现，并非地方文化生态的独特产品，并非地方历史文化逻辑的重要结晶。这样的文化现象要作为地方文化标志差强人意。更有甚者，是一些地方为了强占文化资源，跑马圈地，利用经济实力与社会关系资源，将原本不属于自己或跟自己联系不紧密的文化现象，打造成地方文化品牌。这种做法既不符合本地的文化生态原则，也不符合历史文化发展的逻辑。没有传统文化底蕴，没有地方群众基础，这样的人造文化景观与文化产品，不大可能实现地方文化传统的重建，结果很可能是昙花一现。对于借非物质文化遗产保护之机，为获取地方名利伪造传统的行为，我们应该保持清醒的批判态度。

（三）地方文化传统的重建应遵循文化宽容原则，避免过分文化自恋与文化自足。

地方文化传统重建是一个复杂的历史过程，需要审慎的态度，认真考虑地方文化在重建过程中的取与舍。我们应该明白，我们重建地方文化传统，是为地方民众提供精神家园，为统一和谐的整体文化提供坚实的文化基础。因此，我们应该秉持文化开放与宽容的原则，在充分肯定褒扬乡土文化的前提下，对家乡文化感性认同，同时也要理性看待乡土文化，避免过分的文化自恋与文化自足。我们既重视地方文化建设，也要提倡文化的流动与文化共享的精神。地方文化传统的重建，在较大程度上是文化空间的恢复与发展。但这个文化空间与更大的文化环境、与整个时代生活背景息息相关。地方文化传统不是封闭自足的传统，不是自说自话的传统，更不是自我陶醉的传统。它是一个与文化大传统不断交流，与周边地方传统不断接触、比较以显示自己存在的传统。没有大传统，地方传统就没有依靠；没有周边的与自己共同成长的其他地方文化小传统的相互辅助、相互衬托，特定的地方传统也就失去生长的意义。著名社会人类学家费孝通先生在论述文化多样性与文化间相互关系时说：“各美其美，美人之美，美美与共。”这是我们在重建地方文化传统时应该牢记的“金玉良言”。所以我们应该对为争盘古发源地而不惜生造抄袭资料，最后对簿公堂的同仁感到羞愧，虽然这是个别极端的现象。①

非物质文化遗产抢救保护工作，为地方文化传统的重建提供了重大的历史机遇。在非遗保护工作中，我们不仅充分感知了优秀的地方文化，同时也为国家乃至世界范围内

---

① 《人民法院报》2008 年 11 月 5 日发表了题为《盘古神话传说著作权纠纷案终审宣判》的报道，文章开头讲述了事情的起因：河南桐柏与泌阳相邻，分别被中国民间文艺家协会命名为“中国盘古之乡”和“中国盘古圣地”，两地学者为盘古神话著作权打起了官司。

的地方文化交流提供了平台。近年来，我们看见许多非遗保护地与学术机构联合主持召开国内或国际学术会议，探讨某一特定文化的内涵，共同商讨保护大计。如 2008 年 4 月浙江诸暨的六大传说保护地的高层论坛，11 月河北涉县举行的“中国女娲文化首届高层论坛”等，他们的眼光已经超出地方，这是十分可喜的文化建设动向。地方文化只有在这样的眼光与格局中，才能根深叶茂。

论“文化空间”

向云驹（中国民间文艺家协会秘书长）

一、文化空间的概念意义

“文化空间”或曰“文化场所”（culture place），是联合国教科文组织在保护非物质文化遗产时使用的一个专有名词，用来指人类口头和非物质文化遗产代表作的形态和样式。在已经公布的三批90项世界非物质文化遗产代表作中，有10个项目被冠以“文化空间”，它们是：波桑地区的文化空间（乌兹别克斯坦，2001年公布）、谢美斯基文化空间和口头文化（俄罗斯，2001年公布）、维拉·麦拉康果斯的圣灵手足情文化空间（多米尼加共和国，2001年公布）、加玛广场的文化空间（摩洛哥，2001年公布）、尼亚加索拉的“索索·巴拉”文化空间（几内亚，2001年公布）；基努文化空间（爱沙尼亚，2003年公布）、圣·巴斯里奥宫殿的文化空间（哥伦比亚，2005年公布）、帕特拉和瓦迪拉姆游牧人的文化空间（约旦，2005年公布）、德干莱牙阿拉文化空间（马里，2005年公布）、铜锣文化空间（越南，2005年公布）。由此可见，在非物质文化遗产中，文化空间是一个非常重要的概念，也是一种不可忽视的形式与形态。

“文化空间”一词的出现，首先表述在联合国教科文组织的《宣布人类口头和非物质文化遗产代表作条例》之中，此条例是教科文组织为贯彻落实1989年通过的《保护民间创作建议案》而施行评选、公布人类口头和非物质文化遗产代表作拟定的。在条例中，“文化空间”被指定为非物质文化遗产的重要形态。条例的宗旨开篇明义：“宣布的目的在于奖励口头和非物质文化遗产的优秀代表作品。这一口头和非物质文化遗产（文化场所或民间和传统表现形式）将被宣布为人类口头和非物质文化遗产代表作。”[①]

文化空间或文化场所的本原意义是指一个具有文化意义或性质的物理空间、场所、地点。在文化遗产（物质遗产）保护中，也是一个非常明了的概念，即文化遗址、文化群落、宫殿教堂庙宇等文化建筑。非物质文化遗产保护将其作为一种文化形式加以特别运用，赋予此名词以特殊的文化指定。条例于是进一步界定了“文化空间”的意义：

---

① 参见《中国民间文化遗产抢救工程普查手册》第218页，高等教育出版社2003年版。

"在进行这种宣布的范围内，'文化场所'的人类学概念被确定为一个集中了民间和传统文化活动的地点，但也被确定为一般以某一周期（周期、季节、日程表等）或是某一事件为特点的一段时间。这一时间和这一地点的存在取决于按传统方式进行的文化活动本身的存在。"①

在这一关于"文化空间"的定义中，特别指出"文化空间"的概念指的是"人类学"的概念。什么是人类学的概念？首先，人类学的概念是区别于文物学、文化遗产学（物质文化遗产）的概念。正如前面所述，物质文化遗产的文化空间是"唯物"的空间，必须有实有的人造的物化的有形的可触的实体，并由此构成特定的时空形式。比如，中国的故宫、长城，奥地利的美泉宫，柬埔寨的吴哥石窟等。这些文化遗产在内部、周边、外围构成了相应的文化空间，占有一定的面积，造成独特的视觉或触觉的效果。人类学的文化空间显然与此不同。其次，人类学的概念是从人类学学科出发的。人类学虽然有体质人类学和文化人类学之别，但其共同特点是关注人类、人种、民族、群体、社区这样一些对象。它是以人为主体、以人为载体即"以人为本"的学科。人类学的"文化空间"和传统的"文化空间"概念的区别，正与非物质文化遗产和物质文化遗产之间的区别是相类的。所以，人类学的"文化空间"就必然包括了一些截然不同的内容。比如，它既有一定的物化的形式（地点、建筑、场所、实物、器物等），也有人类的周期性的行为、聚会、演示，而且这种时令性、周期性、季节性、时间性的文化搬演和重复反复，才是一种独特的文化空间或文化形式。

换言之，人类学的"文化空间"，首先是一个文化的物理空间或自然空间，是有一个文化场所、文化所在、文化物态的物理"场"；其次在这个"场"里有人类的文化建造或文化认定，是一个文化场；再次，在这个自然场、文化场中，有人类的行为、时间观念、岁时传统或者人类本身的"在场"。在某种意义上，也可以说，有人在场的文化空间才是人类学意义的文化空间，才是非物质文化遗产的文化空间；反之，如果物是人非，此地空余黄鹤楼，那就只能是物质遗产（或曰狭义的文化遗产），是文物、古迹、遗址了。

二、文化空间的类型学分析

在联合国教科文组织非物质文化遗产保护行动中，"文化空间"是作为非物质文化遗产的一种重要或主要的样式来表述与认定的。这使"文化空间"同时具有了一种分类学的意义。也就是说，"文化空间"是非物质文化遗产的类型，而且这种类型具有举足轻重的地位。这一点，我们可以从三个方面理解。

第一，"文化空间"的意义、性质与"非物质文化遗产"的定义具有同一性。"非物质文化遗产"概念的完整表述来自于《保护民间创作建议案》，其后在《宣布人类口

---

① 参见《中国民间文化遗产抢救工程普查手册》第 219 页，高等教育出版社 2003 年版。

头和非物质文化遗产代表作条例》中再次直接引用，其表述为："根据《保护民间创作建议案》，'口头和非物质文化遗产'一词的定义是指来自某一文化社区的全部创作，这些创作以传统为依据、由某一群体或一些个体所表达并被认为是符合社区期望的作为其文化和社会特性的表达形式；其准则和价值通过模仿或其他方式口头相传，它的形式包括：语言、文学、音乐、舞蹈、游戏、神话、礼仪、习惯、手工艺、建筑术及其他艺术。"①在这个定义中，"某一文化社区的全部创作"，"以传统为依据"、"某一群体或一些个体所表达"、"符合社区期望和社会特性"等关键词，都是"文化空间"的重要内涵。就是说，第一方面，所谓民间或传统的音乐、文学、舞蹈、游戏、神话等非物质文化遗产是一种群体性、社会性、区域性的文化艺术（这有别于作家的文学、艺术家舞蹈、音乐家作曲）；第二方面，这些民间文学、音乐、舞蹈、神话、游戏、礼仪等可能而且绝大部分会以文化丛、文化综合的形式在社区、群体中呈现与传承，比如各种狂欢节、节庆集会、庙会、社火等就会出现各种各样的民间文学艺术样式的集中呈现；第三方面，群体性的民间创作诸样式在演示中并没有独立或分化，它们是混为一体的，例如傩仪、傩祭、傩舞、傩戏往往很难分割，神话有的是诗、歌、乐、舞、祭的整体化、一体化表现，民歌里有诗（文学）也有音乐甚至是仪式礼仪等。

第二，"文化空间"是一种重要的非物质文化遗产类型。在联合国教科文组织人类口头和非物质文化遗产代表作的申报和公布中，教科文组织的官方表述都郑重地使用了文化空间的分类学性质。比如，在前述中所引"文化表现形式或文化空间"是并列使用的；此外，在作为工作文件的《联合国教科文组织宣布人类口头和非物质文化遗产代表作申报书编定指南》"口头和非物质遗产的种类"一节中明确写道："宣布人类口头和非物质文化遗产代表作针对的是非物质文化遗产的两种表现形式。具体而言，一种表现于有规可循的文化表现形式，如音乐或戏剧表演，传统习俗或各类节庆仪式；另一种表现于一种文化空间，这种空间可确定为民间和传统文化活动的集中地域，但也可确定为具有周期性或事件性的特定时间；这种具有时间和实体的空间之所以能存在，是因为它是文化现象的传统表现场所。"②这一描述，不仅把文化空间与各文化表现形式等量齐观，而且指出文化空间既能以"地域"为主，也能以"时间"为主，但两者都必须有符合标准的文化现象存在。与此相应，在教科文组织公布的代表作名录里，其排序和分类形式中也有专门的"文化空间"这一类别。

第三，在 2003 年 10 月 17 日联合国教科文组织第 32 次会议正式通过的《保护非物质文化遗产公约》第 2 条"定义"中，对非物质文化遗产的最终认定也指涉了"文化空间"，具体如下："'非物质文化遗产'指被各群体、团体、有时为个人视为其文化遗产的各种实践、表演、表现形式、知识和技能及其有关的工具、实物、工艺品和文化场所（即"文化空间"，引者注）。"③此一公约可以说是非物质文化遗产世界性保护的权威国际

---

① 《中国民间文化遗产抢救工程普查手册》第 219 页，高等教育出版社 2003 年版。

② 《联合国教科文组织人类口头和非物质文化遗产代表作申报指南》第 2 页，文化艺术出版社 2005 年版。

③ 拙著《人类口头和非物质文化遗产》第 315 页，宁夏人民出版社 2006 年版。

公约，它的定义可视为终极定义。“文化空间”在这里依然占有十分醒目、突出的地位。因此，应该引起我们的高度重视。

三、文化空间与其他遗产的关系

在联合国教科文组织展开的文化遗产、自然遗产、文化与自然双重遗产、人类非物质文化遗产的世界名录或代表作工作中，与“文化空间”有密切关联甚至相互交叉的情形所在多有。其中特别值得关注的有两种情形。

第一，文化空间与文化景观遗产的关系。

文化景观遗产的概念是 1992 年 12 月在美国圣菲召开的教科文组织世界遗产委员会第 16 届会议提出并被纳入《世界遗产名录》中的。这一遗产代表的是《保护世界文化和自然遗产公约》第一条所表述的“自然与人类的共同作品”。文化景观的选择应基于它们自身的突出、普遍的价值，其明确划定的地理、文化区域的代表性及其体现此类区域的基本而独特的文化因素的能力。它通常体现持久的土地使用的现代化技术及保持或提高景观的自然价值，保护文化景观有助于保护生物多样性。一般来说，文化景观有以下类型：

1. 由人类有意设计和建筑的景观。包括出于美学原因建造的园林和公园景观，它们经常（并不总是）与宗教或其他纪念性建筑物或建筑群有联系。

2. 有机进化的景观。它产生于最初始的一种社会、经济、行政以及宗教需要，并通过与周围自然环境的相联系或相适应而发展到目前的形式。它又包括两种次类别：一是残遗物（或化石）景观，代表一种过去某段时间已经完结的进化过程，不管是突发的还是渐进的。二是持续性景观，它在当今与传统生活方式相联系的社会中，保持一种积极的社会作用，而且其自身演变过程仍在进行之中，同时又展示了历史上其演变发展的物证。

3. 关联性景观。以与自然因素、强烈的宗教、艺术或文化相关联为特征，而不是以文化物证为特征。

文化景观遗产虽然特别强调它的自然因素，强调文化与自然的关联性，强调它可以不以文化物证为特征，但因为它在自然景观基础超越了自然遗产和纯粹的自然形态，附着着文化的内涵与形式，在某些方面，与非物质文化遗产的“文化空间”形式理念上相当吻合。比如，世界遗产名录中的第一个文化景观遗产是新西兰汤加里罗国家公园。这是一个火山公园，有 15 个火山口，其中有三个活火山。公园占地 40 万公顷，一直以火山奇观吸引着世界各地的游客。1990 年它就被列入世界文化遗产。为什么先列入世界文化遗产呢？原来这个火山公园本归当地土著民族毛利部落所有，被毛利人视为圣地。毛利传说中，“阿拉瓦”号独木舟首领恩加图鲁伊兰吉曾率领毛利人移居这里，在攀登顶峰时，遭遇风暴，生命垂危，他向神求救，神把滚滚热流送到山顶，使他复苏，热流经过之地就成了热田（温泉）。这场风暴的名称就叫汤加里罗。1887 年，毛利人为维护山区的神圣与完整，以免遭欧洲人的分割出售，把三座火山及周边地区献给了国家，作为国家公园。1894 年，此处被新西兰政府命名为汤加里罗国家公园。1990 年，它被作为毛利人圣地及其包含着的对毛利人生活的影响，入选为世界文化遗产。但其实，它本身的自然因素十分突出，甚至更接近自然遗产，或者说首先是奇特的自然景观，又附着有无形的文化信仰而成为圣地。所以，1993 年，人们用新确定的“文化景观遗产”的眼光重新审视了这一遗产地，发现了其中的自然价值、景观价值及其包含着的人与自然环境相互关系的突出例证。于是，汤加里罗公园在原有的世界文化遗产称号上，又增加了一个命名——世界景观文化遗产，并且成为此种遗产的世界第一号。①我国现有唯一的一个世界文化景观遗产是庐山风景区。世界遗产委员会对庐山的评语是：“江西庐山，是中华文明的发祥地之一。这里的佛教和道教庙观，代表理学观念的白鹿洞书院，以其独特的方式融会在具有突出价值的自然美之中，形成了具有极高美学价值的与中华民族精神和文化生活紧密联系的文化景观。”②庐山作为文化景观遗产与汤加里罗国家公园又有所区别，但自然景观和自然美是先在性条件，其次才是文化因素。由此可见，文化景观与文化空间的区别还是一目了然的。文化景观是文化与自然景观相结合，自然环境必须达到景观的形态、价值水准，文化则可以是物质的、物化的，也可以是非物质的、无形的。而文化空间则不然，它的地理环境或场所，没有景观性要求，也没有实在性要求，甚至不一定要固定在一地，其中的文化则要求活态性、生态性、生活性、时间性、周期性等。

第二，非物质文化遗产与其他遗产双重叠加或双遗产的关系。

在世界遗产中，双重遗产有两种形态。第一种是自然和文化双重遗产，就是指一地或一项遗产，同时包含有文化与自然两方面的价值。这是世界遗产中将在历史、艺术或科学及审美、人种学、人类学方面有着世界意义的纪念文物、建筑物、遗迹等内涵的文化遗产，与在审美、科学、保存形态上特别具有世界价值的地形或生物，包括景观在内的地域等内容的自然遗产相融合、叠加，整合为一种同时具有文化、自然两方面内容并且两者“天人合一”的遗产形态，从而成为世界文化与自然双重遗产。我国的泰山、黄山、武夷山、峨眉山和乐山大佛等都是文化与自然双重遗产，具有双重价值。澳大利亚的卡卡杜国家公园、塔斯马尼亚国家公园群，非洲邦贾加拉悬崖（多贡人居住地，马里），美洲的马丘比丘历史圣地（秘鲁），欧洲的比利牛斯—珀杜山（法国）、阿索斯山（希腊）、伊维萨岛（西班牙）、拉普人居住区（瑞典）等，都是著名的文化与自然双重遗产。第二种是非物质文化遗产与其他世界遗产的重叠。这种重叠不像文化与自然双重遗产已重叠为一种独立的遗产类别或形态。非物质文化遗产与别种世界遗产的重叠是两种独立的世界遗产共同出现在一个地点或地域（包括同一民族、群体、社区）之中。这种情形从 2001 年公布首批人类口头和非物质文化遗产代表作时即已出现。当时，在首批 19 项代表作中，就有非物质文化遗产与其他世界遗产叠加的现象。比如，菲律宾的

① 刘红婴、王健民《世界遗产概论》第 130 页，中国旅游出版社 2003 年版。

② 联合国教科文组织网页：www.unesco.org.

首批口头和非物质文化遗产代表作中的伊富高人的哈德哈德圣歌吟诵，正是这些土著的伊富高人同时创造了安第斯山上的水稻梯田，后者被誉为“通往天堂的阶梯”，1992 年被列入世界文化景观遗产。伊富高人的圣歌正是在他们播种、收获、丧葬、祭祀时所传唱的，它有 40 个篇章，要演唱 4 天，有领唱、合唱等形式，口口相传，没有文字记载。显然，圣歌作为非物质文化遗产代表作后，对伊富高人的梯田文化景观的内涵是一个极大的扩充，也大大加深了人们对此一文化景观的理解。两种遗产完全可以互证、互补、互动。

再比如，摩洛哥的非物质文化遗产代表作“德迦玛艾尔法纳广场文化空间”，指的是马拉喀什市的中心广场，这个文化空间终日熙来攘往，人们在这里集市贸易，同时也在这里娱乐，讲故事的、耍杂技的、吞火的、玩蛇的、算命的、治病的、卖药的，应有尽有。从 1071 年该广场建成，这个“文化空间”就形成了，一直热闹到今天（我国过去的北京天桥文化与此极似）。而这座著名的阿拉伯人古城及其建筑、民居、寺庙等此前已列入世界物质文化遗产，毫无疑问，这个文化空间使原有的文化遗产更加熠熠生辉。两个遗产加在一起，这座城市就形神兼备、动静相宜了，它生动而鲜活起来，使遗产获得了生命和活力。

此外，世界文化遗产中的也门萨那古城和作为非物质文化遗产代表作的“萨那歌曲”、西班牙的埃尔切帕拉尔和作为非物质文化遗产的埃尔切神秘剧，也都是配套而成的“双料”或双重遗产。依此类推，在各类世界遗产中，都有一些具有潜在文化资源，可以派生或配套申报双重遗产（如中国的西递宏村也可以申报其中的非物质文化遗产的“文化空间”，世界记忆遗产中的纳西东巴古籍可配套申报纳西东巴文化和纳西古乐等）。

四、文化空间的基本特征

从已列入人类口头和非物质文化遗产代表作的 10 项“文化空间”形态中，我们可以分析出“文化空间”的一些基本特征。

哥伦比亚的圣巴西里约帕伦克文化空间是以同名的村子命名的。圣巴西里约帕伦克村成为代表作的“文化空间”，该村居民 3500 人。这个“文化空间”是来自于非洲黑奴的历史，并且是由逃亡黑奴建立的（“帕伦克”的意思就是有防御工事的村庄），帕伦克黑奴文化与历史村庄是目前世界唯一尚存的。所以，这使它成为独一无二的文化空间，在这个文化空间里，有独特的社会结构、语言、音乐、宗教、医药实践、复杂的丧葬仪式等。其中，专家认为，帕伦克语言是文化空间的核心，这是整个美洲唯一的以西班牙语词组和具有非洲特点的班图语结合的克里奥尔语言。可以说，这个古村落里的所有文化都被纳入到“文化空间”里，作为一个整体被加以呈现与保护。古村落和黑奴历史文化构成了这个文化空间的最重要的时空结构与文化关系。①

---

① 拙著《人类口头和非物质文化遗产》第 128-143 页，宁夏人民出版社 2006 年版。

基努文化空间是爱沙尼亚的代表作，位于波罗的海的基努和曼尼贾等小岛上。这些岛上的居民叫基努人，共有约600人。基努人男子出海捕鱼、捕海豹，女子在岛上种地和操持家务，妇女是基努文化的主要传承者。基努文化空间的独特文化最突出的是妇女穿戴的羊毛手工制品，由妇女们自己纺织的服装及配饰色彩绚丽，并附着生动而悠久的传说故事，妇女们在制作这些工艺时还要经常一起传唱民间歌谣。基努文化还有丰富的口头文学、音乐、舞蹈、结婚庆典、宗教节日等。基努文化的特色还表现在文化与自然的并存，两座小岛有独特的风景、草地、松林、海滩、沙滩，景色如画。孤立的海岛环境，使这个文化空间成为一个“文化岛”。①

10个文化空间代表作，其实都有一些共性，即：是一个独特的地理区域，或为广场，或为村落，或为海岛，或为牧场；有独特的自然环境和指定地理空间与范围；这个地理空间中的所有文化都被纳入代表作，但是有时可能是以其中的一种最重要、最醒目的文化为典型；往往有独立的民族群体、社区，以及独特的语言和历史；等等。总之，文化空间从其自然属性而言，必须是一个独在的文化场，即具有一定的物理、地理空间或场所。这个场所有时具有文化景观遗产那样的景观价值，有时只是普通的场所，有时是神圣的场所，有时甚至是不固定的场所（如游牧民族的居无定所），但是都有固定的时间和随意的场所相结合。

文化空间从其文化属性看，则往往具有综合性、多样性、岁时性、周期性、季节性、神圣性、族群性、娱乐性等。文化空间的自然属性的表现形式是：文化广场、广场文化、宗教场所、古村落、海岛、集镇中心、“大房子”、庙宇寺观教堂、神山、圣山、湖泊等；文化空间的文化属性的表现形态则有：岁时性的民间节日，神圣的宗教聚会纪念日，周期性的民间集贸市场，季节性的情爱交流场所，娱乐性的歌会舞节，盛大的祭祀礼仪及其场所、语言，族群的各种独特文化，独特的历史传统，等等。综合自然属性和文化属性的文化空间，就成为活态的生态文化遗产，是非物质文化遗产最为集中、最为典型、最为生动的形态和形式。

五、文化空间的核心价值

“文化空间”作为非物质文化遗产代表作的重要形式和举足轻重的保护对象，其存在的核心价值和理论依据在于它完整地、综合地、真实地、生态地、生活地呈现了非物质文化遗产。非物质文化遗产可以用分类学的方法划分为口头遗产、民间文学、神话、礼仪、音乐、舞蹈、戏剧、信仰、节庆、手工、民居建筑、民间技术、医药知识、宇宙知识、航海知识、冶炼知识与技术、陶瓷、耕种与畜牧知识、纺织、食品加工等，几乎是对传统文化无所不涉。但是与高度发达的现代文化相比，非物质文化遗产最突出的特征是其混沌性、关联性、交叉性、综合性、整体性。它的创造主体往往是一个共同的族

① 拙著《人类口头和非物质文化遗产》第128-143页，宁夏人民出版社2006年版。

群或社区，是群体共创，也是族群共享的。

在这样的“文化空间”里，文化与艺术是不可分割的，此艺术与彼艺术也是不可分割的，文化与族群是同呼吸共命运的，文化与生活是相依为命、互为表里的。所以，不应该分离、切割、孤立、打碎、片面地认识非物质文化遗产的文化空间。相反，非物质文化遗产的突出价值在于它的混沌与关联。

一首民歌，它有诗的语言，有歌的吟唱和优美旋律，有舞蹈的节奏踏和，有情感的交流，有礼节与礼仪（类于孔子所说，不学诗无以言），有手工技艺的配合等。这和诗人的诗的价值大不一样，大相径庭。如果我们只看其中的一种诗的语言与文学的价值，那这一非物质文化遗产的多功能、多形态、多关联的文化意义就大大地打了折扣，损失大矣！这一综合性、关联性、群体性特征是非物质文化遗产最伟大、最突出的特征，也因此它可以与任何一种人类文化遗产或人类文学、艺术相提并论，也是教科文组织建立人类口头和非物质文化遗产代表作制度最关键的理论基石与依据。

“文化空间”的具体形态实际上也呈现出多样化形态。有些文化空间以地域和族群为核心，是一个独特地域、独特人群创造和使用的独特文化；也有一些文化空间以族群与时间为核心，是一个独特的人群在独特的时间表现的一种独特的文化。族群与时间相结合表现出的“文化空间”，就是前述教科文组织“文化空间”定义中的“但也可确定为具有周期性或事件性的特定时间”的文化空间（即只注重时间的所谓文化空间），是“具有时间的空间”。

以时间为主的文化空间通常都反映了某个族群的历史观、时间观，具有深刻的文化内涵，并且往往特别关注重大历史事件或文化传统，关注这一民族古老的天文历算气象传统，关注族群的生活节奏、节俗、庆典等。周期性、反复性、循环性、仪典性是时间性文化空间的重要特征。中国人的重大节日如春节、元宵节、清明节、端午节、中秋节、重阳节等，其实浓缩着中国人的天文观、岁时观、人生观、生命观、审美观、历史观、文化观、民俗观等，内涵十分厚重，形式也丰富多彩，可以说是中国人的文化空间。

在古印度，时间是与祭献活动一起诞生的，而再次中断时间的恰恰又是祭献活动。古印度的历法同时包含着天文学、占星术以及宗教的成分，但实际上，古印度历书在确定日子方面作用并不很大，因为时间的数量和年月顺序方面的要素是位居其次的，人们查阅日历是为了决定祭献时刻和宗教节日，以及执行一项特殊的吉祥时间。人的整个一生都受“神圣宇宙”时间的法则所支配。“时间，即生命的连续存在，是既具有神性又是有人性的产物。”[①]《吠陀经》是为了完成祭献活动目的而存在的；祭献活动是根据时间顺序所规定的。不了解印度人的时间观，我们就很难真正理解印度的世界非物质文化遗产代表作“吠陀传统颂歌”（2003 年公布）。

---

① 路易·加迪：《文化与时间》第 66 页，浙江人民出版社 1988 年版。

六、我国文化空间的资源状况

截止到2005年，联合国教科文组织共公布了三批90项人类口头和非物质文化遗产代表作，其中中国有三项半：昆曲、古琴、新疆维吾尔木卡姆、蒙古族长调（与蒙古国共同拥有）。此中没有“文化空间”的形式。但是这不等于中国缺乏“文化空间”的形态或资源。相反，中国由于文明古老并且几千年来未曾中断，加上地域辽阔、民族众多，非物质文化遗产可以说是品类繁多，不胜枚举，堪称世界上非物质文化遗产资源最丰富的国家。虽然我们在“代表作”中尚未申报文化空间，但我们的文化空间的形态是无限多样的。根据上述文化空间的性质、内涵、样式、特征、形式，我国非物质文化遗产中的“文化空间”，可以来自以下可能的途径：

1. 由地域或不同景观决定的“文化空间”。比如，中国的海岛、沙漠、森林、山地、高原、雪山、峡谷、台地、草地、丘陵、湖泊，各样的地貌、南北东西不同的气候物候形成了不同的人文地理；历史上，中国传统的地域文化分类也形成了文化空间的历史基础，如楚文化、齐文化、越文化等。地理虽然不是文化的唯一决定因素，但不同的地理的确决定了不同的文化基因、素质、结构与样式。

2. 由不同的民族及其文化形成不同的“文化空间”。我国有56个民族，汉族分布最广、移民最多，文化的内部差异实在不少；少数民族个个自成文化体系，又与汉族和他民族形成多元一体格局，许多少数民族内部又有家族、阶级、亲姻、语言、服饰、信仰、家支等方面的分支分流，其实也可以说是文化空间的多样性的缘由。在联合国公布的“文化空间”代表作中，就有许多是以独特族群为人类学基础的。

3. 由不同的方言和民族语言构成以语言为基础的文化空间。语言在文化多样性中的基础地位，是与生物多样性之于环境保护的意义一样的。在口头遗产中，语言甚至是先决的、首要的条件。我国的汉语有多样的方言；我国汉语历史源远流长，在许多地域还形成了特别具有学术价值的“语言岛”。语言岛其实就是文化岛，是真正的“文化空间”。而我国少数民族语言的丰富性更是让人惊叹，达到百余种。至20世纪90年代，根据调查，我国语言的总数多达120余种。[①]一种语言就是一个独特的“文化空间”。

4. 由天文历法或时间观造成的独特“文化空间”。这类“文化空间”以节日最为典型。我国汉族和少数民族的各种多样的节日，总计起来，一年约有千余个。汉族的节日自然与汉族古老的天文观、夏历历法等密切相关；就是少数民族，许多民族节日也是源自他们自己对岁时、日月、四季、年月日时的历史传统。比如，彝族有十月历、十八月历，均为太阳历。云南武定的彝族把一年定为18个月，一个月20天，共360天（这与南美玛雅人历法相类），剩下5天作为“过年日”（文化空间）。在众多的彝族地区还广泛使用着十月历，即以属相轮回纪日，一个月36天，一年10个月。这也导致许多文化行为异于别处。如，彝族集市是因时日而行的，于是有虎街、马街、牛街等，每个街都

① 孙宏开：《中国空白语言的调查研究》，《中国语言学的新拓展》，香港城市大学出版社1999年版。

按街名属相赶集，每个集 12 日一次，[①]表现出文化空间的典型形态。

5. 由古村落形成的“文化空间”。这也应该是中国文化的一个重要构成和独特呈现。中国的文明是农耕文明，农耕文明的堡垒就是古村落。中国的古村落各种各样，其最直观外在的差异就是民居和建造的不同。水乡周庄是一种江南风味，西递宏村是徽派文化的典型，客家围楼别具一格，陕北窑洞成群令人心动，傣家的竹楼、土家的吊脚楼、羌族的碉楼、藏族的土楼，星罗棋布，景色壮观。有些地方的古村落是以独特的风水格局（如诸葛八卦村、船尾村等）名闻遐迩，有些地方的古村落是传奇的历史与建筑相连（比如贵州的明代遗民及其屯堡建筑与文化），有些古村落建筑材质、村落造型独具一格（如河北、北京、山西等地的石头村），有些古村落建造在奇特的地形地貌上（如四川凉山彝族地区的一些古村落、云南纳西族的一些古村落等），有些古村落是由独特的文化聚集而成的（如侗族的鼓楼、风雨桥，白族的本主庙，北方汉族的民间信仰及其村落庙宇群等）。总之，古村落的文化空间，直观、封闭、完整、形象。这样的文化空间在中国真是不可胜数，是一笔宝贵的文化财富。

此外，文化空间的构成在中国还可以有不同生态样式的文化空间，不同民俗文化的文化空间，不同生产生活方式的文化空间，不同艺术品种的文化空间等。

七、文化空间的保护原则

非物质文化遗产的保护是一个世界性的难题和课题。当人们从全人类共有的文化财富的角度和高度来认识并珍惜非物质文化遗产时，全球的非物质文化遗产都面临着濒危和告急的形势。如何保护好“文化空间”，目前尚未有可以定于一尊的做法。笔者认为，“文化空间”的保护除了遵循非物质文化遗产的一般保护原则外，还有自己独特的保护要求和特殊原则。这里我们从两个方面把握文化空间的保护原则。

第一，文化空间保护的根本准则。其内容应包括：

1. 完整性原则。文化空间应该坚持整体性原则，完整地、整体地施以保护，不能是片面、分割、单一的保护，必须十分注重保护中的完整性。文化空间中的任何文化的缺损、破坏、湮灭，都是对文化空间的严重损伤。

2. 真实性原则。文化空间中的文化形态、样式应该保持它们的真实性，即使是文化变迁，这种变迁也应该是真实的、符合文化发展规律、是社区族群自然发展主动选择的。如果人为地强加一种外来文化，人为地扭曲原生态文化，“文化空间”的价值就要大大削弱。由专家研究后认定的“文化空间”应该维护和维持它被专家认定的文化价值、特性。打一个比方，民间传说中曾说，某人有一古老木柜，漆、雕、造型工艺精美绝伦，就是上面有一层污垢和尘土，使它如沙中之金、璞中之王；主人并不识货，将之置于市摊出售。一古董行家立时相中，以高价买下，说好第二天带钱来一手交钱一手交

---

① 刘尧汉：《文明中国的彝族十月历》，云南人民出版社 1986 年版。

货。是晚，主人想，这般脏旧之物都能卖这好价钱，倘若如此这般一番，岂不更好。于是忙碌了一夜。第二天，行家交钱拿货，主人卖关子，说要让他大喜过望。于是他摆出了一个经过砂纸磨砺露出全部木质的“新”柜子，古漆、古雕纹荡然无存。行家赶紧收钱，痛苦万分地离去，主人却还在茫然不知所以。这是一个具有寓言性质的故事，它对我们文化空间遗产保护具有象征的寓意。

3. 生态性原则。“文化空间”的存在多与地理、环境、生态密切关联，它是一种生态性文化，或具有文化生态性，因此，自然生态与文化生态都应给予高度关注和细心呵护。在文化空间里，许多文化都是就地取材、土生土长的，许多文化是与传统、民俗相生相随的。所以，要保护好文化空间，就要保护文化空间赖以生存、赖以依托的自然和文化的生态。移民、转产、从游牧转为定居农业、建筑水坝水库、放弃母语等，可能对一般性群体是进步与现代化的措施，但对于作为世界级的“代表作”来说，文化空间如果遭遇这些，将是灾难与不幸。生态变异，文化的完整与真实其实就无从谈起。

4. 生活性原则。非物质文化遗产是活态的、动态的、行为的、实践的、生命的、生存的，总之是一种生活的文化。如果非物质文化遗产不再是我们生活的一部分，或者说，如果非物质文化遗产在文化空间中不再是与生活密切相关的，而成为为他人观赏的，成为为他人演示的，成为纯粹作秀的形式，成为纯粹的旅游存在，那它就丧失了自己的生机、生命与活力。这种现象在我国随处可见。有些地方的古村镇保留下了一个空壳，村里的人都迁居别处过别样的生活了，这个空壳成了一个“舞台”，游人来时，偶尔的千篇一律地为他们表演一下。有的地方并不珍重被人喜爱的非物质文化样式及其原生态，反而要斥巨资修一座崭新的“园子”，园子里放一些远道而来的表演，或把本地原汁原味的文化变形变味地放到园子里来。这些地方的这种做法，不仅不是保护，反而是一种加速其灭亡的破坏，是杀鸡取卵，是保护性破坏，是遗产的商业化、产业化破坏，是急功近利，是不尊重科学、不尊重文化发展规律的表现。

第二，文化空间保护的几个具体操作规则。

1. 动静结合的保护。主要指对文化空间中的动态文化、演示艺术、民俗行为等的保护要与静态的器物、工具、实物、建造、碑刻、文本等相结合，不可见人不见物，也不可见物不见人，而应该见人又见物、见动也见静。

2. 物质文化遗产与非物质文化遗产相结合的保护。一方面要在保护中既关注物质文化遗产，也关注非物质文化遗产；另一方面要在保护中将物质文化遗产的保护方法（登记、维修、定级、定性、保藏、保管、防蛀、防腐、分类等）和非物质文化遗产的保护方法相结合，形成综合有效的呈现和保护。比如，调查时，要做一般文物普查，更要做科学的民俗普查、专项调查；记录时，要文字、录音、摄影多项记录、全程记录，不仅记录实物，更要记录实物的制作、使用、工艺、匠师、文化象征等。目前，国际上流行的生态博物馆建设就具备这样综合的就地原生态保护的理念，值得不断完善和改进。

3. 生态保护与人文保护相结合。文化空间的保护一定要兼顾自然与人文这两方面内容。生态保护要运用生态保护的知识、手段、技术，人文保护要坚持科学、专业、文化的水准。这里的保护，是科学与文化相结合，二者相辅相成。

4. 对一种文化品类的保护与对各种文化品类的保护相结合。非物质文化遗产的文化空间中，通常会有一种文化品类特别突出、特别独特、特别有价值，但是在保护时绝不能只顾一点不及其他。这种突出的品类通常与其他品类互相阐释、互为生存，或者这种突出的品类完全依赖其他品类作为文化背景才能显现出来。所以，文化空间的保护要特别注重文化内部的关联性。这里面当然还应该包括表演艺术与手工艺术相结合，口头遗产的听觉文化与造型艺术的视觉文化相结合，族群整体保护与杰出传承人保护相结合，无论是记录、传承、教育、演示、研究，各种保护措施都要坚持兼顾、统筹的方针。

总之，文化空间的概念在保护非物质文化遗产中是一个具有启示性的指称，它是一种理念，是一种文化形式或类别，也是一种保护实践。通过对文化空间的理解，可以提升我们对非物质文化遗产的认识与理解。对文化空间保护的实验、实践，也将成为最有意义的保护行动。文化空间为我们保护非物质文化遗产提供了科学的范式和全新的视角，对尚未使用文化空间概念的我国非物质文化遗产抢救、保护、传承、发展具有重要的意义，应该引起进一步的研究与讨论。

试论非物质文化遗产活态保护的内涵和原理

蒲　娇（天津大学非物质文化遗产学博士）

中国历史悠久，民族众多，非物质文化遗产种类丰富。但是由于近年来大规模现代化建设与现代传媒的冲击，以及在保护中的保护理念、保护手段、管理体制乃至法律建设的滞后，许多珍贵的民族文化遗产正在迅速消失。

正所谓“他山之石，可以攻玉”，要想遏制这种现状的蔓延，就必须借鉴各国最新的保护理念，进行深入思考。对非物质文化遗产渐趋深透的理解，使我们摆脱原先线性的价值取向。如此，不同民族、不同文化之间以理解和共存为特质的多元文化观才得以建立。这一观念的转变，显示出当代人对历史文明整体认识向前迈了一大步，所以说，“人们对文化遗产关注的另一面，是对全球化负面认识上的自觉”。①

非物质文化遗产与物质文化遗产相比，具有流变性和活态性等突出特点，这就必然决定了对非物质文化遗产的保护绝不能仅止于物质化的保存，而更应注重对活态的“人”的保护。所以在非物质文化遗产的保护思路上，必须坚持以人为本的原则。活态保护的理念对非物质文化遗产保护实践的启示表现在多个方面，其中最主要的是使传统对“物”的静态保护变为对“技艺”的活态保护。活态保护要充分考虑到非物质文化遗产“活态流变性”的本质特征，以非物质文化遗产的“活态”特征和“流变”特征作为理论依据和保护依据。“活态”决定非物质文化遗产的传承体系，确保广大人民群众的参与，确保非物质文化遗产存活的生命力；“流变”决定保护要提倡创新，提倡发展。

一、活态保护的内涵

活态保护内涵的具体内容是指什么呢？它是针对非物质文化遗产活态流变性的特点，用可持续发展的眼光来看待非物质文化遗产的保护，注重以人为本，加强对传承人

① 冯骥才：《平地筑起的大厦》，《人类口头和非物质文化遗产》第 7 页，宁夏人民出版社 2004 年版。

的保护；注重文化空间的保护；重视遗产保护中观念的创新；重视立法和制度建设；重视资金投入和基础设施建设；重视全体公民的积极参与；注重在一定程度上进行产业化开发。在对非物质文化遗产的活态保护内涵有了一定了解后，还要有两点特别注重，一为如何做到传承有序，一为如何保持其本真性。

传承有序主要包括以下两个方面内容：

一方面要尊重历史的一贯性。非物质文化遗产经过代代相传，从久远的年代走到今天，经历了漫长的历史过程。这期间，文化记忆与技艺依靠社区、群体或个人得以传续，形成一个个经纬交织的链条。并趟过历史长河，形成现在的遗存，也就是今人所认识的遗产。传承有序或以集体形式进行，或以个体形式完成；或师徒传习，或家族传续。这种连绵不断的链条对于追溯其本源、流变过程提供了可考的理据。以传统手工艺为例，承担传习任务的民间艺人是非物质文化遗产的载体，他们所掌握的传统技艺，从来没有得到官方文化和上层文化正史的重视，一直以来都存在于艺人头脑中，依据艺人的记忆和技艺而存在。为了保持自身旺盛的生命力，就必须依靠一种有序的方式，也就是“不断线”地传承下去，形成历史的一贯性。向云驹先生曾经说过：“传承就是延续，这是民间文化保护中最有现实意义的工作。”[①]

另一方面要尊重技艺和文化内涵的稳定性。非物质文化遗产的传承是一条奔腾向前的河，虽然随着时间的流逝和空间的变幻，内容和形式都有所变化，但是其基本的技艺和文化内涵却不会改变。因为，“人”是非物质文化遗产的决定性的因素。只要实现有序的传承，就可以保持它们的纯正性和稳定性。以木版年画为例，虽然随着时间的流淌，画样和版样有所创新和变异，但“祈福禳灾”的文化内核不变，年画制作主要工艺流程也没有改变。但是，一旦非物质文化遗产的传承主体消失，他们身上所承载的文化技艺也会随之消失。“在历史的最初阶段，每天都在重新发明，而且每个地域都是独立进行的。”[②]也就是说，在非物质文化遗产萌芽产生的时刻，如果没有一种内在的传承方式去制约，便随时面临着被另外一种文化形式取代的危险。任何一种非物质文化遗产都有自己独特的文化基因和记忆，这是它得以区别于他类的“根”。如果失去这些，也就失去了自己的独特个性和持续发展的动力。

如何保持非物质文化遗产的本真性，是对其能否进行合理科学保护的根本。“本真性”是英文 authenticity 的译名。它的英文本意是表示真实的而非虚假的、原本的而非复制的、忠实的而非虚伪的、神圣的而非亵渎的。20 世纪 60 年代，“本真性”（也可称为“原真性”）被引入遗产保护领域，并逐渐在世界范围内达成理解和共识。1964 年的《威尼斯宪章》奠定了本真性对文化遗产保护的意义，提出“将文化遗产真实地、完整地传下去是我们的责任”。也就是说，本真性是要保护原生的、本来的、真实的历史原物，保护它所遗存的全部历史文化信息。[③]1994 年 12 月在日本通过的关于本真性的

① 向云驹：《人类口头和非物质文化遗产》第 110 页，宁夏人民出版社 2004 年版。

② 《马克思恩格斯选集》第 1 卷 107-108，人民出版社 1995 年版。

③ 《威尼斯宪章》，1964 年版。

《奈良文件》肯定了本真性是定义、估评、保护和监控文化遗产的一项基本原则。如何保持非物质文化遗产的本真性，就要关注和尊重其文化价值观。

首先，非物质文化遗产承载着生活制度和行为规范的内涵，是广大民众生活当中须臾不可离开的一个有机组成部分。例如，有些少数民族没有文字，许多艺术作品均以口头传承的形式流传下来，侗族的“款词”、瑶族和苗族的“石牌话”，都是非常典型的代表。世世代代劳动人民口传心授、约定俗成的活态文化是民族价值观的反映，是民族情感的寄托，是民族精神和民族性格的体现，是民族的灵魂，民族的根，是现代文化发展的不竭的源泉。

其次，蕴涵在各民族民间文化当中的价值观念又构成了这一文化的灵魂。非物质文化的本质基础在于它的价值，即在于人同这一文化的关系，脱离了本真性的文化事象只能是外表光鲜而内无神韵。保护非物质文化遗产应该十分关注、大力发掘和精心保护蕴涵于其中的价值观念，并与现代理念和技术结合起来。这样，保护才具有了本质性的意义，才能使之呈现为活的文化。其中应该尤其关注民众同非物质文化遗产的情感联系，如果将民间故事以及故事家同生活、同民众的联系割断，就会丧失原有的内在精神，原来的民间故事变质了，所谓的民间故事家也就不存在了。

非物质文化遗产当中所蕴含的价值观念，是这一文化所赖以生存和发展的灵魂。文化形态与价值观念，共同构成了这一文化所独具的文化生态。文化生态的平衡关系一旦被打破，就会造成文化基因谱系的断裂，这种文化形态的存在也就失去了意义。所以说，如果舍弃了对本真性这一文化灵魂的保护，也就等于肢解了这一文化的有机生命，文化也就不再是活的文化，对这一文化的抢救和保护也就会只停留在表面了。随着社会的转型，人们的生产、生活方式以及文化生态环境的变化，使得原生态的传统文化正在走向衰落、变异。民间原生态的非物质文化遗产越来越少，而流传至今的非物质文化遗产又是以口头讲述和行为传承等动态方式存活，始终与变化着的社会环境和文化语境相适应，表达着当下传承主体的鲜活情感，所以外在的变化很容易引起内部的变迁，这就为我们坚持非物质文化遗产保护的本真性原则带来了许多困难。

然而，世界遗产委员会明确规定本真性是检验世界文化遗产的一条重要原则，并要求真实、全面地保存、延续文化遗产的历史信息及全部价值，明确提出被登录的遗产不能是按照当代人对历史的臆想去重建恢复的东西。因此，坚持本真性原则，有助于提高对文化遗产价值的认识，坚持正确的保护理念和实践，是有效防止“伪民俗”和“伪遗产”占用可贵的保护资源财富的最佳途径。

中国是一个历史悠久、民族众多的文明古国，且拥有着世界上最丰富多彩的非物质文化遗产。我们的非物质文化遗产既包含着丰富多样的内容和形式，又与特定的生态环境相依存。活态保护倡导的保护是力求用一种全方位、多层次的方式来保存人类文化的多样性和丰富性，但真正落实到保护上，却又难以全面操作。因此，要注重对非物质文化遗产进行整体性的保护。

所谓“整体性”，就是要保护文化遗产所拥有的全部内容和形式，也包括传承人和生态环境。[1]就是说要从整体上对非物质文化遗产加以关注并进行多方面的综合保护。目前，在保护非物质文化遗产的过程中，各地都存在条块分割、点面断裂、缺乏整体规划与筹划的情况，难以形成整体联动的局面。在保护工作中，应当注意防止单纯“文化碎片”的代表作式的保护。所谓文化碎片，就是指原本是一个整体性的文化结构成了支离破碎的状态。[2]一个民间文化的品种或类型不是单一独立的，而是混同一体、相互依存构成的一个文化整体。文化遗产的保护也不应是文化的碎片，缺乏文化整体性的理念，人为地把它分割开来，单独将其中一部分作为一种类型的文化遗产保护，这样一来，虽然形式上实现了保护，但实际上却破坏了文化固有的整体风貌和遗产的价值。历史的经验以及世界文化遗产保护的发展趋势都告诉我们，坚持整体性原则是非物质文化遗产保护的必然方向。

如何进行整体性保护，要制定出切实有效的原则。在全球经济一体化和社会生活现代化的大潮中，传统民间文化正面临着灭顶之灾，特别是以口头传承为主要存在方式的非物质文化遗产正在迅速变异或消亡。传统的、多样的民族民间文化受到了社会化大生产和外来文化的强势撞击。这种撞击的结果绝不仅仅意味着个别文化片段的毁灭，而是意味着整个多样性文化的生存空间的改变，如果我们不能从整体上对这一生存空间加以热心关注、科学分析和合理、有效的保护，正确处理好发展与保护之间的关系，那么，任何割裂之后的小范围维护都会变得苍白无力、毫无意义。同样的，不能将非物质文化遗产从它的生存环境和背景中割裂出来“保护”，否则只能是切断其自我更新、自我创造的能力，最终使我们的优秀民族文化的根基受损。也可以说，“对具体文化事象的保护，要尊重其内在的丰富性和生命特点。不但要保护非物质文化遗产的自身及其有形外观，更要注意它们所依赖、所因应的构造性环境”。[3]这就要求不仅要重视这份遗产静态的成就，尤其更要关注各种事象的存在方式和存在过程。比如，对于丧葬仪式的唱歌活动的考察，如果要保护民歌演唱传统，使它流传下去，只是整理歌词、录音、录像是不够的，它并不能反映哭丧仪式中的悲怆情绪和死别的心境，必须要设法保护民歌演唱活动最基本的生态环境，只有坚持活态保护，才能使之继续活在民间。总之，既要保护文化事象本身，也要保护它的生命之源。

在保护过程中，还应当注意文化遗产的历史形态，不可片面以为文化遗产的“过去式”是其最合理的存在状态，更应正视文化遗产的现时状态，承认它的发展和流变，而不是人为地将其作为化石来对待。有形文化遗产反映的可能只是人类过去的创造，而非物质文化遗产反映的是人类的过去、现在以及将来的创造力。正如德国哲学家加达默尔指出的：“即使在生活受到猛烈改变的地方，如在革命的时代，远比任何人所知道的多得多的古老东西在所谓改革一切的浪潮中仍保存了下来，并且与新的东西一起构成新的价值。”[4]作为活态文化的非物质文化遗产，随着历史的演进和时代的发展，不断地变化、

① 王文章：《非物质文化遗产概论》第 327 页，文化艺术出版社 2006 年版。

② 陈勤建：《保护非物质文化遗产要防止文化碎片式的保护性撕裂》，《中国美术馆》，2006 年第 4 期。

③ 刘魁立：《非物质文化遗产及其保护的整体性原则》，《广西师范学院学报》，2004 年第 4 期。

④ 加达默尔（Hans-Georg.Gadamer）：《真理与方法》，《时报文化》，1987 年第 3 期。

更新，不可能一成不变。特定时代、特定事件的有形文物是固定的，不可再生的，它可以是脱离世界活形态文化传统的一种静态存在，是一种物化的时间记忆和空间象征，相对来说，对它可以用强制的手段进行有效的保护。但是，非物质文化遗产却是流动的、发展的，它不可能脱离生产者和享用者而独立存在，它是存在于特定群体生活之中的活的内容，是发展着的传统行为方式，它无法被强制地凝固保存。也可以说，任何非物质文化遗产都是流动的、发展的，它在社会发展的每个阶段都会产生新的变异，并在变异中求得生存和发展，在变异中彰显它与众不同的魅力。

此外，坚持整体性原则是为了保护完整意义上的文化，无形文化遗产和有形文化遗产都是我们的宝贵财富，虽然在具体形式、内涵、功能上有所不同，但都是中华民族精神情感的衍生物，都是同根同源、一脉相传的文化整体，这对于我们了解和认识传统文化都有至关重要的意义。因此，我们不能将其割裂开来，应当同时加以有效保护，才能继承完整的中华文化传统。

如何对非物质文化遗产进行整体性保护，应该做好这几项工作：一是尽快建立本地的非物质文化遗产信息库。各地政府和学界要尽快完成本地区非物质文化遗产的收集、整理和归类工作，为制定系统的保护政策和规划提供客观依据。二是尽快制定整体保护规划。各地要针对本地区非物质文化遗产资源的整体分布情况，来制定保护非物质文化遗产的保护规划和保护政策。规划的总要求要注重结合实际、因地制宜，使本地区的非物质文化遗产保护形成系统。三是要尽快形成完善保护体系。各地要尽快形成对各层次非物质文化遗产的保护，建立起世界级、国家级、省级、县（市）级四级非物质文化遗产保护项目体系，通过一层层的合理结构，形成高效能的保护体系，做到层层深入、责任到位。并且加强系统组织管理，在系统化的原则下，建立有序的保护网络，克服自发保护的局限性和盲目性，使非物质文化遗产得到最大限度的保护和利用。

二、关于活态保护的可行性

非物质文化遗产在2003年联合国教科文组织颁布的《保护非物质文化遗产公约》中被解释为“被各社区、群体，有时是个人，视为其文化遗产组成部分的各种社会实践、观念表述、表现方式、知识、技能，以及与之相关的工具、实物、手工艺品和文化场所。这种非物质文化遗产世代相传，被不同社区和群体在适应周围环境和自然的过程中和与其历史的互动中不断地再创造，为他们提供持续的认同感，增强对文化多样性和人类创造力的尊重”。[①]为什么要进行活态保护，这与文化本身的结构和内容有很大的关系。根据非物质文化遗产的特性，人们在实施保护的过程中提出了“活态保护”的理念。活态保护的方法目前已广泛使用于非物质文化遗产保护工程中，并被公认为非物质文化遗产保护的最佳方式。因此，活态保护对非物质文化遗产保护工程的顺利实施就显

① 联合国教科文组织：《保护非物质文化遗产公约》，2003年。

得非常重要，认真研究活态保护并贯彻实施，毋庸置疑是非物质文化遗产保护得以实现的关键。

非物质文化遗产的活态保护观念是相对于物质文化遗产的“静态保护”而衍生出来的。物质文化遗产是一件件物品或一处处的遗址，要求置放于博物馆里或相类似的环境里，与观赏者隔着一定的时空距离，人们在静静观赏中，品味流逝在时光里的辉煌文明。历史与现实在这里是相互隔离的，历史仅仅用于遐想、膜拜或对比中，物质文化遗产在这里充当的是一种类似于“表演”的角色，来演绎历史。而非物质文化遗产，它有两个明显的特征，一是“无形”，由一个民族心口相传的“社会实践、观念表述、表现方式、知识、技能”；二是“活态”，它在久远的历史年代中就已经产生并延续至今，在更多的成分上是一种仍然继续着的生活，要保护这种“无形”而又“活态”的“遗产”，必须遵循原生态的原则。实施活态保护，简单说来就是让民族民间文化在原生的环境中得到保存和发展，发展才是其核心思想。

活态保护从其本质属性来看应把握它具有的再创造性的确认、核心价值的确立和当代文化建设系统工程的有机组成部分这三个关键点。对这三个关键点较为准确的把握是实施非物质文化遗产活态保护的“核心要素”。

首先，再创造性的确认是指对非物质文化遗产在变异中求得生存、在实践中获得发展的特点进行的认知。与物质文化遗产不同，非物质文化遗产具有再创造性的特点，再创造性是表现在文化多样性中的人的创造力。具备再创造性特点的非物质文化，是一种生长着的文化，会不断出现新形态、新现象。生长性是非物质文化遗产的最突出的特点。对于一种生长着的文化进行合理的保护，一个首要的条件是必须弄清楚它的生长要素，找出其再创造点，以再创造点为基点进行吐故纳新的传承，从中展现人们的生命创造力，达到活态保护的目的。

其次，核心价值的确立是指非物质文化遗产在人类历史发展中具有的积极作用和功能。非物质文化遗产的价值主要表现在它的认同感、亲和力与凝聚力上，表现在所展现出的人类文化多样性上，表现在它体现出的文化基石的作用上。“非物质文化遗产形态尽管千姿百态，但它归根结底展现了一个民族赖以存在和发展的特有的生存方式、生活智慧、思维方式、想象力和文化意识，是民族精神的集中反映。”①所以，科学地实施非物质文化遗产保护，是现代化国家张扬民族精神，实现独立自主可持续发展的必然的文化诉求。

最后，当代文化建设系统工程的有机组成部分是指确认非物质文化遗产在当代文化系统工程建设中的对整合和促进的作用。建设当代文化系统工程的目的之一，是要寻找当代社会经济和政治发展的内在动力，非物质文化遗产是来自民间的创造，其中包含着一个民族最伟大的原创力，传承这种原创力就会找到当代文化建设中必须具备的创造力；同时，丰富的非物质文化遗产，不仅构成了中华民族深厚的文化底蕴，也承载着中华民族文化渊源的基因，具有基因库的性质，它给当代文化建设系统工程提

① 陈勤建：《民间文化遗产保护和开发的若干问题》，《江西社会科学》，2005年第2期。

供源头活水。

活态保护的三个关键点环环相扣，层层相因。再创造性的确认是核心价值确立的前提，是非物质文化遗产成为当代文化建设系统工程有机组成部分的必要条件；核心价值的确立是再创造性的灵魂所在，是当代文化建设系统工程的建设依据；当代文化建设的系统工程是再创造性的表现，是核心价值的存在形式。

关于活态保护的基本原则，主要体现在以下几个方面：

一是回归生活文化。非物质文化遗产源于民间，是下层民众在日常生活中创造出来的，是民众生活的一部分，非物质文化遗产中的语言、服装、器具制作工艺、各类建筑艺术等对民众生活有直接作用，非物质文化遗产中的习俗、神话、寓言、节庆等对民众生活有间接作用。非物质文化遗产具有实用性质，是生活样态的文化，只有在生活中它才呈现鲜活的生命力，离开民众的日常生活它就会衰落进而消亡。非物质文化遗产的这个特点使得在保护它的时候必须让它回归民众生活，成为民众生活的一个不可缺少的部分，这是非物质文化遗产保护的前提，也是非物质文化遗产活态保护的一个不可动摇的原则。

二是表达个性特征。非物质文化遗产植根于民众个体的自觉意识中，是民众个体内在的精神需求。不同的需求产生不同的文化，每个人都是在这个共同的文化中成长起来的，因此它直接表达着各个民族的个性特征，最能体现各个民族的本质，是不同民族历史生命的记忆和独特生存的象征。我们也应该正视非物质文化遗产的传承和创新。很多艺术、技艺、包括社会习俗都是一个不断创新和变化的过程，非物质文化遗产不同于古董，不同于自然遗产，也不同于物质遗产，这些遗产随着时间的推移会褪色、会老化，但是非物质文化遗产恰恰相反，它们要鲜活地存留在人间，就必须有创新的精神，适应时代的变化。事实也证明，像昆曲、木卡姆艺术等遗产也是在长久的历史过程中经历过改革和创新才能发展到现在的。非物质文化遗产所表达的这种个性特征来源于民众的个体生活体验和生活要求，并从个体出发进而发展到大大小小的群体，最终成为不同族群的标识，个性特征的存留是产生非物质文化遗产的前提，因而在非物质文化遗产保护中实施的活态保护就需要将能否表达个性特征作为保护中必须遵守的原则。

三是突出多样性。非物质文化遗产的内容丰富多彩，从思想信仰、社会礼仪、文学艺术、求医问药到生产劳动的知识和实践，无所不包，换句话来说，凡是人们在生活中涉及的内容都有包含。而不同的民族，同一民族的不同地域，又对这些内容有程度不同的表现，它们构成了文化的多样性。这种多样性对人类的发展来说至关重要，是人类社会可持续发展的源泉之一。突出多样性，毫无疑问是活态保护的又一原则。

四是展示创造力，但创新不等于完全变异。真正的创新，是在不改变遗产的“原真性”和“完整性”的基础上进行的，这也是非物质文化遗产能否在当代甚至未来继续鲜活下去的决定性因素。以自己的观念，强加于非物质文化遗产的发展传承过程，刻意地融入一些现代化的因素，刻意地加以所谓的创新，从而去取悦部分人的审美取向，只会扭曲创新的真正内涵。非物质文化遗产是来自民间的创造，它充分展示了在人类社会发展中人所表现出来的无穷无尽的创造力，创造力推动着人类社会的发展，保护非物质文化遗产一个重要的目标就是要获取人的创造力，离开了获取非物质文化遗产中创造力这一目标，保护非物质文化遗产的重要性就会大打折扣。在保护过程中必须将非物质文化遗产中蕴涵的创造力充分予以展示，这将是非物质文化遗产保护中必须执行的原则。

“活态保护”是非物质文化遗产保护的最佳方式。通过保护促进传承，又在传承中得到保护。通过这种保护方式，我们民族发展的文化命脉得以存留，民族精神得以弘扬，民族创新能力得以提高。

三、活态保护的原理

非物质文化遗产的延续和发展是以传承为纽带的，而传承的过程使得非物质文化遗产具备活态流变性，活态流变性的核心一个是“活”，一个是“变”。“活”包括非物质文化遗产存在的动态性，随着环境变化而变化、随着传承活动和传承对象的改变而变化的特点，另外一个含义则指的是非物质文化遗产是“活”在当代、“活”在人们生活中的文化。非物质文化遗产的产生、发展自始至终都是一个动态的、变化的过程。活态流变性贯穿于非物质文化遗产传承活动的始终，它包括：纵向历时性传承中的动态性，横向共时性传播中的流变性。一些学者认为进化论是将人类学纳入时间序列，而传播论则是将人类学纳入空间序列。我们认为，进化论着重纵向联系，传播论着重横向联系，其实两者各有长短。

一是进行共时性活态保护。从共时性来看，非物质文化遗产或通过一方有意识的学习、另一方的悉心传授，或老百姓之间的自发的相互学习等文化交流方式得以流传到其他民族、国家和区域，通过这些途径使得非物质文化遗产进行广泛的传播。这种传播呈现出的活态流变的性质，使非物质文化遗产的共有共享成为可能，也是它与物质文化遗产的重要区别之一。通常而言，物质文化遗产的传播通过复制就可以获得，如依据设计图纸和建造方案进行复制就可以了。但非物质文化遗产的传播是一种活态流变，是继承与变异、一致与差异的辩证结合。在它的传播过程中，常常与当地的历史、文化和民族特色相互融合，从而呈现出继承和发展并存的状况。但应该看到，虽然有变化和发展，却依然存在基本的一致性，如果完全不同，也就失去了其特质。

世界上没有一个民族是孤立发展的，每个民族都受到周围相邻民族的种种影响。因此，德国地理学家拉策儿认为，文化特质只有一个起源，其他支流都是由传播而来。这就是说，文化形式的相似绝不是由相同的心理为基础而独立发生的，更不是因为利用质料的方法相同或目的相同所致。两个相距遥远互不接触的地区有相类似的文化，它们平行发展，两者并无发生学上的关系，它们之所以相似，是因为在同一时间内，这些不同的进化路线受同一原则支配，即利用一切可能的技术条件去适应特定的技术环境。也可以说，这是文化—生态的适应，文化变迁、发展的过程就是适应环境的过程。如，端午节虽然起源于我国，但在文化交流中传播到了韩国，韩国并不是原封不动的照搬，而是融入了很多他们自己的风俗习惯、民族特色和文化传统，丰富和发展了端午节的内涵。

但是，这个端午节已经并不是在中华大地上的那个意义的端午节了。

二是进行历时性活态保护。文化保护是一个巨大的系统工程，它所要考虑的不仅仅是文化表现形式本身的保存，还必须综合考虑政治、经济、社会、民生等方方面面的现实利益的维护。人们应当逐渐摆脱先前那种“以一种文明取代另一种文明”的简单的线性价值取向。取而代之的是，人们对处于各种不同时空状态下的不同民族、不同文化的广泛理解与认同。马克思主义认为不能用生物学规律来解释社会发展，社会的进步取决于生产关系一定要适应生产力性质的规律，社会发展的根本原因是生产方式的发展。

自英国人类学家泰勒（E.B.Tylor）的《原始文化》一书于1871年发表以来，便为人类学家所广泛应用，有的欧洲人类学家论证说，全部文化开始于一个或多个特殊区域，然后向全世界传播，这种认为所有文化都是一个共同起源的观念，统称为传播主义。①他们用生物进化来解释社会，把社会进化的原因归于人类心理一致，认为进化的顶点是资本主义社会，认为某些非物质文化遗产代表的是低等的生产力，并最终会灭亡，最后文化会趋向一致。这种认为文化从简单到复杂、通过共同途径进化的思想被批评家称为单线进化。单线进化论从文化发展的角度来看有本质性的错误，它否定了处在不同时期的文化的存在状态，认为低等社会产生的文化一定会被高等社会的文化所取代。而大多数非物质文化遗产都是产生于不发达的社会中，如果承认了单线程进化，就会造成它们的遗失和灭亡。文化的趋同和一致，造成了文化的无差异性，更加不利于社会的发展和文化的进步。

从历时性的纵向传承来看，非物质文化遗产承载着诸多历史的记忆，要依靠世代相传保留下来。同时，一旦停止了传承活动，也就意味着死亡。而且，往往是口传心授，打上了鲜明的民族、家族的烙印，传承人的选择和确定主要着眼于与被选择者的亲密关系与对其保密性的认可。通常以语言、亲自传授等方式，使这些技能、技艺、技巧由前辈那里流传到下一代，正是这种传承才使非物质文化遗产的保存和延续有了可能。而这些非物质文化遗产也成为历史的活的见证，假使没有了这些传承活动，也就谈不上动态的表现活动，也就更谈不上非物质文化遗产了。

非物质文化遗产具备动态性，首先在表现形式上就是一个动态的过程。对具体的非物质文化遗产类型来说，音乐、舞蹈、戏剧等表演艺术类型都是在动态的表现中完成的；图腾崇拜、巫术、民俗、节庆等仪式的表现也都是动态的过程；器物、器具的制作技艺也是在动态的过程中得以表现的。

其次，从其特定的价值观、生存形态来看，非物质文化遗产也是动态的。非物质文化遗产就如有的学者所说的“灵魂”，即“创生并传承她的那个民族（社群）在自身长期奋斗和创造中凝聚成的特有的民族精神和民族心理，集中表现在共同信仰和遵循的核心价值观”。②非物质文化作为民族（社群）民间文化，它的存在必须依靠传承主体（社群民众）的实际参与，体现为特定时空下一种立体复合的能动活动，如果离开这种活

---

① 黄淑娉、龚佩华：《文化人类学理论方法研究》第57页，广东高等教育出版社1996年版。

② 贺学君：《关于非物质文化遗产保护理论的思考》，《江西社会科学》2005年第 期。

动，其生命便无法实现。活动开展和人们的参与就是一个动态的过程。非物质文化遗产历史性传播中不但存在着动态性，也存在着变化。

一是当特定的环境发生变化，包括政治环境、经济环境、文化环境的变化，传承也就会在与自然、现实、历史的互动中，不断生发、变异和创新，这也注定它处在永不停息的运变当中。

二是在传承活动中，由于人在传承活动中具有核心作用。因此，非物质文化遗产会随着传承人的变化而发生一定的变化，每个具体的人对某种非物质文化遗产的感悟力、理解力、创造力都是不同的，这也使得非物质文化遗产是一个不断变化的动态过程。

三是有些非物质文化遗产在发展过程中，本身在表现其艺术性的同时，关键还在于是艺人的一种谋生本领。所以，随着时代的变化，随着对象喜好的变化，艺人们也会相应地、或者是在不知不觉之中对自己的技艺做出相应的调整，这也使得其具备动态性。

四、结语

活态保护是非物质文化遗产保护的最佳方式。通过保护，促进传承，又在传承中得到保护。通过这样的保护方式，我们民族发展的文化命脉得以存留，民族精神得以弘扬，民族创新能力得以提高。“民间文化是我们民族的精神传统的重要组成部分，是我们珍贵的历史记忆，对于一个民族的未来十分重要，我们必须留住民族的文化基因。失去它，我们的文化将失去凭依，也将失去产生文化的原动力。”冯骥才先生说，“留住这种文化，不只是留住我们的美好传统和精神财富，更是为了民族的未来。”[①]

① 冯骥才：《留住民族文化基因》，《人类口头和非物质遗产》第 7 页，宁夏人民教育出版社 2004 年版。

非物质文化遗产与数字化管理
——以湖北宜昌市非物质文化遗产数据库建设为例

周　奇（中国艺术研究院艺术学系硕士研究生）

湖北宜昌市是全国非物质文化遗产保护的首批三个试点之一，主要负责非物质文化遗产数据库建设，探索、开发适合普查需要的数据库软件，对中国非物质文化遗产的数据化管理开展试点工作，并提供相应经验。

中国幅员辽阔，历史悠久，民族多样，文化遗产也极为丰富。在保护工作如火如荼开展的今天，如何才能把采集来的海量数据进行妥善的保存和管理，便于他人的查找和研究，这是信息化时代非物质文化遗产保护工作的一个重要议题。由于非物质文化遗产具有非物质性、活态性等不同于物质文化遗产的特点，加之其数量庞大，不同的遗产间也存在很大差异，因此，如何开发出一套具有普遍适用性的数据库系统，将其应用到纷繁复杂、类目众多、各不相同的非物质文化遗产中，是一个巨大的难题。而且，中国的非物质文化遗产保护正处于初始阶段，一切都在摸索之中，尚无成熟的可供借鉴的经验和范本。因此，尽管这一工作对于新时代非物质文化遗产保护来说显得非常必要，但其难度却不容小视。

2006年以来，宜昌市非物质文化遗产保护中心一直做着相关的研发工作，2008年七八月间，数据库初具雏形，进入试用、修改阶段。从这个阶段开始，数据库进入实际运作状态，非遗保护中心的工作人员开始按照数据库设定的规则，将各个遗产项目一一录入，并检测数据库系统是否存在技术和使用缺陷。另外，数据库开发团队还要检验该数据库是否适用于非物质文化遗产、能否全面科学地反映遗产内容。这一阶段的工作意义重大，因为它既能加深我们对非物质文化遗产的认识，又能凸显非物质文化遗产数字化管理中存在的问题、难题，为下一步提出解决方案提供可能。笔者有幸参与这个阶段的工作，故在下文中将试以此为例，阐述在探寻非物质文化遗产数字化管理之路中遇到的问题，以期为未来的相关工作提供经验。

一、明确开发目标与诉求

对于一个从零开始的数据库系统来说，明确开发目标和诉求是最关键和最根本的一步，根本方向发生偏差会导致之后一系列问题的产生。我们就在这个环节上遇到了问题：技术开发人员提出，如果这个库仅仅只需要把海量的素材全部整理好，就像一个仓库，把各种资料简单地堆砌、摆放于其中，那么要建立这个库从技术上讲并不难。但从专业角度看，“数据库是指长期存放在计算机内的、有组织的、可共享的数据集合”，[①]简单地说，数据库就是结构化数据的集合，所以，要成为一个真正意义的数据库，所有的素材都需要被有序、科学地分类，并要求有应用性、创新性，能以各种手段进行有效、便捷的查看和检索，这就要求有一个提纲挈领的线索把素材整合起来。所以，这两种库实际是完全不同的，技术难度也有差距。由于当时的数据库完全处于摸索阶段，无任何经验可以借鉴，非遗中心的工作人员对此也没有十分明确的目标：一方面想把所有素材，不管是否用得着，都放在库里；一方面，又想向真正意义上的数据库靠拢，建立一个“二合一”的系统。由于目标不明确，数据库的开发进行得十分缓慢。

二、选择合适的纲领

导致目标不明确的原因之一是，数据库是以项目为纲，还是以条目为纲。“项目”和“条目”是当时数据库开发中的两个概念。“项目”即已经列入国家级非物质文化遗产名录的遗产项目；“条目”的定义则是“相同素材的集合”。所谓以项目为纲，即所有的素材都以项目为归类标准，项目是海量素材的目录；而以条目为纲，就是把具有共通点的素材放在一块，建立相应的条目，打破项目的界限，将条目作为所有素材的目录。问题的焦点在于究竟要选用哪种方法，因为这直接决定着数据库下一步的发展方向。技术团队从自身专业角度出发，认为应该以条目为纲，而保护中心的工作人员则更加习惯以项目为纲，因为对他们来说，“项目”是一个更加熟悉的概念，而“条目”则较为陌生。而且，以条目为纲这种方式要求我们必须准确、详细、完整地标引和标注好每一条素材。尽管技术人员坚持以条目为纲，但最终保护中心还是决定以项目为纲，并在此基础上兼顾条目。

以项目为纲，那么项目是最顶层的目录，有关这个项目的所有素材都归于其下。但如此一来，项目之下仍然是海量素材的杂乱堆砌，缺少更加详细的分类，这会给用户的浏览、检索带来很大的麻烦。为解决这一问题，制作表格的办法应运而生。所谓制作表格，就是在项目与素材之间创建一个二级目录，使项目之下的海量素材能有一个较项目更加细致化的目录，能够很好地对素材进行分类。对技术人员来说，这是一个很重要的环节，因为从程序设计的角度看，缺少这个表格（或在性质上与该表格相同的某种目录性质的东西），会导致技术人员的设计无法继续进行。这个表格是需要保护中心分管每个项目的负责人自己思考和创建的。按照保护中心的要求，表格需要尽可能地囊括相关素材，并在同类项目中有一定的普遍适用性。

---

① 萨师煊、王珊：《数据库系统概论》第 4 页，高等教育出版社 2002 年版。

例表

形式构成 / 内容构成	歌乐特征	舞蹈特征	文化内涵	历史渊源	代表人物
撒叶儿嗬歌舞前的仪式环节			• 人生最大、也是最后一次礼仪中的仪式环节，体现对先辈、亲人的终级关怀和对生命的认知	•祖辈传承 •前传后教 •代代相袭	
撒叶儿嗬歌舞	•先声夺人 - 音韵绕梁依字行腔 - •“跑调”的“怪”音 •活着的楚辞曲体 •五句子风流歌	•顺、曲、颤 •罕见的律动 -6/8 拍子带切分音 •往复交错太极式—模仿动物套路多	•善吾生，善吾死 - 庆祝“回归” •为活人跳丧	•武王伐纣、巴师勇锐、歌舞以凌 •初丧，鼙鼓以为道哀。其歌必号，其众必跳…… •当兵的不绝后 •殡仪馆里跳丧	•大众参与的娱乐方式
撒叶儿嗬歌舞后的仪式环节			•献祖、送亮仪式表现出土家族浓厚的祖先崇拜意识	•出丧、上山、下葬、回煞等多受汉族丧葬习俗影响，但清江土家自有特点	

上表是当时“撒叶儿嗬”项目的表格。这个表格的纵向为该项目的形式构成，分为“舞蹈前”“舞蹈中”“舞蹈后”三个表格属性；横向为内容构成，分为歌乐特征、舞蹈特征、文化内涵、历史渊源、代表人物等表格属性。这个表格就是介于“撒叶儿嗬”项目和其下海量素材之间的中间目录，用于分类这些素材。表格中的内容都可以继续点击，点击后可以看到该内容下的素材。如“顺、曲、颤”这个内容下，就有许多图片、文字、声频、视频，用以解释“撒叶儿嗬”舞蹈是如何“顺”“曲”“颤”的。在设计这个表格时，要尽可能把所有有关“撒叶儿嗬”的素材都放进去，还要使之大体适用于其他传统舞蹈项目。

然而，这种以项目为纲，兼顾条目，并以表格“抓”素材的设想和计划，有着明显的缺陷。

首先，以项目为纲存在很大难题，因为有很多素材是在项目之外的，或者它们同时属于几个项目，这样就会有一部分素材遗漏或重复。在实际操作中，有很多素材，如某地的地理环境图片，文化部门关于民间文化保护的通知和文件，县志，某些和项目相关的工具等，严格来说它们不属于任何项目，从性质上讲，它们与直接描述某一项目的图片、文档相比，确实有一定差异，但不可否认的是，它们又是了解某一项目的必备背景资料，或是某一项目构成中次要但不可缺少的一部分。如果纯粹以项目为纲，那么这些素材就会因为无法被归于某一项目而被边缘化，无法在浏览中被发现，形成数据库中的盲点。

第二，制作表格存在分类上的难题。表格是一种相对机械的归类方式，横向与纵向交叉的空格中，填写的内容严格而单一，在性质和内容上与之无关的东西都不能填在交叉的空格中。所以，要想创建一个表格以囊括所有相关素材十分困难，总会有遗漏。

第三，各个遗产项目之间，虽有相通之处，但作为一种文化现象，它们都有非常复杂的一面，一个表格很难放之四海而皆准。换句话说，如果把例表套用到别的传统舞蹈项目中，或许并不一定适用。

第四，项目为主、兼顾条目的路线很难走。这原本是两个独立的体系，如果一定要把二者杂糅在一块，会出现很多逻辑上的混乱。

三、弱化“项目”，注重素材标注，设置恰当的标注属性

正因为如此，数据库的建设和试用进行得十分缓慢。此时，文化部民族民间文艺发展中心主任李松教授来宜昌指导数据库方面的工作，他建议我们以条目为主，不把条目和项目混在一起，这更利于数据库全方位囊括文化资源，而不至于造成资源信息的缺漏。数据库要管理和保护的不仅仅是已经成为国家项目的文化遗产，也包括当地其他优秀的文化资源。如果一定要留下项目的那套体系，或者为了方便各级项目申报工作，可以在数据库之内再专门建立一个项目库。这些想法与数据库技术开发人员的最初思路不谋而合。除此之外，他建议我们把工作的重点放在素材的标注或标引上，因为素材的标注或标引是任何数据库建设的基础工作，标注有多细致，检索就有多方便，但这同时也意味着工作量将会愈加繁重。

素材的标引或标注就是对素材各种属性的描述。属性主要分为物理属性和文化属性，前者包括该素材的采集者、采集时间、地点、素材大小、素材格式等；后者指该文化事象的流传地域、传承方式、表演者、场景、服饰、表现形态、演变及流传情况、唱词、仪式或程序等。素材被采集之后，不管未来怎么使用，都要对其属性进行详细整理和如实标注，这是数据化管理的基础性原则，也是最常规性的工作，否则素材的价值就会大打折扣。

这一阶段目标明确，但困难和问题仍然不断。最常见的问题就是：素材需要标引的属性在设置上较为混乱，易生歧义，为保护人员的填写带来困难。例如“责任人”的设置：“责任人”这一概念的定义较为模糊，因为“责任”所针对的主体不明确。严格地讲，项目申报人、被调查者、素材的采集者、数据库该项目的负责人、素材的整理者都可以算作对该素材负责的人。同样，“作者”的设定有着类似的问题。另外，“采集方式”这一属性具有很大开放性，对于一张照片来说，不同的人在填写这一属性时会填入不同的内容，如“摄影”或“拍摄”。这种属性填写的不统一可能会带来将来数据库检

索中的缺漏。

上述问题提醒我们，在设置素材属性的时候，定义必须明确，要让所有的人对这一属性的定义有相同的认识，或者让这个属性的指向单一，让所有使用者都知道这个空格中要填什么，如采集时间、采集地点这类属性。这样才能使数据被明确地识别，使信息更具有效性，也只有这样，信息的检索才会更加便捷。

非物质文化遗产的数据化管理在当今是一个较为前沿和新兴的领域，一切都在摸索中前进。产生以上诸多问题，最大的原因，就是非物质文化遗产本身包含的内容广泛，涉及的学科也门类众多，其在内容上具有高度的综合性和复杂性；同时，“非物质文化遗产”并不仅仅是一个学术领域，同时也是需要政府加以保护的对象，在此过程中需要中央政府与各级地方文化部门的参与。所以，这也是一门操作性极强的工作。作为一种文化事象，非物质文化遗产多样性、综合性的特点与数字化管理严密、机械性的特点有着不可避免的冲突，这在数据库开发团队与保护中心工作人员的交流和沟通中表现得非常突出。双方在交流或提出诉求的时候，往往会在某一问题上产生定义、语言表述上的矛盾，很多情况下，双方无法互相理解，进而无法有效地解决问题。

产生这些问题的另一个原因，与对非物质文化遗产的认识还不够深入有关，这也从一个角度反映出我们对非物质文化遗产的理论研究还不够。无论是学界、政府，都需要对非物质文化遗产有清晰明确的认识，这样才能避免在保护过程中走弯路。非物质文化遗产的许多项目具有综合性、复杂性、整体性特征，对于这些项目，我们在保护中不能绝对地“项目化”，即对项目之外的任何东西（如文化遗产的生存环境等）不闻不问，只关注项目本身。非物质文化遗产的数据库建设同样如此，“项目化”的数据库会使很多文化信息被边缘化、遗漏，也不利于广大民众形成对非物质文化遗产资源的“整体保护”意识。另外，非物质文化遗产本身在分类体系上的模糊与不科学也在一定程度上为数据化管理带来了麻烦，这都对我们在学科建设和事业发展诸方面提出了新的要求，只有在不断的探索和实践中逐步攻克难关，才能不断创新发展。

现代化建设与非物质文化遗产保护关系研究

梅良勇（徐州师范大学法政学院教授）
刘　凌（徐州师范大学法政学院研究生）

在漫长的人类岁月中，中华民族创造了不曾间断的文化长河，蕴藏着浩瀚精深、灿若繁星的非物质文化遗产。它们是中华民族的生命力和创造力的不竭精神源泉，是确立我国文化身份的根本，是维护人类文化多样性的根本，更是中华民族文化之根。在21世纪全球经济一体化和快速现代化的背景下，留住记忆，保护和传承非物质文化遗产，从而确保人类社会全面的、可持续的发展，已成为人类社会发展的重要课题之一。

一、现代化建设与非物质文化遗产保护的矛盾及表现

从非物质文化遗产概念看，“非物质”并不是说它与物质绝缘，没有物质因素，而是指重点保护的是物质所承载的、精神的、有价值的因素。“非物质文化遗产是不可能单独作为一种意识形态而存在的，它总是要通过相应的物质载体表现出来，然而，我们更要关注的并非是这一遗产的物质层面，而是隐含在物质层面之后的那一宝贵的精神内涵和历史传统。”①中国现代化之路应当体现民族特点，但是在我国现代化建设与全球经济一体化浪潮的冲击下，人们的生产方式、生活方式、生存环境、价值观念等都发生了重大变化，导致非物质文化遗产正在大量急遽消亡。因此，非物质文化遗产的保护工作面临着前所未有的挑战，正如我国著名民俗学家乌丙安先生所说：“不要把全球化和社会转型看成是百分之百的‘现代文明’，应当看清楚在现代化文明的进程中，同时还伴随着‘现代野蛮’的严重破坏与威胁。”②

全球化引发“文化趋同”。随着经济全球化的纵深发展，人类社会由农业社会、工业社会进入后工业社会、信息社会，文化的趋同现象越来越成为突出的问题。联合国《保护非物质文化遗产公约》指出：“承认全球化和社会转型进程在为各群体之间开展新的对话创造条件的同时，也与不容忍现象一样，使非物质文化遗产面临损坏、消失和破

① 刘魁立：《从人的本质看非物质文化遗产》，《江西社会科学》，2005（1），第95-101页。

② 乌丙安：《我国非物质文化遗产保护面临的挑战》，《中国社会科学院院报》，2006年7月16日。

坏的严重威胁，在缺乏保护资源的情况下，这种威胁尤为严重。”这就警告人们：当今世界，全球经济一体化的趋势正日益威胁着人类文化环境的多样性。最富、最强的大国文化正在主宰着本来文化多样性的世界，穷国、弱国或不发达地区的文化正面临着迅速消失的可怕灾难。早在20世纪，面对西方文化对传统中国的强势冲击，冯友兰先生就明确地指出：“现代化不是欧化。现代化可，欧化不可。”①

我国经济发展与非物质文化遗产保护的反向关系。我国现代化进程残酷、快速地侵蚀着传统文化赖以生存和发展的文化心态基础，大量非物质文化遗产正或快或慢趋向消亡。偏远落后的少数民族地区也深受现代文明的影响，社会成员为了开阔眼界大量接触外界文化，在结束封闭状态的同时，也正在使一个个有历史、科学和文化价值的美丽村寨、古老里巷遭到破坏甚至消失。马克思指出：“某一地域创造出来的生产力，特别是发明，再往后的发展中是否会失传，完全取决于交往的扩展情况。”②普通百姓尤其是年轻人厌弃农耕文明、渴望工业文明，追求现代时尚、认同现代文化和现代生活方式，对传统艺术和技艺不再怀有热情。对生存、对美、对快乐有着与他们的祖辈完全不同的理解，致使原有文化生态发生了巨大变化，作为主要是农业社会产物的非物质文化遗产，受到了严重的冲击。另外，随着经济的提升，物质的丰富与人的心灵满足之间出现了二律背反。现代社会中，难以摆脱的竞争压力使人们日益感到，精神的空虚正蚕食着内心世界，传统文化中蕴含的恬淡、安宁、快乐越来越远离心灵。

飞速发展的时代科技在为文化传播提供手段、促进文化繁荣的同时，却在某种程度上抑制了非物质文化遗产的现代传承。作为一把双刃剑，科技对人类文化的影响存在着显著的双重性。诚然，科技的突破带来了人类社会的日益繁荣，我们今天的物质享受和文化生活，是我们的先人所不敢想象的。交通的日益发达、信息技术的跨跃式发展，为传统文化的快速传播打开了方便之门。数字影视、网络技术、动漫设计等前沿技术的不断更新，为人们充分展开想象的翅膀，打开了一个又一个的思维空间，创造了一个又一个美奂绝伦的新奇世界，迎合了人们追求神奇和梦幻的久远梦想。但是，其负面影响也不容忽视。现实世界中，太多的人过于沉溺于梦幻和猎奇，异化了人类最初美丽的心灵。这些新的文化形式，一问世就受到人们的热烈追捧。传统文化就受到了有意或无意的排挤。克隆、科学技术有了长足发展，网络、通讯高度发达的同时，人类对自身生存处境的反思，说明人类已经深切地认识到了科技进步带来的负面影响。原生态的传统文化正在逐步衰落或变异，随着现代传媒的日益普及，传统民间文艺对人们的吸引力大大减弱。所以说，我们当前保护和抢救非物质文化遗产，是克制技术对人类带来负面效应的有效手段。

现代文化与传统文化的碰撞。伴随着我国的现代化进程，发展着的现代文化中存在着对文化个性的压制和对文化多样性的破坏倾向，消融着传统文化和多样文化的生存基础。现代文化对传统文化的影响和冲击，不能不引起我们的理性反思。传统文化相对于

---

① 冯友兰：《三松堂全集》第314、316页，北京图书馆出版社2007年版。

② 马克思、恩格斯：《马克思恩格斯全集》第1卷第108页，人民出版社1995年版。

现代文化来说是弱势文化。虽然弱势文化可以接受强势文化的合理影响，但是它不可能从根本上改变强势文化对其挤压的处境。传统文化是民族文化身份的基本依据，是民族母体文化，是一个民族赖以存在和发展的“根”。如果失去了“根”，也就失去了民族特性和持续发展的动力。所以，李瑞环指出：“一个国家要实现文化的繁荣，必须注重研究和继承民族文化的优秀遗产。在深刻的社会变革过程中，文化的内容和形式必然会有许多新的变化，但优秀的民族文化不能丢。”①我们保护即将失传的非物质文化遗产，就是要努力为受到现代文化冲击的传统文化开辟一块繁衍生存的绿地，使传统文化（传统价值观念、道德伦理和生活方式）还能为当代和我们的子孙后代绽放出丰硕的精神花朵。

二、现代化建设与非物质文化遗产保护的统一性及表现

非物质文化遗产保护、传承是现代化建设的重要基础。国务院办公厅《关于加强非物质文化遗产保护工作的意见》（国办发 [2005]18 号）指出：“保护和利用好我国非物质文化遗产，对落实科学发展观，实现经济社会的全面、协调、可持续发展具有重要意义。”“加强非物质文化遗产保护，不仅是国家和民族发展的需要，也是国际社会文明对话和人类社会可持续发展的必然要求。”一个民族的非物质文化遗产，往往凝聚着这个民族对客观世界的历史认知，积淀着这个民族深沉的精神追求和价值准则。这种精神力量和价值观是民族振兴的强大凝聚力和动力源泉。当下中国，在全面落实科学发展观的现代化建设道路上，非物质文化遗产及其所承载的民族精神不容忽视，应当更好地珍惜、保护、传承。人类历史发展的过程，就是各种文明不断交流、融合、创新的过程，千百年来，古老的中华文明，持续不断地为世界进步作出了不朽的贡献。历史的车轮滚滚向前，全方位深层次开放的当代中国更加积极地参与着国际对话，与祖先相比，我们更应该向世界展示和输出博大精深、源远流长的中华文明，非物质文化遗产应该更好地得到保护和传承。

现代化建设是非物质文化遗产保护、传承的重要目的。我国现代化建设是一项艰巨的伟大任务，需要凝聚全民族的精神力量，需要最大限度地学习掌握古代先贤留给子孙后代的不朽智慧。民族精神是民族生命的外射，是民族特性的显现。“一定民族的民族特点一定体现在该民族的历史当中。”②丰富的非物质文化遗产映射着我们悠久的历史、饱含着中华活态的民族精神，它构成了维系民族成员的心理纽带，是民族生命的重要组成部分。从凝聚民族精神、团结奋进的重要性来看，非物质文化遗产的传承同现代化建设紧密相关、休戚与共。在数量繁杂的非物质文化遗产中，祖先留给我们的不仅仅是自信心和自豪感，还有认识世界、解释世界、开拓未知领域的手段、方法和技巧。由于客

---

① 李瑞环：《学哲学用哲学》第 679 页，中国人民大学出版社 2005 年版。

② 宋志明、梅良勇：《冯友兰学术思想评传》第 183 页，北京图书馆出版社 1999 年版。

观世界本身的复杂性和人类直觉的超前性，可以肯定的是，无数的高超智慧隐含在大量的非物质文化遗产中，有待于我们后人去领悟、揣摩，进而不断运用于现代化建设的宏伟实践中。从这个意义上讲，非物质文化遗产的保护、传承为现代化建设提供了重要的智力支持。

三、处理现代化建设与非物质文化遗产保护关系的原则

非物质文化遗产保护问题不是纯粹思辨性的问题。只有从学理的角度挖掘它的深层内涵，在不断深化认识的基础上，才能更好地认识非物质文化遗产的本质，才能使保护工作的方针和方法更符合非物质文化遗产本身的特点，使其价值更有效地回应现代社会。

第一，根据非物质文化遗产动态流变性的特点，创造整体性社会保护的环境，坚持积极保护的原则。

从人类历史发展的高度来看非物质文化遗产，它在永不停息的历史长河中，随着历史的演进和时代的发展，其自身价值与人们之间发生着双向的影响。它不断变化、更新，是流动的、发展的、植根于民间的活态文化，是发展着的传统行为方式，其精神是与时俱进的。非物质文化遗产只有实现其功能的转化与发展，不断注入新的文化内涵，整合入现代文化体系之中，变成现代生活的有机组成部分，使之发展、升华，才能从根本上得到有效保护。因此，我们谈保护，首先，不是人为地去改变它自然演变的进程，而是要保护它们按照自身发展演变的内在规律去演变，给它的传承营造一个适宜的环境，使人们更科学地认识到它们的价值，给它们以时代的气息，同时给人们以传统文化最深根源的滋养，使人类文化传统的纽带更结实。其次，我们需用分析的眼光看待中国传统文化的现代价值，在传统道德中的确有同“以家为本位”社会相应的旧道德，如忠、孝等，但即便是旧道德也可以转化为新道德。“我们可以说，对于君尽忠，对于父尽孝，是旧道德；对于国家尽忠，对于民族尽孝，是新道德。”①新旧文化的更迭和盛衰消长虽然是客观规律，但其文化本身的精神内核是相对稳定的，其变化不会轻易改变一个民族的文化基因。“从这个意义上来说，抢救与保护传统文化不是复旧，而是更好地认同与传承民族文化之根，延续优秀的民族文化传统，弘扬民族精神，促进中华民族文化建设。”②

第二，坚持可持续性原则。对非物质文化遗产的抢救、保护，要尽可能避免以静止、凝固的方式去保护。

一方面，文化的可持续发展需要建立在传统文化的基石上，文化创新的高度往往取决于对传统文化遗产挖掘的深度。另一方面，“可持续性就是要求我们充分认识到保护

---

① 冯友兰：《三松堂全集》第314、360页，北京图书馆出版社2007年版。

② 王文章主编：《非物质文化遗产概论》第334、339页，文化艺术出版社2006年版。

非物质文化遗产的长期性和连续性，坚定保护理念，持之以恒地进行这项事业。要实现可持续发展，就是要坚持以人为本。实施的方式与方法，一定要有利于人的全面发展和人与环境的和谐”。①要尊重不同民族与人群的生活方式、风俗习惯乃至宗教信仰，在保护他们的精神不受侵犯的同时，做好深入细致的思想工作，引导他们正确对待本民族的文化遗产，处理好保护民族传统文化与现代文化的辩证关系，担负起承传本民族文化的责任。做到“人塑造文化，文化也塑造人，二者相互蕴含、相互促进，而人类社会在这种互动中得到前进”。②

第三，要做好非物质文化遗产保护工作，需要全民参与，形成社会认同的合力。而要形成这种合力，重要的是提高全民的“文化自觉”。

费孝通先生认为，“文化自觉”是“生活在一定文化中的人对其文化有‘自知之明’，明白它的来历、形成过程、所具有的特色和它的发展趋向，不带任何‘文化回归’的意思，不要复归，同时也不要主张‘全盘西化’或‘坚守传统’。自知之明是为了增强对文化转型的自主能力，取得为适应新环境、新时代而进行文化选择时的自主地位”。③在全球文化在整合与冲突中出现了文化趋同的背景下，任何民族都应有清醒的“自我”。一旦丧失这种“自我”，其结果必然是被异族同化，最后是走向文化殖民地。“中国提出‘建设中国特色社会主义’是非常适宜的科学提法，它给我们的现代化实践及未来发展提供了巨大的运作空间，有利于我们在未来的改革和发展中保持最大主动。”④为了中华民族文化一脉相承，并在传统文化的基础上创建有中国特色的社会主义文化，我们必须珍视、继承祖先留下来的宝贵文化遗产，尤其是对承载着民族一代代人的文化记忆的非物质文化遗产。

第四，在对非物质文化遗产的抢救与保护上，克服一些错误的观念。

人的思想观念对人的社会实践具有指导性的作用。有怎样的观念就会付出怎样的行动。有人认为，抢救传统文化是复旧，新的社会生活不需要那些老掉牙的旧民俗；有人认为，非物质文化遗产也和生物界一样，自然淘汰、适者生存，不必刻意保护。有了这样的观念，对非物质文化的抢救与保护必然缺乏热情和行动。对于这些错误观念，我们应在非物质文化遗产的保护工作中加以克服。

第五，在对非物质文化遗产项目认定时，坚持一种特别慎重的态度。

过去我们认为是愚昧落后的东西，今天看来，却蕴含了许多珍贵的价值。今天我们的判断，仍要受时间的检验。弘扬宜慎重，在认定上反对泛文化论，分清精华与糟粕、科学与迷信。在判断这些遗产的性质时，应指出积极性与消极性的特点，并进行科学而适当的区分、鉴别、定性评价。

---

① 王文章主编：《非物质文化遗产概论》第 334、339 页，文化艺术出版社 2006 年版。

② 黄楠森主编：《理论的哲学基础研究》第 312 页，中国人民大学出版社 2004 年版。

③ 费孝通：《重建社会学与人类学的回顾和体会》，《中国社会科学》第 56-71 页，2000 第 1 期。

④ 李凯林：《中国改革的哲学解读》第 130、203 页，高等教育出版社 2006 年版。

四、保护非物质文化遗产对现代文化建设的重大意义

我国的非物质文化遗产，蕴含着中华民族在长期的历史进程中形成的自强不息、大公无私、舍生取义、诚信待人、尊老爱幼、与人为善等美德，以及集体主义、爱国主义的优良传统和精神，是中华民族特有的精神价值、文化意识和思维方式。它使中国人的精神世界永远处于一种鲜活状态，并不断地滋润着民族的凝聚力和亲和力，维护着民族团结和文化主权，也体现着世界文化的多样性和生动性。正如国务委员陈至立同志在全国非物质文化遗产保护工作会议上所说的那样："非物质文化遗产保护工作是一件功在当代、利在千秋的大事。加强非物质文化遗产保护工作是保持人类文化多样性和确立我国文化身份的重要措施，是落实科学发展观、构建社会主义和谐社会的必然要求，是传承中华文明、繁荣社会主义先进文化的重要内容。"从这个意义上说，保护和利用具有丰富内涵的非物质文化遗产就是为了使它永远成为支撑中华民族的文化精神，是文明进程的必然。

保护非物质文化遗产有利于促进我国的文化创新和发展先进文化。保护非物质文化遗产的目的是为了促进人类社会的文化创新和文化多元化。我们对传统文化和非物质文化遗产的保护实质是一种创造性的转化，就是用中国特色社会主义的先进文化所具有的价值取向、思维方式、道德观念和行为方式来改造、更新传统文化，使之符合现代化的要求，在自我超越中获得新的生命力。为了中华文化的发展，为了在世界多元文化格局中保持中华文化的竞争力，为了创新和发展先进文化，掌握当代文化发展的主导权，我们必须重视对非物质文化遗产的保护和创造性转化。在当代中国，发展先进文化，就是要发展面向现代化、面向世界、面向未来的，民族的、科学的、大众的社会主义文化。保护的目的是为了创新，创新是为了更好地保护。

保护非物质文化遗产有利于促进我国和谐文化建设。在新世纪新阶段，我国确立了构建社会主义和谐社会的伟大目标，和谐文化建设是构建社会主义和谐社会强大的思想道德力量。首先，非物质文化遗产本身就是一个稳定的文化系统，在历史上为中华民族和谐文化的形成和发展作出过重要贡献，它也是我们今天建设社会主义和谐社会、树立和落实科学发展观的重要思想道德资源。在非物质文化遗产中汲取有益的东西，使我国和谐文化建设更具民族性和大众性。其次，在当今竞争高度激烈的社会条件下，人与内心的和谐问题越来越突出，中国的非物质文化遗产蕴涵着大量和谐思想行为规范，是中华文化固有的价值观、世界观和人生观。通过展示和宣扬非物质文化遗产中那些美好向善的伦理道德资源的内容，对促进人的内心和谐、感染人们情感有独特的作用，可以极大地促进当今和谐社会的建设。

非物质文化遗产也是推进现代文化前进的重要基础。没有历史、忘记历史的民族是容易迷失自我、难以发展和没有未来的民族。不在自己传统文化的基础上建设和发展民族的现代文化，将无法达到理想的目的。"文化是最软的，但也是最硬的。""各民族在他们的遗产中发现了自然和文化的遗产，有形和无形遗产，这是找到他们自身和灵感源

泉的钥匙。”[1]它让我们有根基、自信、灵感、激情，使我国现代化进程的步伐会变得欢快、乐观、轻盈、稳健。

保护非物质文化遗产有利于保护我国传统文化和民族文化的多样性，丰富多彩的非物质文化遗产是文化多样性的生动体现。保护非物质文化遗产的核心内容就是保护传统文化、保护文化多样性。“我们应从留住文化记忆、守护精神家园，弘扬民族文化、发展先进文化，振奋民族精神、增强民族凝聚力，维护国家文化安全、构筑文化屏障的高度，从政治上、战略上的高度来认识加强非物质文化遗产保护的重要意义。”[2]

① 李凯林：《中国改革的哲学解读》第 130、203 页，高等教育出版社 2006 年版。

② 王淼：《把根留住》第 79 页，浙江大学出版社 2006 年版。

从“泥人张”看非物质文化遗产称谓的知识产权保护

郑璇玉（中国政法大学知识产权法研究所）

在非物质文化遗产的研究领域，非物质文化遗产特定称谓[①]的权利归属一直以混乱的状态存在。由于非物质文化遗产研究的客体特点，其与文化的包含关系，使得权利的共享和寄生形成一种习惯，将其进行层层剥离并设定明晰的权利关系不仅备受争议，也是此学科的研究难点之一。但是，与多数非物质文化遗产的客体不同，某些民间美术却极易界定清晰的产权关系并设定权利边界。这里，本文试图以民间美术中之一例说明非物质文化遗产界定产权的必要，并且希望强调并非所有的非物质文化遗产均可以文化共享的名义进行称谓混淆，从而达到利益侵占的目的。

一、民间美术的分属类别

非物质文化遗产的客体分类只能略见于联合国教科文组织对口头及无形文化遗产[②]范畴的举例之中。无形文化遗产大致包括各种形式的民间文学、表演艺术、礼仪、岁时节日及民俗、各种传统知识与技术等四个方面。[③]在此分类当中，难度较大的是前三个方面的权利关系设定。第四个方面的各种传统知识与技术因其传承情况虽有所差别，但是其中某些行业生产知识和技术相对于前面三个方面，一般说来有固定的权利主体保有此项技术加以流传。这些行业生产知识和技术在分类上也与前面的分类形成交叉。比如传统的民间工艺，如民间美术，多数学者认为当属于第二个分类即表演艺术当中。[④]所谓民间美术，是指产生并流传于民间的反映民间生活并高度体现民间审美习惯的民间

---

① 对于称谓的确定，其实存在着冠名与称谓之差别的思考，但是在知识产权领域，冠名权是个特定的权利，与本文论述的主题仍有区别，因此这里决定延用称谓之说，也请方家指正。

② 对于“口头和无形文化遗产”以及非物质文化遗产的概念区别，这里不再赘述。

③ 对于分类有着多家之言，这里只是选取通说作为引证。

④ 多数的民俗学者认为民间美术属于表演艺术，目前的清华大学工艺美术学院也将泥塑列入表演艺术，也是沿袭这一思考。

美术作品。民间美术的所指，范围非常广泛，包括剪纸、布帖、香包、刺绣、绒绣、织锦、布艺、印染、条编、草编、竹编、泥塑、面塑、木雕、石雕、核雕、骨雕、砖雕等多个方面。总之，具有一定美学特点的民间工艺技术，都可纳入民间美术范畴。但是，其中的织锦、泥塑等已形成行业生产规模后也可列为行业生产知识和技术。这里略去其他的民间美术，仅选取泥塑工艺的代表“泥人张”进行说明。

作为中国传统民间工艺创作的重要代表，“泥人张”彩塑艺术的名气享誉海内外，成为我国民间手工艺作品的重要代表之一。据“泥人张”的传人讲，“泥人张彩塑艺术是指采用写实的手法将一切可以观察到的色相、体积、造型、神态等形式语言，融入到型、色和谐统一的艺术作品当中”。从现实中的“泥人张”工艺及现状来看，其彩塑艺术属于独创性的智力成果，构成作品。这些作品表达了特定的审美理念和工艺技巧与风格特征，作为“泥人张”原创始有者的“泥人张”艺术传承固定有序。显然，“泥人张”三字称谓无论从其作品创作上还是无形文化遗产的传承上都是受到知识产权保护的。“泥人张”作为具有特定含义的中国民间工艺创作的形式之一，具有专有性。而且，从“泥人张”的历代传承和起源发展来看，“泥人张”的称谓也具有唯一性。这一点无可争论。

二、称谓混淆

由于非物质文化遗产的权利分界一直处于混乱的状态，因此，在非物质文化遗产上的权利侵占和“搭便车”现象比比皆是，以称谓混淆进行的“搭便车”更是数不胜数，“泥人张”便是一例。关于“泥人张”三字的称谓权利主体一案已经被媒体轰轰烈烈地报道，但是此案的尘埃落定却对正在如火如荼进行的中国非物质文化遗产的保护形成了强烈的冲击。同时，此案也将对后续可能发生的关于中国非物质文化遗产保护的争议解决具有消极意义。对于该案的不良范式作用，有几点值得商榷。

该案的焦点在于确定“泥人张”的权利归属，换句话说，就是究竟谁才是“泥人张”这个具有专有性和唯一性称谓的权利主体。是否类似的泥人彩塑工艺或者相类似的彩塑、泥陶工艺又碰巧其制作者也姓张就可以自称为“泥人张”呢？

（一）“泥人张”与泥人行业贯以姓氏作称谓的区别

对于前面的问题，答案是否定的。这在民间是可以的，但是在法律保护上，在非物质文化遗产的专业领域，则是不允许的。按我国的风俗习惯，在从事某项营生的时候，习惯性地在营生前加以姓氏作为标记，比如：“张记麻辣烫”，“李记火锅”。久而久之，就变成了“麻辣张”或者“火锅李”。其实，这种习惯在国外也有类似，如“麦当劳”等。但是，当这种称谓一旦进入非物质文化遗产名录，就成为专有固定名词，有着主体的特指性。

那么究竟哪些才能进入非物质文化遗产的行列呢？《国家级非物质文化遗产代表作申报评定暂行办法》明确规定五项标准：一、具有展现中华民族文化创造力的杰出价值；二、扎根于相关社区的文化传统，世代相传，具有鲜明的地方特色，具有促进中华民族文化认同、增强社会凝聚力、增进民族团结和社会稳定的作用，是文化交流的重要纽带；三、出色地运用传统工艺和技能，体现出高超的水平；四、具有见证中华民族活的文化传统的独特价值；五、对维系中华民族的文化传承具有重要意义，同时因社会变革或缺乏保护措施而面临消失的危险。由此可见，“泥人张”的社会认定并非一朝一夕、一蹴而就的事情，也并非是某种经营手段或商业运作迅速整合而成的称谓。“泥人张”进入国家首批非物质文化遗产名录是经过一系列程序、经过严格认定的结果，这种结果是严肃和认真的。

因而，普通的从事泥人行业的所有人，如“泥人李”、“泥人赵”等已经失去上述三个字在特定含义的使用权，所以，即使也姓张也从事泥人行业，在其行业内也称其为泥人张，但是这种民间习惯称呼不能与知识产权意义上的“泥人张”、和无形文化遗产意义上的“泥人张”相提并论。

（二）“泥人张”的权利主体明确

那么，怎样才能构成“传承人”？所谓“传承”，指传授和继承。[①]非物质文化遗产是以人为主线的活遗产，更注重的是技能、技术、知识的传承。[②]但是，无形文化遗产的传承保护存在着一个共知的困难，那就是传承人个体众多，传承度不明，这也是造成当下存在的无形文化遗产遭遇侵权却无权利人出面主张权利的原因之一。可以说“泥人张”是幸运的，与一般的中国传统工艺的传承人界限模糊、群体含混不同，“泥人张”的传承人有着极其明确的开创人和家族式的传承人。传承风格统一，传承作品固定，传承人群特定。这种家族式的传承风格也导致“泥人张”至今得以完整保存所有“泥人张”的代表作品。至今为止，“泥人张”已传承至第六代，而每一代的传承人在其创始基础之上的生发都极其明确并有着相应的传承人代表作。因此，一百多年来一脉相承的“泥人张”传承人是无可争议的。

明确“泥人张”的权利主体为其家族传承人，也可以从作品创作和非物质文化遗产两个角度去认定。从作品创作角度去解释，“泥人张”属于具有独创性的智力成果构成作品是毫无疑问的。作为保护作品的尚方宝剑《中华人民共和国著作权法》已经明确规定，权利属于作者，作者已经去世，作品超过法律保护期的，那么作者的财产权利进入公有领域，而作者的精神权利由其继承人或者承受人维护。这里很显然，历代“泥人张”的权利都属于“泥人张”后人，那么权利的行使直接归于其家族传承人。从非物质文化遗产的传承角度来看，对于非物质文化遗产的权利保护，目前的通说是用知识产权法来进行非物质文化遗产的保护。由于“泥人张”主体明确，作者的权利维护人和非物质文化遗产的传承人形成了重合，因此，在适用法律上也不存在争议。无论从哪个角度进行分析，“泥人张”的权利都属于“泥人张”的传承人，其权利主体不存在任何形式的混淆。

---

① 中国社会科学院语言研究所词典编缉室编：《现代汉语词典》，商务印书馆2002年版。

② 《文化部副部长周和平谈保护非物质文化遗产》，《人民日报》，2005年05月19日。

（三）“泥人张”在地域上具有唯一性

就一般的无形文化遗产而言，在地域流传上有多地域共有以及唯一地域流传之分。多地域共有往往指无形文化遗产的传播使人们可以在多个地域发现其存在，而这种传播又并非只是简单的复制，而是在传播过程中活态地生发，并在当地形成规模和认可。正是由于无形文化遗产的这种活态表现，已经在众多地域生根开花，因此，人们很难辨别究竟这种遗产专属于哪个特定的地域。如众所周知的诸葛亮故事及其故里之争等。这种有地域争论的无形文化遗产的多地域化往往反映在诗歌、传说、神话等口传文学当中。相对于多地域共有，地域的唯一性，顾名思义，这种无形文化遗产明确地只在某个特定的区域产生，并带有当地地域的强烈色彩。但是，无论多地域还是唯一地域模式，都不影响这一文化遗产的唯一性。

以工艺美术作品而言，多地域创作模式并不多见。由于工艺美术作品往往有特定的创作主体和特定的时代背景，因此，这类作品的创作往往以唯一的地域存在从而得到人们的认可。“泥人张”首先在天津产生，在天津获得社会认可，不存在地域共有的问题。至于工艺流传到外地并在外地形成规模，并不能替代此项工艺的原生意义和原生地。因而，“泥人张”只有一个发源地，那就是中国天津。

那么，流传地是否能够成为多地域共有呢？这里需要明确两个问题。

第一，无形文化遗产的流传范围不能成为无形文化遗产多地域共有的标准。正如前面特别指出的，这种多地域共有必须是建立在创作基础之上的生发。比如口传文学类的无形文化遗产的传播往往以口耳相传为主，因此在传播过程中不可避免地流动面大、范围广，因此多地域模式往往发生于口传文学类。但是以“泥人张”为代表的我国工艺美术作品类的无形文化遗产，却不仅存在于这样的口耳传播形式。“泥人张”作品以创作为基础，其作品一旦创作完成，无论其作品的传播方式还是传播的地域，这种传播都只能是其创作作品的复制。

第二，发源地的确定标准。我们设想是否有可能存在另一个作品的发源地，而该作品的创作焦点恰恰也是泥人，创作者也姓张呢？这也是本案中的一个争议焦点，即如何看待作品发源地的问题。在无形文化遗产的作品发源地的确定标准上，无形文化遗产的创作是在特定的时代背景和社会环境下产生，作品所代表的含义往往已超越了作品本身，因此成为特定地域、特定人群的文化代表或者精神象征。这和单纯的进行创作或作品的复制是有所区别的。就“泥人张”本身而言，在其发端的清代，创作地在天津，之外同时期并无第二个“泥人张”得到社会的认同和世人的见证。这样，就形成了一个在先的“泥人张”和后面不同时期不同范围社会上出现的“泥人张”和“泥人赵”等的局面。对于这种“泥人张”和后续的“泥人加姓氏”的称谓混淆，我们分两种情况加以解释。

在后续的“泥人加姓氏”中，只能存在这样两种状况：第一种是后续的“泥人”是对已经流传于世的“泥人张”作品的不同程度的模仿，那么这种模仿根本不是作品，而只能是对现存的“泥人张”作品的复制，不存在讨论的意义。

第二种是后续的“泥人加姓氏”进行的是创作，因此，其独立创作的智力成果也是作品，那么其作品表现形式应当是另一类独具特色的泥人工艺品。在这种假设条件下，这种智力成果需要经过同级别的认证，认证机构也必须明了在此领域的全部状况才可。但是无论认证结果如何，后续的认证都不能够和已经经过一百多年的中国民间泥塑手工艺品的代表“泥人张”相重复，这就是在先原则。换句话说：如果是相重复的艺术风格，很显然“泥人张”在先，那么后续的认证没有任何意义。如果是不相重复的艺术风格，那么也不能冠以“泥人张”，而只能以其不同的风格加以冠名，而不能再简单地重复使用“泥人张”三个字。经过国家非物质文化遗产的认定，“泥人张”作为固定词汇具有了唯一的意义和不同重复性。不论在“泥人张”前加任何冠词，比如地域，比如色彩，都将对“泥人张”构成一种淡化，都将对社会大众的判断构成误导，造成混淆。因而，“泥人加姓氏”在“泥人张”面前不具有法律意义。

总之，在“泥人张”权利主体的确定上，毫无疑问，应该是此项无形文化遗产的传承人享有权利。对于我前面论述的后续出现的两种情况：形成作品的，对于自己的作品行使权利，但是在行使过程中必须和无形文化遗产“泥人张”严格区分，并不得侵害其权利。而对于另一种情况，不形成作品的一种复制，那么这种复制的社会化和规模化必须得到“泥人张”的允许，否则应当被视为侵害“泥人张”的权利。“泥人张”是唯一的和专有的，这种唯一的和专有的权利属于“泥人张”无形文化遗产的传承人。

无形文化遗产的法律保护是个难点，如何加强无形文化遗产的保护是个需要长期坚持的课题。如果说非物质文化遗产的四个分类当中，其他类的称谓混淆和文化共享还存在“劣币驱逐良币”的可能，而民间泥塑工艺“泥人张”却因传承主体明确、是一个不可多见的特例，通过这一个案能够看到非物质文化遗产保护的方方面面。这样一个特例竟然也能够被后续的主体形成称谓混淆并造成最终权利侵害的事实，结局是令人遗憾的。无论如何，我期待着全社会非物质文化遗产保护意识的加强，并能够为今后更困难的传承人不明的非物质文化遗产的法律保护拉开良好的序幕。

非物质文化遗产保护的立法建言

吴安新（重庆文理学院副教授）
牟延林（重庆市教委副主任）

非物质文化遗产的保护已经刻不容缓，这一点在全社会已经形成共识。从学界的讨论到具体措施的实施，保护工作正有序地开展。通过法律制度的渠道对之进行保护是各国通行的做法，国务院从2005年开始，相继出台了三个文件——《关于加强我国非物质文化遗产保护工作的意见》、《关于加强文化遗产保护工作的通知》和《关于公布第一批国家级非物质文化遗产名录的通知》，而且也正在积极起草《非物质文化遗产保护法》。很多省份相继出台《非物质文化遗产保护条例》对之予以立法保护，没有立法的省份则有很多表示，对非物质文化遗产进行立法保护将是近一时期的立法重点工作。应该说，这是非物质文化遗产的幸事，如果能实现制定一良法的目标并能切实落实，必将对我国文化战略起到很大的推动作用。根据调研，并在对现有的非物质文化遗产保护的法律性文件及地方性法规仔细研究的基础上，我们提出一些立法建议以供参考。

一、关于立法目的

立法目的，是法典的立法宗旨。考察现有的法律法规，一般规定非物质文化遗产的立法目的主要包括两项内容：其一，加强对非物质文化遗产的保护。其二，继承、弘扬并有效利用优秀传统文化。非物质文化遗产的保护立法，应与当下中国传统文化保护的危机局面相契合。当前非物质文化遗产的现状堪忧，学者提出：非物质文化遗产每天都在消失。可以说这是首要危机，这种危机如何应对？发达国家的经验证明，通过刚性的法律给予持久的保护是有效方法。另外一个危机，是国家文化战略的需要，在进入21世纪之后，综合国力的竞争不再仅仅局限于经济、政治、军事等方面，而是越来越体现在一个国家是否拥有极具生命力且具深厚内涵的民族文化，该民族的文化能否经受外来文明的冲击？非物质文化遗产是传统文化的重要组成部分，它更有效地反映着我们中华民族特有的品质，而非物质文化遗产的消失，将会降低对自身的认同感。因而，继承、弘扬并有效利用优秀传统文化，理应是非物质文化遗产保护立法的目的之一。

我们认为，这两项立法目的是立法必不可少的。但是，我们需要思考的是，非物质文化遗产保护立法是否仅有此两项？我们知道，国民素质的高低与该国文化素质水平有着千丝万缕的联系，甚至说文化素质的水平决定着国民素质。尽管我们国家的国民受教育的平均年限有了长足的进步，但是国民的素质是否有质的提升呢？当我们屡屡从报端看到：中国留学生，请冲洗厕所。从旅游部门看到，我们国人在国内外的不文明行为是如此之多，学者著文称“丑陋的中国人”，这些都足以令人深思。号称“礼仪之邦”的我们到底怎么了？我国具有丰富的文化遗产，具有悠久的历史文化，但是我们在生活中却又做着什么？国民的文化素质不高，文化遗产的保护意识不强，可能是其中的重要原因。那么非物质文化遗产立法保护目的，就应有提升国民的文化素养之义，而且市民文化素质的提升，又必将会有效促进非物质文化遗产的保护。为落实这一立法目的，可以通过规定非物质文化遗产的学校教育传承以及规定“一般市民应为政府或社会团体保护非物质文化遗产而采取的措施尽到友善的协助义务，应为非物质文化遗产所有人的保存、传承等活动尽到友善的协助义务，进而缔造全民保护环境”来实现。

所以，我们认为，立法目的至少应有三层含义：加强对非物质文化遗产的保护，继承、弘扬并有效利用优秀传统文化，进而有益于国民文化素质的提升。

二、学校教育是非物质文化遗产传承的重要环节

非物质文化遗产的传承，传统上是通过师承式的授徒以口传心授的方式来完成。在现有的教育体制下，这种作坊式的授徒受到了强烈的冲击。在现阶段，由于城市化、工业化的进程，在城市的儿童生活在工业文明缔造的“钢筋混凝土”空间内，对于我国传统文化知识的缺失较为严重，尤其是对非物质文化遗产的了解更为匮乏。就是在农村，学龄儿童的大多时间是在学校教育中度过，也决定了其必然以学校课程安排来完成其义务教育历程，即正规的学校教育在目前是没有非物质文化遗产传承的空间的。也就是说，义务教育阶段的儿童对非物质文化遗产缺乏了解和认识。另外，现代学校教育要持续到大学毕业甚至更高层次，而脱离学校之后，又必然会进入工作时期，这将可能导致传承上的“断代”现象。非物质文化遗产的传承，必须在这夹缝中寻求生存。那么，能否成立专门的艺术性学校来完成呢，如戏剧学校？的确，这是一个办法，但据我们考察，能成立专门学校来传承的，一般都不是濒临灭绝的，而是具有较为广阔的市场，能带来较为可观的经济效益的非物质文化。这些当然也是需要鼓励的，但那些濒临灭绝的、几乎没有市场的非物质文化遗产能否通过这种形式来完成呢？恐怕不行。据《京华时报》报道，北京市教委把京剧列入中小学课堂，教育部也将在10个省市进行试点。应该说，这是对现行教育体制的一种突破，有利于传承我国的非物质文化遗产。但是这种突破，只是一种临时的政策性规定，能否成为常规还需要拭目以待，而且这次仅仅是规定了京剧一项，对于其他的非物质文化则没有涉及，不能不说是一种缺憾。

我们认为，应该通过立法使非物质文化遗产纳入教育内容，使之成为普适性的一种

规范以推而广之才是更佳渠道。当然，这需要在综合考虑各类教育机构现有职能的基础上进行制度设计，我们认为对于各类教育机构来说，这并不是不能完成的任务。如北京教委就是在课程设置上进行的变革。而且很多省市在非物质文化遗产保护条例中都对教育机构的作用进行了规定。我国台湾地区《文化资产保存法》第六十二条也做了类似规定：为进行传统艺术及民俗之传习、研究及发展，主管机关应协调各级教育主管机关督导各级学校于相关课程中为之。

综合考虑，我们建议在吸取这些省市将非物质文化遗产纳入教育内容，建立传承教学基地，进行科学研究，培养非物质文化遗产传承人才等四项内容的基础上，还应做一强制性规定，即规定"中小学生在义务教育期间应当至少学习一门非物质文化遗产相关课程或者观看一次非物质文化遗产展示活动"。通过这样的强制性规定，促使学校和学生家长合理安排中小学生的活动，进而带动中小学生的兴趣和爱好，最终形成全民学习和保护非物质文化遗产的环境和氛围。

三、非物质文化遗产保护，保险不能缺位

对于非物质文化遗产保护立法，我们认为保险应在非物质文化遗产保护法以及地方性保护条例中有所体现。在我们所知的现行的保护中，保险处于缺位状态。

（一）从保险的功能来看，保险能够为非物质文化遗产提供保障

根据《中华人民共和国保险法》第 2 条之规定："本法所称保险，是指投保人根据合同约定，向保险人支付保险费，保险人对于合同约定的可能发生的事故因其发生所造成的财产损失承担赔偿保险金责任，或者当被保险人死亡、伤残、疾病或者达到合同约定的年龄、期限时承担给付保险金责任的商业保险行为。"可以看出，保险的基本功能就是转移风险、分摊损失、经济补偿功能和保险金给付功能，有的学者还指出了保险也具有一定的投融资功能。保险的这些功能，可以为非物质文化遗产提供一定的保障，如在转移风险方面，非物质文化遗产的一些物质载体的保存、展览、展示活动中，如果投保，则保险公司就可利用特有的专业技术提供保险保障。当然，转移风险并非说一定能避免事故，而是保险公司可以借助众人的财力，给遭灾受损的投保人补偿经济损失，通过将少数人的巨额损失分散给众多的被保险人，从而把损失均摊。

从我国保险法调整对象来看，保险并不排斥非物质文化遗产。保险的调整对象就是保险标的，非物质文化遗产及其传承人能否成为保险标的呢？根据《保险法》第 12 条规定：投保人对保险标的应当具有保险利益。投保人对保险标的不具有保险利益的，保险合同无效。保险利益是指投保人对保险标的具有法律上承认的利益。保险标的是指作为保险对象的财产及其有关利益或者人的寿命和身体。这一条款旗帜鲜明地规定了成为保险标的就是要具有保险利益。何谓保险利益，简言之，就是法律所承认的合法的利益。非物质文化遗产对于持有人或传承人来说，是合法拥有自不待言，关键在于非物质文化遗产所具有的利益是否具有可计算性？在我们看来，重要的非物质文化遗产的实物

载体完全可比照文物来衡量其价值。而对于一些口传心授的极具保护价值的非物质文化遗产也许现在不好确定其价值，但不好确定不代表不具计算性，所以，我们认为我国现行法并不排斥对非物质文化遗产所关涉的利益进行投保。

（二）从保险的实际操作看，需要通过立法来完善

在保险的实际操作中，尽管不排斥非物质文化遗产的物质载体及传承人投保，但非物质文化遗产的实物载体大都历史悠久，往往存在一定的残缺性。在我们的调查中，很难发现保存完好的非物质文化遗产的实物载体。对于不完整的实物，让保险公司纳入其保障范畴，如何保障，如何认定受损，又该如何赔偿，都是一个较尴尬的事情。标准尽管是个技术性问题，但标准的缺失，无疑就意味着加大了保险公司的风险。还有，我们的非物质文化遗产传承人通常都年老体衰，这是一个不容忽视的现状。例如列入首批国家级保护名录的重庆巴南区木洞山歌的歌师，为数不多，而且大都是70岁以上的老人，这些人的生活问题、健康问题、医疗问题毋庸置疑都是需要照顾的。这个年龄阶段，尤其是对依靠土地收入的农民而言，社会保障一直处于缺失状态，在这种现状下，保险公司的风险是比较大的。而且作为一个营利性的主体，它最根本的考虑不是要为公共利益作贡献，而是要考虑到它自身的生存和发展问题。如果一开始就注定是为公共利益服务，而无收益，或收益较小的情况，苛求保险公司的保障是不现实的，保险公司拒绝受理也在情理之中。

也许有学者会言：既然风险大，保险公司又不愿介入，那么，就不必让它介入好了。但是，我们必须就要思考这样的问题：非物质文化遗产是一个关乎国家文化安全战略性问题，按道理说，是要政府来负责。但是，依法治国的基本含义之一就是政府是一个有限政府，政府不可能事无巨细地去包办所有问题，政府也没有那个精力去处理。可见，政府对于非物质文化遗产的保护就是要政府提供宏观政策，给以方向性的引导，鼓励社会的广泛参与。而政府主导最为有效的调整手段就是通过立法来实现，这就意味着政府鼓励社会参与应通过立法使之成为长效性的制度。政府为引导保险的介入，首先就要通过一定的制度来降低其过高的风险。我们以为，可通过立法来规定只有政府所认定的重要非物质文化遗产才能投保。关于降低非物质文化遗产保险的风险，政府可通过政策性的倾斜或政府性的补助来完成。

另外，保险费用由谁来负担？这也是一个操作性的问题，对于非物质文化传承人而言，尤其是生活相对贫困的，为自己的健康或所拥有的非物质文化遗产实物载体投保，对其本人还有家庭而言，这是一笔不小的开支。对于任何开支，老百姓都是要精打细算的，他不仅仅要考虑他有没有这个支付能力，还要考虑他支付这笔钱有没有必要，他能得到什么效益，尤其是在近期内能得到什么？这样算下来，很难想象我们的非物质文化遗产传承人会主动入保，交纳保费，就是入保，也很难持久，从我们农村人口的入保现状就可以看出。这些无不需要政府的介入，而政府介入最好的方式是通过立法对之进行制度化。我们认为，在立法中，或者说在法律的实施细则中，可考虑在政府对非物质文化遗产的保护经费中，设定为非物质文化遗产保险支出的项目，通过政府的投入来解决传承人的投保顾虑。

四、非物质文化遗产保护，应设立强制收购制度

我们知道，由于非物质文化遗产通常是有主物，即非物质文化遗产的持有人或传承人享有所有权，所有权是一种绝对权，神圣不可侵犯。由于在现实中，非物质文化遗产持有人或传承人存在滥用所有权的情形，如过度开发、放任自流等都是其表现形式，这种情形有可能导致非物质文化遗产的损害、甚至消亡。对此种情形，应该通过立法对其所有权进行限制，另外一个途径就是适当扩大政府的权力。所以，针对非物质文化遗产的保护，国务院审时度势，制定了《关于加强我国非物质文化遗产保护工作的意见》，其中最为重要的原则就是政府主导、社会参与，很多省市的立法例则把这个列入了立法的基本原则。的确，对于社会公共事务，政府有介入的必要，尤其是现时危机重重的且关乎国家文化战略的非物质文化遗产，政府理应运用其拥有的权力主导非物质文化遗产的保护，引导社会的广泛参与，至少在目前应是这样。

我们所建议的强制收购权，就属于文化行政部门的权力的适当扩张。不可否认，政府所拥有的行政权力具有一定的强制力。而“强制力”的意思简单地说，在于“如果你不干，我就打你”！当然，“一切有权力的人都容易滥用权力，这是万古不易的一条经验。有权力的人们使用权力一直到遇有界限的地方才休止”。强制收购权也不能无限度地扩大，即它的行使必须要满足一定的条件，符合一定的程序方可使用。鉴于此，我们建议在立法中可作如下规定：非物质文化遗产资料文献和实物有灭失或丧失其价值情形的，文化行政部门应当对其予以强制收购；非物质文化遗产资料文献和实物所有人不得拒绝、妨碍、规避文化行政部门依法进行的管理行为；对文化行政部门所作决定不服的，可申请行政复议。

五、非物质文化遗产保护，应引入听证制度

接上文所述，由于政府主导，往往就意味着在立法中会授予文化行政部门大量的直接处分权，这必然会涉及与其他相关人利益相冲突的地方，在一定程度上文化行政部门就有滥用权力的可能。依法治国要求，权力必须要受到法律的严格约束，所以在立法设计时，要有效地限制政府的权力过度扩大化的倾向。法律程序是不可或缺的一种约束机制，人们可以通过正当的可以“看得见”的程序来进行利益诉求。也正是如此，英国法学家们普遍相信：只要你遵守细则规定的光明正大的诉讼程序，你就几乎有把握获得公正的解决办法。所以，为权力进行程序性限制，在非物质文化遗产保护立法设计中是极其必要的，如规定行政复议的条件、规定文化行政部门工作人员执行权力时向相对人出示证明其身份的证件等程序。

由于非物质文化遗产不仅关涉相对人的切身利益，还关乎社会公共利益，我们建议引进听证制度，用充分听取当事人意见的听证程序来限制政府权力。那么，何谓听证？所谓听证，是指政府组织行使权力过程中，若直接涉及公众或公民利益时，依法公开听

取利害关系人、社会各方及有关专家的意见以实现良好治理的一种必要的程序性法律制度，是公民广泛直接参与国家和社会事务的主要途径。即听证制度实质上是现代社会公民权的一种集中体现，能够最大限度地调动公众对社会事务的参与热情，同时也能让文化行政部门最科学地界定怎样保护非物质文化遗产才是最佳的途径。

那么，在非物质文化遗产保护中，哪些事项要列入听证程序呢？我们建议对涉及相关人重大利益的事项应进行听证。如对非物质文化遗产资料文献和实物进行征集、收购及强制收购的；需要建立非物质文化遗产生态保护区的；确定和命名非物质文化遗产代表性传承人和代表性传承单位的；其他涉及相关人重大利益的事项。

六、关于法律责任的一点建议

法律的目的在于构建一个和谐的且符合合理期待、真实享有的秩序，但生活充满变数，当变动方向为反态者，则会产生令人失望的结果，而责任就是把产生令人失望的行为归结到行为人身上，通过利益的衡量来确定该行为人所负有的不利后果并确证其所应承受责任的分量，通过责任来坚持既定的合理期待。故可以这样理解责任：责任是为现时存在的制度体系提供量定原则，衡量行为人在多大程度上背离了为维持秩序所要求的尺度，责任意味着防止不法行为扰乱法律上保障的使忠诚公民确证的一种合法性的期待。通过设定责任，来弥补扰乱、消除失望。所以，法律责任是法律规范不可或缺的组成部分。

非物质文化遗产保护立法也必然要设计相应的法律责任以量定违法行为。我们所要提出的关于非物质文化遗产保护立法的法律责任的建议，是专门针对建筑施工企业而言的。我国工业化、城市化的进程以惊人的速度发展着，在这种情况下，建筑施工企业在实施工程时就有可能危及到有关非物质文化遗产的建筑物、场所、遗迹及其附属物安全，遇到这种情况，我国现有的立法通常是以行政部门责令其限期排除危害、恢复原状，造成损害后果的，予以罚款来解决。这些常规性的处罚对于高利润的施工单位来说，是非常轻微的，几乎对之构不成足够的威胁，不痛不痒的施工单位往往是一边“微笑着”交纳罚款接受处罚，一边继续“凶巴巴”地施工实施其侵权行为，结果是非物质文化遗产陷入更为尴尬的境地。

针对这种情况，我们建议在情况紧迫时，由文化行政部门勒令建筑施工企业立即停止施工，并可通知自来水、电力等部门配合断绝自来水、电力和其他能源。我们认为，这样的惩罚措施对于施工单位而言是最具“杀伤力”的。

七、结语

现实世界的复杂性意味着制度的设计所追求的只能是一种相对合理性。我们衷心希望，我们进行的这些设计能为我国的非物质文化遗产保护起到添砖加瓦的作用。

试论传统工艺美术类非物质文化遗产项目的保护与开发

顾　军（北京联合大学教授）
苑　利（中国艺术研究院研究员）

一、传统工艺美术类遗产的基本范畴

传统工艺技术是指产生并流传于民间社会的、历史悠久的、能够充分反映一个民族情感及审美情趣的传统工艺技艺与技能。传统工艺技术所指范围非常广泛，但通常主要包括以下几个方面：（一）传统民间画绘制工艺（包括民间手绘画绘制工艺、民间版画绘制工艺、民间工艺画制作工艺、国画绘制技艺、传统书法艺术等）；（二）传统镂刻工艺（包括皮影制作工艺、剪纸制作工艺以及其他材质的镂刻工艺）；（三）传统织造工艺（包括丝织工艺、棉织工艺、锦织工艺、擀毡工艺、编织工艺等）；（四）传统刺绣挑花工艺（包括双面绣、盘绣、堆绣、平绣、打籽绣，挑花、钩边、抽丝、抽纱等）；（五）传统印染工艺（包括蓝印花布印染工艺、药斑布印染工艺、彩印花布印染工艺、木模印花布印染工艺，染缬方面的传统工艺技术主要有蜡染、扎染、印花漏版等）；（六）传统彩扎工艺（包括风筝制作工艺、灯彩制作工艺、纸扎制作工艺等）；（七）传统雕刻工艺（包括石雕工艺、砖雕工艺、木雕工艺、竹雕工艺、玉雕工艺、牙雕工艺、角雕工艺、骨雕工艺、印模工艺等）；（八）传统雕塑工艺（包括泥塑工艺、面塑工艺等）；（九）传统陶瓷制作工艺（包括彩陶制作工艺、印纹陶制作工艺、白陶制作工艺、黑陶制作工艺、红陶制作工艺等，青瓷制作工艺、白瓷制作工艺、青花瓷制作工艺、琉璃制作工艺等）；（十）传统金属制作工艺（包括金属饰品制作工艺、金属器物制作工艺等）；（十一）传统髹漆工艺（包括单色漆、罩漆、描漆、描金、堆漆、填漆、雕填、螺钿、犀皮、剔红、剔犀、款彩、戗金、百宝嵌等）；（十二）传统造纸工艺（包括桑皮纸制作技术、草纸制作技术、藏纸制作技术等）；（十三）传统文物修复技术（金属器修复技术、陶瓷器修复技术、书画修复技术、玉器修复技术、纺织品修复技术、甲骨修复技术、石器修复技术、彩塑修复技术、竹木器修复技术、珐琅修复技术、玻璃器修复技术等）。

与通常人所掌握的传统工艺知识与技术——如民居建造技术、服饰裁剪技术、家常菜制作技术等生产生活知识与技能相比，传统工艺美术类遗产具有更突出的专业性、艺术性色彩。

二、传统工艺美术类遗产的普查与申报

（一）传统工艺美术类遗产的普查要点

与所有非物质文化遗产一样，传统手工艺技艺的传承也有其独特性。要想对这些民间工艺技术进行深度发掘，把握其传承规律是非常重要的。

俗话说："家有万贯，不如一技在身。"在匠人眼中，技艺就是财富，就是饭碗。从表面上看，技艺似乎是谁也夺不走、谁也抢不去的精神财富，但事实上，如果管理不善，同样存在着财富遗失的问题。因此，在造福社会的同时，如何才能管理好这笔遗产，一直是行业社会十分关注的问题。在中国盛传的老虎拜猫学艺的故事，已经非常清晰地暗示出了在技艺传承过程中师徒关系以及由学徒而引发出的种种心态。它告诉人们：师徒关系固然亲近，但关系再好，当师傅的也必须留一手，否则就会"教会徒弟，饿死师傅"。为避免尴尬，师傅在选徒过程中最看重的也是徒弟的人品。一旦收徒，师傅便会努力营造出一种和谐的家族氛围，与徒弟建立起一种更为稳定、也更具宗法制精神的师徒联系。徒弟也会在努力工作的同时，尽可能照顾好师傅、师娘，使师徒关系形同父子。但尽管如此，在传统社会中，中国以技艺传承为基本特征的行业生产者也还是多以家庭为单位，进行家庭作坊式的手工业生产，以避免技术资源的流失。如果说技术资源是一笔财富，那么，这份财富，特别是这份财富中的核心技术，是绝对不能交给任何"外人"的。这里所说的"外人"，当然既包括徒弟，也包括即将出嫁的女儿。儿子是手艺的唯一传人。这就是所谓的"传子不传女"。理由是即使女儿再好，早晚也是"人家"的人。将手艺传给女儿，无异于将财产送给他人。所以，女儿出嫁前即使参加生产，也不能使之了解生产过程中的关键环节。如果家中只有女儿没有儿子，手艺只能由女儿继承，那么，女儿的出路只有两条：一是永不嫁人，二是招倒插门女婿。相反，同是女人，娶过门来的儿媳则有权继承公公的一切手艺。因为婚后的她虽在血统上与夫家无关，但在社会关系上，她已然成为这个家族的一员。

在行业技艺传承过程中，血缘关系发挥着重要作用。家族既是技艺的创造者、传承者，也是技艺的唯一受惠者。人们凭借着这些秘不传人的祖传技艺、祖传秘方，在服务社会的同时，也维护了本家族的自身利益。"祖传秘方"中的一个"祖"字，已经将家族观念在技艺传承过程中所发挥的作用展示得淋漓尽致。

正因为中国行业生产在传承过程中具有上述特征，所以我们在手工技艺类遗产调查过程中，就应该把握关键人物、关键环节，有的放矢地对该类遗产核心技术掌握者实施重点调查。那些面面俱到式的撒网普查，在行业技能调查中没有太多价值，这是由行业生产的传承特点决定的。

有关传统工艺技术的记录与调查。在对传统手工技艺进行深入调查的过程中，用影像与多媒体方式进行全方位记录是必不可少的。作为社会分工，影像可能更适合器物、工具、制成品的记录，而录像可能更适合对制作过程的整体记录。因为后者更强调过程。这一影视记录的成功标志是看它是否具有可还原性。如果通过录像可以将该工艺完完整整地还原出来，就是成功，否则，就是失败。这种记录对我们今后的研究，特别是原有工艺的复原，都会提供很多帮助。一般来说，对传统手工技艺的记录与搜集，至少应产生以下几方面成果：

1. 包括照片或 DVD 在内的原影像资料；

2. 翔实的有关该工艺流程的文字记录；

3. 翔实的有关该工艺使用用具以及用具制作知识的记录；

4. 一套完整的有关传承人的口述史资料；

5. 相关工具与成品的征集。

在非物质文化遗产保护过程中，将非物质文化遗产“物质化”，将无形文化遗产“有形化”，肯定是保护传统手工技艺的一条重要途径。因为传统手工制品成本低廉，价格便宜，搜集、收藏都比较方便。在著名景区或观光地，人们还可以通过创办传统工艺美术博物馆等方式，收藏工艺美术珍品。但作为传统技艺的保护者，我们必须清楚，仅靠保留工艺美术品或实物来保护传统手工技艺是远远不够的。因为任何一种实物，都无法反映出这些传统手工技艺的全部工艺与流程。

那么，在传统工艺美术类遗产普查过程中，我们究竟应该重点关注哪些问题呢？

1. 第一时间发现非物质文化遗产传承人

在工艺美术类遗产保护过程中，对民间艺人的保护始终是第一位的。他们既是传统手工技艺的持有者，也是传统手工技艺的传承人。只有在第一时间找到非物质文化传承人，才有可能在第一时间内找到我们亟待发掘的优秀文化遗产。历史上，出于保密的需要，这类独门绝技主要在家族内部秘密传承，从而使得中国的此类遗产具有了明显的家族传承特征。在这个传承网络中，核心技术主要掌握在该家族嫡系传人，特别是该家族年迈家族长的手中。依此规律，我们便很容易寻找到该遗产的正宗传人。寻找正宗传人对于这类遗产的普查是相当重要的。因为调查对象的选择正确与否，将直接关系到调查工作的成败。而正确的指向，也会为濒危遗产的抢救赢得更多时间。

2. 重点发掘传统手工技艺中的独门绝技

传统手工艺知识与技能，是指历代艺人在长期生产实践中总结出来的各种知识与技能。与农耕社会、渔猎社会、游牧社会相比，行业社会似乎更看重“手艺”，因此，行业社会也就具有了更多的“专业性”特点。以技术见长的传统手工技艺肯定会关涉到三百六十行的方方面面，但这并不是我们调查的重点。我们调查的不是众所周知的一般性知识，而是那些面临全面失传的独门绝技和那些极具地域特色的传统手工技艺。如湖北三峡的藤器编织工艺，江西景德镇的瓷器制作工艺等。这些传统手工技艺是典型的地域标志性文化，应该成为我们普查工作的重点。

3. 重点普查各种行会制度知识与经验

中国的行业社会是最早进入市场经济的部门之一。为避免恶性竞争，自唐宋以来，便以结社、制定行规等一系列措施，建立起了一套完善的行会制度，确保了行业内部的有序竞争和社会财富的合理分配。作为行业经验的一部分，这类遗产也应该成为我们的普查重点。

4. 重点普查各种有益的行业信仰以及与之有关的各种文学艺术样式

与农业、渔业、狩猎、牧业信仰不同，以手工技艺为基本特征的行业集团并不靠天吃饭，也无需山神、猎神、水神、畜牧神等自然神的护佑。它们唯一需要讨好的，是那些身怀绝技，且能给他们带来饭碗并保佑行业顺畅发展的行业祖先神。

中国的行业神大致可分为行业祖师神与行业保护神两种。他们的原型，基本上都是历史上实有其人的历史人物，故外界很早就有“每一行当必奉一古人为师”的说法。行业信仰不能简单地视之为迷信，它在统合行业秩序、调整行业内部关系等方面均发挥过重要作用，作为特定历史时期整合行业内部人际关系与行业内部秩序的法宝，行业信仰民俗也应该成为我们调查的重点之一。调查中，我们的重点可以集中在信仰对象、信仰文本、信仰主体、信仰空间、信仰仪式（含行业节日）等几个方面。但在申报非物质文化遗产时，只有信仰仪式可以申报，而作为虚幻存在的行业信仰等是不能作为非物质文化遗产加以申报的。

（二）传统工艺美术类遗产的申报要点

传统工艺美术类遗产是一个民族传统工艺的精华，能否将这笔遗产传承下去，将直接关系到一个国家传统手工技艺发展的后劲儿。

传统手工技艺涉及传统手工业的方方面面，但并不是所有的传统手工技艺都能申报非物质文化遗产。我们申报这类非物质文化遗产时，要注意以下几个原则：

1. 极具地方特色与民族特色者优先。传统手工技艺是一个地区或是一个民族传统技艺的代表，也是一个地区或是一个民族传统观念与审美习惯的集中体现。所以，它常常以地域标志性文化的身份呈现在世人面前。如天津的泥人、无锡的阿福、杨柳青的年画、蔚县的剪纸、环县的皮影、东阳的木雕、象山的竹雕、维吾尔族的英吉沙、土家族的西兰卡普等，都是这些地区或民族的标志性文化。但由于传承时间不一，精致程度不同，所以各种传统手工技艺所承载的技术含量也不完全相同。这就要求我们在申报过程中，将真正能够代表当地手工技艺最高水平、最高审美情趣与最高思想境界的非物质文化遗产事项钩沉出来。而那些已经被普及化或是已经被同化了的、缺乏民族个性与地方特色的传统工艺技术，不应成为我们的申报重点。

2. 属独门绝技者优先。非物质文化遗产保护重点，就是保护各地文化的独特性。所以，在遗产申报过程中，我们也要将那些独具特色的非物质文化遗产事项——如襄樊皮影中的独臂影人（一般的影人都是双臂，而襄樊的影人则是单臂）演出技艺、维吾尔族英吉沙小刀的制作技艺等独具特色的非物质文化遗产事项发掘出来。

3. 濒危者优先。在非物质文化遗产申报过程中，濒危型手工技艺类遗产应该引起我们的特别关注。特别是那些已经没有市场，而持有人又年事已高者，应实施特别保护。

4. 注意申报项目的可操作性。国画、书法等大宗项目历史悠久，影响广泛，是中国非物质文化遗产的重要组成部分，当然有资格申报国家级非物质文化遗产。但申报时，不能将一国的国画或书法作为一个项目笼统地申报上去。否则，项目过大，势必会影响到今后保护工作的可操作性。正确的做法是以流派的名义申报。这样做一方面保护了各流派的艺术风格，另一方面将申报对象限制在一个较小的范围，也确保了今后保护工作的可操作性。

三、传统工艺美术类遗产的开发与活用

（一）传统工艺美术类遗产开发的可行性

对手工技艺类遗产实施产业化经营，是非物质文化遗产传承的必经之路。这样做不但可以充分利用民间文化资源推动民间文化事业的发展与复兴，同时还可以通过市场这只“看不见的手”，增加当地的就业与收入，真正做到靠“山”吃“山”，靠“海”吃“海”，并从根本上解决因土地不足、收入下降而导致的农民“下岗”问题。实践证明，除极特殊的情况外，绝大多数民间工艺品都可以进入市场，从事商品化经营。而非物质文化遗产自身的一些特点，也为非物质文化遗产的产业化经营提供了可能。

首先，非物质文化遗产的“有形化”为遗产的产业化开发提供了可能。通常，人们一提到“非物质文化遗产”，总会与“物质文化遗产”对立起来。认为非物质文化遗产与物质文化遗产不同，作为“看不见”、“摸不着”的传统“技艺”与“技能”，很难进入市场。而保护这类遗产的唯一方法，就是通过政府补贴这种被动“输血”的方式，将这些非物质文化遗产传承人“养”起来。但事实告诉我们，“物质文化遗产”与“非物质文化遗产”，并不是截然不同的两种事物，而是一个事物的两个方面。“纯而又纯”的非物质文化遗产自然很难进入市场，但如果我们利用这些传统手工技艺生产出广受欢迎的产品，非物质文化遗产就完全可以实现它的商品化经营。可见，让非物质文化遗产进入市场并不是一件什么难事。

其次，民间工艺品本身就具有古朴、稚拙的原始美，非常符合当代人的审美习惯，这也为非物质文化遗产进入市场提供了某种可能性。作为旅游商品、民俗藏品、生活用品、儿童玩具、民间剪纸、木版画、布贴画、泥塑、面塑、木雕、石雕、砖雕、角雕、刺绣、绒绣、织锦、草编、竹编等产品本身就具有独特的艺术魅力，随着人们审美能力的提高和旅游市场的繁荣，民间工艺品市场将得到迅速发展。近年来，尽管我们在开发人才、开发品种、开发工艺等方面还存在诸多问题，但前景依然看好。

与物质文化遗产的开发与活用不同，由于非物质文化遗产的制作、保存技术主要掌握在少数艺人手中，因此，推动这一产业步入市场、进行市场化经营的关键，便是通过命名、收藏以及展示其代表作等方式，充分调动民间艺人的积极性，并以此带动当地的产业化发展。那种使民间艺人与市场相脱离，供起来、养起来的做法，不仅不符合艺人的生活传统，不符合原真性保护原则，而且这种“输血”式的被动保护并不利于非物质

文化遗产的正常传承。

据我们调查，目前，利用传统手工技艺从事工艺品生产者大体可分为两种运营模式。一类是传统的以家庭作坊为主要生产方式的家族型产业模式；一类是现代的以流水线生产为主要生产方式的企业型产业模式。两相比较，前者无需建厂，无需专业设备，在不需要任何投资的情况下，就可以在家中利用自己的手艺实现增收。由于这种生产模式与中国历史上形成的“男主外，女主内”的分工模式暗合，所以，比较容易为广大农村妇女所接受。这种家庭作坊生产出来的手工艺品个性突出，容易凸显出作者的独特风格，具有较高收藏价值。但由于没有统一计量标准进行规范，质量上容易参差不齐。而流水线生产的最大特点是效率高，产出快，产量大，规格整齐，更符合工业品营销习惯，容易为市场接受。这种生产模式的问题是不但要投资建厂，员工也会因工作而影响家务，在农村不容易为广大中老年妇女接受。更为致命的是，由于标准化程度高，虽产品质量比较统一，便于营销，但个个雷同，缺乏个性，缺少收藏价值。此外，这种流水作业生产出的产品虽少有次品，但也绝无精品。但也正由于这两种生产模式各有所长，可以互补，所以，才有了各自生存的空间。作为决策部门，政府没有必要一定要推广某种生产模式而打压另一种生产模式。但需切记，真正的艺术精品来自传统手工技艺，千万不能因大机械化生产的引进而葬送了我们真正需要保护的东西。

（二）传统工艺美术类遗产开发的几种模式

对手工技艺类遗产实施规模化经营，势必会涉及非物质文化遗产产品的多层次、多梯度开发问题。历史上，家庭作坊式的传统经营对产品开发的力度往往十分有限，一旦进入规模化经营，各种压力势必会迫使企业加大开发力度。于是，多层次、多梯度的产品开发就会应运而生。通常，一个产品一旦立项经营，以下五个梯度的开发是不能不考虑的：

1. 产品的一度开发

是指按着产品原有的样子进行的原汁原味的复制过程。如我们在工艺美术商店看到的传统的大阿福、泥泥狗、剪纸、香包、风筝、年画等，都属于一度开发。所谓“一度开发”并不是指产品在风格式样、工艺流程或用料选料上出现变化，而是指产品开始进入规模化经营。这些产品特色浓厚，既可作为观赏品观赏，也可作为收藏品收藏。

2. 产品的二度开发

是指在使用原料不变的情况下，根据旅游以及现代审美需求对产品体量所实施的变量开发。如阿福是无锡市的地域标志性文化，除可进行一度开发外，还可以通过放大的方式，将阿福做成大型城市雕塑，并以此作为无锡市独有的城市符号。再如，我们除可继续生产传统的陇东香包外，还可以在原有小型香包的基础上，将传统香包放大，作为家居挂件，以满足现代城市人口居室装潢的需求。有放大自然有缩小。特别是作为旅游观光地销售的旅游商品，不可能将体量做得过大，否则就会因携带不便而影响产品销量。这时，便可以通过缩小体量的方式，将大型民间工艺品制作成小的香包钥匙链、香包手机坠等小型便携产品以满足旅客旅游购物的需求。这就是针对传统产品所进行的具有变量性质的二度开发。

3. 产品的三度开发

是指在保留物件原有形态的基础上，对产品实施的质（材质）与量（体积）的同步改造。这种改造多半也是出于原料不足、携带不便等原因进行的。如韩国原有面具是用硬木雕刻的，但随着原材料锐减与制作成本的提高，人们开始考虑用树脂等替代原有材料。目前韩国十分流行的小型佩饰面具，基本上就是通过翻模技术用树脂翻制而成的，成本非常低廉。而有些大型艺术品因重量而影响销售时，同样可以通过改换轻质材料的方式赢得更多客户。

4. 产品的四度开发

所谓四度开发，是指根据“去粗取精”原则，在保留原物精华部分的基础上，对原物品所实施的选择性开发。如传统泥制叫虎十分漂亮，但分量太重，不易携带、摆放。这时我们就可以通过去粗取精的方式，将其最精华、最漂亮的前脸部分保留下来，经放大，做成独立的民间艺术品悬挂在墙上或是安置在镜框里供人观赏。

5. 产品的五度开发

这也是对文化遗产所进行的更深程度的开发。这种开发虽然在理论上还没有离开原有产品，但事实上其制成品已经与原物件没有太多的关系了。譬如，通常人们只知道钧瓷之美，但很少有人知道出窑后钧瓷开片之声更美。但这种清脆悦耳的开片声，并不是每个人都有机会欣赏到的。这时我们就可以将出窑后的钧瓷开片之声录制下来，作为人类的“天籁之声”推向市场，从而实现对文化遗产的多层次开发。

中国鄂伦春族桦皮工艺文化的传承和振兴远景

王海冬（上海社会科学院助理研究员）

在人类文化史上，以白桦树皮制作的各种器物、艺术品，以及制作、使用过程中的民俗活动与所蕴涵的文化观念构成桦皮文化。桦皮文化是人类古老而带世界性的文化形态之一。据中国的考古学资料，在原始文化遗址发现的桦皮器物有 3000 年以上的历史。[①]中国东北、华北的通古斯、蒙古语族的诸民族，西伯利亚的俄罗斯、雅库特、科米、布里亚特蒙古族等民族、北欧的芬兰族、日本北海道的阿依努族，北美的印第安民族都有丰富的桦皮文化。

鄂伦春族，据 1990 年全国人口普查统计，当时有人口 7100 人，现今也只有 8000 人左右（据 2005 年的全国人口统计），主要居住在黑龙江省的大、小兴安岭、内蒙古的鄂伦春旗。鄂伦春语属阿尔泰语系满－通古斯语族的通古斯语支，没有本民族文字，清代通用满语文、汉语文，民国以降，通用汉语文。在他们世代传承的森林狩猎文化中，桦皮文化是东北亚相关民族中保留的最完整、最有代表性的。

桦树是一种神奇的植物，其顽强的生命力与亭亭玉立的美丽外形深得人们的喜爱，而且它还是鄂伦春、鄂温克、赫哲族等渔猎民族重要的生活资源。在几千年使用桦皮器具的岁月中，鄂伦春人掌握了高超的技术，能剥下整张的桦皮，而不影响桦树的生长。鄂伦春人用桦皮做船，一个人就能扛起，行动便利，是他们重要的狩猎工具；桦皮做的水桶滴水不漏；还做出琢刻着神奇、美丽图案的各种工艺品，是姑娘出嫁不可缺少的嫁妆；他们供奉的萨满教古老神偶要放在圣洁的桦皮神匣中；他们创作的桦皮画，记录着他们古老的神话。所以，鄂伦春族的桦皮工艺蕴涵着丰富的文化意蕴，是东北亚桦皮文化的典型。

1953 年以来，鄂伦春人实现了定居，传统的狩猎经济转变成农业、林业、工业、商业等多种经济。虽然整体的生活水平有了很大提高，但传统文化与工艺受到现代化生

---

① 如：1963 年在黑龙江省鹰哥岭原始文化遗址中发现一件桦皮器物，据碳 14 测定，距今 3000 年（黑龙江省文物考古队编《黑龙江古代文物》第 16 页）；又如：1959 － 1960 年，在内蒙古扎赉诺尔地区的鲜卑古墓群中，发现桦皮器物 20 余件，有桦皮桶、桦皮盒、桦皮弓衣等多种制品，据考古学家鉴定，距今约 2000 年。（《内蒙古文物资料选辑》第 110 － 114 页），类似的考古发现还有不少。

活方式的冲击，正在萎缩，某些文化形态与工艺正在消失。

一、鄂伦春族桦皮工艺的历史回顾

鄂伦春先民使用桦皮的历史悠久。据有关考古发现，北方先民使用的桦皮工艺已有3000年以上。据中国隋、唐代文献记载，那时的鄂伦春先民（称为北室韦）架桦皮为屋，近年考古发现，在大兴安岭的洞穴船葬中，船是桦皮船，可见鄂伦春人使用桦皮至少在1000年以上；据目前的考古发现，鄂伦春、鄂温克、达斡尔、蒙古等先民的遗址中仍未发现土陶工艺，这是人类文化史上的一个特例。说明在该地域，轻巧、耐用的桦皮工艺更适合人们的渔猎生活。1975年，在黑龙江省肇源县白金宝原始文化遗址中，发现一件“仿桦皮工艺小陶罐”，其高约11厘米，形如桶状，外壁有仿桦皮工艺对合的直线纹饰与针眼饰纹，清晰逼真。经测定距今约3000年，说明距今3000年的那支松花江流域的人类群体，当时已有土陶技术，但外壁的仿桦皮工艺，说明他们原先也使用桦皮工艺。实际上，我们推测：北方先民使用桦皮工艺的历史当在1万年以上，因为目前考古学的发现，都局限在被发现物的自然存在期限。人类在土陶发明以前的漫长岁月，很可能存在一个悠久的树皮文化阶段。意味深长的是：19世纪末、20世纪初，相邻的汉族等民族将大量的陶器、铁器输入大兴安岭的鄂伦春地区，但鄂伦春族的桦皮文化仍然传承下来，因为桦皮工艺不仅使用方便，而且凝聚着他们的审美理想、宗教观念，构成了桦皮工艺的人文特征。

二、鄂伦春人桦皮工艺中寓含的民俗意识

萨满教观念

在鄂伦春人的原始宗教“萨满教”中，传承了许多古老的神偶，如代表日、月、星、龙、鹰等古神的神偶，多是其氏族守护神。平时，这些神偶要放在圣洁的桦皮神匣中，在萨满教祭礼中，由萨满恭请到祭坛上接受祭祀。

在鄂伦春人的宗教观念中，月亮是慈祥、善良的女神，鄂语“别亚布堪”。她有大铁锅，每天忙个不停，做着可口的饭菜，奉献给人间。她一手端着锅，一手抓着饭勺，双眼环视着大地，哪里有饥饿，就挥动双手给人间食物。月亮还是夜间布施光明、给人指路和值班的神。如月亮周围有一层光环，月光晦暗，是向人们预示将有坏天气。为此，人们特别尊敬和爱戴月亮神，农历五月十五、十六日拜月，人们把心愿对月亮诉说。在春、秋大祭中，在神图上画太阳、月亮，并有神偶，挂放在神架第一层，是供祀的重要神灵之一。

农历正月十五，进行祭月仪式：把干净的桦皮盆放在“斜仁柱”外边的僻静之处，盆里装清水，桦皮盆四周放许多好吃的东西，并放烤圆饼五个，饼中间用鹿、狍、犴等

心血点红点，表示人们对月亮女神使全家团圆的感激之心。然后，全“乌力楞”人跪在供品前，向月神磕头，祈求月神庇佑族人新年团圆。平时，当多日打不到猎物时，要进行月卜仪式，在室外月光下放一个桦皮盆，四周放些供品祭拜并祈祷，如果第二天发现盆内有某种兽毛，就认为会猎取到某种野兽。①桦皮在鄂伦春人的宗教观念中，是圣洁、吉祥的象征，具有通神的神力。

鄂伦春神话《扎老桦树皮成人之说》中讲：天神恩都力看到地上尽是野兽没有人，就用老桦树皮扎成许多人，让他们拎着棒子去打野兽，这样人一天比一天多起来，野兽一天比一天少起来。②在世界许多民族的人类起源神话中，多有造物主用土造人的故事，如汉族的女娲造人故事，而鄂伦春的萨满教神话却是天神用桦皮造人，说明在鄂伦春人长期的渔猎生活中，桦皮文化代替了土陶文化。桦皮已有丰富的宗教内涵与悠长的文化生命。

民俗审美理想

桦皮器物蕴涵着鄂伦春人的审美理想，因而深受鄂伦春人喜爱。在桦皮器物中往往钻刻鄂伦春民族传统的云卷图案，寓意吉祥，是姑娘出嫁的不可缺少的嫁妆。他们创作的桦皮画，题材广泛，不仅形象地表现他们古老的神话，而且表现与他们生活息息相关的飞禽走兽，古朴生动，凝聚着他们的审美理想。

鄂伦春传说《五姓的由来》中讲：古时候，一次大洪水，将人类都淹死了，只剩下一个 18 岁的姑娘与一个 5 岁的男孩坐在一个大桦皮篓冲到岸边活了下来，他们用桦皮搭建了“斜仁柱”住了下来，用桦皮围在腰间作衣服。等男孩长大了，与姑娘结为夫妻，生了 5 个儿子，留下了大兴安岭鄂伦春人莫、吴、魏、葛、关 5 个姓氏。③故事中，桦皮是鄂伦春先民生存、繁衍的必要条件，充满了感恩心理。

鄂伦春民歌《白桦树》中唱：“喜鹊落在白桦树上，了解我的人儿我才嫁给他。”民歌《逃婚歌》中唱：“飞来飞去的喜鹊鸟啊，落到白桦树上多快乐，父母为什么啊，把我许配给了不聪明的小伙子。”④白桦成了鄂伦春人幸福、美丽的象征。

民俗知识传承

鄂伦春人在山林中游猎的时候，没有私塾等学校，他们的渔猎知识往往是通过儿童游戏传承给孩子们的，其中，桦皮玩具就是重要的传承知识的“课本”。桦皮玩具，鄂伦春语：阿尼罕，是用桦皮剪成的鹿、狗、天鹅、大雁等动物图案，让孩子识别，在游戏中，增长他们的狩猎知识。⑤

---

① 关小云、王宏刚著：《鄂伦春族萨满教调查》第 84-86 页，辽宁人民出版社 1998 年版。

② 韩有峰主编：《黑龙江鄂伦春族研究》第 237 页，黑龙江省鄂伦春族研究会 1997 年版。

③ 韩有峰主编：《黑龙江鄂伦春族研究》第 237 － 238 页，黑龙江省鄂伦春族研究会 1997 年版。

④ 韩有峰主编：《黑龙江鄂伦春族研究》第 238 页，黑龙江省鄂伦春族研究会 1997 年版。

⑤ 关小云：《鄂伦春族风俗概览》第 107 页，黑龙江省民族研究所 1993 年版。

三、大兴安岭鄂伦春族桦皮文化的传承与振兴

近20年来，“文化寻根热”遍及全球，对本土的民族原创性文化——民俗文化遗产的珍视，是民族自尊与创造力的表达。因此，在国际重大活动如奥运会、世博会中，举办国会千方百计展示本土的民俗文化。汉城奥运会与悉尼奥运会的成功举世公认，汉城奥运会的开幕式以鲜明的韩民族的民俗文化给世人打下了深刻的烙印；悉尼则以有4万年历史的土著民俗文化成为其展示的主题。大阪世博会也是一次里程碑式的成功典型，大阪世博会期间兴建在万博公园的大阪国立民族学博物馆成为展示日本民族与世界民族民俗的展示地、至今仍是世界文化人类学（民俗学）的学术交流中心与博士生的培养基地。国际学术界将民俗作为民族最有代表性的文化形态予以研究与展示，其中，民间工艺品是民俗文化的主要形态之一。从世界文化思潮的发展趋势来看，古老而丰富的大兴安岭鄂伦春族的桦皮工艺品也有发展的广阔前景。

随着近年定居化生活的转变，鄂伦春族人的生活方式在改变的同时，跟人们生活息息相关的传统的桦皮活用品的定位也已经不再是生活中不可或缺的实用器具，而变成制作工艺简陋，没有文化意蕴的廉价旅游纪念品。如何融合现代化的设计理念与技术，使大兴安岭鄂伦春族的桦皮工艺品成为全世界人们都能喜爱的天然器物与艺术品，这里需要正确的开发理念。

今后，应在充分认识桦皮活用文化中所蕴含着的丰富的民族共同的社会规范以及审美意识、生活理念、宗教信仰等象征意义的基础上，再次认知鄂伦春族的生活文化。当桦皮活用文化作为地域生活文化中最重要的组成部分得以振兴的时候，真正属于大兴安岭、小兴安岭的鄂伦春族的地域生活文化的再兴才可以实现。

近20年来，中国的旅游产业迅速发展，成为不少区域的支柱产业。相当一部分旅游景点，除了优美奇特的自然景观，就是开掘当地的文化资源——包括民间工艺品，这个发展方向是正确的，也带来了较好的经济效益，提高了当地居民的生活水平。但是，相当多的旅游产业对保护自然、文化资源与开发自然、文化资源的关系没有准确把握，往往是经济发展了，环境破坏了，文化资源也往往过度开发，使原生态的文化变形。其中的根本问题是开发理念的差别。虽然，没有一个旅游产业宣称：不将该地的自然、文化资源保护放在第一位，但是，大多数旅游企业真正的着眼点是企业近期的投资回报率，将短期的经济效益放在第一位。所以，中国某些具有世界级的自然、文化景点，如西双版纳、长白山等，由于建造过多的现代化建筑，而破坏了其古朴、大气的自然、文化环境。近年，江南古乡镇游兴起，周庄、乌镇、西塘、朱家角等成为旅游热点，但已表现出过度商业化趋势，正在降低其文化品味。所以，笔者有必要在这里介绍日本的内发型开发的实践与理论。

我们考察了日本在边远的山乡如何发挥传统文化的优势以实现现代化的一个典型：20余年前，福岛县大沼郡三岛町这个高寒的山乡，随着当时日本城市工业化浪潮，相当一部分年轻人离开了农村，原先的8000多人，只剩下3000余人，靠农业无论如何也难

以脱贫。在千叶大学宫崎清等学者的推动下，全体居民共同挖掘本地的文化资源，经过了“故乡运动”、“健康运动”、“地方工艺品运动”等阶段，将传统工艺品与当代人民的社会需要相结合，民族工艺品与现代化工业设计相结合，取得了良好的文化影响与经济效益。如今，三岛町的工艺美术馆与传统民俗已使该地成为城里人的旅游胜地，经济效益在 20 年中提高了 10 倍。三岛町不仅成为一个丰裕的地方，而且使其传统文化之华驰名全日本。传统文化的挖掘、保护、开发——这是现代化的重要内容——使三岛町的经济发展有了绵远不绝的动力。

日本民族传统文化的传承与现代化的实现，与一批人文关怀与科学思想结合的学者有关。他们在实践中形成的内发型开发理论的要点如下：

乡镇现代化的新视角——内发型开发

内发型开发是指在乡镇建设中，由居民内部产生出来的构想和提案，某些提案也可经外部的诱导而产生，但这些提案的主体是当地的居民，决定乡镇建设方向的主体是当地居民。一个地区用自己的自然与文化资源推动乡镇建设，称为内发型开发。相反地，完全靠外界的帮助而进行的乡镇建设计划，则称为外发型开发。一般而言，大部分的乡镇建设计划都是在内发型与外发型计划的相互作用之下进行的。乡镇建设应以本地区的历史和风土密接的方式崛起，因此，日本国立千叶大学的知名教授宫崎先生提出——内发型开发应该由当地人士思考：如何靠自己的双手，使自己地方所孕育的历史、自然、生活，文化等资源、特色更加丰富？在优美的景观中，如何享受自己的生活？什么东西可以传给子孙？这种内发性的构想变成农村的现代化实践时，才能调动广大农村居民的积极性，乡镇才能蓬勃发展。三岛町近 20 年的成功发展，证明了内发型开发的重要性。

简言之，宫崎教授的乡镇建设的“内发型开发”理论强调了当地居民是开发的主体，为当地居民建设美好生活是开发的主旨，在此基础上，充分吸收行政、专家、客人的外来指导。

近 30 年来，中国迈入现代化的快速道。但目前人们所指的现代化，是以西方的科技与文化为主体的。中国应该学习与引进西方的科技文化，但在这个历史转轨时期，很容易单纯追求经济效益，而忽视对传统文化的保护与传承。中国有历史悠久的东方文明，如果在现代化过程中丢失了自己的文化传统，削弱了自己的文化创造力，是人类文化发展的重大损失。目前，这个问题还没有引起人们的普遍重视，学术界也没有提出明确的内发型开发理论。

十几年前，我跟父亲到松花江上游的满族乡，那时，可以看到不少别具一格的满族老屋，与满族孩子一起做满族游戏，看到许多精美的满族工艺品，如今，许多满族老屋已改建，电视、游戏机代替了“跑马城”（儿童分两队，模仿骑马射箭）、“踢熊头”（用熊皮包成的原始足球）等民族游戏，传统工艺品已罕见。

10 年前，鄂伦春族的桦皮工艺品还是相当普遍的，但现在能用传统工艺制作桦皮船的仅 4 人，流行的现代器物代替了桦皮器物。

这些民族乡镇没有把它们精美奇特的民族工艺品作为它们内发型开发的文化资源。宫崎先生还指出：通常，乡镇建设这场戏的导演（居民们）隐藏在错综复杂的问题中，真正的主题为何，常常不明确。此时，将这许多问题加以整理，使主题明确化地作业，是当地行政部门的一项任务。提供建言、制造机会、暗示方向等，是担当副导演的行政任务——扮演引路人的角色，作为乡镇建设的引爆剂。当地的居民与行政部门成为内发的乡镇建设的两大支柱，彼此协调，携手共进。而目前中国在乡镇开发中，政府往往成了导演，居民的作用与创造力被忽视，这样的结果往往是重复建设，事倍功半。

地方即历史，即个性——现代乡镇建设中的文化意蕴

任何地方都有各自的历史与生活文化，以及祖先所建立，后人加以创新、继承的各种生活文化。每个地方的历史、生活文化都和我们人类各自的人格一样获得公众的认同，并受到保护，它具有“地方格”，任何人都不可予以毁伤、揶揄。“地方格”即“地方的个性”，因此各地的乡镇建设的手段、内容、目的、方法、程序等便会因地而异。乡镇设计应该反映出当地居民的心之所向。在自己的历史上来建立新的历史，以这种观念来从事农村地方的建设。目前，中国的乡镇建设还没有珍惜地方的历史与文化个性，而是过多宣传某些样板乡镇的示范作用，造成许多没有个性的所谓“现代化乡镇社区”。

宫崎先生提出：乡镇建设无通解，无论对于任何地方，皆不存在高效率的普适性良方。乡镇营造方案的形成，仅存在于该地区内，因为地方即历史、即个性。乡镇设计的展开，是从调查自己居住的地方有哪些财产、特色开始的。首先要做地方的生活文化调查，所谓调查是指踏查（仔细踏遍地方，五官总动员，实地走访、调查）。任何一个地方，都有丰富的自然资源、人类的智慧、生活技术，以及藉由这些所产生出来的各种事物。在调查中，找出这些“特色”，再度认识地方的文化意蕴，是乡镇营造与设计的出发点。

不论哪一个地方，都是在各自的历史中创新必要的东西，一面自我净化不需要的东西，推行自我更新，在这种创新和自我净化的背景中，通常一定会有该地方人士对地方建设的想法与哲学存在。乡镇设计应该反映出当地居民的心之所向。在自己的历史上来建立新的历史，以这种观念来推进农村地方的建设。

人心之华：意匠——现代工业设计的人文精神

日本流行“意匠即人心之华”的格言，此格言概括性地显示下列双重含义：人心若无法升华，绝对无法孕育出真正的意匠。人心若无法锻炼清澈，即便有再如何升华的意匠，人们也绝对无法接受。前者为创造意匠面的问题，后者为接受意匠面的问题。“意匠即人心之华”此一格言意味着“唯有健全的社会，才会孕育出健全的意匠。唯有健全的意匠，才会创造出健全的社会”。这是适合任何时代的警世谚语。在工业化带来今日丰富的物质文明中，有必要以人心之华作为生活文化的磐石谋求发展。①

日本的成功经验值得我们借鉴，在大兴安岭鄂伦春族桦皮工艺品的保护与开发中，前提是要坚持当地居民是开发主体的内发性开发理念，即由当地的鄂伦春人来担当开发本民族文化的主人。

从内发型开发理念可以引申出对民族工艺品的正确定位。日本三岛町人认为：任何地方都有各自的历史，以及祖先所建立，后人加以创新、继承的各种生活文化。这种生

① 以上宫崎清教授的论点据论文集《人心之华》（台湾省手工业研究所、千叶大学宫崎研究室编，1996年）归纳整理。

活文化即是地方的文化个性，如同人格一样应该获得公众的认同、保护与尊重，而地方的工艺品就是展示这种文化个性的载体。所以，他们通过“寻找地方之宝运动”、“创造地方之华运动”等，将本地的工艺品传统挖掘、抢救、保护并弘扬起来。而目前中国在文化开发的实践中，往往将民族工艺品当做一般的商品（旅游纪念品）来开发，数量众多而无文化品牌。在大兴安岭鄂伦春族桦皮工艺品的开发中，如何打造自己的文化品牌是一个战略决策问题。

让我们分析一个案例：2003 年 1 月，云南省丽江剑川县甸南白族乡（文化部命名的中国木雕之乡）与日本福岛县三岛町结成“工艺品姐妹乡”。三岛町的桐木工艺品驰名日本与东南亚，在近 20 年中提高产值 10 倍。三岛町町长在考察剑川白族木刻工艺品后，认为：这里的工艺技术是世界一流的，三岛町的木刻只能刻 3 层，剑川能刻 4 层。但三岛町的一个树皮编制的手提包可以值 10 万日元（约 7500 元人民币），而且供不应求；剑川的木刻作品小的仅几十元，大的几百元，土陶器皿小的几元，大的几十元，且有不少积压。排除两国的消费、价格因素，两者仍有很大差距。

差距的基本原因是：三岛町的民间工艺品不仅是纯天然的，而且是当地特有的是独一无二的，其中的审美价值、文化价值大大超过商品的使用价值。剑川工艺品只具有其中的原料、人工价值，而文化、艺术价值只占很小的比例。并非剑川白族的工艺品缺少文化、艺术价值，而是缺乏有效措施来体现这种价值。所以，剑川的民间工艺者手艺很高，也很辛苦，但很少有富裕的。这里有工艺品的地位问题，也有如何保护本地民族工艺品的法律问题。大兴安岭鄂伦春族的桦皮工艺品是一片美丽的处女地，在开发始初，就要用法律来保护自己的民族文化遗产。

大兴安岭生长着大片优质桦树林，鄂伦春人掌握了活剥桦皮的技术（不影响桦树生长），使桦皮原料资源极为丰富。用桦皮制造的器物天然，绿色。破损后，仍可当燃料，或埋入地中，回归自然，完全没有污染。同时，作为这块地域的开拓者，鄂伦春人更有着丰富的神话、英雄史诗、童话，反映了人类童年时代的文化观念，是全世界人们喜爱的艺术题材。众多的桦皮器物也需要在整理归纳的基础上，以当代人的审美需求为根据，适当吸取现代化的设计理念与技术，去扩大桦皮器物的产品领域，开发出受世界各国人民喜爱的天然桦皮工艺品，从而使鄂伦春人的桦皮器物走向世界，成为全世界人们都能喜爱的天然器物与艺术品。

在当前全球经济一体化的世界潮流中，各地域的经济文化发展必须建立在本地域传统文化基础之上。因为，每一地域的传统文化是当地在漫长的历史岁月中形成的原创性文化，凝聚着当地居民及其先民的生活理念、社会观念、审美理想，是他们文化创造的历史成果。如果不在世界现代化的历史进程中保护与传承好当地的原创性文化，那么就会使当地失去自己的精神家园，就是物质生活条件再丰裕，也会精神委靡，失去自己的精神文化创造力。试想，如果各国各地区都不珍惜自己地域的民族文化，便会造成世界文化的沙漠化，这样的现代化是失败的现代化。如果将人类的文化看成一个特殊的“物种”，那么只有在其中保留大量的文化“基因”，才能使其保持经久不衰的生命力。地域的原创性文化就是人类整体文化中一个个有生命的文化“基因”。

艺术与科学的完美结合体
——中国民间香包

杨 阳（清华大学美术学院艺术史论系）

中国传统民间艺术中的香包具有科学与艺术两方面的功能，在物质实用功能上具有医疗保健作用，这是它科学性的一面，在精神审美功能上具有装饰愉悦作用，这是它艺术性的一面。而其统一体是科学与艺术的完美结合，是千百年来中国传统民间文化的闪光点。

一、香包的科学性

传统民间艺术品中首先突出的是实用功能性，香包也不例外。

香包的实用功能性可分为两大类：一种是作为服饰品而言的服饰实用性。一种是作为药物而言的医疗保健性。而体现科学性的正在于其医疗保健性，也就是香包的“香”字。

香包中所盛的香料，多种多样，但大都是芳香类的植物，也有矿物或动物分泌物等。其主要功能是熏香驱秽、提神醒脑、镇定安神。古人讲究熏香，在现代香水出现之前，人们清洁衣物、室内消毒大都用香包或熏香炉熏香。

各种香料释放香气有不同的方式，有的可直接点燃，有的要在香炉中熏烤，有的研磨成粉末，自然散发香气。香包就属于这后一种，所以随身携带。

长沙马王堆汉墓出土的香囊中就有矛香、花椒、辛夷等芳香草药。历代文献中记载的香料种类很多，然而，香包中的用料却是依地域、季节、病症以及个人的爱好而选用不同配方的香药。

中国利用芳香物作为药物熏香安神的历史悠久，香药与香包的历史相同，可以追溯到先秦以前。远古时期，人们凭借观其形、闻其气和尝其味，逐渐认识到万物中某些物质的医疗作用。其中就有气味浓郁的芳香物。因芳香物以其独特并易于识别的芳香气味，为人们所最先认识，并逐渐在日常生活中被利用。其特有的香气与对于某些疾病的独特疗效，为人们所喜爱。可以说，芳香物是人类最早认识并用于临床的中药门类。

中国古籍文献中记载的芳香植物很多，商周时期人们对香药已有理解。《周易》载及“白茅”、“兰香”。《管子》载及“大椒”、“檀香”、“白芷”、“蘼芜”、“香椒”。《山海经》载药 353 种，其中香类药物有“熏香”、“杜衡”、“苏叶”、“艾”、“佩兰”、“白芷”、“芎”、“秦艽”、“桂”、“檀”等。

汉代承袭秦代的用香经验，总结出各类香药的使用方法。《补后汉书艺文志》录有郑玄所著的《汉宫香方注》，《墨庄漫录》也载录此书。《后汉书》、《三国志》中也记载了不少香药的名字。

湖南长沙马王堆出土的秦汉古医籍《五十二病方》载药 247 种，其中芳香类药物有：牛膝、芎藭、白芷、姜、葱、桂、菌桂、辛夷、蜀椒、厚朴。《神农本草经》载药 365 种，其中芳香药物分为上品、中品、下品三类。《伤寒论》和《金匮要略》中也记录了不少芳香药物。

魏晋南北朝时期，中国的香药应用发展到一个新的阶段，此时许多书中对香药都有详细的记载。如《宋书 · 谢灵运传》、《南齐书 · 东昏侯纪》、《北史 · 波斯国传》、《梁书 · 中天竺国》、《梁书 · 林邑国传》、《和香方》等。

特别是范晔的《和香方》，可以说是现知的中国第一部香类方药专著，此书虽然早已亡佚，但仍可以从范晔的《和香方 · 自序》中了解到该书的内容梗概。其序曰：“麝本多忌，过分必害；沉实易和，盈斤无伤；零藿虚燥，詹唐粘湿。甘松、苏合、安息、郁金、奈多、和罗之属，并被珍于国外，无取于中土。又枣膏昏钝，甲煎浅俗，非唯无助于馨烈，乃当弥增于尤疾也。”从寥寥数句可以看出当时人们对芳香药物的认识，《和香方》对后世药物学的影响匪浅。[①]

隋唐五代时期，是中国香药应用史上的鼎盛时期，这期间香药被广泛应用于各个领域。《隋书 · 经籍志》著录了《香方》（1 卷，宋明帝撰）、《杂香方》（5 卷）、《龙树菩萨和香法》（2 卷）三部香药医方。这些都是汉晋六朝以来，宫廷、民间、寺院的用香经验总结。特别到了唐代，香药应用在中国历史上达到了顶峰。

两宋时期，海上丝路发展，大量的香药从沿海口岸销往全国各地，香药贸易鼎盛一时。当时的医药书籍中记录有大量的香药本草和香类医方。

明清时期，香药应用在民间广泛普及，《明史》、《清史稿》中都有大量的香药记载，此时记载香药本草最全面的著作当首推《本草纲目》和《植物名实图考》。《本草纲目》载药 1892 种，其中芳香类药物 100 多种，基本上囊括了现代常用的香药本草。《植物名实图考》共分 12 类，其中第八类为“芳草”，载录了数十种芳香类草本植物。

此外，日本收藏了八部宋、元、明三代的芳香类本草专著，分别为：《香要抄》（观祐本）、《香药字抄》、《香字抄》、《朱香药功能形体等》、《香药抄》、《香要抄》（建久本）、《香药记》、《香抄》。书中记录了大量的香药应用法。

香药的品种、品质、价格差异性很大，在民间人们只是使用价格低廉的芳香草药填充香包，甚至到山野中自采芳香草药使用。那些由西域、南亚舶来的上等香药只有皇宫

① 《南史》卷三十三列传第二十三。

贵族才有实力享用。

香药应用发展到今日已有了现代技术的介入。如今越来越广泛应用于防病治病、化妆美容的香药、香油、香精应运而生，各种天然香药、化学香料都在品质与价格上拉开了档次，使得接受香药的人群扩大。可以说，香药越来越被现代忙碌的人们所重视并喜爱。

香药有 4 种分类方法：

（1）按物种分类：矿物类、植物类、动物类、合成类。

（2）按剂型分类：散剂、膏剂、水剂、油剂、喷雾剂。

（3）按用途分类：服食、佩带、涂抹、熏香、蒸洗。

（4）按气味分类：清香型、浓郁型、异味型、混合型。

在香药中芳香植物与动物香体是主要成分，其中芳香植物占香药总体的 90% 以上。根据药用的部分可分为：花类、叶类、果实类、全草类、根茎类、皮类、枝条类、油脂类等。

本文所述的香包大多属于散剂外用佩带一类。笔者在 2005 年 6 月对甘肃庆阳“香包节”进行考察，香包出售者在出售香包的同时也为顾客配散剂香药粉末。此散剂大都为中医药店所配制。因此，在出售香包的摊位附近可以嗅到淡淡的药香味，而且每一家的药香都有不同的特点，可见是药物的种类与配比量的多少有别。这也是中国民间几千年来最常使用的香药类型。

香药的配制方法主要有研粉、煎煮、水磨、制香、提取、混合型等。

中国民间最常用的散剂就是利用研粉的方法配制的。研粉法是将香药原料研成极细的粉末，并经反复过筛而得。

香药的成分十分复杂，不同的药物有着截然不同的化学成分，即便是同一种属的药物，由于产地的不同，其化学成分也有显著的差异。纵观香药的化学成分，主要以挥发油为主，如沉香含挥发油 13%，主要成分为苄基丙酮、对甲氧基苄基丙酮等；降真香含黄檀素、去甲黄檀素、黄檀素甲醚、黄檀酮、黄檀色烯等，其中黄檀素能显著增加冠脉流量、减慢心律、轻度增加心跳振幅。木香含挥发油和单紫杉烯、α- 紫罗兰酮、β- 芹子烯、木香烯内脂等 10 多种成分，能扩张外周血管、解痉、降压、抗菌。丁香含挥发油即丁香油，油中主要成分有丁香油酚、乙酰丁香油酚、胡椒酚、丁香酮等 10 多种，有抗菌、驱虫、健胃、止牙痛等功用。冰片是从龙脑香树脂和挥发油中取得的结晶，含右旋龙脑、β- 榄香烯、石竹烯等倍半萜类 10 多种。其功能有开窍醒神、清热止痛的作用。

植物在生长过程中也会分泌散发出一种含有芳香气味的物质，其具有消毒、杀菌的生物效力，称得上是植物抗生素，其中起主要作用的是萜烯类化合物。现代研究表明，它不仅具有消毒、抗菌、抗病毒的功效，还可以对人体的心、脑、血管及内分泌等功能起到调节作用。

香包的主要用法为佩戴。大多佩戴于胸前、手腕、腰间等处，大型香包悬挂于室内。人们通过嗅闻刺激鼻黏膜以及神经，使肌体产生反应，从而达到防病治病作用。有的地方将香包或整个的槟榔果挂于婴儿胸前，通过其经常咀嚼，以达除秽驱虫之功效。

中国传统医学有香药“熏疗”理论，今天越发被人们重视。

汉代名医华佗曾用丁香、百部等药物制成香囊，悬挂在居室内，用来预防“传尸疰病”，即肺结核病。

晋代葛洪在《肘后备急方》中收载了一个处方，用雄黄、矾石、羚羊角等药材研成细粉末，酌量装入三角形的绛囊中，戴在胸前或挂在室内，以其气味获得治病保健疗效。

明代医家李时珍的《本草纲目》中记载用“线香”入药。“今人合香之法甚多，惟线香可入疮科用。其料加减不等，大抵多用白芷、独活、甘松、三柰、丁香、藿香、藁本、高良姜、茴香、连翘、大黄、黄芩、黄柏之类，为末，以榆皮面作糊和剂。”李时珍用线香“熏诸疮癣”，方法是点灯置桶中，燃香以鼻吸烟咽下。除此之外，还可“内服解药毒，疮即干”。

清代著名医学家赵学敏《本草纲目拾遗》中所附载的曹府特制的“藏香方”，由沉香、檀香、木香、母丁香、细辛、大黄、乳香、伽南香、水安息、玫瑰瓣、冰片等20余气味芬香的中药研成细末后，用榆面、火硝、老醇酒调和制成香饼。赵氏称藏香有开关窍、透痘疹、愈疟疾、催生产、治气秘等医疗保健的作用，其言不虚。因为制作藏香所用的原料本身就是一些芳香类的植物中药，用其燃烧后产生的气味，来除秽杀菌、祛病养生。

民间以香包之气避邪除秽并不是封建迷信之为，而是有科学道理的，是中国传统医学防病治病的方法之一。香药在医学上的应用十分广泛，不仅可以用于临床各科疾病的治疗，而且在对疾病的预防与养生保健等方面也发挥着积极的作用，这一点越来越被现代医学所认识。

香药的单方、验方、秘方和以香药为主要方剂的有1万多条，并在临床各科普遍运用。目前，最为人熟知的有传统蚊香、藿香正气、麝香止痛、香砂养胃、十滴水、清凉油、仁丹等常用药。

香药对人体的影响有生理和心理两个方面。对生理的影响主要有神经系统和心血管系统，特别对中枢神经的影响较大。心理方面主要是通过感受香药特有的气味，使人身心进入一种愉悦的境界，产生美好的感受。香药的主要作用机制就是散发于空气中的香药分子被鼻腔的嗅觉细胞捕获，口腔以及眼睛等器官的黏膜吸收，并由此对末梢神经和毛细血管产生生理效应，并将此信息传输到大脑皮层，从而给人芳香可人、身心愉悦之感。香药能够发挥防虫、杀菌、避秽、健脑、安神、调心和益等作用。香药中的某些成分能够提高人体免疫系统中免疫球蛋白A的能量，同时增加消化液的分泌，提高消化酶的活力，以此增强身体的免疫力，促进胃肠功能，达到健身抗病的目的。

在预防瘟疫、瘴气、秽气，消毒、杀虫等方面香药也有强大的功效。因此，佩戴、悬挂香包能够达到预防疾病的作用。

经防疫部门测试，佩戴药物香包后第14天，鼻黏膜上免疫球蛋白量比未佩戴前高出4倍。有医院曾用高良姜1500克、佩兰500克、冰片150克、桂皮500克，共研细末，取药3克装入5平方厘米大小的香包中，让老年人白天带在身上，夜里放在枕边，试验的结果是一些患慢性支气管炎的人感冒发病率减少了 70% 左右。①

2003 年中国 SARS 大流行期间，南京中医大学制作了十多万个中药防疫香囊，让大学里的师生、员工配戴，亦提供给政府部门使用。结果，大学里没人染病，证明该香囊具一定的预防作用。②

当时，《香港商报》有这样一段专讯报道："香港南区妇女会主席林玉珍、副主席陈丽华等向传媒展示专程由重庆市空运返港的'防疫散'香囊 2 万只。经包装处理后，准备于日内分赠予区内多个友好团体及街坊使用。希望藉此带出人与人之间互相关怀的信息。"报道说："该会主席林玉珍昨日在新闻发布会上指出，该批"防疫散"香囊是由重庆市渝中区政协医务委及中国民间医药博物馆、重庆中医少林堂、重庆市神农中医药研究所专为香港市民防病避疫而制的香薰佩饰保健品。林主席说，传统中医认为，通过近距离嗅吸药香，有助增强保护呼吸道气流健康呼吸空气。药香还具有杀毒气解疫痨之功效。而现代医学亦证明，佩香疗法具有醒神开智，提高人体免疫功能，净化局部呼吸空气纯度，有益于呼吸健康氧气，而有效杀灭病毒传染的功效。她称，虽然香囊对于非典型肺炎疫症的功效未必显著，但希望藉此带出人与人之间团结互助，互相关怀的信息。"③

目前，中国医药市场上有些中成药就是以香药治病的，如香药胃安胶囊就是精选乳香、没药、血竭等 19 味名贵中药配伍而成的。乳香杀灭 HP，没药止痛优于吗啡。香药胃安胶囊荣获"全国胃健康教育协会唯一典范产品"、"国家中药保护品种"、"医院、零售市场双跨产品（在中国，双跨药品屈指可数）"等多项殊荣，并出口到以民族保护意识最强列著称的韩国。

近几年，一种人体生物节律调节剂药物——神宁，也是通过嗅觉熏疗防病治病的。其主要成分有山参、血茸、琥珀、赤少、蛇胆、牛黄、白芷、蜂房、葛根、甘松、没药、冰片、薄荷、沉香、滩乡、汝祥、木香、丁香、藿香、苏合香、返魂香、安息香、零陵香、香排草等几十种中药。其主要功能为调理气血、平衡阴阳、恢复并保持人体正常生物节律，提高机体抵抗力。其用药方法是通过鼻黏膜吸收、气息纳人、嗅觉神经摄取进入人体。因其用药方便，成为许多老年人随身的常备药。

中国在禽流感预防工作中，主要通过农业作物、中药、杀菌装置、预警、熏香等技术来实现。山西高平的 CN200410010666.1 号文献涉及一种在空气中杀菌消毒防止畜禽流感与人交叉感染的中药熏香。④

香药在日常生活中的应用有美容化妆、避邪除秽、饮食调味、调适环境、陶冶情趣等；香药在医学上的应用有治疗、预防、养生等。本文所述的香包可以说是香药在日常生活与医学应用的结合体，它是一种特有的传统民间、民族艺术品，也是实用物质与精神享受完美结合的产物，还是中国古老医学与艺术的结晶，更是艺术与科学的

---

① 包泉万著：《中国民间荷包》第 81 页，百花文艺出版社 2004 年版。

② 中新网，2003 年 09 月 16 日。

③ 中国窗网，2003 年 04 月 26 日，转载自《香港商报》。

④ 魏衍亮：《禽流感专利管窥》，中国知识产权网 2005 年 12 月 01 日。

完美结合体。

二、香包的艺术性

香包是集造型、色彩、纹样、装饰、香味等元素为一体的艺术集合体，是精神与物质完美结合的产物，是科学与艺术的结晶。因此，香包除了以上所述香药的嗅觉及药物物理与精神作用以外，其艺术特色主要表现为外在的质地、造型、色彩以及纹样上。

（一）造型

香包单从款式造型来看就有丰富的文化内涵。大多以吉祥、祈福为内容。如以物种分类，大体可以归纳为以下几类。

1. 植物造型

花卉：莲花、牡丹、菊花、梅花等。

草类：艾叶、兰草等。

果实：寿桃、葫芦、佛手、石榴、瓜、葡萄等。

2. 动物造型

五毒虫：蟾蜍、蛙、蛇、蝎、蜥蜴、蜈蚣、蜘蛛等。

十二生肖：鼠、牛、虎、兔、龙、蛇、马、羊、猴、鸡、狗、猪。

象征动物：龙、凤、麒麟等。

猛兽：老虎、狮子等。

一般动物以及昆虫类：鱼、螃蟹、蝴蝶、蚂蚱、鸟、蝉等。

3. 器物造型

琴、棋、书、画、芦笙、元宝等。

4. 人物造型

娃娃等。

如按功能分类也可以归纳为：

1. 避邪类：五毒虫、老虎、狮子、葫芦、艾叶等。

2. 祈子类：娃娃、石榴、葫芦、瓜、莲花、蝉、鱼、蛙、芦笙等。

3. 祈福类：寿桃、佛手、元宝等。

4. 传情类：莲花、蝴蝶、鱼等。

5. 说教类：琴棋书画、历史故事等。

实际上，香包的造型内涵没有严格的分类说，而是多种祈愿融合于一体的产物，这也正是民间传统文化丰富广义的一面。

（二）质地

香包用材质地繁多，民间所使用的香包大多以织物为主，如丝绸、棉布或当今的化学纤维等织物。香包质地以织绣品数量最多最普及，其原因是材料相对低廉，制作刺绣的可操作性强。当然，除了织绣香包以外，从古至今，还有各种不同质地的香包。

金属类香包由金、银或合金等材料制作，大多雕刻镂空，双面以合页扣联结。1970年秋，陕西何家村遗址中出土了一件葡萄花鸟纹银香囊，后来陕西法门寺也出土了相似的金属香囊，其工艺之精美令世人震惊。

玉石类香包由玉、翠等材质制作，大多雕刻镂空。有一体雕刻的，也有双面雕刻合二为一的。牙骨类有象牙、骨质，竹木类有竹制、木制、果核制等。这些质地坚硬的香包大都采用了雕刻镂空技术。另外，还有以各种稀有丝线、毛发等编织的香包。

这些以雕刻镂空技术制作的香包，无论是一体还是合体，都是中空可入香料的。将所需香料用织物包裹填入香包即可，有些整料的大块香药也可以直接放入香包中。无论何种质地的香包，都佩戴在人们的胸前或腰间，其作用与意义相同。只是通过香包质地的不同，可以区分佩戴者的贫富差别或兴趣爱好。

在织物香包中，也有精品与一般品种的区分。精品从材质用料、造型、配色、纹样组织到制作工艺都为上乘者。一般品种虽说在各方面都不如精品，但在艺术特色与精神内涵上，各有千秋，大同小异。

（三）色彩

说到色彩，首先要明确的是，这里讨论的色彩是古老的东方民族民间传统色彩观念，有别于所谓科学的西方色彩观。西方色彩观所研究的色彩是不夹杂人为情感因素在内的光谱分析，而东方传统的色彩观有很深的人文背景及特有的文化内涵。

民间艺术的传统色彩观可以说是东方古老哲学五行八卦观的五行色彩观。西方色彩学是从固有色到条件色，是利用三棱镜得出的所谓科学的色彩分析。东方民间的色彩体系，是以物的固有色的色彩组合为基础的色彩体系。中国民间艺术的色彩体系是以阴阳观、五行观与八卦观为基础的观念色彩体系。

中国民间颜色观是一种带有人文背景的内心状态体现。白青黑赤黄，与五行中的金木水火土紧密相连，两两对应，这样一种对应的关系，渗透在民间生活中，五行色通过人们内心的感悟，体现对颜色的运用。

中华民族自古以来的五行色彩观，反映了中国人对浩渺宇宙和深远生命的基本看法，是中国人独有的时空观念。五行学说虽然流行于春秋战国之际，但中国美学家李泽厚先生认为中国人对色彩寓意的运用或许更早，当山顶洞人在尸体旁撒上矿物质的红粉，当他们把这项劳作当做装饰品的时候，就已经具有了对色彩精神意义认识的某种萌芽。

在民间，人们应用色彩时极为讲究色彩本身的含义，特别是在服饰中的香包运用上。什么人佩带什么颜色、什么形状、什么纹样的香包，都要三思而行。

在中国，以避邪为主的香包大多用红色、黄色。人们认为这样的色彩是可以避鬼神的，并相信色彩本身所具有的强大避邪能量。

当然，香包在民间色彩的应用中，也有应用者对不同色彩偏爱的特殊倾向。除了对色彩传统文化内涵的共识外，还有对服装整体色彩搭配的应用。而这种应用也不同于现代人们的色彩审美意识，而是一种古老的传统色彩搭配意识，其搭配效果往往出乎现代人的审美观念。这也就是所谓的民间色彩。

这种民间色彩的搭配所表现出的效果是热烈的，大量地运用纯正色和对比色，但在对比色中有大协调小对比的典范，并恰到好处地运用中间色以协调色彩的强烈对比。因此，黑色、白色、金色，作为协调色大量地出现在民间艺术品中。

（四）纹样

在实际生活中，香包的物质性和精神性是分不开的，人们喜爱香包的原因也正是香包具有物质与精神这两重功能。

香包的精神性，除了体现在造型、色彩方面外，表现得最集中的是纹样。因为纹样是最具有表意性的艺术形式之一，它是最能表现制作者艺术想象力与创造力的形式。不同的纹样表达不同的内涵，这在赠送香包时尤为重要。

香包纹样的表意内容大体为以下几类：

1. 祁福

祈求风调雨顺，丰衣足食，健康长寿，儿孙满堂，状元及第，夫妻和睦，家庭幸福，生活美满。

与之相对应的纹样有：吉祥文字、鲤鱼、麒麟、仙桃、灵芝、荷花、牡丹、鸳鸯、家畜等。

2. 祁子

祈求早生贵子，多子多孙，子孙万代，繁衍生息。

与之相对应的纹样有：葫芦、石榴、瓜果、莲花、莲蓬、鱼、蛙、螃蟹、麒麟送子等。

祁子纹样的香包往往是新婚妇女的佩戴物。

3. 传情定情

传情定情的香包纹样大多表达两性爱慕、思念等意。用于青年恋爱中的男女间的互赠。以纹表意，传达爱情。而这种通过小小的香包与香包上的纹样传达情爱的形式极为含蓄、自然。是东方文化特有的传情方式。

与之相对应的纹样有：鸳鸯、蝴蝶、双鱼、比翼鸟、双飞雁、并蒂莲、蝶恋花、凤求凰等。

4. 避邪

避邪香包大多在农历端午节中出现，人们佩戴香包也可以说是端午节的特殊风俗。特别是妇女、儿童、年老多病者，佩戴装有香药，绘有“五毒虫”、艾叶、狮虎等避邪纹样的香包是必不可少的节日内容。

在中国，端午节习俗主要有：吃粽子，于门上插艾或菖蒲驱邪，系长命缕，佩戴香荷包，饮雄黄酒或以之消毒，洗药浴，赛龙舟等等。如今端午节的一些古老习俗已随着社会变迁而消失，但吃粽子、赛龙舟、佩香包、沐药浴等习俗仍然流行。

端午节中的香包有其特殊的文化内涵和功用。蝎子、蛇、蜈蚣、壁虎、蟾蜍等五毒虫纹样是用来“以毒攻毒”的，狮、虎纹样有强大的威慑力，艾草艾叶纹样是借其真实植物强烈的气味而驱虫避邪。

5. 说教

在香包纹样中，有大量的说教性纹样。其中主要为历史故事中表现忠、孝、廉、节、义等传统美德的情节片断；还有以象征性纹样为主的琴棋书画等造型。在说教纹样中使用得最普遍的是“二十四孝图”和为妇女专用的贤、惠、勤、巧等纹样，以此看来，说教性纹样的对象主要是青年及妇女。

香包中所填充的香药固然重要，但香包纹样的表意性也起着关键的精神作用，人们往往根据佩戴者的需求选择香包的纹样。

传统物质文化研究与现代设计艺术

徐艺乙（南京大学教授）

从某种意义上来讲，现代设计艺术可以看作是传统的造物艺术之延续。

在中国广袤的土地上，东西南北，四季分明，物产丰富。在人类社会的初期，我们的祖先为了自身的生存，在与自然界打交道的时候，积累了丰富的经验和智慧。在这样的经验和智慧中，包含着丰富的关于自然界和宇宙的知识，尤其是在对自然事物的物理认识方面，有着独到和深入的见解，为后来的造物艺术之发展，打下了良好的知识基础。而后，不同时期的劳动人民在漫长的历史岁月里，适应着不同时期的物质和环境的条件，创造了各式各样的能够满足自己社会生活需要的物品。其中经典的和具有代表性的作品，通过各种途径（传世的、出土的）流传下来，与各个时代的历史文献互为补充，构成了丰富多彩的中国人的造物文化的历史，是中华民族优秀文化艺术传统的重要组成部分。

造物艺术的历史及其遗存是非常值得研究的。中国人的造物活动由来已久，大致可以追溯到100多万年以前。在相当长的一段时间内，人们为了生存需要而进行着极为简单的生产活动。在这样的简单生产活动的过程中，因认识和环境条件的限制，当人的自身力量所不能及时，在自然界的其他生物行为的启示下，人们凭着直觉直接选取自然界原有的物品进行着有目的的利用，维持着极为简单的生产和生活。在如此简单却又漫长的生产生活进程中，人们发现自然界可资利用的物品是很多的，于是他们也就这样做了。长期以来，人们通过这样的利用累积起经验，又在经验的基础上进行选择，并在这长期而又曲折的过程中发明了与之相关的工艺技术，从而在漫长的历史进程中基本满足了生产生活的需求，近代以来出土的旧石器时期的大量实物就是证明。当然，早先的人们并不只是利用石器以及陶器，他们也有可能利用竹、木、籐以及皮革、兽骨等天然物品来为生活服务，只是这些物品的材质多为有机物，能够有效保存的时间不太长，所以我们今天能看到的石器时代的出土文物资料是非常有限的。

生产力的发展，促进了社会的变革。在进入阶级社会之后，随着更多的可资利用的材料被人们发现，以及各种相关的工艺技术的发明，造物艺术的面貌有了很大的变化。进入商周时期，各种类型的不同材质的器物，已经能够基本满足当时的社会生活之需，而在青铜等器物的形态中融入的社会理念和宗教意识，使得这一时期的造物艺术有着独特的美学魅力。经春秋战国至秦汉，伴随着中国封建社会早期的经济实力和意识形态的发展，能够适应不同社会阶层需要的各种生活器具被创造出来，结构精巧，形态各异，门类齐全，造型规范，为后来的造物艺术之发展奠定了最为根本的基础。从三国两晋南北朝到唐代，是传统的造物艺术全面发展的时期，反映着政治、经济、军事、文化和整个社会的意识形态之变化的工艺技术的价值取向的多元化，使得不同材质的各种类型的器物取得了突出的成就；而丰富的社会生活对各类器具的数量要求，则有效地促进了各种手工业生产工具的创造与改良。到宋代时，各种手工业生产工具及其生产工艺已经基本定型，与当时的社会理念相适应的沉静典雅、平淡含蓄、心物化一的美学追求，以物化的形态在各类生产生活器具上得到了充分显现。此后，中国的造物艺术经历了元代的豪放和刚劲、明朝的端庄和简约、清代的矫饰雕琢和精致繁缛的风格演变之后，在近现代工业文明的冲击之下逐渐衰落，虽然远离了当代的社会生活，但其传统的工艺技术及其产品却以物质文化遗产和其他的名目存留下来。

回顾和研究造物艺术的历史，是为了从中找出发展的规律，为了今天的和未来的创造，为了更加美好的生活。一般情况下，对中国传统设计艺术史的研究虽然可以看作是中国传统物质文化研究的一部分，但物质文化研究似乎还有着更为广阔的视野和领域。真正的物质文化的研究，涉及自然科学和人文科学的多个方面。在物质文化的研究中，既有对当代的研究，也有对历史的研究；既有对概念的研究，也有对实物的研究；既有对物体单体的研究，也有对物体与其他事物组合的研究；既有制作技巧的研究，也有工艺技术的研究；既有创造过程的研究，也有流通消费的研究。但是无论如何，都是以物之研究为中心的，或者说，是围绕着物之形态来展开研究的。因为人类造物的艺术暨历史就是由各个时期的社会生活中的形形色色的物品构成的，并在制作、使用物品的过程中形成了人类的物质文化。

在中国，物质文化研究可以根据其研究对象的时代特征分为传统物质文化研究和现代物质文化研究。而在当下，中国的传统物质文化研究似乎要比现代物质文化研究有着更为重要的意义。所谓的中国传统物质文化，是指生活在中国大地上的中华民族有史以来为满足自己的生产和生活之需要而进行的造物活动，以及由此衍生的所有社会关系及其活动的总和；是历史上的中国人所创造、享用和传承的生活文化中的物质文化遗存和精神文化的物化遗存；是中国古代文明的重要组成部分。从为了生存的生活化造物到为了生活的艺术化造物，其间经历了极为漫长的历史时期。以物质文化的形态表现着的那些材质不一、造型各异、功能完备的生活用品，从衣、食、住、行的各个方面，满足了人们社会生活的多元化的需求，给人们的生产生活带来了诸多便利。中国民间的知识体系就是在这样的物质性的社会生活基础之上逐渐累积构筑起来的，并且，是经过常年累月的运用而得到反复印证的博大精深的科学知识系统。

早期的传统物质文化研究主要分布在博物学、考古学、文献学、美术学和历史学等方面，将其作为“证史”之范例和审美的对象，研究的重点以物之源流的考证和物的造型、装饰之特征为主。20 世纪 80 年代之后，人们开始从文化人类学、民俗学和科学史以及材料学、工艺学、技术学、工程学、心理学、环境学、生态学等的角度对传统物质文化进行研究，并将着眼点放在了物之本体及其制作技艺和人与物、物与物以及物对人的作用之关系上，这些关系主要体现在人们对自然物的物理认识和对自然物的处理手段上，体现在物品与物品的相互组合关系的制度上，体现在人与物品和物品与物品的相互关系的尺度上，体现在不同方式的创造理念和不同层次的消费观念的关系上，尽管这样的关系是错综复杂的，但却是历史的、传统的、文化的。

当然，要廓清人与物以及物与物的多层关系，须以器物的本体研究为开端；而研究物质文化发展的规律，则应当从梳理造物艺术的历史开始。所以，从设计艺术学的角度来梳理研究中国传统的造物艺术之历史，也有着特殊的意义。在今天，设计艺术史乃至设计艺术学的研究似乎是一个新的学科，但是，从其研究的对象和方法来看，似乎又与很多传统的学科（比如传统的工艺美术研究）是重合的，只是换了个说法，就好像是旧酒灌装在新瓶里，这样的事情在中国并不奇怪。但是，既然是以新的名目（设计艺术学）出现，就要有新的要求、新的规范和新的方法，乃至新的面貌，如此，似乎还有很长的路要走。

现代“韩山苎布”的织造以及存续危机小考

李桂瑶（韩国中央研究院博士）

一、绪　论

在韩国，棉、麻、绢自古以来就是人们最常用、也是最喜爱的衣料。尤其是麻和绢，是韩国历史上使用历史最为悠久的纺织品。如今，绢的生产已经完全实现了工业化，但麻纺织品的生产依然以手工纺织为主。麻纺织品主要分为麻布和苎布两种。麻布的原料是大麻，苎布的原料为苎麻。麻布和苎布除了原料不同以外，其质量也有很大的差异。麻布质地粗糙，古代多用作劳动者的衣料及丧服，而苎布质薄且纤维细密，这种质地优良的纺织品在古代上至王公贵族、下至平民被广泛使用，除了用作内外衣的衣料以外，还被王室和贵族用于制作寿衣。可以说，在衣料普遍不足的时代，苎布作为一种大众性的纺织品在韩国人的服饰中被广泛使用，并发挥着主导的作用。

但是，自 20 世纪 60 年代开始，随着韩国纺织品产业的工业化发展，大量价格低廉的化纤纺织品和机械化生产棉、绢纺织品占领了整个韩国服饰市场，主要用于夏季衣料的苎布备受冲击，生产和消费市场急剧缩小。1992 年中韩建交以后双边贸易自由化，中国的苎布，即夏布开始涌入韩国衣料消费市场，使得已经面临重重危机的苎布生产更加雪上加霜。苎布，这种自韩国三国时期以来就为韩国人广为应用的纺织品现今消费市场骤减，苎布织造技术的传承也正面临着灭绝的危机。

韩国苎布的织造原本以忠清南道为中心，全罗南道和全罗北道以及庆尚南道一部分地区均有生产，但产品质量以忠清南道地区为最，特别是忠清南道舒川郡一带生产的“韩山苎布”素以洁白如雪、薄如蝉翼而著称。但自 20 世纪 60 年代起，各地的苎布生产逐渐消失，只有“韩山苎布”勉强延续着韩国 2000 年苎布生产的命脉。因其具有悠久的历史性、学术性、艺术性、传统性及濒临技术湮灭等特点，[①]1967 年，“韩山苎布织造”被选定为国家非物质文化遗产第 14 号。现在，“韩山苎布”的生产占整个韩国苎布生产量的 90% 左右。本文在介绍现今“韩山苎布”的生产过程之后，通过对现在和过

① 석주선：《무형문화재조사보고서제 20 호：한산모시》第 5-6 页，문화재청，1966。

去生产方式及传承方式的变化进行比较，分析苎布生产处于存续边缘的原因。

二、“韩山苎布”的织造过程

对于现在舒川地区生产的“韩山苎布”织造过程，笔者于2007年1月至7月六次前往生产“韩山苎布”的韩国忠清南道舒川郡华阳面完浦里进行了田野调查。苎布以“升”数来表示质量的高低。一般10根经线称为1“毛”（音译），8“毛”为1“升”。即，“升”原本指的是布料一定宽幅内织入的经线根数，所以“升”数越高，就表示经线越密，所使用的经线也就越细。因而“升”数不仅是生产者计算经线根数的单位，也是消费者判断苎布质量的标准。舒川地区习惯上将9升以上的苎布叫细苎，8～9升的苎布称为中苎，8升以下的苎布为末苎。而舒川郡华阳面一带一向以生产“韩山细苎”而闻名，这也是笔者到此进行田野调查的原因。

“韩山苎布”的织造主要分为六个步骤进行。第一步是原麻制作与漂白。这个步骤是为了将收割的苎麻制作成原麻，在漂白、晒干后为制作苎麻线做准备的过程。在韩国，苎麻一般一年收获三季。第一季是从6月下旬到7月上旬，第二季是从8月中旬到8月下旬，第三季是从10月上旬到10月中旬。在制作原麻时，一般都是用手指剥开苎麻的内杆和皮后，再用苎刀将内皮剥离。这种传统方法直到今天仍在使用。这样生产出来的原麻长度大概为1～2米。原麻如果过短，将来制作苎麻线时，就会因为接头较多而影响苎布的质量。虽然原麻越长苎麻线的质量就越好，但如果过长的话，就会给后续的撕片和捻纱步骤带来不便。剥出的原麻捆好后还要全部浸泡到水中，去除杂质后再放到太阳光下晾干。这一作业反复几天后原麻就会自然漂白。

第二步是剖苎麻丝，即撕片。这个步骤是将原麻撕开制作成苎麻丝的过程。在剖丝之前一定要将原麻放到水中浸泡两个小时左右。这主要是为了在剖丝时能尽可能地剖得又细又长。因为剖丝过程中如果原麻过干的话，苎麻丝就很容易折断，提前浸泡就是为了使原麻饱含水分，避免断裂。在韩国，剖苎麻丝主要是利用牙齿和唾液来完成的。首先使用牙齿将原麻划开后再利用唾液供给剖开的苎麻丝水分来保证线不折断，然后同时用牙齿和手指的力量将整根原麻剖开。之后用同样的方法尽量将已经剖开的苎麻丝再剖得更细一些。只有将苎麻丝剖得又细又长，将来才会织出质量上乘的苎布。因此，可以说剖苎麻丝的水平决定了能够生产出的苎布的质量。

第三步是捻纱。这个步骤是将苎麻丝连接起来，制成整根苎麻线的过程。剖丝步骤完成后，将苎麻丝的末端用唾液润湿，放在膝盖上与另一股苎麻丝捻到一起，使它们连接成一根线。这个工序一直反复，直到达到一定数量，形成一个苎麻线团。不过值得一提的是，在膝盖上捻纱时一定要直接在皮肤上进行。这是因为如果只用手指捻线连接苎麻丝的话，无法一次性流畅地完成捻线动作，因而非常容易导致连接部分散开。如果在衣服上捻线的话，由于衣服上通常褶皱较多，也会造成捻线动作不流畅，苎麻丝连接不紧。因此，只有将苎麻丝放在皮肤上，捻接出来的线才最结实且不易看出接头。

如果一个劳动力独立进行剖丝和捻纱作业的话，需要 4 ～ 5 天才能做出一个苎麻线团。根据苎布质量的不同，织造一匹苎布大概需要 18 ～ 20 个苎麻线团，其中 10 个为经线，剩余的为纬线。一般纬线采用较细的苎麻线团为原料，而经线则相对使用较粗一些的。这主要是因为在织造苎布之前，经线要经过整经和上浆的步骤，因此如果经线较细的话就会很经常折断。另外，在上织机进行织造时，经线通常也要比纬线承受更大的张力。

第四步是整经。这个步骤是将苎麻线团制作成经线的过程。根据两个经线支架的距离和围绕支架缠绕经线的次数最终将决定苎布的长度和升数。“韩山苎布”的规格是由韩山苎布组合①规定的，目前“韩山苎布”的标准是宽幅为 31 厘米，一匹的长度是 36 尺。“韩山苎布”一尺是 60 厘米，因此一匹苎布的长度为 21.6 米。如此精确地计算苎布的长度，是因为整经之前摆放所需工具时，必须量好两个经线支架的距离以保证将来苎布的长度能达到一匹。

经线支架摆放固定以后，把十个苎麻线团依次放好，将苎麻团缕的线头从支架的十个小孔中穿过，再捏住十根苎麻线使之依次缠绕到两个经线支架的圆柱上以达到整经的目的。整经时一般需要两个人，一个人绕线，另外一个人帮助将苎麻线从十个苎麻团缕中顺利地抽出，尽量保证十根线不互相缠绕。30 余年前苎布织造盛行之时，从事苎布生产行业的人也比较多，因此不需外人帮忙，本家的人互相帮助就可完成，但因现在从事苎布生产的人较少，所以进行整经作业时，一般需要雇佣同村的人来做短工帮忙。2007 年当时一人一天的工钱是 4000 韩元（约合人民币 24 元）。

第五步是上浆。这个步骤是将经过整经步骤的经线刷浆变结实后，再缠绕到卷轴上以备织造苎布之用的过程。上浆时整匹经线要全部展开，因此必须在宽阔的地方进行。上浆过程中为了避免突然降雨等的影响，以前一般要选择晴天作业，现在则在塑料大棚中进行。上浆之前要先用豆粉、盐和水和成浆糊。刷浆时为了让浆糊快速干燥，还要在经线下有能够快速烘干的用具。以前使用未充分燃烧的稻草堆，现在则用在燃火的煤气灶上加放一块厚厚的铁板以利用其散发的热量来烘干上浆过的经线。干燥后的经线就可缠绕到卷轴上，直到整匹经线全部上浆完毕。

上浆一般需要两三个人同时作业才能完成。除一人主要给经线刷浆外，其余的人主要是帮助寻找并连接断裂的经线，以及将上浆干燥的经线卷到卷轴上。上浆时间根据苎麻线质量而不同，质量好的大概要三四个小时，质量稍差一些的要四五个小时。与整经时相同，劳动人手不足时，主要从村内雇佣短工帮助完成。所需塑料大棚和煤气灶等一应用具也属村内共用，使用时每次要交纳 5000 韩元（约合人民币 30 元）的费用。

第六步是织造。这个步骤是织成苎布的最后一个也是最重要的过程。在正式织布以前，要先将苎麻线团缠到梭子上做成纬线。以前一直都是用手工缠线，自十多年前开始使用一种类似纺车的工具将线团纺到梭子上，缩短了准备纬线的时间。另外，除了生产者的技术水平以外，在织造苎布时最影响工作效率和产品质量的就是苎麻线断裂的问

① 韩山苎布组合是由韩山当地苎布批发市场从事苎布买卖中介的人组成的一种工会组织。

题。如果空气和苎麻线很干燥或者有风，苎麻线就会经常发生断裂。为了减少这个问题的发生，必须要在一个比较密闭的空间作业，并且还要保证空气和苎麻线的湿度。

这种对空气和湿度的要求，使得苎布的织造以前很受时间和空间的限制。从前织造苎布时要在6月到10月左右比较潮湿的季节，并且要在厨房的下面挖个半地下室，大小仅能容一台织机，妇女就在这密不通风的地方织造苎布。这种对织造环境的要求使得本就依靠手工织造、产量有限的苎布生产更受限制。但自从加湿器问世以后，生产环境受限的问题有了很大的改善。现在舒川郡华阳面完浦里织造苎布时，都是将织机摆放在房间内，当空气湿度不足的时候，就用塑料薄膜将织机整个罩住，并在里面打开加湿器使空气达到所需湿润程度。这样，不只是潮湿的季节，即便是干燥的冬季和春季，即便是通风的房间，生产者也可以织造苎布，作业再也不用受时间和空间的限制，苎布的生产量也得以在一定程度上提高。

不过，即使是在工业化和现代化已经很发达的今天，韩国的苎布织造仍然依靠木制织机手工完成。之前使用的织机一直是千百年以来传下来的一种腰机，从20世纪80年代初开始足踏机出现，[①]并在80年代中后期普及。这种足踏机也被称为“改良织机”，织布时比原有的腰机更加省时省力，它的普及使用大大提高了苎布织造的效率。现在一般苎布生产者使用的均是这种“改良织机”，原来的腰机只能在博物馆里才能见到了。织一匹苎布所需要的时间根据生产者的技术水平而略有不同，技术水平高的人一般要两三天，技术水平略差的人则需要四五天。织好的苎布必须要经过漂白以后才能长期保管，根据需要还可以染成各种颜色后使用。

三、苎布生产方式及技术传承的变化

即使到20世纪初期为止，织布、制衣也是贵族家庭或平民家庭的女性所必须具备的基本素养之一。女红技术通过家庭中的女性由上一辈传给下一辈，这种传承方式大都在日本殖民地时代逐渐消失。可苎布织造技术仍然通过家庭中上一辈女子传给下一辈女子的方式流传至今，其中很重要的原因是因为它是家里“维持生计”的一种手段。此外，由于苎布的原材料是苎麻，其百分之百的植物性能使得其在抗拉张能力方面非常薄弱，难以利用机器织造，所以当棉纺织品和绢纺织品都实现了机械化生产之后，唯有苎布仍在利用木制织机手工生产。因此比起其他传统女红技术来说，苎布的传统手工织造技术才一直得以继承和延续。直到20世纪90年代以后，随着苎布市场的萎缩才开始面临技术失传的危机。

苎布织造的过程除了原材料苎麻的栽培以外，几乎全部依靠女性来完成。生产方式和技术的传承从古至今虽然并无太大变动，但随着时代的进步也有一些小的发展和变化。

第一，是生产工具的变化。因为苎布的织造步骤一直并无太大变化，所以其生产工

---

① 한상억：《한산저포에관한지리학적연구》第52页，고려대교육학대학원지리학전공석사논문，1981。

具也没有发生太大的变化。只不过随着科技的进步，出现了一些新兴的现代化工具，代替了的原有生产工具，方便了生产。比如说，加湿器和纬线纺织机器的出现，腰机为足踏机代替，稻草堆被煤气灶代替，这些生产工具的改进给生产者带来了很大的便利，节约了人力和时间，提高了作业效率。

第二，生产方式和习惯发生了变化。织造一匹苎布一般需要 18 到 20 个苎麻线团。而剖丝和捻纱步骤因为要将原麻一根一根剖成细丝后，再捻成一根长线，所以这两个步骤是苎布织造过程中耗费时间和劳动力最多的程序。一个人生产一个苎麻线团平均需要四五天的时间，如果想制作出一匹苎布所需的苎麻线团，大概要一个半月到两个月的时间。用织机织造一匹苎布也需要三到四天才能完成。因此，如果仅依靠一人之力从事剖丝、捻纱和织布的话，最少也要两个半月甚至更多的时间才成完成一匹苎布的织造。因为苎布织造的商业性目的很强，所以对于以获取经济利益为目的的苎布生产者来说，这种生产方式并不可取。

另外，织造苎布比起剖丝和捻纱需要更多的技术含量，因此能够剖丝和捻纱的人也并不一定都会织造苎布。即使一个人可以自己完成从剖丝到织布的全过程，但织造苎布以前的整经和上浆步骤也不是一个人就能够完成的，必须要有其他人的协助。对于追求经济利益的生产者来说，如何将苎布以最快的速度换成现金是最重要的，所以由一个人完成剖丝、捻纱到织造苎布全过程的情况几乎不存在。如果想在当地的每个集日都能织好一匹苎布拿去市场卖的话，其间最少需要两到三个人共同作业才能实现。1945 年以前苎布需求量很大的时候，在苎布的集中生产地区一般都采用合作劳作的方式以达到最大限度地获取经济效益的目的。

当时，由于苎布市场需求很大，从事苎布生产的农户也很多。很多农户在织造苎布时都是由母亲、儿媳、女儿等合作完成各个步骤的。①实际上，女性家庭成员通过分工的方式，两个人从事剖丝和捻纱，一个人织布，这是苎布织造最理想的方式。而为了能够实现这种理想的方式，一个家庭里最少需要三名熟练的技术工。不过，不管是细苎还是普通苎布，织造一匹苎布时所需要的苎麻线粗细必须比较均匀，这样织出来的苎布才会光滑平整。所以，织造一匹苎布所需的苎麻线即便不是使用同一个人做出来的，最少也应该由技术比较相似的人来完成。如果家庭内部能够进行苎麻剖丝和捻纱的女性成员技术水平相差很大的话，她们也不能实现合作劳作，因此能够实现这种理想作业方式的家庭并不多见。

如果一个家庭的成员不能够独立完成苎布的织造过程，那么她们大部分会以亲戚或同村的邻居为单位组成一个合作劳作小组。比如说，如果三个人组成一个合作劳作小组剖丝和捻纱，共同完成一个线团后先给第一个人，然后再完成的线团属于第二个人，再做出的线团归第三个人。三个人坐在一起只需两天就能完成一个苎麻丝线团，比起一个人的作业来说节省了一半以上的时间，因此，这种合作劳作的方式在一定程度上节省了

① 뉴스서천편집부：《2004` 향토민속발굴사업：한산모시생활사》第 108 页，충남：서천문화원발행，2004。

剖丝和捻纱作业的时间。不过，因为每个人技术水平的不同，所以她们制作的苎麻线的粗细和质量也略有差异。剖丝和捻纱这两项作业不管是十几岁的女孩还是七八十岁的老妇人，无论何时何地都可以进行，因此很容易组成合作劳作小组。

对于苎布的织造作业来说，织造时要随时找到断线并连接起来，还要将布织得疏密均匀、平整。这些作业需要好的视力、忍耐性、一定的技术熟练度，所以技术不熟练的年轻女孩或者视力不好的老人都不能从事。此外，织造苎布时周边的环境不能很干燥，必须要在潮湿的空间里，因而作业的环境可以说非常恶劣。所以会织造苎布的人，以及从事织造苎布的人比剖丝和捻纱的人更少。为了获得经济利益以及满足市场需求，以前苎布织造主要以打短工的方式进行。不懂得苎布织造的人通过合作劳作的方式获得苎麻线，然后将之拿给懂得织造苎布的人并委托其织造，织好以后将苎布卖掉，再付给织造苎布的人苎布销售金额的 20% 作为酬劳。①

织造苎布是一件困难而又艰苦的工作，但通过打短工的方式花费三到四天的时间织出一匹苎布，就可获得一定的薪酬，因此从事织布的作业可以比剖丝和捻纱能够更快地获得更多的利益。所以会织造苎布的人一般不从事剖丝和捻纱的作业，可以说剖丝和捻纱的工序与织布的工序实际上是分开来进行的。从以前的合作劳作小组和打短工这两种方式来看，虽然当时只有苎麻原麻和织好的苎布进入市场流通，但实际上苎布在织造过程中已经出现了分工。随着苎布销售市场的萎缩，从事苎布织造的人逐渐减少，因而苎布的传统合作劳作方式无法再继续维持，打短工的方式虽然还存在，但也发生了变异。

最晚到 20 世纪 80 年代初期，只从事剖丝和捻纱的人将制作好的苎麻线团拿到市场销售，或者由织造苎布的人直接来到其家中买走，这种方式取代了合作劳作小组，并逐渐出现了专门买卖苎麻线团的中间商人。随着苎麻线团的商品化，打短工织造苎布的方式也消失了，专门织造苎布的人几乎全部以购买的方式获得苎麻线团进行织造。这样，整个苎布的织造过程出现了原麻制作、苎麻线团和苎布制作三个分工阶段，并且这三个分工依靠市场流通连接到一起，苎布的生产方式由分工合作变成了商业化运作。

传统的合作劳作方式虽然消失了，但聚在一起共同剖丝和捻纱的习惯仍然还存在。专门织造苎布的人因为织机移动不便的原故，一般都在各自的家里进行作业。而剖丝和捻纱不太受时间和地点的局限，因而人们喜欢聚在一起共同劳作。虽然也有聚集在特定人家作业的情况，可是因为不便的问题很多，所以主要聚在村内的空房或本村会馆②里作业。另外，打短工织造苎布方式虽然也已经没有了，但打短工的方式至今还存在。比如说，苎布在进入织造步骤以前先要整经和上浆，而整经和上浆一般都需要两到三人共同作业才能完成。现在在一个家庭里从事苎布织造的女性成员有两名以上的情况已经非常稀少了，所以整经和上浆时主要就是通过雇佣短工的方式作业。

第三，苎布织造技术的传承方式发生了变化。苎布的织造作为家庭手工业之一，其

① 뉴스서천편집부:《2004` 향토민속발굴사업 : 한산모시생활사》第 130 页，충남 : 서천문화원발행，2004。

② 韩国几乎每个农村都有自己的会馆，这种会馆的功能与中国的村委会类似。

技术的传承也主要在家庭内实现。现在从事苎布织造各个程序的妇女大部分都是从母亲或婆婆那里学会苎布织造技术的。在忠清南道舒川地区，现在 60 岁以上的妇女基本上是十四五岁左右就从剖丝和捻纱开始学习苎布的织造技术。因为这样可以帮助家内其他女性成员的作业，也对家庭的生计有所帮助。此外，由于当时苎布的经济效益很好，对苎布的需求量很大，因此织造技术水平高的女孩很受欢迎，可以嫁个好人家也是女子在出嫁前积极学习苎布织造技术的原因之一。

虽然织造苎布能够获得很高的效益，但因其作业艰苦且环境恶劣，很多母亲不愿让自己的女儿学习。可是，由于苎布织造的经济效益远远高于剖丝和捻纱，所以女孩在出嫁后在婆家开始学习织造苎布的情况也很多。现在因为苎布的消费需求缩小，从事苎布织造的生产者越来越少，由于供大于求，不仅曾经从事苎布织造的生产者纷纷改行，年轻女子也不愿学习苎布织造技术。尽管 1967 年“韩山苎布织造”被选为国家非物质文化遗产，国家在苎布织造的技术传承和人才培养方面给予了很多政策和经济支援，但民间苎布的织造技术已到了传承断绝的边缘。

尤其是苎布织造的各个分工阶段完全商业化以后，剖丝和捻纱的水平会直接影响苎布的质量，而苎麻线团的供应能直接影响苎布的生产量。本来，剖丝和捻纱是妇女们一年四季都可以从事的副业，只要有时间，可以不受时间和地点的限制随时随地作业。不过，一个人独立完成剖丝和捻纱一般需要 4 ～ 5 天，而一个苎麻线团根据质量的不同，平均能卖到 13000 韩元（约合人民币 78 元），以这种标准计算，苎麻线团生产者的日平均工资只有 3000 韩元（约合人民币 18 元）左右。如此低廉的报酬，自然导致生产者放弃生产或改从别种行业，只有少数年长者还在坚持，没有任何年轻人学习剖丝和捻纱的技术。现在从事剖丝和捻纱作业的年长者们一旦故去，该技术就会失传。而一旦没有了苎麻线团的供应，苎布的织造也就无法进行了。因此，如何保障剖丝和捻纱技术的传承才是今后“韩山苎布”能否存续的最大问题。

四、结论

苎布自韩国三国时期以来便已存在，并因其优秀的质量，不仅在国内被广泛使用，而且在海外也备受欢迎，一直作为对中国的贡品和对日本的贸易品存在。朝鲜王朝后期，“韩山苎布”更是成为具有地域代表性的土特产品，并且摆脱了传统家庭手工业自给自足的生产局限性，开始走向商品化。所以在“韩山苎布”的集中生产地区，在夏天等苎布生产销售的旺季，女人甚至可以不从事田间劳动，专门织造苎布。这是因为通过织造苎布获得的收益足以充当家庭生活的支出和抚养孩子的费用。

自 20 世纪 60 年代以后，由于苎布市场需要的减少，织造苎布不再能成为维持家庭生计的手段。而随着社会的发展，女子也可以接受教育，不再是足不出户，很多农村妇女涌入了大城市。虽然苎布的织造技术和工具随着时代的进步得到了一定的发展，但苎麻的植物性使得苎布的织造无法实现工业化，整个过程仍完全依靠手工完成。所以，苎布织造的低收入性、劳动力缺乏以及难以大量生产的特点导致了千年前传下来的苎布织造技术今天面临着传承中断的危机。

年画传承人口述史田野作业的方法与思考

郭　平（天津大学副教授）

年画是中国民间美术的龙头，其普查工作已推进现有的18个产地。年画传承人口述史是正在形成的民间文化遗产档案中的一部分，目前已完成数个产地的部分资料整理出版。从方法论的角度来看，口述史是指通过录音、录像、拍照等手段，记录口述资料，作为构建或复原历史原貌的史料文本的科学方法。口述史为民俗学、人类学学科的田野调查法提供了有力的方法支持，目前已成为非物质文化遗产保护和研究工作不可或缺的手段。

年画传承人口述史具有个性化的操作方式，其主要内容包括：所在地区的历史背景和自然环境；地方风俗和年文化；传承人人生史、技艺传承史、家族年画生产史、行业行规、年画制作工艺流程和工具；材料、销售和现状等。本文从问题设计、细节叩问、关注记录要点和兼顾外围等几方面，较为详细地进行了具体介绍。在口述资料的整理工作中，对保持资料的"原生态"、创作加工过程当中的客观性问题以及如何借鉴文献资料等方面，进行了总结和探讨。传承人口述史的学术规范和理论体系尚在构建之中，所以，田野作业过程中也产生了一些值得思考的问题。文中提出，口述史访谈必须担负起唤醒传承人文化自觉的任务，将之视为一个心灵沟通的过程。同时，科学处理双方的主观性问题，借鉴人类学的主位与客位研究法，完善传承人口述史这种历史叙事模式。

进入21世纪以来，中国民间文化遗产的现状成为文化人集体关心的一个焦点。随着全面、彻底、快速的现代化过程的展开，中国社会发生了巨大的转型。农耕社会架构下的社会形态转化为工业文明，原有的文化体系迅速瓦解，大量珍贵的文化遗产以及文化传统、文化特色也迅速消亡。这种消亡有物质性的和非物质性的，而无形的、口头的非物质文化遗产尤为脆弱，文化人也更加关注。用口述史方法记录全国代表性年画传承人的宝贵记忆和技艺，为后世留存遗产档案的工作，便是在这种背景下展开的。

一、年画传承人口述史田野作业的意义

在丰富多彩的民间文化中，木版年画是一朵瑰丽的奇葩。它是农耕文明时期重要的文化传播媒介，记载了千百年来中国百姓对自然界的认识与理解，以及他们内心的需求

与企盼。随着历史的变迁、科学的发展、材料工艺的演进以及与外来文化不断融合而产生衍变，逐渐形成了中国特有的民间美术造型艺术体系。木版年画凝聚了中华民族上千年的智慧精华，传承了特有的文化艺术精神，是一个民族心理特征、文化传统、思维方式、行为方式和思想情感等的综合反映。在漫长的历史过程中，经过一代代艺人自发传承，这种特殊的艺术形式得以存续下来。但是，随着经济一体化和现代化进程的加快，传统的民俗生活开始在中国百姓中动摇，这必然波及到木版年画的生存现状和生态环境。年画是消费品，没人保存，也没人将其视为历史文化。进入20世纪，年画开始日益消亡，但并不为世人重视与收藏。与之相反，人为的损坏与销毁非常严重。目前，年画产地已经萎缩得十分微小，有的产地已经没有活态的存在；传承艺人寥寥无几，大多后继乏人。许多年画里的含义已经无人能解，民间记忆严重中断。在民间文化遗产全面普查行动中，年画被列入首批项目。除了搜集、整理物质遗存以外，抢救传承人的历史记忆也成为当务之急。

传承人是木版年画遗产最核心的部分。民间艺人的技艺传承大都靠口传心授，他们的活动和心理很少见诸文献，必须借助口头资料或口碑，把看不到、摸不着的做成可视的、可读的研究资料。现代科技为口述史田野作业提供了可能和便利，并且能够更大限度地接近真实。调查者可以通过录音、录像、拍照等手段，从传承人或相关人那里了解和收集丰富的口述资料，大大简化了工作。口述史已成为当前非物质文化遗产保护和研究工作不可或缺的手段。

通过系统的普查，目前全国确认的年画产地有18个，传承人不到50位，有的产地只有1位，甚至没有。仅有的这些传承人多数年事偏高，有的记忆力已经模糊。所以，开展他们的口述史调查迫在眉睫。年画传承人口述史调查对象的选择应遵循如下原则：被访谈者是从事该门类艺术创作的最高水平的代表，作品具有传承性、地域特色和民族特色。[①]

二、年画传承人口述史田野作业的方法

传承人口述史是民间文化遗产档案的重要组成部分，是对历史记忆与技艺的抢救、留存。口述史方法通过与人类学、民俗学的田野调查法相融合，形成了个性化的操作方式。年画传承人口述史的调查方法主要包括以下几个方面。

1. 问题的设计

录音访谈是口述史田野作业的核心，访谈者与被访谈者互为主体，在有针对性的问答之中，传承人丰富的历史记忆得以重现。与其他类型口述史所不同的是，传承人口述史通常包括制作工艺的现场演示，即活态呈现。

① 冯骥才：《保护传承人就是保护非物质文化遗产》，《灵魂不能下跪——冯骥才文化遗产思想学术论集》，宁夏人民出版社2007年版。

设问是打开被访谈者记忆和心灵的钥匙，在不同的学科和不同的领域，侧重点也各有不同。对于年画传承人的口述史调查，从多学科的视角出发，主要关注其所在地区的历史背景和自然环境、地方风俗和年文化、传承人人生史、技艺传承史、家族年画生产史、行业行规、年画制作工艺流程和工具、材料以及销售和现状等。这些大的方面通过细化，可以形成一二百个具体问题。简言之，就是从传承人的记忆当中挖掘与年画这一文化事象相关的所有信息，从其记忆可上溯的数代先人直至当下，内容涉及人类学、民俗学、美术学等多个方面。

年画传承人口述史访谈问题的设计，既要不失专业性，又不能过于高深。要贴近传承人的心理和感受，能够引导其全面、准确地再现记忆。问题的设计不能一劳永逸，在访谈现场，还会有临时出现的新话题，要抓住契机，因势利导，充实口述内容。

2. 访谈技巧——注重细节

田野工作要想获得成功，就需要在与被访者的互动过程中掌握人际技巧和社会技巧。访谈的技巧林林总总，不一而足，在此不做赘述，只谈一谈注重细节这个问题。

文化遗产具有不可再生性，一旦消亡，便意味着永远沉睡于历史的荒原。对于非物质文化遗产来讲，如果拥有真实、准确的史志资料，便可以按图索骥，进行复制。虽然复制的手艺或作品严格来说，与原汁原味的遗产是两个概念，但是文化基因并没有改变，一脉相承，传续了香火。所以，从历史和文化的角度出发，艺人的口述史必须注重追问细节，尽可能像扫描仪一样，进行全息记录。极为细小的偏差，都有可能给后人留下悬念，谬以千里。

为了在口述史访谈当中顺利地获取详尽信息，访谈者必须熟练掌握年画的相关知识，是个地道的内行人；对传承人的家族概况、重要人生经历和传承史要有相当的了解；另外，对传承人所在地方的风俗、历史概况和自然环境等，即文化生态也要通晓。唯有如此，在交谈过程中，才能打破机械“提问——回答”的模式，形成良好的互动，激活传承人一个个记忆的节点，使其充分发挥主观能动性。在挖掘记忆的田野作业中，访谈者的追问固然重要，但被访谈者的主观能动性往往更具有决定性作用。

3. 记录要点——年画史、人生史、工艺流程

民间文化遗产普查行动是一项抢救性工程，由于时间的紧迫性，传承人口述史田野作业必须迅速推及每一个产地。目前，年画传承人多数年事已高，虽然历史记忆丰富，但是不可避免地存在一些偏差，或者表述能力受限。年画制作工艺通常包括十几至数十道工序，比较复杂。口述史访谈的目标是建档立案，所以必须重点突出，脉络清晰。

正如年画制作过程当中，每一个步骤都很重要，但是仍然会有居于主导地位的程序一样（比如刻版）。关于年画传承人的口述史，其中年画史、传承人人生史和制作工艺流程是记录的要点，必须予以特别的关注。这些内容具有突出的资料性，是年画遗产标本的主体，可以为将来提供传承的史料依据和科学研究的文献。比如，对制作技艺和过程的记述，尤其是具有理论价值的口诀和经验的记录，可以挖掘出年画这种民间艺术规律性的东西。通过对各地传承人记忆的访谈和整理，便可以为年画这一民间美术门类积累丰厚的学术资料。在工艺流程的演示过程中，可以了解工具、材料、手艺等方面的变

迁，回溯历史之余，也记录和留存了当下仍在发生的最鲜活的历史。

4. 兼顾外围

民间艺术是集体的智慧结晶，现有的遗存也是集体传承的结果。没有哪一种民间文化可以脱离大众，自行实现传续和发展。但是，随着传统文化转型和社会变迁，许多民间文化门类的传承人廖若辰星，有的已无人可传。所以在搜集、整理历史记忆的普查工作中，相关人的访谈也是非常有价值的。在年画传承人的周围，许多相关人保留着记忆的碎片，可以作为年画文化记忆的补充，使口述史档案更加完整和真实。

相关人是指世居本地，祖上从事过年画生产，本人也有机会亲自参与制作过程，或虽未掌握技艺，但耳濡目染，了解相关信息的人。也就是说，相关人具有直接的个人经验，其头脑中的一手资料，是有力的历史见证。对他们的访谈，可以使年画史更加血肉丰满，记忆之树枝干茂盛，并且形成多个视角多个侧面，对于传承人的记忆也具有参照和纠偏的功用。此外，相关人具有准传承人的特征，拥有恢复和发展年画生产的潜力。在条件允许的情况下，对其进行调查和记录是非常必要的。

三、年画传承人口述史资料的整理

在深入年画产地，对文化生态和传承人的记忆资料进行第一手挖掘和采录之后，田野作业还远未结束。口述史资料的整理与创作工作是繁杂和冗长的，作为田野调查的一种方法，这些案头工作必须在相应的理论支持下进行，符合学术的规范，并通过不断的实践，建立传承人口述史自身的理论框架。

1. “原生态”资料的转换与留存

传承人口述史访谈资料的整理应该讲求时效性，通常情况下，录音、录像和图片等资料越早整理越好。首先，访谈者的心思意念尚处于对话的情境之中，整理的质量会比较好。其次，可以及早发现问题，争取时机进行补充采访。对于民间文化遗产抢救工程来说，宝贵的遗存分分秒秒都在消逝，因而更是时不我待，每一天的时间都至关重要。

为维护资料的“原生态”，第一遍整理出来的文字稿要保持问答的形式，不做任何形式的增删，方言、俚语等特殊性语言，乃至语气词，都不应更换，更不宜删略，最好保持原貌，有必要的可以从旁作注。所以第一遍文稿又被称为“毛坯稿”。毛坯稿是最有史料价值和学术价值的，也是遗产档案最重要的部分。录音转换文字的工作比较艰巨，英国历史学家保尔·汤普逊的经验是，“毫无疑问，誊写工作是一种既很费时间，技术要求也比较高的工作。假如录音带包括一个小时的内容，那么就至少需要花六个小时的时间来誊写”。[①]在年画传承人口述录音转换工作中，还要面对方言土语这个巨大障碍。有的在访谈现场便需要“翻译”协助，给访谈者也提出了素质方面的挑战。转换文

① 冯骥才：《保护传承人就是保护非物质文化遗产》，《灵魂不能下跪——冯骥才文化遗产思想学术论集》，宁夏人民出版社2007年版。

字稿时，难度系数更大，有时也需要请帮手来完成。

年画传承人第一手口述史资料可以通过数字技术，实现整体性留存。音、文、图、像等文本形式各不相同，虽然记录的是同一内容，但每种形式的表现力各有所长，多角度的文本可以实现资源互补，给未来的传承、展示、学习和研究等提供更多的便利。

2. 创作加工当中应注意的问题

年画传承人口述史在创作加工过程中，通常由会话式改为自述式，取消提问。这样做，是为了剔除对话当中重复、累赘的语言，只保留最有价值的资料。因为与其他类型口述史，如口述自传、口述实录、回忆录等不同，传承人口述史是档案式的，主要关注的是文化中的人和遗产。传承人是遗产的载体，在文本当中，他们是呈现遗产信息的媒介。所以，传承人口述史更为讲究客观性和准确性，大刀阔斧的剪辑整理是必要的工作。文本的主旨在于重现历史和技艺，而不是解释历史。因而，传承人口述史的叙述当中，说明性的文字远远多于描述性或分析性的文字。

在对年画传承人口述资料的编辑和加工当中，其实已经产生了创作的行为。访谈人按照一定的逻辑与思想来解读和组织资料，使之形成一个可供发表或出版的文本，虽然表面上是被访谈者在侃侃而谈，实际上访谈者拥有相当的话语主导权。所以，如何处理好访谈者的主观性，站在最恰当的位置上，从而保证传承人的话语权和口述史的原真性，是个需要特别注意的问题。这一点下面还将进行具体阐述。

3. 如何借鉴文献资料

传承人口述史是为了记录依靠口传心授而实现传承的无形遗产，以弥补无文字记录的空白。由此，这种方法似乎与文献资料毫不搭界。然而，事实并非如此简单。

许多学者主张，口述史离不开文献资料的引用，定宜庄提出，口述与文献可以形成互证，并且“正因为有文献的介入，口述历史才有可能从其他的口述传统中分离出来而别具一格”。[①]这种观点是基于将口述史视为一种史学分支学科而提出来的。在以田野调查为主要研究方法的民俗学、人类学等学科当中，口述史被援引为一种方法，与田野作业当中的访谈、参与式观察、座谈会等具有相似的性质，只不过形式更加独立和完备而已。那么年画传承人口述史究竟需不需要借鉴文献呢？

一般而言，年画传承人口述史对于文献资料的借鉴很少。文献资料往往用于以下几种情形：对于传承人的错误表述，可以在其后用括号注释的方式，引用正确说法加以说明；介绍地方历史背景和自然环境，传承人的口述常常不够全面，可以借鉴地方史志等资料；对由于时代变迁和地点变换而有不同所指的语词，应作注释；最后，就是上文提到的对方言、俚语的解释。

可以说，年画传承人口述史完全采用了叙事写作传统，分析式写作在文本当中所占比例微乎其微，因而文献资料退居非常次要的地位。

---

① 冯骥才：《保护传承人就是保护非物质文化遗产》，《灵魂不能下跪——冯骥才文化遗产思想学术论集》，宁夏人民出版社 2007 年。

四、一些经验与思考

目前，随着民间文化遗产抢救工程的推进，口述史已经成为一种保护和传承非物质文化遗产的常用方法。但是，在应遗产抢救之急的情况下，尚处于建构之中的口述史田野作业理论和学术规范，对于实践的需要未免有捉襟见肘之感。这其中出现了值得深入思考的问题，同时，也总结出一些可供借鉴的经验。

如果田野作业仅仅是为了录音、拍照、录像，获得丰富的资料，那么传承人口述史的意义未免流于表面化。年画艺术经历了漫长的历史过程，代代传续至今，传承人对其是怀有浓厚而纯朴的情感的。但是，其中真正认识到抢救和保护文化遗产重要意义的，并不是很多。如果连传承人自身都欠缺自觉性，那么他们的口述资料该是伴有一种孤独感的。一颗充溢文化自觉和使命感的心灵所流淌出的言语，会拥有特别的力量。因此，从这个层面来看，口述史访谈也是唤醒传承人文化自觉意识的过程。遗产具有公共性，是人类共同的财富。这些对年画文化内涵有着深刻体悟，并熟练掌握技艺的传承人，担负着传续民族文化乃至人类文明香火的重任。“只有全民的觉悟才能保护好这种文化，才能传承好这种文化，所以唤起民众的自觉，这是我们今后工作的重点。”[①]尽管目前社会对传承人的重视程度还远远不够，但是那些有着先见之明的文化人，有责任引导传承人进行意识的革命。取得传承人配合，记录完整的年画口述史档案是个开端，有着文化自觉意识的传承人在未来的传习、创新、发展中，将会起到不可估量的作用。

所以，口述史田野作业是与传承人之间心灵合一的交流。年画传承人口述史的意义，不仅仅在于为后世保留一项遗产档案，更为重要的是，它充分体现了“以人为本”的思想，通过传承人的生命史（从艺史）来折射文化与社会的变化，让民间艺人走进历史。而深入田野的行动本身，是知识分子社会良心和责任感的反映。传承人口述史田野作业具有鲜明的主动性和互动性特征。这种口述史访谈，不同于普通的采访与对话，不单单是一个材料获取的过程，也是一个双方进行心灵交流的过程。在这个过程当中，不存在居高临下的发问，不存在生硬的质询，也不存在一方牵着另一方鼻子走的企图。对于人生的领悟，才是对于历史的领悟。当传承人娓娓道来他的人生历程，展开奇妙的年画世界时，是一种全然的心灵释放。面对这样坦诚的胸怀，访谈者要存有敬畏之心，报以更加诚挚的态度。正如许多学者所认为的，口述史文本实际是访谈者与被访谈者双方关系的体现，其中所流露和表达的，是两个灵魂的对话。

---

① 冯骥才：《保护传承人就是保护非物质文化遗产》，《灵魂不能下跪——冯骥才文化遗产思想学术论集》，宁夏人民出版社2007年。

再论中韩两国陶瓷、冶炼行业人祭传说的比较

陈连山（北京大学文学院教授）

一、对本文概念和材料的说明

人祭，就是把活人当做祭品、牺牲品献给神灵，以求得神灵保佑与赏赐。这是古代曾经出现过的一种宗教习俗，现在已经随着人类文明的发展彻底消亡。但是，由于人祭习俗的残酷及其幻想结局的神奇在人类脑海深处刻下了极深的记忆痕迹，所以人祭作为一种叙事母题总是反复出现于各种口头传说之中。例如，为河伯（河神）娶妇的传说、向吃人妖魔（大蛇或者金鱼精）献童男童女的传说、修建水库大坝、大桥等重大工程的时候杀人奠基的传说、烧制陶瓷或冶炼、铸造金属时把活人投入陶窑或熔炉的传说等。美国民俗学家斯蒂·汤普森《民间文学母题索引》中 S260、S261、S262、S263、S264，以及 B11.10 等都是人祭母题，其分布范围遍及世界各地。这些以人祭母题为核心的传说就是本文所说的人祭传说。①

中韩两国都存在不少的人祭传说，涉及建筑、陶瓷、冶炼等行业。但是，本文只讨论陶、冶两个行业的人祭传说。

本文把陶瓷、冶炼两个行业的人祭传说放在一起研究的原因和根据是：陶瓷、冶炼行业的生产方式比较接近，都是使用高温窑炉。在中国历史上，这两个行业之间存在渊源关系，②古汉语中也常常把两个行业并举，称之为“陶冶”（现代汉语中，这个名词演化为动词）。两个行业各自崇拜的行业神也彼此相关，甚至于一神而兼二职，例如《吕氏春秋·君守篇》云：“昆吾作陶。”即，昆吾发明了制陶。高诱注：“昆吾，颛顼之后，吴回之孙，陆终之子，己姓也。为夏伯制作陶冶。”按照这个说法，昆吾同时发明了制陶与冶炼。《考工记》则把发明制陶、冶炼的行业神定为神农：“炎帝神农氏始课工、定地、置城邑、设陶冶。”近现代的陶瓷、冶炼行业在祭祀行业神的习俗方面也存在类似。

---

① 英文即 the legend of human sacrifice。

② 中国硅酸盐学会：《中国陶瓷史》第 52-53 页，商务印书馆 1982 年版。

因此，这两个行业的人祭传说非常接近。所以，本文的研究范围限制在与陶瓷、冶炼行业相关的人祭传说，简称“陶冶人祭传说”。

我目前掌握的中国陶瓷、冶炼行业的人祭传说有 37 篇（包含 2 篇口头资料），另外还有 12 篇异文则是使用人的头发、指甲、血液等代替活人做祭品，合计 49 篇。韩国方面的材料共计 16 篇，其中包括我在韩国大田搜集到的 10 篇关于奉德寺大钟的人祭传说（6 篇文献资料、4 篇口头资料），在北京的韩国留学生中搜集到 1 篇。另外，1999 年《韩国民俗学会报》第 10 号发表了崔云植先生的《人祭传说研究》，[①]涉及多种行业的人祭传说，其中有 4 篇关于奉德寺大钟和 1 篇关于汉城大同门公园铜钟的人祭传说。

1987 年以来，我先后两次讨论中国的莫邪铸剑投炉传说[②]和陶瓷冶炼行业的人祭传说，[③]主要用人祭这种原始信仰来解释此类传说中神奇情节的根源，以及人祭传说在中国社会各种主要思想影响下形成的变异。2003 年，在崔云植先生论文启发下，对中韩两国的陶冶人祭传说进行了初步的比较研究。[④]本文是根据近年得到的新材料对中韩两国的陶冶人祭传说所做的全面探索。

二、陶冶人祭传说的原型

陶冶人祭传说的核心是其中的人祭母题。而人祭母题则是由被祭祀的神灵、祭品（牺牲者）和祭祀方式三部分构成。这三部分之间的不同组合，反映了不同的宗教观念。

我所掌握的 65 篇中韩两国的陶冶人祭传说的人祭母题就分别属于不同的类型。我在《陶冶人祭传说再探》中依据古代文献记录和情节类型分析，构拟了陶冶人祭传说人祭母题的原始形态：男性的炉神，牺牲品是妇女，祭祀方式是为炉神娶妻。[⑤]与此相应的故事情节原型是：

1. 陶冶工人没有向炉神献祭，触怒炉神，导致铸造失败。
2. 为炉神娶妻。
3. 铸造成功。

这和战国时代漳河农民为河伯（河神）娶妇的宗教行为是一致的。

陶冶人祭传说在中国的最早文献记录出现在东汉人赵晔的《吴越春秋·阖闾内传》：

（吴王）请干将铸作名剑二枚。……干将作剑，采五山之铁精，六合之金英，

① 我邀请韩国留学生李根硕翻译了崔先生的论文。

② 陈连山：《从原始信仰看莫邪投炉的合理性》，载《民间文学论坛》1987 年第 3 期。

③ 陈连山：《陶冶人祭传说再探》，载《缀玉二集——北京大学中文系青年教师学术论文选编》第 266—292 页，北京大学出版社 1994 年版。

④ 陈连山：《中国、韩国人祭传说的比较研究——以陶瓷、冶炼行业相关的传说为例》，载张玉安、陈岗龙主编《东方民间文学比较研究》第 41-50 页，北京大学出版社 2003 年版。

⑤ 陈连山：《陶冶人祭传说再探》，载《缀玉二集——北京大学中文系青年教师学术论文选编》第 271-275 页，北京大学出版社 1994 年版。

候天祠地，阴阳同光，百神临观。天气下降而金铁之精不销沦流。于是，干将不知其由。莫邪曰："子以善为剑闻于王，使子作剑，三月不成，其有意乎？"干将曰："吾不知其理也。"莫邪曰："夫神物之化须人而成。今夫子作剑，得无得其人而后成乎？"干将曰："昔吾师作剑，金铁之类不销，夫妻俱入冶炉中然后成物。至今后世即山作冶，麻绖见服然后敢铸金于山。今吾作剑不变化者，其若斯邪？"莫邪曰："师知铄身以成物，吾何难哉！"于是，干将妻乃断发剪爪透于炉中。使童男女三百人鼓橐装炭，金铁乃濡，遂以成剑。阳曰干将，阴曰莫邪。

但是这条材料存在一些问题：核心问题是师父欧冶子的祭炉方式是"夫妻俱入炉中"做牺牲，但是徒弟干将的祭炉方式仅仅是妻子莫邪的一部分头发和指甲——这是一种替代性的牺牲。[①]师徒两代针对同样的问题、祭祀同一个神，他们的祭祀方式竟然不一致！这是完全不符合祭祀仪式的惯例的。这说明赵晔记录的可能是传说的变异形式。所以，这条最早的文献记录并不是陶冶人祭传说的原型。

最能代表陶冶人祭传说原型的文献记录是唐人陆广微所著《吴地记》的记载："干将曰：'先师欧冶铸剑之颖不销，亲铄耳，以□□成物。□□可女人聘炉神，当得之。'莫邪闻语，□入炉中，铁汁遂出。"[②]这段文字虽然有残缺，但是文中明确指出了为炉神聘娶妻子可以得到成功，莫邪投身炉中，验证了这种信仰。所以，这是一个珍贵的能够代表陶冶人祭传说原型的文献记录。陶冶人祭传说原型所反映的宗教观念是非常古老的。其中的炉神具有明显的异己性质，他要求人类奉献自己的生命以换取支持和保护，所以，这种炉神崇拜是一种原始宗教。《吴地记》记录的这个原型传说是原始宗教在民众中的一种历史记忆。

根据"历史地理学派"研究民间故事传播的一般理论，由于记录时间早，同时也有符合原型的传说异文，所以，中国可能是陶冶人祭传说的发源地。

我所见到 15 篇韩国陶冶人祭传说都是有关铸钟的，没有关于陶瓷行业（可能是文献不全，我也尚未到韩国陶瓷行业进行调查）的，这些传说中没有和原型接近的材料。

现有韩国陶冶人祭传说以奉德寺大钟的传说为代表。此钟正式名字是"圣德大王神钟"，俗名"eimille 钟"，目前保存在庆尚北道庆州市国立博物馆，属于国宝级文物。崔云植先生总结该传说的基本情节如下：1. 新制作的钟声音不好。2. 主持梦见一个老人说："你们制作钟的时候，有个夫人会施舍她的女儿。"3. 和尚找到那位夫人，说服她，然后把孩子在铸钟时放进去。4. 完成了大钟。我搜集的 11 篇韩国人祭传说中也没有涉及原始炉神、或钟神的内容。

有一点需要特别加以说明，崔先生认为这些韩国传说里的老人就是钟神，我认为不妥。从韩国的铸钟传说内容看，老人仅仅是一个通晓铸钟需要人祭的人物。《韩国口碑文学大系》第 7 卷第 2 册《奉德寺钟》里也有一个了解这种需要的普通人，1998 年，

---

① 参见江绍原《发须爪》。

② （唐）陆广微撰：《吴地记》，一卷。《宋史·艺文志（五）·地理》著录。原书已佚，现存辑本。引文出自《说郛合刊》卷六十三。

忠南大学中文系学生朴美贞提供的口头材料是一位日官通过占卜知道需要用一个男孩子做祭品。所谓日官，就是一个算命的。只有韩国《说话杰作选》第138-143页所收的《“eimille”钟》称：和尚梦见的是一位神灵。但是，这位神灵并不是要牺牲，而是说那位母亲撒谎没钱，应该予以惩罚，才夺走了孩子。这位神灵更像是要求虔诚信仰的佛教神灵，而不是钟神。因此，我认为：韩国陶冶人祭传说中没有原始的炉神（或钟神）。没有原始的炉神，当然也就不存在为炉神娶妻的情节。

三、陶冶人祭传说的变型

农业方面的河伯崇拜在战国时代被西门豹铲除了。陶冶工人抛弃了向人类索要新娘的原始炉神，又创造了新的行业神——他们把原来的牺牲崇拜为新的行业神。这种新兴行业神的成神过程就是做牺牲，与此相伴，出现了陶冶人祭传说的各种变型。

目前所见的绝大多数陶冶人祭传说的人祭母题都呈现为变异形态，可以概括为两大类：牺牲者成神的变型、无关行业神信仰的变型。

1. 牺牲者成神的变型

在各种变型中，最接近信仰实践的变型是牺牲者转化为神灵，受到人们崇拜的变型。例如，《太平御览》卷四引唐人牛肃《纪闻》云：

> 吴宣城郡青阳县有梅根冶。孝女李娥庙居曾阜之颠……娥父，吴大帝时为铁官冶，以铸军器。一夕炼金，竭炉而金不出。时吴方草创，法令至严，诸耗折官物十万，即坐斩；倍，又没入其家。而娥父所损折数过千万。娥年十五，痛伤之。因火烈，遂自投于炉中，赫然属天。于是金液沸涌，溢于炉口。娥所蹑三（三，疑当为“二”）履浮出于炉，身则化矣。其金汁塞炉而下，遂成沟渠，泉注二十里，入于江水。其所收金几亿万斤。沟渠中铁至今仍存。故吴俗每冶铜铁，必先为娥立祠，享而祈福。

其中根本没有提及原来的炉神，李娥投炉的情节中也没有提到人祭需要，只是说“痛伤”于父亲即将遭受刑罚，于是投炉。李娥投炉产生奇迹的原因，也不再与炉神有关，而是被解释为“孝心感动天地”——祠庙被冠以“孝女李娥庙”的头衔，宋人乐史《太平寰宇记》卷一〇五记载的传说云：李娥投炉以后，被人尊为“圣姑”，所立之庙名“孝娥庙”。李娥传说还被收入《孝苑》、《百孝图说》。这些传说强调的“孝心感动天地”应该是汉代以后鼓吹孝道的主流社会（即冶炼行业以外的人）对冶炼行业的人祭传说进行的利用和改造，他们强调的是李娥投炉的目的——替父亲受罚，或者说是救父亲。牛肃的记录没有详细说明冶炼工人如何解释李娥投炉的原因，只是说当时吴地冶炼行业的从业者也崇拜李娥，“每冶铜铁，必先为娥立祠，享而祈福”。我觉得，工人们并不是从表彰孝道的目的去祭祀李娥的，而是为了能够完成冶炼工作。他们看重的是李娥投炉的结果——保证冶炼成功。因此，李娥是他们的行业神——一个由牺牲者转变成的神灵。

在行业神的性质上，李娥和原来那种异己的男性神完全不同。但是，从情节发展来看，女性投炉能够带来成功，而且，这位牺牲者还成为行业神，这明显是从原型转化而来。所以，李娥传说属于陶冶人祭传说的变型。

牺牲者转化为神的情节在陶冶人祭传说中相当常见。明末屈大均《广东新语》记载了当地另外一位从牺牲者转化为神灵的冶炼业女神："铁于五金属水，名曰黑金，其神女子。相传有林氏妇，以其夫逋欠官铁，于是投身炉中，以出多铁。今开炉者必祠祀，称为'涌铁夫人'。"民国时期，北京钟楼大钟的传说中，姑娘为了避免父亲被杀而投身熔炉。皇帝敕封她为"金炉圣母"，在附近建立钟娘娘庙加以祭祀。[①]我在1987年调查时，听当地居民说：原来有庙，现在已经被毁。城市居民为什么信仰这样一位行业神，究其原因，原来钟楼附近有一片居民区，旧名铸钟厂。那里在明清时代曾经是铸钟作坊所在地，正是铸钟行业人口的集中地。这位"金炉圣母"（或"铸钟娘娘"）是当时铸钟工人信仰的由牺牲转变来的行业神。附近的居民受铸钟工人影响，也记住了这位女神。北京西郊大钟寺里另外一口大钟也有类似传说，投炉的姑娘成了神，很多人信仰她，初一、十五给她上香，尤其是三月十五，上香的人更多。大约50年代的时候，该寺每年给她献一双新鞋。[②]

在陶瓷行业同样存在许多把人祭牺牲者崇拜为行业保护神的传说。例如，陶瓷行业的人祭传说中"老师傅女儿"、[③]"陈氏窑女"、[④]"金火二圣姑"、[⑤]"金火圣母"[⑥]都是女牺牲者被崇拜为行业保护神。但是，清代记录的"风火仙"童宾[⑦]和现代钧瓷产地的"芦师傅"则是男性牺牲者转化为行业保护神，这和人祭传说的原型距离更大了，属于更新的变型。

上述人祭传说资料都直接或间接地来源于陶瓷、冶炼行业。它们是陶冶行业内部流传的关于行业保护神的传说，因此这些传说和陶瓷冶炼行业的行业信仰有着深厚紧密的联系。

这些陶冶人祭传说变型的资料中所反映的宗教观念显然和原型所反映的宗教观念大不相同。这里的神灵原本是人类牺牲者，为了拯救其他人而献出了自己生命，因此具有崇高的道德价值。这里的神、人关系是亲密的，和原始的炉神与人类的关系不同。这是

---

① 驯羊：《北平传说》，载上海《宇宙风》第21期，1936年7月1日。金受申《北京的传说·铸钟娘娘》（北京出版社1981年版）称此庙为"铸钟娘娘庙"。

② 禾波、许步云、郑瑞林搜集：《大钟寺》，见中国民间文艺研究会、北京市文学艺术界合编《北京民间传说故事资料》（第三册），油印本，1960年版。

③ 载《民间文学》1960年第4期。

④ 王冰权、康戎：《玉茗花·风火仙》第185-188页，江西人民出版社1980年版。

⑤ （清）孙承泽：《春明梦余录》，见《古今图书集成·经济汇编·考工典》卷八。

⑥ 林野等人：《中州名胜传说·金火圣母》第208-210页，上海文艺出版社1986年版。

⑦ （清）朱琰：《陶说》卷一。清·唐英《陶人心语》卷六称之为"火神童公"。

建立在崇德报功观念基础上的一种宗教信仰。[①]

2. 无关行业神信仰的变型

当然，中国有些人祭传说中没有牺牲者成神的内容。例如天津流传的《鼓楼的大钟》[②]说：铸钟时，几个劣绅出主意，抓来一对童男童女祭炉。女孩子的鞋子掉在炉外，所以大钟发出的声音是“鞋”。情节跟北京钟楼的传说非常接近，只是多了一个男童。但他们都没有成神。这是天津大钟传说与北京大钟传说之间的最大区别。河北承德地区流传的《新宫庙顶的龙》[③]说：铸造九龙盘顶的时候不断失败，老金匠意识到要用童男女祭炉，只好把自己的儿女投进熔炉，才获得成功。但他悲痛欲绝，一条龙突然活了，驮着他飞走了。

南京地区流传的《铸钟》[④]变异更大。它说：在铸造万斤大钟的时候，铜水洒了一斤，即将失败。工匠的女儿身上的首饰正好一斤，可是情急之下摘不下来，只好投身炉中。在这个作品中，人祭完全是出于偶然，似乎是可有可无。

甘肃流传的《大云晓钟》[⑤]的情节更复杂：一个和尚为讨好武则天而铸造大钟，结果有裂缝，和尚要用童男童女祭炉。这时候，有人声称该和尚亵渎神明，必须用他祭神赎罪。最后，和尚自己成了牺牲品，所以大钟发出的声音是“应当、应当”。这里的和尚是个恶棍，讲述人完全不相信人祭，和尚的死被认为是理所应当，他当然不可能成为神。

这种作品还有一些，此处不赘。

现有韩国陶冶人祭传说中也没有牺牲者成神的内容。我推测其中的原因是：在这些韩国传说里，牺牲者都是被动的，她（他）们之所以成为牺牲，一般是因为母亲说错了话。故事结尾的钟声“eimille”，意思是“因为妈妈”，[⑥]就是牺牲者在抱怨妈妈说错了话，导致自己遇害。当然，这样的牺牲者不具备拯救他人的意义，所以不可能成为保护神。由此可以判断，现有韩国陶冶人祭传说中缺乏牺牲者成为行业神的变型。

那么，现实中韩国陶冶行业是否没有对牺牲者的崇拜？我没有找到相关材料。可能是我调查不够造成的，也许是韩国调查者对陶瓷冶炼行业的行业神崇拜了解不够——现有人祭传说材料可能都是从行外人那里得到的，不能充分反映行业神信仰的实际情况。因为，韩国土木工程行业的人祭传说中就存在把牺牲者加以崇拜的内容，例如崔云植先生论文中使用的第 9 条资料《丹若的灵魂长眠碧骨堤》是修筑堤防使用人祭的传说。其

---

① 陈连山：《陶冶人祭传说再探》，载《缀玉二集——北京大学中文系青年教师学术论文选编》第 278-279 页，北京大学出版社 1994 年。

② 天津民研分会：《天津风物传说》，百花文艺出版社 1984 年版。

③ 中国民间文艺出版社：《中国地方风物传说选》第 2 集，中国民间文艺出版社 1983 年版。

④ 江苏人民出版社：《南京民间传说》，江苏人民出版社 1983 年版。

⑤ 易希高：《丝路传奇》，重庆出版社 1984 年版。

⑥ eimille 的意思是“因为妈妈”。1998 年 6 月，全罗北道镇安郡的女故事家黄英顺解释“eimille”的意思是“妈妈送我”。琦君《琦君自选集·韩国庆州佛国寺与新罗遗迹》记录的“eimille”钟的异文是父亲杀了孩子，用血涂钟。所以，它解释“eimille”是孩子呼喊“妈妈”，没有“因为”的意思。为此，我托人专门询问过庆尚道的韩国朋友，按照当地方言，是“因为妈妈”的意思。

中丹若为了成全他人幸福，主动代替别人做了牺牲者，成就了大堤。金堤地区的人民开始祭祀丹若的伟大灵魂。既然土木工程方面能够接受祭祀伟大的牺牲者，那么从理论上说，陶冶行业也可能接受。希望未来进一步深入的田野作业也许可以找到这样的异文。

四、韩国陶冶人祭传说的两大特点

1. 与行业神崇拜关系疏远，文学幻想色彩浓厚

前文已经说明，韩国陶冶人祭传说跟行业神崇拜关系不大。因此，这些传说的文学创作自由度相对较高，文学色彩浓厚。故事讲述人似乎并不关注为什么需要人祭，也不关注牺牲者死后的结局，而是关注获得牺牲者的过程——特别强调是母亲失言致使儿子被选为牺牲。

韩国这 15 篇铸钟传说中有 7 篇情节十分近似：和尚为了铸钟而化缘，一个妇女没有钱，只有一个孩子。她说："如果您要孩子，可以带走。"在另外一个异文中，母亲有钱，但是不肯施舍，于是用开玩笑的说法推脱："我只能捐献自己的孩子。"各个异文中，这句话的说法略有差异，但大意近似。有人认为这是一句含糊不清、模棱两可的话。我认为：仅仅从字面来理解这句话，它的确有歧义。可是，在作品的特殊语境中，母亲原话的意思很清楚，是一种委婉的拒绝。在后来的情节发展中，和尚要求按照这句话的字面意义带走孩子时，母亲坚决反对。由此可以清楚地判断：她原来的话仅仅是一个推辞而已。因为任何正常的人都绝不可能要求别人捐献孩子的生命。所以，这句话的含义大致相当于汉语的"要钱没有，要命有一条"，只是语气比较和缓而已。这句委婉拒绝的话，被别人刻意误解为同意捐献孩子，于是孩子被杀铸钟。钟声是"eimille"，意思是"因为妈妈"。这个细节非常重要，它是韩国铸钟传说中的核心内容之一。"eimille"在民间已经成为奉德寺大钟的通用名字。

在中国众多的陶冶人祭传说中只有一个异文与此相近：甘肃武威流传的《大云晓钟》①有这个母题——和尚逼某家的丈夫去参加铸钟，又去他家化缘。妻子无物可捐，就愤怒地说："你硬要化（缘），就把尕娃②化去好了。"结果和尚利用这句话，抢走孩子准备祭炉。母亲为自己失言，大为后悔。万幸的是，孩子的叔叔设计让和尚自己成为祭品，孩子才免于一死。尽管如此，但是这个"母亲失言"的母题与上述韩国铸钟传说非常一致。看来，中国民众也想到了母亲失言的情节，但是没有让它成为主导故事发展的核心情节。

2. 韩国陶冶人祭传说几乎完全集中在圣德大王神钟（eimille 钟）

圣德大王神钟原在庆州奉德寺，现存庆州国立博物馆。可是，它的故事却流传到韩国各地，全罗北道、忠清南道、首尔都有，甚至流传到中国境内的朝鲜族中间。而且，

---

① 易希高：《丝路传奇·大云晓钟》第 52-62 页，重庆出版社 1984 年版。

② 尕娃：西北方言，小孩子。

这个传说情节基本上只属于它，全国各地那么多古钟只有首尔大同门公园那口钟有一个类似传说，其他钟都没有。完全可以说，圣德大王神钟垄断了这个故事情节。

圣德大王神钟传说发生垄断性的全国乃至国际性的流传，其原因是比较复杂的。

首先，这个传说的艺术价值很高，很吸引人。其故事情节出人意料，妈妈的一句平常话，却被解释为“愿意捐献孩子”；而孩子成为人祭牺牲之后，竟然带来成功。其中的教训意义也非常明显，那就是平时不要随便乱讲话、乱承诺。在一个讲究礼仪、行为严谨的民族中，人们当然欢迎这个作品。不过，仅仅这个理由并不足以使圣德大王神钟传说发生垄断式的大流传，因为别的地方完全可以把这个故事情节转移到本地的大钟身上，而不必讲远在千百里外的庆州奉德寺圣德大王神钟。换句话来说，圣德大王神钟几乎完全取消了全国其他大钟形成地区性人祭传说的机会。为什么？

这就谈到了第二个原因，政治传统和意识形态方面的原因。从历史看，圣德大王神钟铸造于新罗时代。而新罗乃是韩国历史上非常强盛的国家，正是它消灭了高句丽和百济，完成了朝鲜半岛的统一。后来，新罗的政统被高丽和朝鲜时代所继承，所以，后世尊崇新罗时代顺理成章。包括圣德大王神钟在内的新罗时代的文化业绩受到后世尊崇也是很自然的。庆州是新罗的文化中心，根据顾颉刚在《孟姜女故事研究》中总结的理论——文化中心地区的故事具有更大的影响力，①那么位于这里的圣德大王神钟的传说自然更容易获得人们的重视。

第三个原因是圣德大王神钟本身的价值。它是韩国目前已知最大的古钟，被列为第29号国宝，陈列在重要旅游区的国立博物馆之中，供人参观。据说，它的形制已经显示出来韩国特有的风格。因此，它代表着韩民族的高度文化成就，在全体韩国国民心中的地位十分崇高。那么，它的传说自然受到人们的普遍重视，从而获得广泛传播就顺理成章了。

相比之下，在中国没有任何一个陶冶人祭传说具有全国性的传播范围。没有一件瓷器作品具有全国性意义，同样也没有一口古钟得到全国性声誉——即便是目前测定为全国第一大的北京钟楼大钟，其他地区的人一般也不知道。原因之一是大钟高悬在数十米高的钟楼之上，政府不许人们接近它。所以，人们对这口大钟的了解非常之少。它的传说就无法取代各地存在的地方性的大钟人祭传说。比如天津鼓楼也有自己的铸钟人祭传说，南京鼓楼大钟亭有自己的铸钟人祭传说，它们彼此接近，可谁也无法替代别人。北京钟楼大钟的传说是匠人女儿救父亲投炉，但遗下一双（或一只）鞋，所以大钟在阴天的时候就发出“鞋……鞋……”的声音。人们祭祀她的时候，供品有一双鞋。天津距离北京较近，传说也接近。天津的传说是抓来了一对5岁的童男童女，抛进熔炉，铸成大钟。但是，抛得太急，女童掉了一只鞋，所以，大钟发出“鞋”的声音。②南京鼓楼大钟亭的铸钟传说有两种：其一与北京一致，父亲阻止女儿不及，只抓下一只鞋，所以钟

---

① 顾颉刚：《姜女故事研究集》第67页，上海古籍出版社1984年版。

② 天津民间文艺研究会分会：《天津风物传说·鼓楼的大钟》第17—18页，百花文艺出版社1984年版。

声是“鞋、鞋”。[①]其二说因为铸钟不成，来了三个少女投炉，铸成大钟。[②]在天津、南京找不到关于北京大钟的传说。其他城市，例如甘肃武威钟楼、湖南岳麓山下的大钟都有关于人祭的地方性传说。陶瓷行业的情况也类似，尽管景德镇是中国瓷都，但是它并没有一件作品全国闻名，能使其传说家喻户晓。所以，景德镇的各种人祭传说和其他瓷器生产地的人祭传说并行于世。在这里，中国辽阔的国土面积导致的交流障碍是阻止出现某个陶冶制品的人祭传说发生全国性传播的原因之一。

通过上述对比，不难看出由于各自的历史地理特点决定了中、韩两国陶冶人祭传说的不同传播特点。

五、中韩陶冶人祭传说比较的结论

第一，中国最早的记录是东汉。唐代的记录材料也有一些。而现有的韩国陶冶人祭传说的记录年代都晚于中国记录。我所见到的 15 条韩国资料中，14 条是关于庆州国立博物馆所收藏的圣德大王神钟（又名奉德寺钟、“eimille”钟）的。此钟原来是新罗国孝成大王为追悼父亲圣德大王而造，完成于慕王时代，相当于中国唐代宗大历六年（771 年）。而且当时史料上根本没有这个传说，所以它可能是后来逐步产生的。具体产生年代不详。而唯一的例外是关于汉城大同门公园铜钟铸造过程的人祭传说，其年代更晚。崔云植先生认为它很可能是受圣德大王神钟人祭传说影响产生的。所以，根据现有材料推断，韩国的陶冶人祭传说记录晚于中国同类传说的记录。我期待能早日见到韩国方面更古老的记录。

第二，中国有一篇唐代记录，符合人祭母题的原型。而现有 15 条韩国陶冶人祭传说资料中的人祭母题都不符合上述原型。其中没有那种异己力量的神，人祭牺牲更不是作为妻子献给神的。因此，它们应该是产生时代较晚的人祭传说变型。

第三，中国陶冶人祭传说有大量的牺牲者成为新的行业神，像李娥、涌铁夫人、风火仙等。而韩国陶冶人祭传说中没有牺牲者成为神的内容，这些传说距离陶冶行业的实际信仰比较远，应该是比较晚近时代的一种变异。

因此，我推论：韩国陶冶人祭传说可能是从中国传播过去的。

---

① 见蔡震中、纪鑫山：《南京民间传说·铸钟》第 41-43 页。

② 石三友：《金陵野史·古代报时处——大钟亭》第 96-97 页，江苏人民出版社 1985 年版。而董志涌《南京的传说·鼓楼大钟亭》中的说法略有不同，详见上海文艺出版社 1984 年版。

灯节与秧歌

——关于秧歌起源的历史地理学研究

王杰文（中国传媒大学影视艺术学院副教授）

秧歌的起源问题一直是秧歌研究方面最具吸引力也是最纠缠不清的课题。20 世纪 80 年代以来，关于秧歌起源的论述大略有如下四种观点：

第一，劳动起源论：比如，洪飞在《“秧歌”简述》一文中坚持秧歌起源于生产劳动这一观点，并简单地勾勒了中国北方秧歌从宋代舞队到清代走会再到近代秧歌的发展路线。但是作者论证的过程可以说几乎没有任何说服力，只是简单地引述了几条互不相关的文献资料敷衍了事。[①]总之，在 80 年代以后，劳动起源说在秧歌研究领域渐趋消匿，再也没有出现过秧歌研究史上第二个阶段那样摄人心魄的宏篇巨制。

第二，祭祀起源论。比如，大德、宁佑在《陕北秧歌渊源新探》一文中总结了 1984 年在“陕北秧歌学术讨论会”上与会者针对劳动起源说而提出的祭祀起源论，他们的证据可以归纳为三个方面；一是陕西榆林地区几个县的旧县志上把“秧歌”写作“阳歌”；二是陕北秧歌的表演活动、仪式过程与当地道教祭祀活动相似；三是从秧歌队的组织形式、内容、基本动作、场图、服饰、音乐唱词等大量材料证明陕北秧歌与祭礼活动有关内容十分相似。[②]特别值得一提的是席军、张杰合写的《“秧歌”应是“阳歌”》[③]一文，该文通过对南方与北方秧歌在表演方式、时间、场所、装扮、流传方式、地区生产活动模式以及最近的考古发现等八个方面的区别进行比较后认为，南、北方秧歌名同

---

① 洪飞：《“秧歌”简述》，《晋阳文艺》，1982 年第 10 期，第 63-64 页。然而，赵塔里木的《田秧歌类属辨析》一文，却特别讨论了田秧歌，即插秧歌的归属问题，他从田秧歌的起源、歌唱场合、功能、音乐节奏、演唱方式、唱词的格式以及歌唱结构等方面证明，田秧歌属于劳动号子。因此，作者认为，田秧歌可以称为“秧歌号子”。赵塔里木的这一工作，从一个侧面论证了秧歌（插秧歌）的劳动起源论。参见赵塔里木：《田秧歌类属辨》，《中国音乐》，1989 年第 1 期，第 24-26 页。

② 大德、宁佑：《陕北秧歌渊源新探》，《文艺研究》，1985 年第 3 期，第 143-144 页。相关论文参见：申飞雪：《民间祭祀与陕北秧歌》；沉云：《浅论祀社风俗与陕北秧歌》；延溪：《略谈“傩”“打野胡”与秧歌的关系》等论文，上述三篇论文均载于陕西省文化厅：《陕北秧歌研究》第 43-86 页，陕西省《民舞集成》编辑办公室编印，1985。

③ 席军、张杰：《“秧歌”应是“阳歌”——陕北秧歌刍议》，《延安大学学报（社会科学版）》，1994 第 3 期，第 94-98 页。

实异。相反，作者认为，北方秧歌起源于太阳崇拜，并从北方秧歌的表演地域、时间、地方风俗、文献记载、民间传说、歌舞道具、歌舞功能、场图、道教阴歌、表演特点、唱词、伴奏乐器等十二个方面来证明北方秧歌应当是"阳歌"。至于采用"秧歌"这一术语的理由，作者认为可能是为了避天子的讳，也可能是地方民众策略性地与社火结合以躲避压制的一种方式。

在劳动起源论风行秧歌研究领域时，陕北秧歌的研究者们根据田野调查的材料，继承并在一定程度上论证了前人提出的祭祀起源论，但是为了论证秧歌的祭祀起源论，他们往往把南北方秧歌之间存在的差异对立起来，甚至不惜夸大、歪曲这些差异。最后，他们在承认插秧歌起源于劳动过程的同时，论证了北方秧歌起源于祭祀活动，从而把南、北方秧歌完全隔裂开来，视为名同实异的两种民间艺术。

第三，多元起源论。在《秧歌源流辨析》[①]一文中，薛亦冰在充分认识到"秧歌"一词指涉的多义性的前提下，对自己论文中所使用的概念做了明确的限定，描述了自己论文中所研究的秧歌的体裁特征，即秧歌是歌、舞、戏三种艺术形式兼容并包的综合体。对于这三种不同的艺术形式，作者分别从三个方面来探究其起源。作者认为，秧歌中歌的部分来源于清初的田间秧歌；舞的部分来源于清代以前的传统舞蹈；小戏的部分则是受戏曲艺术的影响并在歌舞合流的基础上产生的。至于秧歌这一综合性民间艺术的出现时间，作者认为不会早于清初。此外，关于流行于北方的秧歌艺术如何产生于南方的悖论，作者的解释是，南方秧歌受官方压制而消亡，而北方秧歌的盛行则主要是由于安徽、江苏的移民、商贾的传播所致。

与薛亦冰把秧歌分解成"歌、舞、戏"三元素，从而分别追溯其起源的"分解多元论"不同，李开方主张一种"融合多元论"。在《陕北秧歌渊源初探》[②]一文中，作者从历史发展的角度入手，把秧歌看作是一种在不断吸收、融合各种民间艺术的过程中发展起来的艺术形式。在文章的主体部分，作者运用今古互证的方法证明，在陕北秧歌的表演活动中仍然保留着原始舞蹈的蛛丝马迹，也保留着古代民间傩仪、腊祭以及民间祭祀的一些遗风。此外，陕北秧歌还广泛吸收、融汇了古代乐舞、散乐、百戏以及兄弟民族舞蹈文化中有益的因素。尤其是在宋代民间舞队的影响下，陕北秧歌的表演模式基本定型。明清以来，随着我国民族戏曲的发展兴盛，给陕北秧歌的表演艺术注入了更多的活力。[③]总之，上述两位作者的论证过程都很严密，但是，由于材料的局限，两篇文章都

---

① 薛亦冰：《秧歌源流辨析》，《舞蹈艺术》，1985 年第 3 期，第 123-136 页。

② 李开方：《陕西民间舞蹈风格与历史繁衍》，《舞蹈艺术》1985 年第 4 期，第 29-42 页。

③ 殷亚昭：《"秧歌"溯源——兼谈"南方花鼓"即"北方秧歌"》，《上海艺术家》，1997 年第 2 期，第 33-35 页。殷亚昭主要通过对历史材料的梳理，把秧歌的起源及成因归纳为宗教说、图腾说、劳动说、娱乐说、民歌说以及花鼓说六种，作者认为秧歌的起源绝不是单向的、一元的。但是，该文作者的论证过程太嫌草率，不足取。

在一些关键问题上尚还不能得出确凿的结论。①

在追溯秧歌起源时，还有相当一部分研究论文所依据的材料是转抄于方志或野史中的片言只语式的记录。在引述这些材料时，许多研究者完全不考虑材料的实际意义，往往稍有关联便多方勾致，为其所用，更有某些研究者“假设大胆，求证粗心”，结果绝大多数论文材料芜杂、逻辑混乱、漏洞百出，毫无学术的严谨性可言，实不足取。

然而，研究者们似乎集体忽略了某类重要的材料，即现存的清代地方志与民俗志。在这些地方志与民俗志当中，记录有大量关于元宵灯节仪式的细节，其中辑录有关于节日期间艺术表演活动的描述性文字，而秧歌正是这些表演艺术中最具代表性的一种。本文将按照节日期间秧歌表演的地域性特点加以归纳总结，以期勾勒出秧歌发展、传播的历史脉络。这种研究方法来源于民间故事研究当中的芬兰历史地理学派，他们的理论假设是：同一故事可能有上百种异文，但最初一定起源于某时某地，然后以一个很大的弧形向外传播。本文在接受这一理论启发的同时，也部分地印证了这一理论。

西南、中南及东南地区的秧歌

秧歌，从语义学的角度来看，即指“插秧歌”，是一种为协调劳动节奏而演唱的劳动歌。②

据李调元《南越笔记》记载：

> 联农者每春时，妇子以数十计，往田插秧，一老挝大鼓，声一通，群歌竞作，

---

① 康保成：《秧歌与阳戏》，《戏剧艺术》1998年第6期，第108-120页。康保成的《秧歌与阳戏》一文提出另外一种多元起源论，文中，作者几乎不假思索地认定：传统上把北方秧歌看作是从南方插秧歌中移植而来的观点是一种错误的观点。相反，在作者看来，传统南、北方秧歌应当是两种“名同实异”、绝不相类的艺术品种。作者以南、北方秧歌表演形式上存在的差异为依据，断然否认二者之间存在任何联系。然后，作者凭借几则材料总结出北方秧歌的形式特征，从而论证了北方秧歌与南方花鼓、花灯、采茶是“名异实同”的艺术类型。至此为止，作者的观点并不新鲜，无非是先入为主地选用了一些有利于自己的材料，毫无分辨地引述了前人颇多争议的一些假设性论断而已。但是，令人费解的是，作者竟然在此基础之上得出一些言之凿凿的结论。不过，作者最骇人听闻的宏论却是：北方秧歌是上古乡人傩即沿门逐疫活动与西域民间歌舞结合的产物。此后，该艺术形式在向东南方向传播的过程中，才采用了“秧歌”的名称，而南方把这种外来的艺术形式称为秧歌灯、花灯、花鼓、采茶等。作者还认为，与阳歌（秧歌）相关的阳戏（傀儡戏、傩戏）都与男根崇拜有关。文章论证过程中的强词夺理，实在令人不堪。

除上文列举的论文而外，谈及秧歌起源的论文还有：韦中权、凌亚伟：《试论“秧歌灯”与〈秧歌本〉》，《艺术百家》，2000年第3期，第104-110页。丁一波：《秧歌探源》，《寻根》，2001年第2期，第100-102页等。

② 据李景汉先生的介绍，秧歌起源于北宋时代的苏东坡（李景汉：《定县社会概况调查》，北平：中华平民教育促进会出版，1933年，第336页）。此外，在《苏东坡诗集》中记载有“水上白鹤惊飞处，稻禾千里尽秧歌”的诗句可作佐证。另据清水盛光先生称，南宋诗人郑樵、陆游都分别有吟咏“插秧歌”的诗句（清水盛光：《秧歌的历史》，《新建设》，张其春译，1950年第4期，第12页）。

弥日不绝，是曰秧歌。①

这一记录明确地指出了秧歌是作为劳动歌的一种而被演唱的。但是，在秧歌发展演变的过程当中，其演唱的场合渐渐地由田边地头转向节日广场，②在元宵灯节期间得到广泛的表演。年节庆典期间，节日艺术表演活动中演唱“插秧歌”的风俗，在中国的中南、西南以及东南地区都十分盛行，据《黄安县志》载：

立春前一日，迎春，扮故事，打插秧鼓，唱插秧歌，复有春官服红袍，一隶持杖旁侍，沿门诵吉词，隶应曰“是”，谓之“说春”。十三、十四、十五夜，比屋张灯，放烟火，复有烛龙大小十数条，锣鼓前导，俗以此压灾驱疫。次有采茶灯，择童男十二为女妆，各携灯一具，谓之“茶娘”，自正月至十二月各一曲，以采茶二字起兴，竹枝体也。③

从这一材料可以看出，晚至清道光年间，演唱插秧歌已经成为当地迎春仪式中的一个节目，当时还仍旧保留着“插秧歌”这一原初的名称，并与春官所诵“吉语”互有区别。换言之，当地插秧歌与说春词还没有合二为一；此外，另一种需要注意的表演形式是“采茶灯”④，它由童男十二名组成，男扮女装，携带灯具，扮唱“采茶歌”。从材料来看，在这一民歌体表演形式成为当地元宵灯节中的表演节目之时，插秧歌还没有完全摆脱其原生的演唱形态，也就是说，插秧歌与采茶灯还是两种不同的表演艺术。⑤

在四川、贵州及两广地区的元宵节表演活动中，人们较多地扮唱采茶歌。与秧歌类似，采茶歌最初也是劳动歌的一种，后来逐渐成为中南、西南各地元宵灯节仪式性表演活动中的主要节目之一。从其表演的过程来看，采茶与秧歌基本上属于同一种表演形式。如《贵州通志》云：

---

① 《小方壶斋舆地丛钞》第九帙载李调元《南越笔记》（四），第228页。另见《中华野史·清朝卷一》所录屈大均《广东新语》。车吉心总主编：《中华野史》，济南：泰山出版社，2000年，第994页。

② 来自陕西南部关于“锣鼓操”的民俗志资料显示，在插秧歌从田边地头转向节日广场的同时，并不排除它仍旧作为一种实用性劳动歌的存在形态的事实（参见张建忠主编：《陕西民俗采风（陕南·陕北）》，西安：西安地图出版社，1989年，第87-88页）。

③ 《黄安县志》，清道光二年刻本。

④ 在两广地区，元宵节多由童子装扮成妇女唱采茶歌。如《容县志》（清光绪二十三年刻本）云：“诸戏尤以采茶为陋俗，语虽俚鄙，然亦多香艳者，大抵竹枝、乐府之遗，其辞见诸《岭南纤志》及汪苕文《说铃》等书，王新城诗所谓‘乡村高下元宵夜，满路香风唱采茶’者是也。”

⑤ 四川《盐亭县志》（清乾隆五十一年刻本）载：“上元日，……唱秧歌、采茶歌，儿童走马戏。”《酆都县志》（清光绪九年增续重刻同治本）载：“上元日，……闹元宵，唱秧歌，采茶歌。”《南充县志》（清咸丰七年洪璋增修本）载：“十五日为上元节，城乡好事者，又或扮龙灯，狮子。彩女唱秧歌、采莲曲，遨游街巷间里，通宵达旦，鼓乐不歇，谓之‘耍灯’。”可见，上述地区秧歌与采茶歌仍是两种类型的歌体。又据《巴川直隶志》记载：“春田插秧，选歌郎二人，击鼓鸣钲于垅上，曼声而歌，更唱迭和，丽丽可听，使耕者忘疲，以齐功力，有古秧歌之遗。夏耘亦如之。”（转引自清水盛光：《秧歌的历史》，《新建设》，张其春译，1950年第4期，第13页）

上元时，乡人以扮灯为乐，用姣童作时世装，随月逐家，双双踏歌，和以音乐，艳以灯火，抑扬俯仰，极态增妍，谓之“闹元宵”。其中所唱十二月《采茶歌》如：三月采茶茶叶青，茶树脚下等莺莺；二月采茶茶花开，借问情侬几时来。音词清婉，莫详所自。①

又吴震方《岭南杂记》云：

潮州灯节，有鱼龙之戏，又每夕各坊市扮唱秧歌，与京师无异，而《采茶歌》尤妙，丽饰姣童为采茶女，每队十二人或八人，手挈花蓝，进退而歌。……余录其歌三首，有曰：二月采茶茶发芽，姊妹双双去采茶，大姊采多妹采少，不论多少早还家；三月采茶是清明，奴在房中绣手巾，两头绣出茶花朵，中间绣出采茶人……。颇有《前溪》、《子夜》之遗。是知天籁自然，矢口成妙，不可以操土风少之也。②

由此可见，由姣童扮演妇女，逐月演唱十二月采茶的表演形式兼有“扮”与“唱”两种成分。又如《平越直隶州志》所载：

又为“花灯”，装士女唱《采茶歌》，或扮演杂剧者。徐宠业旧志云：黎峨风俗，正月十三日前，城市弱男童崽饰为女子，装双鬟，低射翠，服鲜衣，半臂拖绣裙，手提花篮灯，联袂缓步，委蛇而行，盖假为采茶女，以灯作茶筐也，每至一处，辄绕庭而唱，为十二月采茶之歌，歌《竹枝》，俯仰抑扬，曼音幽怨，亦可听也。③

这一记录较为详细地描述了姣童扮演采茶女的形象与动作。直至民国年间，又有由成年人扮唱采茶的形式，如《合江县志》云：

最令轩渠者为花灯，昔称“车车灯”，以男扮女，项黄腰大，而脂粉嫣然。别扮小丑，左执汗巾，右秉葵扇以戏之，婆娑蹀躞，唱“采茶歌”，余人和之，金鼓为节，彻夜乃息。④

可见，当地花灯的表演者已经不再局限于姣童，而是由成年人通过化妆的手段来扮演角色，并配合以相应的舞蹈动作来表演。通过他们的扮相与舞蹈动作可以推断，他们演唱的采茶歌的内容应当只是采用了采茶歌的形式，内容方面一定是相当广泛的。这种扮相与表演方式和秧歌的表演已经非常接近。

与上述地区采茶歌独立发展的趋势不同，在两湖地区，秧歌与采茶歌使用了同一种

---

① 《贵州通志》，民国三十七年贵阳文通书局铅印本。另见《田居蚕室录》。

② 《小方壶斋舆地丛钞》第九帙《岭南杂记》，南清河王氏铸版，第 191 页。

③ 《平越直隶州志》，1965 年贵州图书馆印本。

④ 《合江县志》，清同治十年刻本。

扮唱形式，秧歌也成为“十月歌体”及其他演唱形式的表演内容之一，秧歌与采茶歌一起成为节日广场上表演的节目。如《嘉禾县志》载：

> 秧歌，一谓之“花灯”，饰童男女相对跳唱。①

又《宁乡县志》云：

> 儿童秀丽者扎扮男女妆，唱秧歌、采茶等曲，曰：“打花鼓”。②

又《沅陵县志》云：

> 十岁以下童子扮演采茶，秧歌诸故事。③

又《凤凰厅志》云：

> 十岁以上童子扮演采茶、秧歌诸故事。④

上述文献均出于湖南，当地秧歌另有“花灯”、“花鼓”等说法，也要由俊秀的童子扮唱，而且都有化装性舞蹈的成分。此外，在其他一些地方，节日广场上秧歌表演的艺术化程度更高，距离其原初的实用性演唱形态更远。这时，采茶歌又被看作是秧歌的一种。如《长阳县志》载：

> 上元节，城内四街，城外四乡悬灯，或扮龙灯、狮子、竹马及杂剧故事。先于各庙朝献，谓之“出马”。然后逐户盘旋，击大鼓钲，主人亦肃衣冠拜神，盖犹索室驱疫，朝服阶阼之意。有牌灯一对，上书吉庆语。龙狮舞罢，扮杂剧，丝管吹弹，花灯成对，唱《荷花》、《采茶》等曲，谓之“唱秧歌”，或饰男女为生旦，扮小丑，谓之“跳秧歌”，听者，谓之“听秧歌”。十二、十三为正灯，十五、十六为罢灯，喧阗彻夜，曰“闹元宵”。⑤

从这段文字中至少可以明确如下三点：一、记录者已经意识到元宵节期间的仪式

---

① 《嘉禾县志》，民国二十八年刻本。

② 《宁乡县志》，清同治六年刻本。

③ 《沅陵县志》，清光绪二十八年刻本。

④ 《凤凰厅志》，清道光四年刻本。

⑤ 《长阳县志》，清同治五年刻本。作者记曰：“竹枝词：灯火元宵三五家，村里迓鼓也喧哗，他家纵有荷花曲，不及农家唱采茶。(《秋潭集》)；《荷花曲》甚俚。《采茶歌》有曰：三月采茶茶发芽，姊妹双双去采茶，大姊采多妹采少，不论多少早还家。或：三月采茶是清明，奴在房中绣手巾，两边绣的是花朵，中间绣的采茶人。俚而不俗，颇近《竹枝》，《池北》所载‘粤风续九’，无以过也。”

性表演活动与上古乡人傩之间在目的、意图上的相互关系。此外，当地元宵灯节的仪式性表演活动的过程是先到当地各庙去朝献，然后“逐户盘旋”，表演队伍上门时主人要以礼相待。这一仪式过程与伞头秧歌表演中的谒庙、排门仪式基本一致。二、当地元宵灯节的仪式性表演节目中，同时出现了三个术语，即“唱秧歌”、“听秧歌”、“跳秧歌”。从“唱”与“听”两个动作，即演唱者与听众两个方面来看，当时表演的秧歌主要还是一种演唱的艺术，但是演唱者已经开始通过戏剧化的化妆手段及舞蹈动作来配合演唱。因此，可以说当时的秧歌已经演变为一种载歌载舞的综合性表演艺术了，只是演唱的成分占更大的比重。三、元宵灯节的所有仪式性表演活动被归结为一个“闹”字。“闹元宵”在华北、东北等地也称为“闹红火”、“闹社火”或“闹十五”，可见，元宵灯节在中国汉族大部分地区具有相似的节日特征。

上述材料来自中国中南、西南部地区，展示了“秧歌”从田边地头的插秧歌到节日广场上的唱秧歌，再到化妆性秧歌舞蹈的演变过程。当然，秧歌表演中舞蹈方面的内容还有新的发展。如《房县志》载：

> 元宵，……又有“秧歌灯”，十百为群，诣人家，置高脚灯四角，进退分合，左右穿亘，谓之“跑阵”。其花面红衣，以白褶兜胸肋，两手执木梆于阵中倒行者曰“跳和尚”；毡帽笼头，花巾结额，翻披羊裘，执败蒲扇，指挥跳谑者曰“拉叶子”；装妇人者曰“拉花”。凡灯先拜庙，次官府，次外送各乡村，家皆有宴赏。自初十日起，结彩张筵，画帘银烛，钿车宝马，雾暗香霏，填街塞巷，灯影与星月交辉，爆声与歌管竞沸，至二十日后乃罢。①

这里所谓“秧歌灯”已经演变为一种侧重舞蹈的元宵节仪式性表演艺术了。其参与表演的人数大大超过了从前，并且按照一定的场图进行表演，这便是秧歌舞的重要组成成分——场图。此外，舞队中部分角色的化妆、行头、动作逐渐固定化，并具有一定的称谓，这些角色的特征在现代秧歌舞蹈中仍有所保留。最后，秧歌队除了谒庙、排门的过程之外，还要到邻村演出，这与陕北、晋西秧歌仪式过程中的“搭彩门”属于同一种表演形式。

此外，在东南沿海一带，依据周作人的记录，在他的家乡浙江绍兴，“农夫唱的都是一种‘鹦歌戏’的断片……这鹦歌戏本是堕落的农歌，加以扮演的，名称也就是“秧歌”的转讹”。②按照周作人的介绍，“鹦歌戏”虽然称作“戏”，事实上仍属于民歌，它已经从田边地头走向广场，从单纯的演唱走向扮唱，而且因为词意有伤风化，被列于禁令。清代人翟灏早在乾隆年间就记录了相似的看法，他在介绍“山歌”时说：《湘山野录》吴越王陈乡饮，高揭吴喉唱山歌，以见意。白居易《琵琶行》岂于山歌与村笛，呕哑嘲哳难为听。《水东日记》吴人耕作或舟行之，劳多作呕，歌以自遣。皆名山歌，其

---

① 《房县志》，清同治四年刻本。

② 周作人：《周作人民俗论集》第102页，上海文艺出版社1999年版。《清稗类钞》：“秧歌戏：秧歌，南北皆有之，一名鹦哥戏，词甚鄙俚，备极淫亵，一唱百和，无丝竹金鼓之节。”

中亦多可为警劝者。[按]：今又有秧歌，本馌妇所唱也。《武林旧事》：元夕舞队之村田乐，即此。江浙间杂扮诸色人跳舞，失其意，江北犹存旧风。[①]

由此可见，秧歌作为一种劳动歌，早在清代初年就被当时人所记录。从中国中南、西南以及东南部地区元宵节秧歌表演活动的民俗志材料中可以看出，秧歌基本上呈现出一个从田头地边演唱的插秧歌到节日广场展演的唱秧歌，再到秧歌舞蹈的由简单而复杂的演变过程。同时，无论上述哪一种形态的秧歌表演，都是当地元宵节仪式性表演活动中的重要节目，都具有古代乡人傩与迎春仪式驱邪祈福的功能。换言之，年节期间的秧歌及其他艺术形式的展演，是古代乡人傩与迎春仪式的现代变体。

西北、华北地区的秧歌

同样，在中国的西北、华北地区，其清代以来的地方志中，也有不少关于年节期间秧歌表演活动的记录。其中，关于演唱"插秧歌"的记录相对稀少。相反，更多的是关于扮唱秧歌的记录。所有这些表演艺术，特别是秧歌，都起着傩仪、迎春仪式的功能。然而，其严肃的原初意图更趋隐蔽，表演的游戏化程度更趋夸饰，节日喜庆的气氛渐渐超过了仪式原本的庄严肃穆。

在中国西北地区，宁夏、甘肃、陕西三省兼有秧歌，而且都在春节期间举行，且区别于社火、竹马、龙灯、狮子等民间艺术形式。据《天水县志》载：

> 元旦夕，多操鼓乐，馔酒肴，停业娱乐，且有扮演秧歌、杂戏者，盖亦古者傩以逐瘟之意。流传渐久，寖失真意，往往务脂粉其面，华丽其服，艳词淫曲，徒博金钱。亦风俗之亟宜改良者也。正月十五，即夕，孩童艾篝花灯，为提灯之戏，商家亦悬挂纱灯，燃放纸炮，元夕之娱乐，至此夕始终止。[②]

由此可见，当地秧歌与杂戏的表演时间是从"元旦夕"一直持续至元宵夜才结束的。同时，这两种民间艺术表演活动又都具有古代傩仪驱疫逐瘟的功能。从其化妆表演的形式来推断，当地秧歌可能是一种以唱为主、近乎小戏的表演艺术形式。此外，在这种秧歌发展演变的过程中，其原初驱疫逐瘟的意图逐渐淡化，而为迎合观众口味，向着滑稽淫鄙的方向发展了。

在中国西北部，特别值得注意的是陕西北部数县的秧歌形式。如《米脂县志》载：

> 立春前一日迎春，乡民扮杂剧，唱春词，曰"唱秧歌"。小儿女华服于春牛腹下钻过，曰"钻春牛"，谓可稀痘。……十五日元宵，街市遍张灯火、花炮，铺户

---

① 《通俗编》卷三十一"俳优"、"山歌"条，无不宜斋雕本，武林竹简斋藏版，翟灏，乾隆十年辛未仲秋，第5-6页。关于宋代舞队中的"村田乐"与"秧歌"的关系，本文暂不涉及。

② 《天水县志》，民国二十八年铅印本。

聚石炭垒作幢塔状，俗名“火塔塔”，朗如白昼。[1]

从这则材料可以看出，当地“唱秧歌”即迎春仪式中的“唱春词”。前文说过，迎春仪式最主要的目的就是劝农稼穑，祈求民乐年丰。仪式中所演唱的“春词”也不外乎这两个方面的内容。而秧歌原本是劳动歌中的一种，在迎春仪式中演唱秧歌正合乎迎春仪式的原初目的。然而，在陕北其他地区，演唱春词又被称为“唱阳歌”。如《葭县志》载：

元宵，张灯火，放花炮，具酒肉，歌声四彻，与他处略同，……是夜，乡民扮杂剧，唱春词，曰“唱阳歌”。[2]

又《绥德直隶州志》载：

十五日，曰“元宵”，人户及街市各设灯烛，并以煤块积垒如塔，至夜然之，光明如昼，以及庙门、社会皆然。是夜，金吾不禁，乡民妆男扮女，群游街市，以“阳歌”为乐，谓之“灯节”。[3]

又《安塞县志》载：

元宵，迎女归宁，谓之“躲灯”。男妆女，扮如杂剧，鸣锣击鼓，兼唱春词，名曰“闹秧歌”。[4]

又《清涧县志》载：

十五日，上元，……街市遍张灯火，放花炮，聚石炭作幢塔状，燃之光明竟夜。城乡各演优伶杂唱，名曰“秧歌”。[5]

综合起来看，米脂、葭县、绥德、清涧、安塞等数县，同处于陕北地区，都在春节期间演唱春词、扮杂剧，从表演内容上来看属于同种类型的民间艺术，然却同时存在“阳歌”与“秧歌”两种不同的称谓。事实上，“阳歌”即“秧歌”，原因在于：第一，由于“阳歌”与“秧歌”所指的表演活动是同种艺术类型，而“秧歌”是遍布全国的年节表演艺术，所以“秧歌”这一概念便能包含“阳歌”指称的对象。第二，从“阳歌”这一概念被创造的动机来分析，“阳歌”也应是“秧歌”。由于陕北并非稻作文化区，[6]所以

① 《米脂县志》，清光绪丁未年刻本。
② 《葭州志》，清嘉庆庚午刻本。
③ 《绥德直隶州志》，光绪三十一年刻本。
④ 《安塞县志》，民国十四年铅印本。
⑤ 《清涧县志》，清道光八年刻本。
⑥ 非稻作区，并不意味着当地不种水稻。《米脂县志》中便记录有当地种稻的轶事。

县志编辑者便不能接受用“秧歌”这一术语来概括年节民间艺术的做法。但是，由于民间有“yangge”这样的称谓，于是他们便创造了“阳歌”一词，以“阳”字代替“秧”字。其理由在于，因为年节期间正好是驱寒迎暖的时节，是阳气上升、阴气消退的时节，是“迎春”的时节，所以用“阳歌”一词来指称年节期间的表演艺术便与年节时段“催阳祛阴”的目的建立起紧密的联系。由此看来，“阳歌”一词虽然也可以自圆其说，但是，正如前文所述，由于年节表演“秧歌”的本来意图在于劝农，所以“阳歌”应为“秧歌”。第三，即便在上述这些相邻的地区，在指称同一种表演艺术时，也同时有“阳歌”与“秧歌”两个概念。这也从侧面证明，“阳歌”乃是个别辑录者的奇思妙想。[①]总之，从上述材料来看，陕北秧歌也是一种扮唱性的表演艺术，也与传统傩仪、迎春仪式密切相关。但是，它与现代陕北年节期间群体性的歌舞表演活动尚不完全相同。

然而，在陕西南部靠近四川、湖北的地区，“秧歌”指的是“插秧歌”。比如，据王锡龄《陕南巡视日录》记载：

> 陕南西乡县沙河镇，田间农民有系彩于首扮戏装者，歌唱舞蹈，金鼓喧阗，盖为插秧助兴。俗名秧歌本此。[②]

从华北地区清代以来的县志来看，当地年节期间的秧歌表演活动主要集中在河北、山西两省。虽然西北、华北地区与西南、中南及东南地区的秧歌表演活动目的相同，都是年节“过渡时段”所举行的“加强仪式”，都继承了传统傩仪、迎春仪式的意图与功能，但是其表现形态更加多样化。总结起来，至少有以下三种大的类型：

一、唱秧歌

在华北地区的秧歌表演形式中，十之八九是以“唱秧歌”的形式展演的。唱秧歌又可分为以下四种形式，第一种是演唱“插秧歌”，如《大同县志》载：

> 上元，俗名“灯节”，乡下人多扮灯官，唱“插秧歌”，来城内相征逐，仿傩礼。[③]

此一县志刻于清道光十年，据清乾隆四十七年所刻的《大同府志》载：

---

① 在现代陕北秧歌的研究者当中，尚有相当一部分学者从“阳歌”一词出发，提出许多尚须严肃论证的观点，相关论述参见绪论部分。

② 董锡玖：《中国舞蹈史（宋辽金西夏部分）》，文化艺术出版社1986年版。

③ 《大同县志》，清道光十年刻本。此外，劳之辨《上元杂咏》：“万烛斗明河，春风艳绮罗。插秧若个解，偏学唱秧歌。”（孙殿起辑：《北京风俗杂咏》第22页，北京古籍出版社1982年版）其描写的是清代帝京上元节的秧歌表演，其中透露出秧歌与插秧之间的关系。

立春前二日，乐户各扮故事，乡民携田具，唱农歌，演春于东郊。……元夕前日起，城市张灯火结彩，垒旺火，群城四大街尤盛，各乡村扮灯官，秧歌杂耍，入城游戏。①

从上述两条相关文献来看，插秧歌应当是当地元宵灯节期间的重要角色“灯官”②所扮唱的歌体。由于“插秧歌”是农歌中的一种，因此，元宵节期间，由灯官所扮唱的“插秧歌”与迎春仪式上乡民所演唱的农歌应当属于同一种类型。由于秧歌是当地年节期间仪式性表演活动中展演的节目，与元宵灯节仪式、傩仪、迎春仪式密切相关，其劝农、祈年的功利性目的同时体现在上述三种仪式性表演活动中，这一方面说明，业已消失的传统傩仪、迎春仪式的功能在元宵节仪式中保留下来了；另一方面也说明，秧歌原本是劳动歌中的一种，由于其演唱的内容与劝农、祈年的主题相关，才被纳入到年节期间的表演仪式当中。

第二种是由儿童扮唱的秧歌。③正如前文所述，在中南、西南地区，秧歌（包括采茶）更多地由姣童扮唱十二月采茶歌体，南北两地表现出相似的表演形式，似乎是文化交流的结果。④比如：《愚山先生诗集》载：《灯夕口号诗》：“秧歌椎击惹闲愁，乱簇儿童戏未休，见说寻常歌舞竞，大头和尚满街游。”自注云：“都下儿童竞唱秧歌，击椎相应。又扮大头和尚为戏。”⑤

第三种是唱“凤阳歌”。据《河曲县志》载：

上元，前后三日街巷燃灯，烧石炭于门首，谓之“火龙”。元旦，人家庭院亦各烧炭者，取其明也。祀天官、地官、水官，谓之三元胜会。锣鼓喧闹，歌舞于市者，唱“凤阳歌”也。⑥

这里的“凤阳”指的是安徽省凤阳县。也就是说，当地把年节期间表演的歌舞表演活动视为起源于安徽凤阳的一种艺术形式。这与凤阳花鼓艺人的流浪史有关，本文暂不论及。

第四种是一般意义上的唱秧歌。这里又有三种情况：

一是秧歌被称为社火。如《宣化县新志》载：

上元，沿街设立松棚，杂缀诸灯，翠缕银葩，绚然溢目。又唱秧歌，谓之

---

① 《大同府志》，清乾隆四十七年刻本。

② 关于灯官的论述，详见后文。

③ 如河北《赵州志》（民国二十八年铅印本），《隆平县志》（清乾隆二十九年本），《柏乡县志》（清乾隆三十一年本）。

④ 除儿童扮唱的秧歌外，尚有优人扮唱的秧歌，如河北《献县志》载：“上元，食浮圆子，为灯火。优唱秧歌，秋千诸戏，然亦视岁登耗为盛衰。”

⑤ 转引自孙景琛、刘恩伯编：《北京传统节令风俗和歌舞》第26页，文化艺术出版社1986年版。

⑥ 《河曲县志》，清同治十一年刻本。

社火。[1]

二是把秧歌与社火并举，认为两者属于不同的艺术类型。如《龙门县志》载：

上元节，……又随处演戏，办社火，唱秧歌及节节高等戏为乐。[2]

又《绥远省分县调查概要·清水河县》载：

十五，为上元佳节，入夜，则街衢中悬灯发火，居民结伙扮故事，鼓乐游行，沿街歌唱，或名“社火”，或名“秧歌”，或名“船灯”，种式不一，概皆取乐而已。[3]

三是认为秧歌是社火中的一种艺术类型，如《荣河县志》载：

十五日，为上元节，俗称“元宵节”，张灯火球，扮社火，城市以铁屑合火药实纸筒中燃之，铁花飞腾，有老杆、小杆、起火等称，名曰“放火”；乡间有秧歌、纸马、旱船、太平车等，金鼓喧阗，名曰“闹社户（火）”。[4]

事实上，秧歌与社火更可能是合二为一的，是一种载歌载舞的表演活动，即由社火、高跷的扮演者同时扮唱秧歌小曲，但是仍旧保留“扮社火”与“唱秧歌”两个名词，其实指的是一种艺术形式的歌与舞的两个方面，如《张北县志》载：

元宵节，是日晚间，谓之“灯节”，各户门前悬灯笼，放花炮，并有社火、高跷，唱各种秧歌小曲，各户赏以钱，男女老幼围观，颇觉热闹。[5]

又《怀安县志》载：

元宵节娱乐，是日作灯，民商醵资以为灯火费，推一人为首，曰“灯官”，杂以高跷、秧歌，装男扮女，擦黑抹红，昼则沿街唱曲，夜则灯下作舞，五花八门，无奇不有。所演剧调，都属荒诞不经，故作俚词，以博人笑，男红女绿，争先聚观，途为之塞，亦属一时之盛，其城外大屯堡，亦演秧歌、高跷以为乐。[6]

---

① 《宣化县新志》，民国十一年铅印本。

② 《龙门县志》，清康熙五十一年刻本。此外，山西《定襄县补志》（清光绪六年刻本）；《续修崞县志》（清光绪八年刻本）等都把秧歌与社火视为不同的艺术形式。

③ 《绥远省分县调查概要·清水河县》，民国二十三年铅印本。

④ 《荣河县志》，民国二十五年铅印本。

⑤ 《张北县志》，民国二十四年铅印本。

⑥ 《怀安县志》，清光绪二年刻本。

从材料来看，当地秧歌可能已经与高跷结合在一起，成为“高跷秧歌”，[①]是一种集歌舞表演于一体的艺术形式。从该艺术形式仍然保留两种名称的事实可以推测，秧歌是作为一种歌体与高跷结合在一起的。

总之，无论哪一类“唱秧歌”，都是作为年节期间仪式性表演节目被搬演的。

二、扮秧歌

从上面的论述中可以看到，“唱秧歌”已经不再单单是演唱歌曲，而是发展为一种集扮、唱、舞为一体的综合性歌舞艺术。于是，“唱秧歌”的“唱”字便被省略掉，从而形成了一种较之“唱秧歌”更具综合性的艺术形式，即“扮秧歌”。如《临县志》载：

> 秧歌队队演村农，花鼓斑衣一路逢，东社穿来西社去，入门先唱喜重重。（新春，田家多扮秧歌，互相为乐）[②]

可见当地的秧歌已经是“扮秧歌”，是一种由村民组织形成的化装舞队。他们不仅在自己的村社里表演，还要到相邻的村社里去表演。因为秧歌是年节期间表演的艺术，所以演唱的内容大多要突出恭贺新春的内容。

对于作为综合性表演艺术的秧歌，河北《沧州志》较为详细地记载了如下五个方面的内容：

> 秧歌，新正，农民暇豫时，好事者聚村童而扮演之，各村相赠送以取乐，非有专业而求值者。
>
> 其命名之义，有谓南人种稻，插秧歌是其所由仿也。其可然欤！又谓因起于凤阳，故曰“阳歌”。
>
> 其装扮之制，略如古之社火。大率饰美女装者或四或六；饰公子装者，或二或四；若戏剧中之丑脚老人一；丑旦一；黑面披发、戴笠持杆者一，曰尉迟敬德钓鱼；又有长袍短褂、皂靴羽缨、持红罗伞者或二或四；两手各持一箸者，或二或四；状如前清官吏之随从，此其定制也。以外杂角，添减无定规，不伦不类，实无理可解。
>
> 其演唱之法，先击鼓鸣铙，全班往来，穿插急走，稍定，则鱼贯而成一大环，

---

① 在《定县秧歌选》绪论中，作者介绍的北平秧歌即是高跷秧歌（李景汉：《定县社会概况调查》第336页，中华平民教育促进会出1933年版）。此外，《北京风俗杂咏》中也有北平秧歌的相关记录（孙殿起辑：《北京风俗杂咏》第7页；第55页，北京古籍出版社1982年版）。

② 《临县志》，中华民国六年十二月。又：清人赵骏烈在描写北平灯节晚上秧歌表演的诗作《燕城灯市竹枝词》中云：“花帕缠头锦束腰，不施脂粉颇妖娆。秧歌一曲声声媚，月色灯光转助娇。”（孙殿起辑：《北京风俗杂咏》第26页，北京古籍出版社1982年版）

徐步围绕，老人出至场中，高声独歌，歌毕而退。美女及公子出，美女持竹板，公子持乐子（以竹竿长二尺许，每节凿扁孔，孔缀铜钱三四枚，振之作响，名曰“乐子”），男女相间成一小环，且歌且舞，以相调笑，所歌为时曲，率男女相悦之词，鄙俚殊甚。

其互相赠送也，先日以帖至，书某日敬送秧歌一场，某村同拜。受者，至日择广场，旁设几凳，几上置茶点，闻鼓铙声渐近，则年长者三五人出迎于路，歌者下车，排两行，率者前行，长者与率者揖，引入场。长者择壮者十余人，两人各持竿之一端，以拦观者，勿使搀越。演毕，复列两行，长者以果点强置其囊，云酬歌者。送至村外，登车而去。率未至而申去。虽无足观，而亦农家作苦，岁时行乐之一端也。①

这一文献记录显示，当地秧歌明显地同时包含着歌与舞两个部分。从演唱的方式、内容来看，歌的部分主要由村童扮演的公子、美女来扮唱，这种表演形式显示出秧歌表演早期阶段的某些痕迹。从装扮的方式上来看，秧歌人物角色与化装方法来自古代社火与迎春舞队。其中，歌与舞两个部分相比较，似乎歌的部分更为突出，因为虽然美女与公子们是载歌载舞地表演节目的，但是，材料中以“歌者”指称他们；再者，材料中对于他们扮唱的方式、内容多有记录，但是绝少提及他们的舞蹈。可见，纵然秧歌已经发展成为一种综合性的表演艺术，但是，演唱的成分仍然占有较大的比重。

三、秧歌戏

在某些地区，秧歌指的是农民扮唱的小戏，其中著名的有流传于河北定县的定县秧歌、②流传于山西晋中地区的祁太秧歌。③此外，又比如山西省《万全县志》载：

---

① 《沧县志》，民国二十二年铅印本。

② 据李景汉在河北定县的调查材料称，定县秧歌也是一种民间小戏，但是，其最早的形态却是劳动歌，而且与农民的插秧活动有关：“据定县的传说，秧歌的起源是宋朝的苏东坡编的，定县北部，黑龙泉附近的苏泉村，东板村，西板村，大西涨，小西涨等村的农民多以种稻为生。苏东坡治定州时，看见他们在水田里工作甚为劳苦，就为他们编了歌曲，教他们在插秧的时候唱，使他们忘了疲倦，这就是秧歌名称的起源。不久就传遍了定县，男女老幼都会唱了。农民多半不识字，就一代一代地口传下来。苏东坡也万没想到后来竟变成了戏剧。当时他所编的多半是一个或几个短歌。后来歌辞一定是渐渐改变，离本来的面目愈去愈远，……亦不知在那一时代有人把秧歌变为表演的小戏，又配上音乐。后来秧歌竟慢慢的成为正式的戏剧了。”（李景汉：《定县社会概况调查》第336页，中华平民教育促进会1933年版）

③ 据张紫晨先生的研究称：“我认为晋中秧歌是在晋中各地歌舞和民歌基础上形成和发展的。地头歌舞在晋中，由来已久，叫做混秧歌。分文场子、武场子。文场子重唱，武场子重舞。在文水和交城也大体有这两种东西。一种是年间社火时表演的踩街歌舞……。一种是街头曲子。艺人叫磕板秧歌。它往往与踩街形式同时并用。先是踩街跑场，然后围上个圈圈，表演简单的小唱。”（张紫晨：《张紫晨民间文艺学民俗学论文集》第257-258页，北京师范大学出版社1993年版）

每届冬令，各村皆学习秧歌，春节后登台演唱不辍，至耕种时始止。其剧多秦、晋所演者，调亦多秦腔，杂以本地土调，白亦完全土语，使人喷饭。……因乡村之多学习秧歌，结果有变为优伶者，然非地道，实多不睹也。

……秧歌异于社火，秧歌登台表演，社火则平地游舞；秧歌有剧本，社火则毫无根据；秧歌角色各有专人，社火则随意扮充。①

由于秧歌戏大多是为酬神而表演的，表演时间也因地而异，并不一定局限在年节期间，因此本文不再赘言。

东北地区的秧歌

东北地区是秧歌分布极为普遍的地区。同中国其他地区一样，东北秧歌也是元宵节期间展演的民间艺术形式。从其功能及意义来讲，大部分地方志辑录者都明确指出，秧歌既具有“古乡人傩之遗意”，又具有“扮相丑怪，歌舞滑稽”的特点。换言之，其意图既在于驱邪逐疫，又在于博人笑乐。由此来看，东北秧歌与现代秧歌的表演特征已经相差无多了。

和全国其他地区的秧歌表演形式相比，东北秧歌的表演风格及过程比较统一，基本上属于一种综合性的歌舞表演艺术。除了具有一般“扮秧歌”的基本特征外，东北秧歌还具有如下一些明显的地域性特征：

一、其角色设置、扮相及其表演过程相对固定。如杨宾《柳边纪略》载：

上元夜，好事者辄扮秧歌，秧歌者，以童子扮三四妇女，又三四人扮参军，各持尺许圆木，戛击相对舞，而扮一持伞灯卖膏药者前导，傍以锣鼓和之，舞毕乃歌，歌毕更舞，达旦乃已。②

又《奉天通志》载：

今之秧歌与此微异，大抵前导者反穿皮褂，斜披串铃，手执长鞭，前行开路；继其后者为一参军，靴帽袍褂，腰跨刀；继为沙公子，汉装文生，手持折扇；继为老叟，伛偻拄杖；继为老妪，耳佩红椒，手执蒲扇；继则丑旦相匹偶，或十数卖膏药者殿其后。先列环形，错综歌舞，间以科白，鼓钹和之，或加鼓吹。③

秧歌表演的过程化，使得秧歌作为一种民间艺术，体现了相对稳定的个性特征，更加明晰地区别于其他艺术类型。

---

① 《万全县志》，民国二十三年铅印本。在张家口地区，社火属于民间舞蹈，而秧歌则专指当地的民间小戏。

② 《柳边纪略》，民国二十至二十三年金毓黻辑辽海书社铅印《辽海丛书》本。此外，《昭代丛书》壬集《柳边纪略·上元曲》卷第二十有“夜半村姑著绮罗，嘈嘈社鼓唱秧歌”的诗句，由此可知，晚至清康熙初年，东北黑龙江部分地区已经有扮唱秧歌的风俗了。

③ 《奉天通志》民国二十三年铅印本。

二、虽然秧歌仍然是众多民间艺术类型中的一种，但是秧歌也有被用以概称年节期间所有表演艺术种类的倾向。如《辽阳县志》载：

> 由十四迄十六，商民皆张灯火，间有奏管弦者。街市演杂剧，如龙灯、高跷、狮子、旱船等，沿街跳舞，俗谓“秧歌”，即古乡傩之意。①

“秧歌”一词在指涉对象范围上的“僭越性”似乎可以说明，在当地年节期间所有的表演艺术门类中，秧歌最具有代表性，最能体现年节期间节日庆典的仪式性特征。

总之，通过分析中国年节期间秧歌表演形式的模式，可以证明如下三点：

一、元宵节仪式最终合并了中国传统傩仪及迎春仪式中的主要功能与意图。同时，随着时代的发展，在传统傩仪、迎春仪式中业已显露的游戏化倾向，在元宵节仪式中得到了充分的展演。事实上，仪式庄严肃穆的一面正在逐渐隐匿起来，而滑稽诙谐的一面逐渐得以张扬。

二、勾勒了秧歌形成、发展及传播的路径。即，秧歌原是流传于中国南方的一种劳动歌，即插秧歌。因为传统迎春仪式具有劝农耕作的初始意图，所以插秧歌作为农歌的一种，被参与迎春仪式的农人或春官所演唱，演唱内容至少应当包括“祈年”与“求福”两个方面。后来，插秧歌与采茶歌一起，采用十二月采茶歌体，由男扮女装的十二名姣童来扮唱，使得插秧歌开始摆脱劳动歌的局限，从而在内容与形式上得以提升。随着迎春仪式中扮唱秧歌形式的发展，秧歌逐渐结合了节日期间其他艺术形式在扮相、化妆及舞蹈方面的特点，在中国华北、西北、东北地区，尤其与传统的社火节目相结合，从而发展成为一种综合性的歌舞艺术形式。但是，在秧歌与各种艺术相互借鉴的过程当中，秧歌作为一种歌体被“演唱”的初始特征一直占有绝对的优势。因此，即便在其发展成为一种综合性的歌舞艺术之后，仍然保留了“唱秧歌”这一称谓。直至现在，在指称普遍流传于中国北方年节期间的歌舞艺术时，虽然“唱秧歌”的“唱”字已被省略，但是，“秧歌”一词本身，仍然能够体现出它最初是歌体中的一种这一事实。②

---

①《辽阳县志》，民国十七年铅印本。此外，《开原县志》，民国十八年铅印本；《西丰县志》，民国二十七年铅印本；《北镇县志》，民国二十二年石印本；《兴城县志》，民国十六年铅印本。上述县志都以秧歌来概称所有民间艺术类型。

② 郑振铎在《中国俗文学史》下册中说：“《霓裳续谱》里又选有几篇秧歌。秧歌在今日还是北方民众最流行的一种歌曲，实际上往往是演搬了来唱的，是民间的重要娱乐之一，往往作为迎神赛会的附属节目。秧歌所唱的，以故事曲为多，但大部分是没有什么意义的，往往有七八人乃至于十余人互唱着。”郑振铎还引用了凤阳歌的一个变相，评论说：“唱凤阳花鼓的人们到了北方，便也只好采用北方秧歌调子来唱着了。”（郑振铎：《中国俗文学史》第435页；第437页，商务印书馆1998年版）虽然郑先生注意到了秧歌的流传路线，但是，他并没有进一步加以论述。此外，张紫晨先生也看到了南北方秧歌之间存在着的区别，但是他也没有去寻找其间深层次的联系（张紫晨：《中国民俗与民俗学》第185-186页，浙江人民出版社1985年版）。

三、秧歌作为一种民间表演艺术的称谓，最晚在清康熙年间就已经普遍流行了。①据史书记载，在清朝康熙年间，清帝国曾多次发布禁令严禁唱秧歌妇女、堕民婆在京在外逗留。②据此文献可知，晚至清康熙年间，至少在帝京，秧歌表演已经十分流行。然而，在明代以前，单单从可以获得的文献资料来看，作为民间表演艺术的秧歌的记录，③尚还稀少。这似乎可以说明，秧歌是明末清初才在全国范围内流行起来的。

① 比如，路工先生所编选的《燕九竹枝词》，其中有孔尚任（秧歌忽被金吾革，袖手游春真可惜，留得凤阳旧乞婆，漫锣紧鼓拦游客）、袁启旭（秧歌初试内家装，小鼓花腔唱凤阳，如蚁游人拦不住，纷纷挤过蹴毬场）、陆又嘉（早春戏馆换新腔，半杂秧歌侑客觞，偏是醉归人似蚁，太平鼓闹蹴毬场）、柯煜（秧歌小队闹春阳，轂击肩摩不暇狂，人说太平行乐地，更须千步筑毬场）、曹源邺（沉沉绿鬓凝香雾，驻马郊西人似骛，画鼓秧歌不绝声，金钗撇下迷归客）等人对于京帅正月十九庙会中花鼓秧歌表演盛况的描述。《燕九竹枝词》由袁启旭刻于康熙癸酉。（杨米人等著，路工编选：《清代北京竹枝词（十三种）》第4，6，7，9，11页，北京出版社1962年版）又有由李振声刻于康熙丙子、丙戌的《百戏竹枝词·打花鼓》称："打花鼓，凤阳妇人多工者，又名秧歌，盖农人赛会之戏（赛会时光趁踏青，记来妾住凤阳城，秧歌争道鲜花好，肠断冬冬打鼓声）。"（杨米人等著，路工编选：《清代北京竹枝词（十三种）》第153页，北京出版社1962年版）据此可以推断，清代康熙年间，京师秧歌表演已经十分普遍；此外，这种表演艺术与"凤阳妇人"有莫大的关系，可能是从安徽凤阳传入的，这种观点与本文论点并不相悖。

② 据王利器先生辑录的《元明清三代禁毁小说戏曲史料》中记载，清代《钦定吏部处分则例》卷四十五，清代《台规》卷二十五、清代《定例成案合钞》卷二十五等文献中都记录了"严禁收容秧歌妇女及堕民婆"的禁令，其中后两条律令分别发布于康熙十年、康熙四十五年，第一条还要早于康熙十年。（王利器辑录：《元明清三代禁毁小说戏曲史料》第20，23-24，26页，上海古籍出版社1981年版）据此可知，秧歌作为一种民间歌舞名称，不会晚于康熙初年。另参见郑振铎：《中国俗文学史》第437页，商务印书馆1998年版。张紫晨：《张紫晨民间文艺学民俗学论文集》第254页，北京师范大学出版社1993年版。王克芬：《中国舞蹈史（明清部分）》第86-88页，文化艺术出版社1984年版。林永匡等：《中国风俗通史（清）》第457页，上海文艺出版社2001年版。刘恩伯：《汉族民间舞介绍》第22页，人民音乐出版社1981年版。上述诸位学者兼持此论。此外，从禁令内容来看，当时"秧歌妇女"在京在外游荡者不在少数，似乎多是"凤阳妇人"也未可知。

③ 也有学者认为，秧歌即是宋代的"村田乐"，比如：清人吴锡麟等于乾隆四十年编纂的《武林新年杂咏·序》中称："秧歌，南宋灯宵之《村田乐》也，所扮有耍和尚、耍公子、打花鼓、拉花姊、田公、渔妇，装态货郎、杂沓灯街，以博观者之笑。"（转引自徐吉军等：《中国风俗通史（宋）》第713页，上海文艺出版社2001年版）也有人认为秧歌即是"讶鼓"，根据是朱熹《朱子语类》卷一三九中的记载："如舞讶鼓然，其间男子、妇人、僧道、杂色，无所不有，但都是假的。"（转引自董锡玖：《中国舞蹈史（宋辽金西夏部分）》第40页，文化艺术出版社1986年版）从"村田乐"与"讶鼓"的角色构成来看，的确与清代以来的"秧歌"有着某些相似之处，然此一问题与本文论题无关，暂不详论。

贵州傩戏宗教性、神秘性、戏剧性简论

庹修明（贵州民族学院教授）

探讨中国戏剧起源和中国传统宗教的关系是国内外学术界、艺术界十分关注的问题。在这一热点领域，近几十年来有了很大进步和突破，长期被正规戏剧史论所忽略的数十种原始戏剧形态，以其“中国戏剧的活化石”和多种人文学科的研究价值，震惊文坛和学界。1987 年 11 月《贵州民族民间傩戏面具展》在北京美术馆举办，时任中国文联主席的戏剧家曹禹先生兴奋地说：“奇迹！长城是我们的奇迹，中国傩戏又多了一个奇迹。看了这个展览，我感到中国的戏剧史要重新改写。”①

时任中国民间文艺家协会主席、著名学者钟敬文教授说：“看了展览，上了民间艺术很好的一堂课。面具非常丰富，并有不同层次。搞傩文化研究要专业化，用一生的精力贡献给这个事业。”②

中国艺术研究院副院长，著名文化学者冯其庸教授说：“傩戏是一个文化现象，覆盖面很宽，历史非常悠久，近年来考古上发现了很多奇迹，贵州傩戏是古代文化的重大发现，可以和近年来的重大考古发现比美。出一本很好的画集，会使世界大吃一惊。”③

傩戏是傩文化的载体，傩文化是一种多元文化。中国傩文化的丛系，包括傩的观念、傩的文化根基、傩舞、傩仪、傩神、傩面、傩坛（堂）、傩器、傩画，以及有关的驱鬼活动、祭祀酬神活动和求子、度关、医疗、娱乐、建房、超度法事等活动。由于傩文化的存在和长期传承，使傩文化区（圈）的其他文化，如口头文艺、神话、歌谣、传说、语言文字、绘画、雕刻、彩画、音乐，以及衣食住行，均受到不同影响与制约，从而呈现出某些不同的色彩。如此庞大的文化丛系给人们带来的精神影响，其广阔度更难以估计。傩文化丛系缤纷多彩的领域，为傩戏傩文化研究者提供了无比广阔的研究空间。④

以傩祭、傩舞、傩戏、傩面具为中心的傩文化系列，在民族民间文化宝藏中，以其深厚的历史文化意蕴，占有十分特殊的位置。傩祭产生于原始社会图腾、鬼魂、祖先崇拜，在殷商时期形成一种固定的用以逐疫驱鬼的祭祀仪式，史称傩或大傩。傩仪、民俗、面具的结合，是傩祭、傩舞、傩戏的基本特点。面具的作用，则是它们区别于其他

①②③ 贵州民族学院图书馆编：《傩戏傩文化资料集（一）》内部出版第 167 页。

④ 张紫晨：《中国傩文化的流布与变异》，台北《民俗曲艺》1991 年 1 期。

祭祀活动舞蹈、面具戏的界定特征。傩戏是傩文化的载体，面具是一种宗教意识化的凝聚物，具有多学科的研究价值和学术价值，引起国内外学术界的广泛关注。

傩文化是中国各民族传统文化中，具有广泛影响力的非物质文化遗产，长期流布或残存在许多省区，特别是中南、西南、西北少数民族地区，有数十项已列入首批国家级非物质文化遗产名录，如今多数面临失传或即将消失的困境。对傩文化进行“保护为主，抢救第一，适当利用，继承发展”的方针势在必行，刻不容缓。

中国西南地区是傩戏傩文化保存最为完整的地区。中国共有55个少数民族，居住在西南地区的就有29个。西南古为“蛮夷之地”，民风崇巫觋，信仰民间宗教是傩戏傩文化生存和发展的沃土。西南诸省、区的傩戏具有不同的类型和形态，是中国傩文化最具审美价值和学术价值的重要地区。中国傩戏类型有多种不同的分类，而将中国傩分为宫廷傩、寺院傩、民间傩（乡人傩）、军傩四大类，为多数学者所认同。在四大类傩中，除宫廷傩随着封建王朝的消失已成为历史陈迹外，其他三类傩在西南诸省、市、区都以其丰厚的文化内涵流传至今。民间傩在西南诸省（市）覆盖面最广，遍及边远农村及少数民族地区；寺院傩在藏族地区保持得相当完整；军傩在云南、贵州常有演出，贵州“地戏”、云南“关索戏”，是中国军傩最具傩戏特征的代表。

一、贵州傩戏傩文化

贵州是一个多民族的省份，少数民族主要有苗族、布依侗族、土家族、彝族、仡佬族、水族等，人口为1100多万，占全省总人口的1/3，遍布全省各地。贵州各民族傩戏、傩文化，被学术界、艺术界誉为“中国原始文化的活化石”、“中国古文化的活化石”、“中国戏剧文化的活化石”，并以其丰富的文化内涵和多学科的学术和审美价值，为中外学者所关注。

古代的贵州是“蛮夷之地”，居住着众多的少数民族。由于地理位置、建制沿革、民族习俗等诸多因素，深受荆楚、巴蜀文化的影响。在历史上，楚国的中心地带及中原地区，是华夏文化圈的中心与作坊，但是由于历史上屡遭军事和政治、文化制度的冲刷，许多古老的华夏文化和楚文化的因子，被卷到了华夏文化巨潮边缘地带被永久遗存下来。其中，我国西南地区就是保留古老华夏文化因子最多的一个大“文化袋”。贵州在历史上较少受到各种外来干扰，又有巨岭恶瘴作自然壁垒，加之地处荆楚、巴蜀文化交汇地带，使之成为古老华夏文化的天然储存地、多种地域文化的沉积带，给我们留下很多古老文化的活形态，其中最具代表性的就是——贵州傩文化。

傩文化的载体是傩戏，贵州民间傩戏系统，主要是两个系列、三个层次。汉、苗、侗、土家、彝、仡佬等民族地区的傩戏，为一个系列，即民间傩系列。彝族傩戏“撮泰吉”，完成了傩祭向傩戏艺术的初步过渡，是傩戏的雏型，是低级层次。汉、土家、苗、侗、仡佬等民族地区的傩戏，虽与傩祭密不可分，但戏剧因素不断增长和完善，是向单一的傩戏艺术过渡的中间层次。贵州地戏是属于军傩系列的傩戏，是傩戏发展的较高级层次。贵州傩戏具有民族多、品种多、层次多、分布广、保存完整等特点。其代表为：威宁彝族傩戏“撮泰吉”，黔东北傩戏群和黔北傩戏带，安顺地戏。

黔西北威宁彝族回族苗族自治县板底乡的裸戛村，是一个仅有50户的彝人村寨，至今保存着一项古老的传统，即在正月初三到十五，举寨祭火，称“扫火星”，以“撮泰吉”的形式呈现。“撮泰吉”是彝语，有人将它译为“变人戏”。“撮泰吉”是以人与人类先祖祭祀、耕作、喜庆、扫寨一整套傩事，完成一年一度的大祭。“撮泰吉”虽然是一种祭祀民俗活动，但它有演员的表演活动，有以驱邪纳吉为内容的诵词与对白，有彝族先民创业、生产、繁衍、迁徙历史的粗略情节，还有简单的舞蹈与伴奏乐器。“撮泰吉”的挖掘，为研究仪式与戏剧、宗教与戏剧提供了信息和资料，是戏剧发生学和戏剧文化的“活化石”。

贵州傩戏可谓千姿百态，名目繁多。就戏名而言，黔东北多叫“傩堂（坛）戏”；黔北叫“冲傩戏”；黔西北叫“端公戏”；黔南叫“阳戏”；黔西南叫“庆坛”；苗族地区的傩，苗语叫“确奴”，汉语称为“还愿戏”；北部侗族地区傩戏叫“嘎傩戏”（冬冬推、面具戏），岑巩县汉语称为“喜傩神”。

贵州黔东北铜仁地区，是我国傩文化资源最为丰厚的地区，至今仍有500多个傩坛班子、5000多名傩艺人在民间活动。地区有关部门在“抢救民族文物”活动中征集到数以千计的傩面具、法器、神案、科仪本，并在海内外展出和表演。1991年，在铜仁市建立了我国首家傩文化博物馆。

德江、岑巩的傩戏，作为黔东北傩群中最具代表性的品种，是贵州大傩从傩祭向傩舞向傩戏发展中所含人文因素基因最丰富、最生动的一部分。据2008年德江县民委统计，全县有傩堂戏班131坛，掌坛师103人，土老师（巫师、端公）641人。据岑巩县文化局统计，共有傩艺人76人，其中掌坛师69人，傩愿脚48种，仅平庄乡就有傩坛近10处，傩愿脚20余种。

傩戏寄形于“冲傩”、“还愿”的驱邪、祈禳、纳吉巫术和民间信仰。由于民间信仰的宽容，黔东北地区民间对各流派道门兼容并包，历经了千年的冲突与融合后，各种教派道门形成了自已独特道、儒、释一体的傩仪。傩这种宗教仪式，目下被乡民、法师、艺人、包括学术界统称“傩戏”。这是由于法事本身就具有戏剧的“摹拟”和“象征”特征，而请神、酬神、送神等宗教仪式，依照民间趣味取向已越来越世俗化、规范化、人情化、娱乐化，与此同时，作法事的全套人马也演化为傩戏的演出班子。

地戏是指主要流行于贵州省清镇、平坝、安顺、镇宁、普安、郎岱、兴义、长顺等20多个县市，以及贵阳市郊区广大农村的古老剧种，属于傩戏的一支——军傩。地戏活动的中心在安顺，因此习惯上叫“安顺地戏”。地戏在贵州有300多堂，仅安顺就有100多堂。

安顺地戏在春节期间演出20天左右，称为“跳新春”，是岁终新正的聚戏活动，与逐疫、纳吉礼仪一起举行。演出由“开财门”、“扫开场”、“跳神”、“扫收场”四个部分组成，演出前要举行庄严的开箱仪式，请出脸子（面具）。地戏的正戏演出叫“跳神”，只有武戏，没有文戏，更没有生活小戏和公案戏，只演正史，不演旁杂剧目，全是演唱朝代兴衰的历史故事。演员都是农民，戏装也多由演员自备。武打是地戏的灵魂，每戏必打。地戏演出时，演员无一例外都要戴上面具，面具是神化了的英雄，雕刻讲究，神态生动，是根据《地戏谱》提供的线索和民间有关此类人物传说来绘制雕刻的。傩文化的主体本是中原文化，早在明军里盛行的融祭祀、操练、娱乐为一体的军傩，和在中原民间传承的民间傩，也随南征军和移民进入贵州，并与当地民情、民俗结合，形成了以安顺为中心的贵州地戏。

傩戏的宗教性

傩戏脱胎于古老的傩祭活动，其初始形式是傩祭仪式中请神驱鬼逐疫内容的戏剧化，戏是由傩祭、傩歌舞发展而成的。在其发展过程中逐渐融入了巫、道、儒、释文化内容的历史、生活事件，以及戏曲的内容和形式，从而使傩戏有了今天的丰富内涵与形式。傩作为一种复杂的社会文化事象，傩戏的意义也只能从傩的意义的本身去寻找，傩戏是一种戴着面具表现、以多维宗教意识为内核的仪式戏剧，是一种艺术化的宗教仪式。

傩坛与道、释、儒关系密切，但它不是这些宗教的分支，因为巫傩是自发的信仰，没创教人，也没有严格的宗教组织，巫师是不脱产的人员，没有特权，也不是支配信仰的权威；信仰多神，互不统辖，神系混乱；没有完整系统和思想体系，没有经典、宗教信条、禁忌，而是与民俗交织在一起，具有血缘性、狭隘性和地方性。由于傩坛没有形成自己的思想体系，在强大的儒释道面前，失去了发展成为人为宗教的竞争力，在三教不断斗争中，它兼收并蓄得到了生存发展的机遇与空间。

傩戏孕育于宗教文化的土壤之中，直接脱胎于傩祭仪式，形成于唐宋（傩戏舞），是多种宗教文化互相渗透、混合的产物，各地傩戏，明显地受到巫、道、儒、释宗教思想的影响，就南方而言，特别是西南诸省，受道教影响最深，主要表现在傩坛掌坛师的道士化，傩坛神系的道教化和傩坛科仪的坛醮化等方面。

贵州傩坛，大多毫不隐饰地打出道教的旗号，声称他们是玉皇门下的弟子。黔东地区就有茅山教派、师娘教派、梅山教派；黔北地区有玄皇教派、五显教派、梓潼教派之说。各地坛门信仰混乱，大多带有巫道合流的民间道教性质，还算不上传统的道教。

傩坛掌坛师，他们大多认为自己属于道教。黔北湄潭县抄乐乡掌坛师卜兴国的一段话具有代表性。他说："中国有三教，道教、佛教和儒教。三教起源于封神榜，各路神仙归入封神榜后，元始天尊就死了。接着西方生释迦，通天教生孔子，道教生老君，最后形成了佛道之教，三教各有所司。佛教管生老病死，道教管金木水火土，儒教管仁义礼智信。各负其责，互不相绕。这样一来，人生的全部问题就得到解决了，我们就是老君教，即道教。我们老君教讲究一个法字，就是搞法术，这些法术也是老君所传的。"

傩坛的神灵谱系，主要集中绘书在傩坛神案上。神案又称案子或神图。进行傩事活动时高悬于仪式中心场所——“五岳华山殿”或“三清殿”和“功曹殿”。傩坛是神人交流、天上人间联结的场所，纸扎的三殿则是神灵的住所、天界的象征。有一种绘有神灵的“桥图”则是沟通两界的通道。神图所绘神灵，与寺庙观所塑神像具有同样的祭礼功能，其区别仅为前者有固定的祭祀场所，而后者没有固定场所，是流动的，为适应事主家堂屋或庭院活动必须具备灵活性。黔东北傩坛神案供奉的神祇大同小异。

贵州师范大学邓光华教授认为，黔东、黔北的傩坛都已形成了一个约定成俗的神灵网络，这就是玉皇上帝、傩爷、傩娘以及“三清”为首的傩神体系。他对大量的神案图像进行梳理分析，整理出傩坛谱的三种图示，对傩坛与道教的渊源关系，傩坛与道教的融合，以及傩神系的道教化，提供了相当清晰、生动的信息资料。傩坛神系是巫觋诸神、民间俗神、世俗祖先神和道教系统诸神的杂糅，以后又有佛儒的神参加进来，但道教神灵一直是傩坛的主导神灵。（图表见文后附件）

斋醮具有悠久的历史，先秦的鬼神崇拜和巫祝之术是道教斋醮的渊源。人类学家马林诺夫斯基说过：“现代宗教中有许多仪式乃至伦理，其实都源于巫术。”道教斋醮仪式源于巫术，而又高于巫术。斋醮即道教所讲的“道场”、“法事”，也就是一种诵经礼拜仪式，祀典繁多，没有统一的模式。一般地说，做道场时，道士们有说有唱，有音乐、有舞蹈，犹如歌舞剧，但有严格的规范与制度。

道教斋醮经历了由杂乱到规范、由繁到简的发展过程。傩坛应该早于道坛。道教是最具有浓厚巫觋色彩的宗教，保存在傩坛中的巫舞、占卜、禁忌、符咒、巫风傩俗均为道教所承袭。傩坛由于缺乏宗教组织和理论规范，其科仪已趋道教化。但与道坛不同的是，它教规不严，要求不高，有很大的随意性。道坛与傩坛斋醮科仪虽五花八门，名目繁多，同一内容又有许多称谓，但集中起来无非是请神—祈神（媚神）—送神的仪式。

做道场一般由音响和造形两部分组成，前者为道场音乐、咒、赞、偈的吟唱、律令、禁戒的念白；后者由道场法师们巡回、礼经、拜神等动作来完成。手诀和罡步在道门大法中有重要的地位，是演法时最基本的两类形体动作。傩坛所使用的罡诀大多从道教中来。

道坛与傩坛常用科仪一览表

道坛	设坛	上供	烧香	升坛	鸣鼓	发炉	降神
傩坛	有	有	有	有	有	不常有	有
道坛	迎驾	奏乐	献茶	散花	步虚	宣卫灵器	洒净
傩坛	有	有	有	不常有	有	有	有
道坛	启师	召功曹	上表章	赞颂	宣词	复炉	唱礼
傩坛	有	有	有	有	有	不常有	有
道坛	祝神	送神	散坛				
傩坛	有	有	有				

道坛与傩坛常用法器一览表

道坛	铛	钗	木鱼	铃	鼓	帝钟
傩坛	用	用	用	用	用	未见用
道坛	龙角	幢幡	法尺	法剑	师刀	法印
傩坛	用	用	用	少用	用	用
道坛	令牌	净板	手炉	卦子	令旗	
傩坛	用	用	未见用	用	用	

傩戏的神秘性

贵州傩堂戏演出为开坛、开洞、闭坛。开坛和闭坛为酬（请）神和送神，表示对祖先、神灵、先师的祈求与忠诚。开坛时要设置“香案”，挂上“三清图”和“司坛图”。演出时，演员要净手、焚化纸线、燃放鞭炮、跪在坛前叩首礼拜，用手蘸米酒，经弹于地，嘴里念着历代神灵、先师的名字、咒语，望其保佑，宽恕在演出中的失误。然后，三叩首、爆竹齐鸣之后，轮流喝下“敬师酒”，才开始演出。演出结束，也要举行类似的仪式。

傩戏的演出单位是坛，也就是小型的戏班。掌坛的叫掌坛师，是有声望的法师，既是导演又是演员。一个坛少则六七人，多则十余人，全为男性，演员大多与掌坛师有师徒关系，也有临时请来客串的。傩坛演出傩戏，一般须“还愿”的主家邀请才去，出剧目多少根据主家经济状况来决定。所谓“还愿”是针对“许愿”而言的。某家有事，祈求神灵护佑，或“嗖以戏文届时搬演”，这就是“还愿”。

巫教与巫师是客观的现实存在，由于其传承源远流长，其文化内涵纷纭庞杂，至今仍在广阔的领域影响着人们的精神生活，左右着相当多的人的信仰习俗。所以，研究早期的巫教史和巫师的传承，也就成了研究人类文化史不可忽视的一部分。贵州傩文化至今仍保存着巫师传承的一整套完整仪式，对上述研究提供了大量鲜活的第一手资料。

巫师是巫教（术）活动的执行者，他们创造了鬼神世界，牵动着人们的心。巫师是由人担任的，作为巫师有其两面性，即人性与神性，亦人亦神的社会性质，决定了巫师是智慧的源泉，有无限的通鬼神能力，在古代是先知先觉的人物，在现当代也被一部分人所信仰和尊重。这与巫师传承的神秘性与仪式的戏剧性关系十分密切，巫师的一生都是在传承的神秘性与戏剧性中渡过的。

从一个普通农民成长为被公众认可的傩坛掌坛师（巫师），一般都要经历投师拜法、跟班学艺、抛牌过职三个环节，死后还要经过“开天门”等仪式的特殊葬仪。可以说巫师的一生都是在特殊繁杂的仪式中渡过的，没有仪式也就没有巫师和巫术。

巫师授徒有父传子的“家传”和传授外人的“外传”。两种授徒要求学艺人征得师傅同意并写“投师牒”，内容为尊师重教、包教包学、教学诚心等条文。

傩坛弟子经这三年五载的跟班学艺，各项操作娴熟的弟子便可向师傅提出抛牌过职的要求，待同意后，由过职弟子精心筹划，请师傅主持，在众师傅和师兄弟，以及公众面前，表演一堂完整的傩坛法事、傩戏和傩技。经师傅传法并考试合格后，就可取得师傅赏赐的雷印、法衣、牛角、师刀等法器和经书（科仪本），并与师傅交换牌带与牌巾，由师傅安排新的坛榜。经过这样一些复杂仪式，便取得了掌坛的资格，以后就可以自立门户、开坛收徒，其地位得到公认。

傩坛是傩戏的表演场地，舞台场景，众神灵活动的神圣空间，也是傩班和掌坛师场望和地位的一个标准。宗教艺术形式是宗教存在的重要方式，离开了物化的宗教仪物将会大大降低仪式的感染力。傩坛布置是极其重要而复杂的工程，以扎“龙厅宝架”最为宏伟。龙厅宝架，又称“三清殿”、“金銮殿”，俗称“花坛”。它是用竹篾和各种彩色剪纸扎成宫殿型三叠楼式的纸架，放在堂屋正中傩神木雕像前。

如果说扎龙厅宝架是为神祇修屋建楼，那么，挂案子则是请神到位。案子，又称“神案”，有三清图、司坛图和功曹图，分别挂在堂屋正中的“三清殿”，及两侧的“功曹殿”和“师坛府”。三清图分中岳案、东岳案、南岳案及副案等，共有 5 张，有 99 位先祖、仙道、神道的画像。傩坛宗教信仰是兼收并容的，傩坛神谱充分说明了这一点，巫、道、儒、释在傩坛里占有各自的位置。

巫师一生，大都掌握一定的祖坛秘诀、巫术，如各种傩技、手诀、字讳、符咒、卦卜、化净水、巫医药等。其中有一些秘法，是不轻易外传的。按坛门规矩，绝技是要在师傅临终时传授，而且在众多门徒中是单传，只传给得意弟子，而又赶上送终的徒弟。跟班学艺的弟子，平时从师傅学到手的仅为一般知识，深奥秘诀的东西，要靠师傅临终秘传留言，获此殊荣者才能成为坛门正宗传人。因此，师傅临终，众徒都要赶到师傅家送终，并争取得到秘传。故坛门俗称“真传一句话，假传万卷书”，说明临终传言的重要。

傩事活动中，掌坛师要在傩祭和傩戏演出中表演一些傩技巫术，这是一批具有惊险性和神秘性的节目，很有象征性，即“魔高一尺，道高一丈”。傩技有数十种之多，号称“三十六绝”，下面是经常表演的几种：

1. 踩红犁。将烧红了的铁犁置放地上，法师赤脚踩于其上，来回摩擦发出“吱吱”声响，但脚板却不会烫伤。其操作程序有请香火、请师（请历代祖师护佑）、造水（以咒语造一碗法水，水里撒一些纸线灰，将水抹在脚底）、请咒语（画符篆）、打宝卦（以求顺利）、踩红犁。此场傩技巫术一般在还“劝和愿”、“收魂”等法事中进行，具有驱鬼逐疫的功能。法师有此技艺，表示本领高强，胜于鬼神。

2. 顶红三脚。又称“戴红三角”，将烧红的三脚架（一种农村里用于放置铁锅的铁质用具）顶在头上，绕场一周，或将其置于地上，用头顶住翻筋斗，头发虽有青烟冒出和少许发焦味，但却能不伤皮肉。其程序为：请香火、请师、造水、请咒语、踩九州、打宝卦、戴铁三脚。

此场傩技通常在还“老鹰愿”、“罗侯愿”中进行，旨在与鬼神（天鬼地鬼）比试本领，以驱逐之。

3. 口衔红铁。将烧红的铁耙或铁条放在嘴里，用牙齿咬住表演。程序有：请香火、请师、造水、请咒语、打宝卦、衔红铁。

此场傩技，通常用于“撵鬼”、“扫堂”（净化傩堂），或追捉放蛊人阴魂，作为破蛊的一种手段（蛊是一种迷信说法，有人得了不知原因的病痛或突然遭灾，便认为是仇家放蛊所致，实不可信），旨在驱邪逐疫，与五猖比试本领。

4. 捞油锅。堂内放一火炉，上置铁锅，盛满菜油，将油烧沸，在场观者用炸虾片或洋芋片的办法，检验油是否到达沸点。法师先将虾片、洋芋片捞出给观者品尝，再用手从油锅中捞出当众丢下的一串钥匙，视其手，安然无恙。其程序有：请香火、请师、造水、请咒语、打宝卦、踩九州、捞油锅。

此场傩技，平时用于“老鹰愿”、“罗侯愿”、“劝和愿”和“扫堂”法事中，以驱逐天鬼、水鬼、邪鬼。在“劝和愿”中断是非吉凶，有“神断”的作用。

5. 掰竹。任意请两名观者将两根长约二米的竹条夹在腋下，两手垂直不动，法师面对竹条，令其“合拢”，在法师命令下，两竹条慢慢靠拢。其程序与上述各节法事基本相同。

此场傩技，平时用于“翻生死案”，即在人病重时，用此法定生死。施法时在两竹条上有“生”字和“死”字，看哪条竹先动，“生”动则生，“死”动则死。也有用于给主东定兴衰富贵的。

6. 过火海。在户主屋檐下烧一堆炭火，至炭全部烧红时，用铲铲平，法师赤脚在上面跳跃踩踏、翻筋斗。其程序与上述各节相同。

此场傩技，平时用于“冲锣鼓”、“打保福”、“过关煞”等傩事活动，由法师背着病人或小孩过火海，以示顺利通过人生之险要关口，祈求小孩顺利成长，病者康复长寿。

7. 上刀梯。上刀梯又叫上刀山。在场外竖立一刀竿，上插 24 把锋利的杀猪刀，刀刃向上。法师赤脚上下，并脚踩刀锋作表演。程序为：请香火、请师、造水、请咒语（上刀咒、造水咒、收邪咒、请师咒，念咒时手脚要画符）、踩九州，打宝卦、上刀梯。

此场傩技，平时用于“冲锣鼓”、“打保福”、“过关煞”等傩事活动，由法师背着病人或小孩上刀梯，以示顺利通过人生险隘，促使病者康复，小孩平安成长。

傩戏的戏剧性

宗教是傩戏的母体，傩戏是它的产儿，而联系母体与产儿的脐带则是民俗活动。信仰本民族的巫师，是黔东北少数民族的一个特点。土家族的巫师叫土老师，清朝“改土归流”前，土老师依附于土官土司制度，权力很大，举凡土家村寨的祭祀、许愿、还愿（或称“解钱”、“摇宝宝”）、婚丧生育、排解纠纷或疑难问题、占卜问事、摆手活动等等，无事不管。“改土归流”后，土老师权力逐渐缩小，有的仅作为宗教仪式的执行人，有的兼作“歌师傅”，有的兼作土医生（巫医）。据德江县民族事务委员会调查，时至今日，土老师在土家人心目中仍有较高威信，治病、求子、保寿都要请土老师施“法”。打扫屋子要请土老师“跳神”，祈保一年中无灾无难，平安无事；壮年夫妻无子，要请土老师“冲傩”，以求得子；生了病要请土老师“冲消灾傩”，以求病愈；家有凶事，要请土老师“开红山”，化凶为吉；老人生日要请土老师“冲寿傩”，以求高寿；“干贵”人家的小孩（小孩少而多病），在十二岁前要请土老师“打十二太保”、“跳家关”、“保关煞”，以保小孩过关，不受灾生病，易长成人。而这些民俗活动都与傩戏演出密切相关。据《松桃厅志》载：“自城市及农村皆有庙宇，土民祈禳，各因其事，或叩许戏文，届时扮演者，中秋节各庙设醮祈丰稔，禳灾疫，谓平安清醮，乡村皆然。”在城乡祭祀民俗活动中，“叩许戏文，届时扮演”，就是指的傩戏等演出活动。民谚有：“一傩冲百鬼，一愿了千神”，足见黔东北巫风之盛。一般来说，“冲傩”是一种镇压性、强制性的驱邪手段；“还愿”以酬神、媚神为手段，祈福禳灾。因此，“还愿”要比“冲傩”热烈而有趣。

“冲寿傩”是傩坛最具民俗特色的仪式，是一种为老人花甲、古稀或耆耆之年而冲傩祝寿的专用仪式，是一种隆重而热烈的民俗活动，它与一般的“祝寿”是不同的，必须请一个傩戏班子来作法事、演傩戏。活动时间根据主人家的财力和人力而定，少的一两天，多的要七八天，演出全堂法事和全堂戏。

贵州傩戏演出，各地大同小异，一般都要经历请神（傩祭）、酬神（演傩戏）、送神（乐神）几个阶段。

法事完毕，就是开坛出戏，即“开洞”。“开洞”由掌坛师主持，由两个演员表演，法师请“金角将军”来打开桃源洞口，请出十二或二十四戏（神）。金角将军不知去路，法师指点他去请“唐氏太婆”。传说，唐氏太婆掌管“桃源二洞”的钥匙，只有她才能打开上、中、下三洞的锁，“搬”出二十四戏（二十四个面具）来。洞门打开，请出来的戏是演给活人看的，所以有人叫它为“阳戏”，把傩坛祭祀叫“阴戏”。“阳戏”主要是娱乐性的，是傩戏的主要部分，即正戏。正戏分全堂戏和半堂戏，全堂戏演二十四出戏，半堂戏演十二出戏。正戏中插入一些节目叫插戏（杂戏），而把插戏放在正戏后演叫后戏。正戏和插戏，多取材于神传传说、历史演义、民间故事、戏曲。

德江二十四戏，上堂十二戏是：唐氏太婆、金角将军、关圣帝君、周仓猛将、引兵土地、押兵先师、开山猛将、九洲和尚、十洲道士、柳毅传书、开路将军、勾愿先锋。下堂十二戏是：秦童挑担、三娘送行、甘生赶考、杨泗将军、梁山土地、李龙神王、城隍菩萨、文王卦帅、丫环、蔡阳大将、勾簿判官等。

傩戏演出要戴上面具，面具也叫脸壳和脸子，在傩戏里具有特殊重要位置，是这个剧种突出的艺术特色。傩戏的面具与一般面具戏里的面具是不相同的。一般面具戏里的面具，只是一种演员化妆的手段，而傩戏面具则是作为神祇来看待的。德江民谚就有“戴上脸壳就是神，放下脸壳就是人”。正戏演出开始，要用一个大簸箕，上面放着面具，用纸钱盖在面具上，由掌坛师来请神，每请一个面具，法师都要念诵神名与颂词，并用米酒相敬，十分虔诚，请完后把面具抬到“功曹”桌上备用。

演出使用面具的数目，德江有“全堂戏二十四面，半堂戏十二面”的说法。半堂戏十二面具的名称是：唐氏太婆、桃园土地、灵官、开路将军、关爷（关羽）、引兵土地、押兵先师、先锋小姐、消灾和尚、梁山土地、秦童（歪嘴）、甘生。全堂戏除半堂戏十二个面具外，另外加上十二个面具，即：开山莽将、掐时先生、卜卦先师、鞠躬老师、幺儿媳妇、李龙、杨泗、柳三（柳毅）、乡约保长、了愿判官、关夫子、秦童娘子。每个面具都有自己的名称，由于传承地域、流派不同，因而同一面具就出现不同名称的现象。其实各地的面具无论是名称还是实物，都已大大超过二十四面。

傩戏的道具服装，以贵州省黔东北傩戏为例。法师们把它概括为：旗、冠、衣、裙、角、卦、杖、令、牌、水、刀、鞭等。傩戏道具和服装，充满神秘色彩，在傩事活动中有重要地位，它是沟通人神交往的中介和符号。傩坛服饰主要有三大件，即：头扎，掌坛师的冠；法衣，又称朝服或礼衣；法裙，分八幅罗裙、太极罗裙、山河社稷罗裙等。

傩坛道具具有两重性，在傩戏演出世俗剧目时是演员使用的道具；在傩祭和神戏演出时是法器，有神性。傩坛道具分大、小两种。大道具有令牌、牛角、师刀、宝剑、牌带等；小道具有神印、卦子、神鞭、水碗、木鱼等。道具大多有固定的规格，并有一些相关的传说。傩坛所用道具，其中一类是多功能的，既是傩仪的法器，又是傩戏傩舞里的道具和乐器，如牛角、师刀、神鼓、木鱼等。

“阳戏”是傩戏系统中戏剧表演因素更趋完备的剧种，在西南诸省市农村，现在还常有演出，有的地方还有阳戏剧剧团。民间把傩戏分为“阴戏”和“阳戏”。以酬神和驱邪为主的叫“阴戏”，以娱人和纳吉为主的叫“阳戏”。

阳戏全称是“舞阳神戏”，简称“阳戏”，即在祭祀仪式中进行若干戏剧性表演。举行阳戏神祀活动，一般先叩许信愿，然后再还愿，因而叫“还阳戏”，又称为“愿戏”。

阳戏分为内坛和外坛，内坛主要是作法事，外坛主要是唱戏。阳戏内坛二十四戏，即二十四坛法事，为迎神、酬神、送神仪式。外坛二十四戏，主要是戏剧表演，常演的剧目为：赐福戏、贺寿戏、仕进戏、婚娶戏、送子戏、逗乐戏等。祭祀仪式的淡化和消失，戏剧娱乐元素的强化，是阳戏的重要特征。面具是傩戏艺术的一个重要特色，早期阳戏演出都要戴面具，至近现代，逐渐演化为涂面化妆表演，只有个别地方的演出仍戴面具，保存阳戏早期演出形态。贵州福泉阳戏就是戴着古老面具表演，保持早期阳戏演出特色的剧种。

福泉市龙昌镇大水沟黄土哨村民组，该组有 110 户，600 余人，汉族。这里是福泉阳戏传承地，阳戏是明朝洪武四年（1372 年）从浙江一带随军入黔的，已传承 36 代，其前身“元皇宝坛”，共有 18 坛，如今仅存 1 坛。据阳戏 36 代传人聂仕学说，当地的阳戏分文戏和武戏两种，可连续演出月余而不重复。当地文化部门已搜集、整理唱腔 10 多种（九板十三腔）和一批阳戏剧本，主要有《桃园结义》、《千里走单骑》、《霸王别姬》、《孟姜女》等。

在结束这篇文章的时候，我想起 20 年前著名学者余秋雨教授在《中国现存原始戏剧形态美学特征初探》里的两段话：

> 研究原始戏剧的美学特征，并非要颠倒戏剧历史，逆转文化层次，而是要追索戏剧文化在一系列质朴品质上的多方根源。在现代文化信息密集的环境里，戏剧存在的必要性常常一次次地接受考验，因此祖先们最初需求戏剧的基本动因，常常会被人们以现代意义上的重温。

在这种发掘中，有可能重新唤起中华民族已经沉睡多年的世俗“戏神”，欢迎他加入现代文明。①

附件：傩坛谱系图示

邓光华教授整理

第一谱系图示

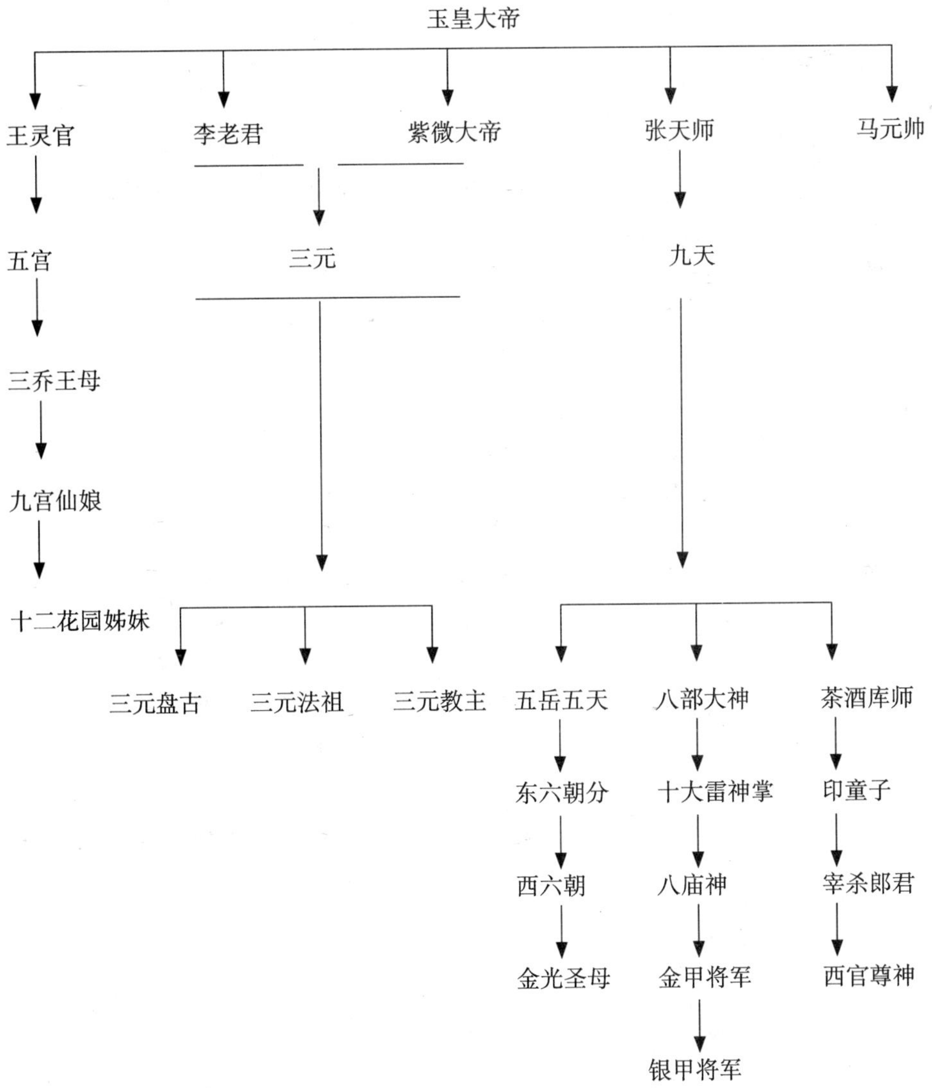

① 余秋雨：《中国现存原始戏剧形态美学特征初探》，载《戏曲研究》第 27 辑，文化艺术出版社 1988 年版。

第二谱系图示

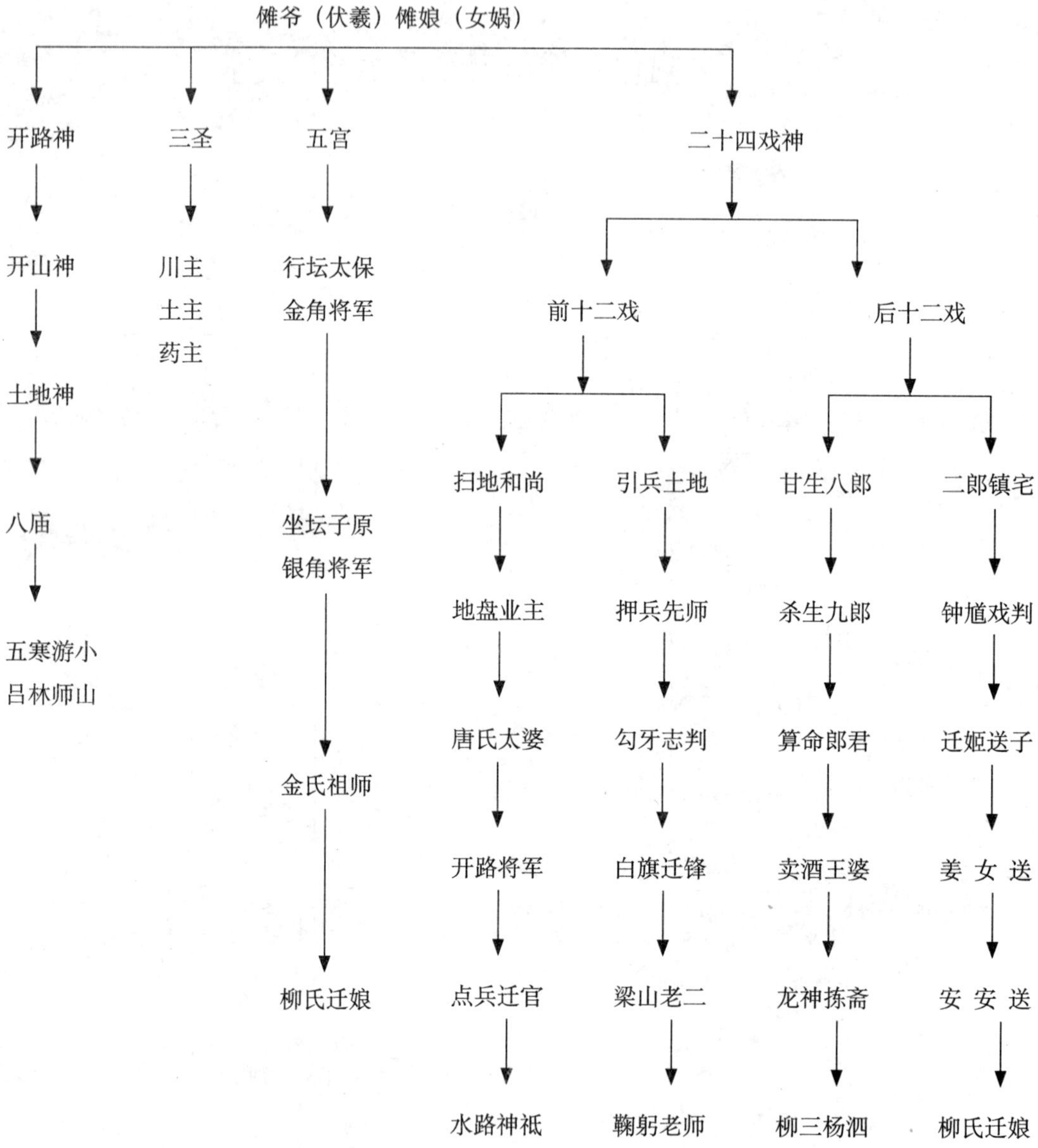
傩爷（伏羲）傩娘（女娲）
开路神
开山神
土地神
八庙
五寒游小
吕林师山
三圣
川主
土主
药主
五宫
行坛太保
金角将军
坐坛子原
银角将军
金氏祖师
柳氏迁娘
二十四戏神
前十二戏
扫地和尚
地盘业主
唐氏太婆
开路将军
点兵迁官
水路神祇
引兵土地
押兵先师
勾牙志判
白旗迁锋
梁山老二
鞠躬老师
后十二戏
甘生八郎
杀生九郎
算命郎君
卖酒王婆
龙神拣斋
柳三杨泗
二郎镇宅
钟馗戏判
迁姬送子
姜 女 送
安 安 送
柳氏迁娘

第三谱系图示

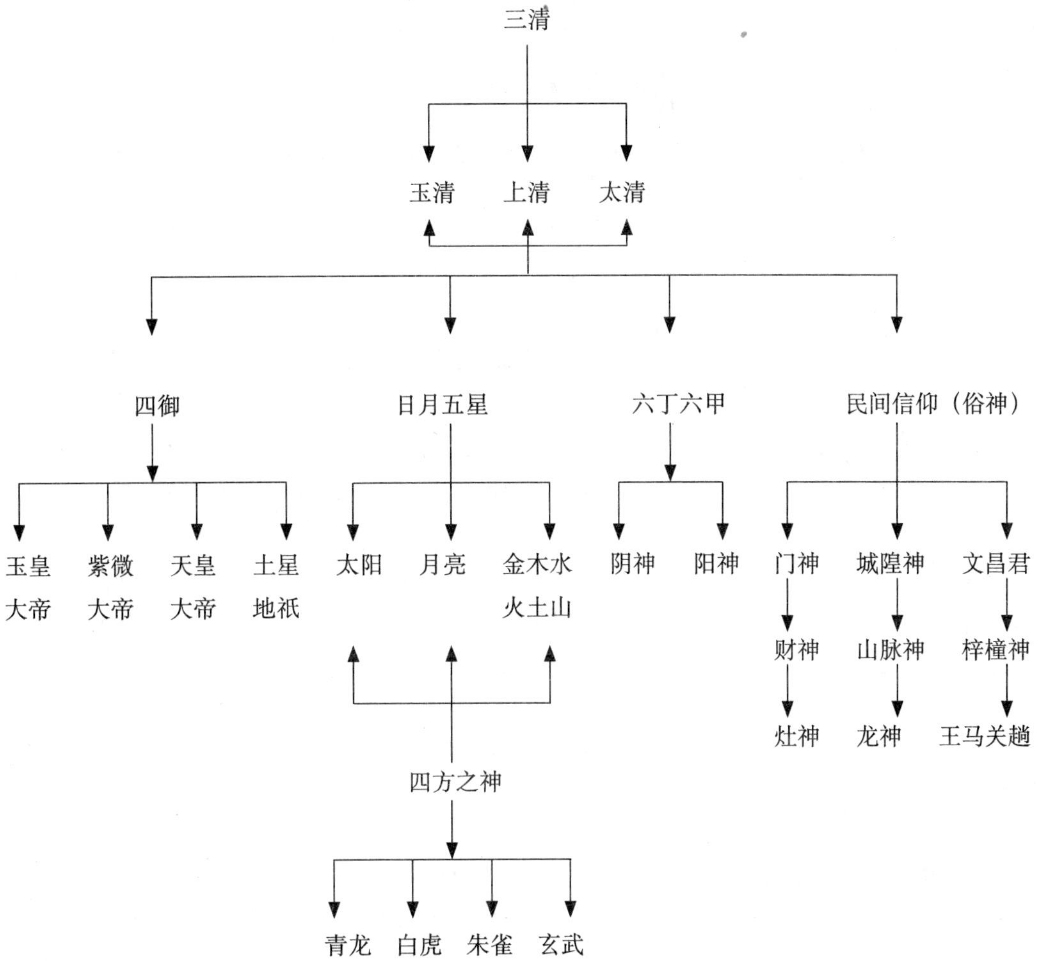
三清
玉清
上清
太清
四御
日月五星
六丁六甲
民间信仰（俗神）
玉皇大帝
紫微大帝
天皇大帝
土星地祇
太阳
月亮
金木水火土山
阴神
阳神
门神
城隍神
文昌君
财神
山脉神
梓橦神
灶神
龙神
王马关趙
四方之神
青龙
白虎
朱雀
玄武

脱离与融入：近代都市社会街头艺人身份的建构
——以北京天桥街头艺人为例

岳永逸（北京师范大学副教授）

因为北京在近八百年以来所特有的历史地位，天桥一直伴随着北京的成长而变化，鸦片战争以来百余年在天桥撂地卖艺的街头艺人也就具有相当的代表性。同时，由于近代相邻都市的街头艺人常常流动卖艺，本文对近代都市街头艺人身份建构的研究是以北京天桥街头艺人为例进行的。通过对北京天桥街头艺人的研究，也可以一窥近代中国其他都市街头艺人的身份建构过程，并加深对近代城市生活的认识，亦有益于城市空间的研究。由于街头艺人生活习俗的传承性，该研究也可以在一定程度上反观历史上都市街头艺人的形成过程。再者，与今天从事歌舞杂技等表演的人被称为艺术家并受到世人的景仰迥异，传统社会从事技艺表演的艺人在人们的观念中多属“下九流”，如民谣所云“一流玩马二玩猴，三流割脚四剃头，五流幻术六流丐，七优八娼九吹手”。“下九流”之上有“中九流”，“中九流”之上还有“上九流”，也就是说“下九流”是处于社会底层的卑贱之人，包括统治者在内的士、农、工、商等良民，也即列身于“中九流”和“上九流”的人对“下九流”皆以另类视之、待之。在社会生活中，“下九流”享受着种种不公正的待遇，其个体也就有着与“上九流”、“中九流”所指陈的良民迥然有别的社会化过程和生活习俗。因此，对街头艺人的研究也有助于对中国传统社会的认识。

一、天桥与到天桥生活的人

天桥原本是一座桥的名称，《京师坊巷志稿》云：“永定门大街，北接正阳门大街，井三。有桥曰天桥，桥西南井二，街东井五。东南则天坛在焉，西南则先农坛在焉。”[①] 即，天桥位于现在北京天坛路西口，永安路东口，天桥南大街北口，前门大街南口四条大街的汇合处。此桥称为天桥在民间最为普遍的说法是，它曾经仅仅是祭天祭农等郊祭

① （清）朱一新：《京师坊巷志稿》第195页，北京古籍出版社1982年版。

时，皇帝才能通行的桥。后来，天桥才渐渐演化成其所在附近地域的名称。①作为城市空间一部分的天桥，地处前三门（崇文门、正阳门、宣武门）外的南城，在前门（正阳门）外永定门内。与统治者和研究者所指不同，今天老北京人记忆中的天桥的大小仅是天桥这座桥西南方圆二里大的地方，那里曾经有着种种撂地场子和表演。尽管现今天桥的外观与巨大的北京其他地方没有什么不同，但某种意义上，在老北京人的心目中，它依然沿袭了过去贫穷的空间属性。

金元时期，天桥还是一片江南水乡风光，几近于农村。"土木堡事变"之后，为了防止同类事情再次发生，明朝统治者才沿前三门修建了外城城墙，但城墙的坚固度和外观都逊色于内城城墙。前来京城谋生的乡下人也渐渐云集在外城墙之外的大栅栏、天桥等地，使天桥成为一个以脏、乱、差为主要特征的都市贫民窟。

实际上，元明清统治者对整个京城的规划、建设和北京城在明清以迄民国本身发展的规律都加速了天桥所在的南郊的商业贸易的发展和贫民在天桥云集的速度。②元代的郊祭之所也在南郊。明代永乐年间在天桥东南修建了天地坛，后于永乐十八年（1420年）在天地坛的西边修建了山川坛。由此，天桥成为皇帝祭天地山川的必经之桥。万历十三年（1585年）四月十七日，明神宗因天旱就"祷于郊坛，自宫中步行而出，祷毕仍步还宫"。③虽历经李自成入京、满族人对李自成的驱赶等战乱，由于清朝统治者仍将国都定于北京，天桥也就在改朝换代之后迅速地恢复了往日风光。《日下旧闻考》云："正阳门前棚房比栉，百货云集，较前代尤盛。"④但与明代天桥在京城的贫贱不同，清政府的满汉分城别居的政策，使城市空间作为一种"权力配置"的空间更加分明，这强化了天桥所具有的低下政治属性，也基本上决定了在天桥谋生者的来源：首先是在政治上没有特权者，其次是在城市中无以为生计的人或者是乡村中流落到城市的农民，以及长期被主流意识形态轻视的没有良民身份的乞丐、妓女和艺人等贱民。

洋务运动后，随着京津铁路、京汉铁路的车站都设在天桥附近，民国时期北京有轨电车的总站亦建在天桥，加之天桥乃众多旧货市场的传统所在地，以及于1913年修建在香厂的新世界和为了与新世界竞争在先农坛北部旧址上于1918年修建的城南游艺园等多方面的原因，原本是旗人等有头有脸的人不愿涉足的天桥成为清末与民国期间北京城最繁华的地方之一，有了"倾城车马下天桥，多少游人不忆家"的美誉。著名社会学家李景汉曾把天桥称为"旧式的平民文化宫"，认为它象征了"东方的文化和中国人民杰出的智慧"，认为到天桥和在天桥的人更显露"原形"。⑤这在老舍的《鼓书艺人》、

① 对演变之原因可参看岳永逸：《当代北京民众话语中的天桥》，《民俗研究》2001年第1期，第54-67页。

② 通过对区城贸易、对外交通线路以及城三个因素的分析，章英华指出，城与对外通道间的关系乃明清以迄民国中国城市建置地扩张的重要因素。自明末迄民初，北京外城的商业优势不断加强。北京城之所以主要的城郊发展不在东边而在南郊，主要是因为南郊乃内城东西两半和远来人、货的交错点，明初城墙的南移和外城的修建更加巩固了南郊的地位，也促使了南城的日渐繁荣。章英华：《明清以迄民国中国城市的扩张模式》，《汉学研究》3.2（1985），第535-561页。

③ 《日下旧闻考》第922页。

④ 《日下旧闻考》第887页。

⑤ 李景汉：《序》，收于张次溪：《人民首都的天桥》，中国曲艺出版社1988年版。

《龙须沟》等系列作品和张恨水的《啼笑因缘》等小说中多有再现。

虽然伴随清王朝长期的内忧外患，在晚清，作为权力配置结果的京城不同部分的空间属性已经有一定的渐变，但天桥依然与贫贱、卑微、肮脏和丑陋联系在一起。辛亥革命作为一个标志性的事件意味着推翻了满族人的统治，但正如鲁迅的小说《阿Q正传》所展示的那样，它并没有断裂性地、很快地从根本上改变人们的观念。这既表现在北京城后来还上演了张勋复辟和袁世凯称帝的闹剧，也表现在北京人的日常生活之中。北京城北贵南贱的格局仍深深地镶嵌在人们的观念和行为之中，稍有办法维持生计的先前的内城人、顾面子的有身份有地位的人依然不愿前往天桥。与邓云乡的回忆强调的是天桥的枯燥单调和杂乱喧嚣不同，①满族老人祁继红女士晚年的回忆就很直接："那会儿天桥让我们住我们都不住，说那儿是下流之地，有唱戏的，还有窑子，姑娘不让带着上那边去，一般的好人都不去。"②同在前门外，与天桥近在咫尺的"街北"大栅栏的京剧名角也都以到天桥为耻。③

也正是辛亥革命从根本上动摇了以前作为统治阶层的旗人整体上尊贵的命运，曾经过着悠闲、典雅生活的旗人以及其他既得利益群体都不可避免地与往日的辉煌话别。最具代表性的就是原清廷善扑营的武士们不得不纷纷走上街头卖艺为生，天桥后来有名的掼跤（摔跤）艺人沈三、宝三等都是曾在善扑营任职的宛八老爷的徒弟。原先作为标榜满族人典雅的吹拉弹唱等悠闲的玩意儿也成了一部分不顾面子的旗人谋生的工具，天桥相声艺人的始祖朱少文、张三禄等人都是迫于生计在清廷灭亡之前就早早地走向了天桥。今天依然健在的被誉为"琴书泰斗"的关学曾的父亲、车技艺人"小老黑"金业勤的父亲也都是一步步从内城流落到外城，最后，关学曾和金业勤都不得不到天桥学艺卖艺。

在近代，日渐成为京城内外交通枢纽的天桥在京城中也日显其地理位置上的重要。但天桥在地理位置上的重要性和没落的旗人流落到天桥从事他们以前嗤之以鼻的职业都没能从根本上改变天桥原有的属性和它的边缘性。在城市人心目中，它是一个边缘地带，迫于不得已的原因，内城人才会去。对于乡村人来说，城市也一直是乡村人渴慕又望而却步的地方，《红楼梦》中的刘姥姥和她的孙子在大观园中的表现典型地表达了乡村人和城市人之间的对立和不平等的关系。就是良民身份，京津唐一代的乡村人在近代中国一时间也是很难在北京内城立足的。鸦片战争以来，殖民者的入侵，洋货在中国市场的流通，加速了农村自给自足小农经济的破产，再加之京津唐所在的华北地区频繁的旱灾、蝗灾、水灾等自然灾害，京津唐乡村无以维持生计的破产的农民纷纷流落到城市。天桥武术家"朱大麻子"朱国良的祖父、快板艺人高凤山在6岁左右都是因这些原

---

① 邓云乡：《增补燕京乡土记》第45页，中华书局1998年版。

② 定宜庄：《最后的记忆——十六位旗人妇女的口述历史》第12页，中国广播电视出版社1999年版。

③ 报导人均说，街北是指珠市口大街以北，天桥因在珠市口大街以南，所以人们通常称为街南，这种区分在戏曲艺人中更为明显。街北常与在大戏院子中出入的大戏班及京剧名角相连，街南则与天桥的撂地场子和简陋的小戏园子相连，两种空间有着不同的属性，街北的京剧名角根本不会到街南来，街南唱戏的也到不了街北的戏院子。也可参看《天桥往事录》第166-167页。

因到了南城一带的。同时，洋务运动以来的社会近代化过程带来的交通便利等因素也加速了京津唐地区城乡之间的流动，原本是在这一带京城之外的落子、大鼓、杂技等民间技艺也纷纷涌到天桥。天桥有名的杂技艺人狗熊程世家就是从“杂技之乡”河北吴桥来到天桥的。

因此，无论原本是艺人流落到此卖艺的还是流落到此之后不得不学艺卖艺的，面对有限的生存资源，天桥的街头艺人群体内部自然也就形成一种内在的运作秩序和机制。即要具有一定身份的人才能在此卖艺，哪怕仅仅是举行拜师、出师等象征身份的标志性仪式。

总之，由殖民者入侵为导火线所带来的中国社会近代化历程、以辛亥革命为标志性事件引发的旗人命运的骤变、自给自足小农经济的渐变和天桥经过差不多八百年时间伴随京城的发展而拥有的空间属性等多重因素，使在那个年代破败并无以为生和不顾脸面的旗人、京郊破产的农民、无家可归的孤儿、乞丐、卖身求生的妓女（北京有名的八大胡同就在天桥左近），江湖上的风马燕雀、金皮彩挂、评团调柳等行当纷纷汇聚天桥，使天桥成为一块都市中的杂吧地。在这块杂吧地上生活的多个异质性群体也构成了都市中的边缘社会。

事实上，天桥的沿革及其空间属性、天桥街头艺人的来源及其空间属性与社会变迁之间的关系，以及上述两者之间的关系是十分复杂的，将专文另述。在此，对这种关系进行大致勾画，除提供天桥街头艺人社会化的情境，也想初步表明天桥的街头艺人在其成为街头艺人之前本身就是被主流社会及其原有的生活秩序、生活空间抛出的一群，[①]是代表结构性不平等的，既承认个人选择的自主性，也肯定社会结构因素对个人自主性的限制的“生命机会”的体现。[②]本文主要描述这群因多种原因脱离原有的生活空间来到天桥，拥有有限生命机会的人如何再能动地被另一个异质性群体重新进行身份的建构，与之相互认同，最终在主流社会以街头艺人身份生存，以及街头艺人在他观和自观的互动中如何不断地被不同时期的不同群体言说，即其社会化的过程。从被原有的生活秩序抛离而言，这些后来成为天桥街头艺人的人经历的是一个被动的过程，但从个体原本就拥有有限的生命机会而言，这一过程则是主动的。在其随后经历的由街头艺人所构成的另类社会社会化的过程中，其公开文本（public transcript）是处于劣势的徒弟 / 新人（novice）在被动地接受以师父为代表的处于优势的街头艺人的教化，但只要考虑到认同是个人与群体间互动中呈现的相互定义的过程，考虑到既存的优势群体与劣势群体的结构性冲突，我们就会发现新人在此过程中的主动性，即徒弟学艺的隐藏文本（hidden

---

① 岳永逸：《天桥街头艺人学艺的缘由及条件》，《民间文化》2000 年 11-12 期，第 72-75 页。

② 张茂桂：《“社会化”的冲突性：理论与实践》，《中央研究院民族学研究所集刊》第 60 期，1985 年，第 175、187 页。

transcript)。[①]在此过程中，虽然是师父、街头艺人群体和他们所奉行的规范在教化新人，但新人为了尽快地习得这个另类社会的知识并被新群体认同，他自己也在主动地追寻、认同这个另类社会的规则、规范，并能动地建构、巩固之。实际上，在一位新人决定要拜街头艺人为师之前，他们自己或者其家庭已经认知到了他们可能会面临的生活。

在街头艺人社会内部对新人被动与主动杂糅的社会化过程包括：拜师、学艺、摆知（出师）、盘道（异地演出时，当地同行当艺人用行话考问祖师爷信仰、行规禁忌、行话等行业知识）、表演和绰号的获得等过程。每个过程都是结构性的限制与个人能动性互动的过程，同时，这些过程是在主流社会对街头艺人本身惯性认知和角色期待以及街头艺人群体对这些认知、角色期待的回应、调适下发生和传承的。士、农、工、商等良民的优势和街头艺人的劣势，街头艺人内部师父的优势和徒弟的劣势，街头艺人不同行当之间的优势与劣势，都同时对一位流落到天桥并愿意拜师学艺的新人身份的建构产生着影响，新人也主动地回应着这些影响并使与之关联的人身份、观念发生变化。

天桥撂地卖艺的行当是众多的，《人民首都的天桥》一书中记载的说唱有38类，软硬杂技有28类之多。不论哪个行当的艺人，虽然说唱和杂技艺人习艺的方式有明显的差别，但其重构的过程是大致相同的。这一方面与他们共同的社会属性，主流社会对他们的角色期待和他们对这种角色期待的部分认同相连，另一方面也是他们实际演艺生活中的需要而形成的行当内部的认同和行当之间的认同所决定的。这些艺人除不同行当之间存在一定的流动之外，他们还常组小班在城乡流动演出，不同行当的艺人之间经常“反串”。所以，在一个人拜师、出师时经常都会邀请不同行当的艺人参加，从而强化不同行当艺人之间的认同感，以至于在天桥不同行当的街头艺人之间形成一种“大家庭式的师承关系”，每个艺人都可以在这个大家庭式的谱系上找到自己的位置，跟曾在天桥撂地卖艺的人产生或远或近的拟亲属关系，这在不同的说唱艺人，尤其是在相声和说书两个行当的艺人之间非常明显。[②]

二、学艺的日常生活

不论是三年、五年还是八年，也不论是在天桥哪个行当，学艺都是一个十分繁杂的过程，包括对与该行当相关的方方面面的知识的学习。除该行当技艺的习得，还包括对祖师爷信仰、行当来源、师承渊源、行规禁忌、职业道德和春点子（行话）等方方面面

---

① James C. Scott的公开文本和隐蔽文本主要是在对下层群体的政治对抗和政治话语的形式研究中创立和使用的。实际上，就笔者的观察，围绕任何有形、无形的资本，不仅仅是在有权的统治者和无权的下层群体之间，任何对立冲突的双方都会同时使用公开文本和隐蔽文本这两种斗争形式，处于优势的师父和处于劣势的徒弟同样会在不同的时候运用不同的手段、策略来折冲其关系。本文正是在这一意义上来使用这组概念的。参看James C Scott, Domination and Arts of Resistance, New Haven, CT: Yale University Press, 1990。

② 岳永逸，《天桥说唱艺人大家庭式的师承》，收于中国艺术研究院音乐研究所、香港中文大学音乐系编，《音乐文化》第174-200页，文化艺术出版社版。

的行业知识的习得与运用。本文将主要以技艺习得和祖师爷信仰的传承为例加以说明。

天桥街头艺人的技艺习得，对说唱艺人而言，是以口传心授为主，靠强记，因为他们都出身穷苦，基本上没有条件读书，就是读了点书，教育程度也都很低。20世纪三四十年代，京津两地众多的相声艺人中，仅马桂元、马三立兄弟有相当于高中的学历。杂技艺人就是苦练二字。①总体上，街头艺人技艺习得不像街北科班那样正规，尤其对小孩子，师父高兴了就说一两句，不高兴了就一言不发，让你天天干活。

解放后才享有盛誉的相声大师侯宝林1929年拜颜泽甫学艺时仅11岁，在师父家的一天学艺生活如下：早上天不亮就起来将煤球火炉收拾干净，点着，等浓烟冒过，坐上一大壶水，然后就去坛根喊嗓子，估计水快开了，就回来扫院子、倒垃圾。早饭后学戏两小时，然后去买东西做午饭。午饭后背着“大罗锅”（驼背）师兄与师父一起去“云里飞”场子搭班卖艺。吃过晚饭后，他又背着大罗锅师兄串天桥附近的下等妓院卖唱，至午夜回家。在这期间，师娘嫌他吃得多，就给他很少的钱，让他单独做饭吃，其实根本吃不饱，穿的衣服是师兄剩下的衣服，他因受不了，曾逃跑过。②

高凤山7岁时被曹德魁收为徒后，开始了他的学艺生活。一大早起来，高凤山先背着小筐捡煤核儿，回来就生炉子、烧水、伺候师父起床，然后买早点、热菜。吃罢早饭，给师父背上牛胯骨等道具去“上早儿”（借别人的场子在别人演出之前先演），下午还有一场叫“上晚儿”或“上板凳头儿”，晚上再串妓院卖唱。对他学艺，师父并不放在心上，只是让他干活。他自己有心眼，用心记师父所唱的段子，在捡煤核儿时练习打板、背词，还趁余暇时串场子观摩偷学艺。③

朱国良八九岁时经张连书介绍拜山东人孙占奎为师。学艺练功时，不但经常被挖苦，也没少挨打。早上起来得很早，练功地点隐蔽，不让别人看见。一到街上有人时，就不练了，回家再在院子里练。朱国良的儿子朱有成在临近解放时，跟随他父亲的拜把兄弟天桥宋家茶馆的宋老五学艺时，和几个师兄弟/妹就在宋家一间专门用做练功的小屋子里练功，谁也不可能看见。

从这些自述可知：1. 在天桥学艺是与师父及其一家人的生活紧密相连的；2. 学艺仅是徒弟学艺日常生活中的一部分，学艺的同时也要上场演出或做与演出相关的事并要替师父家做大量的闲杂琐事；3. 师父虽也指点但大都有所保留；4. 技艺的习得主要靠徒弟自己的聪颖与吃苦耐劳。

祖师爷是一个行当的成员愿意组成一个群体存在的理由所在，而非一个已经存在的

① 相较而言，杂技艺人不怎么重视后代读书。认为读不读书对他们生活没多大影响、益处是报导人常常在无意之中流露出的想法。当然，这除经济因素外，还有其行当本身的特色和观念方面的原因。盲艺人李嘉康（弦师）就曾对我说：“我眼睛看不见，就什么也不想，只是琢磨这东西（弦子），所以才能记住这么多。”或者正如小川三夫所说，学艺是“怀着一颗诚实的心去理解对方工作的过程”，“要让脑子保持一片空白”。他自己的师父就明确地要求他不准读书、看报，连看跟工作有关的书都不行，因为“所有的信息在学徒中都是多余的”。参看盐野米松著，英珂译：《留住手艺——对传统手工艺老人的访谈》第16页，山东画报出版社2000年版。

② 侯诊、谈宝森：《侯宝林和他的儿女们》第18-20页，大众文艺出版社1996年版。

③ 北京市政协文史资料委员会编：《艺林沧桑》第7-8页，北京出版社2000年版。

行当觉得需要一个中央权威才制造出祖师爷来。因此，天桥的各个行当差不多都有其祖师爷。由于多数街头艺人都是穷途末路的无家可归者，而且他们经常四处流浪卖艺，他们的宗族观念和对祖先的膜拜也就十分淡漠，这就强化了祖师爷在街头艺人生活中的重要性。街头艺人始于学艺就接受的祖师爷信仰在一定程度上就代替了主流社会常人惯有的祖先崇拜，祖师爷也就成为街头艺人信仰生活的主体和该行当最终的旨归。祖师爷信仰在街头艺人生活中处处可见，家中、卖艺的地方都挂有祖师爷的神马，艺人在拜师、出师，艺人之间、行当之间出现纠纷，遇到困难时，被他人欺辱时，卖艺时，乃至于结婚时都要向祖师爷顶礼膜拜。①

三、祖师爷信仰及其淡化

在我的调查中，流传最多的是周庄王的传说，包括说书艺人在内的大多数说唱艺人都传说周庄王是他们的祖师爷。因先后有评书研究会、北京长春会（民初）、北京鼓曲长春职业公会（1940 年）、北平市曲艺公会（1946 年）等组织的成立，尤其是后三种组织每年农历四月十八日，都集中北京鼓曲界艺人在红桥东小市药王庙举行祭祀活动，这些都强化了周庄王传说的散布。旧时，包括天桥各茶馆在内的杂耍园子里表演说唱，后台都设有周庄王的牌位，有的园子有佛龛、香炉、蜡扦儿，有的园子就只有写有“周庄王祖师之牌位”字样的神马。

据关学曾老人回忆，他拜师时，祖师爷的神马是这样的：贴在一块木板上的红纸正中写有“周庄王之神位”，左边写的是“清音童子”，右边写的是“鼓板郎君”，下边还有“四大门”（即梅清胡赵），木板挂在墙上，下面再放一个香炉（或碗替代）。徒弟在拜师后，自己的家里就供有这样的神马，但一般只是在周庄王的生日或其他节日时才烧香磕头。按杜三宝的回忆，周庄王的神马一般是木制的，大约有 15 厘米宽，83 厘米高。他自己在 1948 年与其他人结拜把兄弟时，供桌中央的神位就是周庄王的牌位。

北京天桥街头艺人中的说书艺人也有拜敬孔夫子、文昌帝君、明末清初的大说书家柳敬亭、北派说书发轫者王鸿兴，相声艺人也有尊奉朱少文、张三禄的。②但与周庄王相比，除孔夫子、文昌帝君外，柳敬亭、王鸿兴、朱少文和张三禄等则更多的是被视为同类的俗世的凡人相待，周庄王则列入神灵之列，在庙宇和杂耍园子中供奉。王学智说拉洋片艺人则以唐朝护国军师袁天罡、李淳风为始祖，这是从“大金牙”焦金池那儿传

---

① 艺人张容奎、王玉文就是“在后台给祖师爷行了礼，磕了头算是结婚”。参看新凤霞《我当小演员的时候》第 217 页，三联出版社 1985 年版。

② 根据说书艺人张枢润的回忆：说书人供奉的三位祖师爷是孔夫子、周庄王和文昌公（或称文昌帝君）。说书人三宝（折扇、醒木、手巾）之一的手巾与文昌帝君紧密相连。传说文昌帝君是某朝皇帝的幼弟，博学多才，不愿闷坐京城，经常云游天下，饱览名胜古迹，并经常在人群中讲古述今，很受黎民百姓的欢迎，因此被皇兄诰封为文昌公。为了便于文昌公游历各地，皇帝赐予他弟弟一道写在白绢上的圣旨，令各地官府驿站加以优待。这方白绢圣旨即后来的说书人的手巾。张书润：《北方评书纵横杂记》，《天津文史资料》第 34 辑，第 157 页。

下来的。[①]

出身于穷家门的数来宝艺人，内部还有着不同的门派，江北江南有着较大的不同，它们或供奉范聃或供奉朱元璋，同样有着种种说明自己行当身份、来源的传说。传闻范聃是春秋名士。孔夫子带着弟子周游列国时曾向范聃借粮，范聃以自己的门人后来可以凭打狗棒向孔门弟子讨要为条件才借给孔子具有再生能力的一小竹筒米（有的说是一小竹筒银子），救了饿于途的孔子及其门人。因此，穷家门的人向高门大户和有招牌的地方讨要是天经地义的事情，穷家门的人要东西也就非常理直气壮，矜持地保持着自己的尊严，并看不起那些不要自己尊严的乞讨者。朱元璋这个皇帝被穷家门供奉为祖师爷除他曾经也讨过饭外，主要是传闻他曾被两个老叫花讨的残羹剩汁救过命，所以在当上皇帝之后，他就将这两个老叫花御封，乞丐也就成了一个正式的行当。王学智因范聘更古老而信奉范聃老祖。

天桥杂技艺人的祖师爷，有的书中提及是吕洞宾。已逝的老艺人成连宝也曾提及是吕洞宾。他说其小时候学艺经常挨打，动不动就跑到祖师爷的牌位前去。到了祖师爷的生日，旧历四月十四日，这一天就可以不挨打了。他们供奉的祖师爷牌位中间是吕洞宾，左边是济仙，可能是济公活佛，右边的柳仙就不知道是谁了。[②]但在笔者的调查中，老艺人朱国良、金业勤都不知有祖师爷一说，他们没拜过什么祖师爷，也未听祖辈或师父说过。朱国良说的更有意思："我们卖艺的不拜神，没什么祖师爷，挣的钱多就是祖师爷。撂地的有的家里有'关公'，但都不怎么信。"

近代社会，祖师爷信仰在不同行当的街头艺人中的不同程度的遗存说明社会变迁对社会中各个阶层生活的影响，但上述对街头艺人祖师爷信仰的描述有相当的局限性。以杂技艺人为例，同一时期的杂技艺人对祖师爷信仰的不同表述有着其深刻的历史背景。其一，杂技艺人更容易被统治者视为非法之徒，受到来自官方的打击和压制。对1711年的陈四一案，康熙皇帝毫不犹豫地下令处决陈四等人，将其他成员及家属男女72人发配黑龙江为奴，并在全国禁止杂技演出，仅陕西一省就拿获杂技艺人589名。雍正皇帝查拿杂技艺人更是有过之而无不及。这使杂技日趋衰微，对杂技行业组织的形成和行业神信仰不无影响。[③]其二，我所调查的时间是在世纪之交，健在的老艺人都经历过反反复复的破除迷信运动，这样就不排除依然在反迷信的语境下，报导人个体因其个人经历和忌讳对祖师爷信仰的隐晦。因而，我的调查研究仍然存在无法克服的局限性。当然，这也与今天靠表演为生的艺人地位普遍提高不无关联，祖师爷对其行当的维护和支撑已经处于次要位置，艺人自身也无需对传人讲述传承这些知识。

与祖师爷信仰一样，行规禁忌和行话同样是学艺内容的重要组成部分，是一个街头艺人独立卖艺所必须熟知的，十分庞杂，只有懂得并能熟练地运用这些知识，一个艺人才能应对来自街头艺人内部的责难或挑战，从而在街头卖艺谋生。学艺的过程是十分艰

---

① 另可参看《天桥往事录》第212页。

② 白夜、沈颖：《天桥》第131-132页，新华出版社1986年版。

③ 《中国杂技史》第312-313页；冯尔康、常建华：《清人社会生活》第310-312页，天津人民出版社1990年版。

辛的，不但要身体力行，还要用眼用心，不但要请教师父，还得表现虚心、勤劳伶俐。根据拜师时所立字据的时间年限，到师父觉得徒弟德艺双馨时，就可以出师了。

四、摆知——出师

如果能将拜师仪式视为一个新人被天桥街头艺人群体接受和新人自己认同街头艺人群体带有起始性的标志，那么经过数年艰苦学艺，得到师父认可后的摆知就是双方之间带有总结性认可的界碑。这两个仪式在街头艺人的社会化历程中都是里程碑性的，其重要性是其他仪式所无法比拟的，也是街头艺人社会化所无法逾越的。

摆知现在可看到的记载，仅见于《江湖丛谈》："徒弟将艺学成了，必须先谢师，然后才能挣工钱作活，评书界管谢师叫作'入摆知'。摆知与拜师不同，拜师有一两桌酒席便可，摆知多者二三十桌，少者十数桌。"①这种情况在我的调查中也是报导人所经常提起的，但他们均无确切的个例，只是听上辈人说或师父说而已。没有案例并不妨碍摆知作为出师仪式这一学艺过程中最后环节和必备过程的基本事实。之所以要请比拜师仪式时更多的人，目的就是让更多的人知道某人是某人的徒弟而且艺有所成，可以作为街头艺人群体中的一员独立行艺了。

在天桥，艺人多是穷苦人，是否也能摆二三十桌或十数桌酒席是很令人怀疑的，这种情况可能更多地发生在街北京剧名角或声誉非常显赫的其他名艺人之徒出师时。但徒弟能否出师卖艺，不论在哪儿，师父都具有绝对权威。侯宝林最早是拜颜泽甫为师学戏的，后因外国人拍电影的事，颜泽甫与云里飞出现摩擦不合而出走北京，临行前他没忘记对云里飞说"我这徒弟没学满师，你别用他"。②这样，简单的一句话把侯宝林又推回到生活的绝境，使侯宝林仍被天桥街头艺人这个边缘社会拒之门外，没有撂地卖艺的权利。相较而言，关学曾比侯宝林要幸运些，常德山因自己烧大烟（抽鸦片）乃至于无法教关学曾学艺，就亲自把关学曾转交给了石金荣。

五、师徒如父子的隐蔽文本

拜师、学艺、出师及后文的盘道所展现出的师父或长辈艺人的权威、优势都是以祖师爷信仰为根基的。祖师爷不仅不同程度地维系着行当的存在，它同时也赋予了师父所拥有的地位、权威、优势和对徒弟身心教化、支配的合法性。不论祖师爷附会到了哪位主流社会有头有脸的人身上，也不论在演出地和艺人家中摆放的是什么形制的祖师爷神马，他在街头艺人日常生活中的体现和对街头艺人日常生活的规范、维护基本是通过师

① 连阔或：《江湖丛谈》第336页，当代中国出版社2006年版。

② 《侯宝林和他的儿女们》第33页。

父表现和实践的。如果说祖师爷是远离世俗生活高高在上的神，那么他在街头艺人世俗生活中的中介、使者、化身就是威严的师父。作为神，祖师爷给一个行当在主流社会和街头艺人社会内部以生计和合法性；作为人，师父传衍的是该行当的所有知识，同时给徒弟以新的生机和徒弟生存的正当性。祖师爷与师父相互倚重，时而神时而人，神人一体，其共同根基又是徒弟对二者及二者所代表的规范的遵从。所以，大多不知身世的街头艺人对在主流社会有身份的祖师爷的膜拜，对师父的尊敬和孝道不仅仅是对儒家父权文化的遵循和片面模仿，也是主动追寻和认同的结果，师徒之间的关系也就有了“师徒如父子”、“投师如投胎”等亲情化表述。

在我们将审视的重心从祖师爷、师父转向徒弟时，从前述的徒弟学艺的日常生活，我们就发现“师徒如父子”的亲情表述掩盖了师徒之间的主仆关系性质和二者之间的结构性冲突。徒弟要伺候师父及其一家人的生活起居，打扫卫生，端洗脸水倒尿盆，如谚语所云“徒弟徒弟，三年奴隶”。因此，“师父领进门，修行在/靠各人”不仅强调的是徒弟的主动，实际上也暗含了对师父强权的批评，而“爱徒如爱子”不仅是对好师父德行的肯定，更从反面表现出徒弟对与师父之间较为平等和真正亲情化的正常关系的期待，以及在师徒双方对各自的角色反观调适后，大部分艺人对师徒关系的正视。因为怕“教会徒弟，饿死师父”，也就不是所有师父对徒弟都倾囊相授。一般而言，师父常会留一手，乃至于像曹麻子这样的师父根本就不正式有意识地教授徒弟什么，正所谓“能给十亩地，不教一句戏”。对师父的保守，“投师不如访友，访友不如偷艺”，“一处投师，百处学艺”就成了徒弟应对的常见的方法。新凤霞和京韵大鼓艺人孙书筠的学艺都典型地经历了这种“投师不如访友”的过程。

虽然“一位师父一道符”，街头艺人的门户观念很深，但与侯宝林一样，众多的后来有名的说书艺人和相声艺人以及杂技艺人实际上都有着多种师承关系，他们或偷艺，或改行当学艺，或靠自己的虔诚打动同行当的其他师父，或灵活运用自己的各种关系达到向不同师父学艺的目的。①这时，作为权力、技艺化身的师父反而成了要达到自己目的的徒弟的工具，真正的成为徒弟的“符”。因为是主动追寻师父、拜师学艺，对师父严酷的棍棒式的强权教育方式也就有了合理性，学艺中就有“打”的种种借口，如“钟不敲不响，人不教不会”，“棍打出孝子，棒下出名优”，“不打不成艺”，等等。从师徒之间终需相互借重的事实而言，师父希望徒弟成为高足，在师父看来年岁小的、懒惰的、不懂事的徒弟自然需要暴政，而徒弟为了将来也成为名师，像师父一样有着威权和风光，对于有着精湛技艺的师父的景仰自然使徒弟能容忍当下师父近似暴虐的言行，这同样从正反两面影响到徒弟将来对自己徒弟的教化方式。给石金荣伴奏的小关学曾随时都得准备承受从远处先生那里飞来的唾沫。马三立晚年对小时学艺回忆最心有余悸的就是曾教授他的他兄长马桂元对他的各种狠打。②

在师徒的结构性冲突中，祖师爷不仅仅是艺人顶礼膜拜的对象，它有时也是徒弟或

① 岳永逸：《天桥街头艺人大家庭式的师承》，《音乐文化》第174-200页。

② 《艺海飘萍录》，《天津文史资料》第23辑，第207页。

晚辈艺人用来反抗师父或长辈艺人的“强武器”。吴桥的杂技艺人在遇到重大疑难问题时、掌班的行为超过规矩时、盘道双方艺人都不服时，众艺人或小辈艺人就会提出“悬祖”。先将祖师爷吕洞宾的神马请出，在祭拜后，所有的艺人对争议的难题都可发表意见，平常没有发言权的小字辈艺人此时也可以评点老辈艺人的不是，并进行罚赏。因此，当地艺人今天还流行着“艺人怕悬祖”之说。[①]

在说书艺人中，不谢师是不准教徒弟调侃儿（行话）的，非得要谢师之后才能知晓本行当盘道时的问答言语。因为街头艺人的演出始终是流动性的，当他们到异地行艺时，身份将会再一次被异地同行及观众确认，行话叫“盘道”。只有在盘道顺利通过后，才能获取在异地卖艺的权利。

六、盘道与领土意识的淡化

20 世纪 40 年代，盘道之事仍有发生。1947 年，在天津平心茶社就发生过一件令京津艺人震动的盘道事件。小桂香本是学唱评戏的，艺成之后在河北、天津城乡流动卖艺。因她不愿“交际”，无法继续唱评戏，在票友李庆良的劝说、指点下改唱大鼓。由于小桂香聪明又肯钻研，很快就能撂地卖艺。一开始在天津钱德庄挂脚寺那儿弄了块场地，和妹妹挂出了水牌，自取艺名孙庆艳和孙庆霞。因唱得好，后来又到天津南市的东兴市场和平心茶社演出，观众同样爆满。就在平心茶社演出不久，一天，天津唱西河大鼓的艺人来了三四十位，说：“平心茶社从哪儿来了两个姑奶奶？”（实际上，当时孙庆艳才十八岁）说她俩是海青腿儿，不许其演出。后来，姐妹俩才明白，在西河大鼓艺人的字辈中，“庆”字比“田”字高一辈，而当时天津的西河大鼓演员多数是“田”字辈的，为了能继续吃唱西河大鼓这碗饭，孙庆艳只好托人请老前辈田士杰出面，最后商定她姐俩转个门户，从梅家转到清家，从而降下一辈与田字辈同辈。接下来，孙庆艳她俩花了三百块大洋，把天津所有唱西河大鼓的艺人都请来，在艺人左天凤家摆桌，当众焚香拜西河大鼓演员朱启云为师，然后上酒菜，请大家吃了一顿才算完事。[②]

这一盘道事件起因明显要复杂些，不但突然平白冒出两个新竞争对手，而且辈分还高出一辈，更关键的是其生意还很好。盘道产生的原因在于，尽管流动，街头艺人一般都有相对稳定持久的演出场所，有较为熟悉的观众，相对稳定的收入，以维持其本人及一家人“等米下锅”的生活，而新面孔出现在自己的地盘无疑会与自己抢夺观众，这就直接威胁到其本人的收入与生计，是对其生存领地的侵略与威胁。为了不至发生恶性冲突，北京城在民国初年成立的评书研究会与后来的长春曲艺公会之类的行业组织，都有一定的调节功能，尤其是评书研究会，它规定了在北京城内说书艺人两月一转的行规。

对于新出现的抢饭碗的陌生面孔，盘道既是异地同行街头艺人之间冲突的具体化，

---

① 杨双印：《吴桥杂技艺人》第 102-103 页，2000 年未刊稿。

② 崔金生，《集戏、曲于一身——孙雅君艺术生涯纪实》，《北京市曲艺志·人物志》，第 88-91 页。

也是这种具体化的冲突的缓冲剂和减压阀门。外来艺人的攻势和本地艺人的守势，外来艺人的劣势和本地艺人的优势均在盘道的仪式性表演中通过共认的行当知识转化，相反，两者之间的冲突和转化又强化了祖师爷信仰等内部知识。因此，盘道虽然在表面上是针对个体的，实际上则是异地同行当两个群体之间的较量和攀比，能否顺利盘与被盘都将关系到双方不在场的，如师父师兄弟等其他人的声誉及其将来的前景，这自然又会强化师父对本门技艺、行规行话等知识的传授和徒弟的学习。“人不亲艺亲，艺不亲祖师爷还亲，祖师爷不亲呱哒板还亲”，“见面道辛苦必定是江湖”等与“相挨相，隔一丈”，“当场不让父，举手不留情”，“同台不让艺”，“道三句辛苦，道不出一碗菜来”等两相对立的谚语反映出艺人之间认同的矛盾心态：外来艺人期待被接纳和当地艺人接纳，当地艺人潜在的拒斥与外来者的有艺不让人。

但是，一个外来艺人能够顺利在当地卖艺不仅仅是同行之间的盘道就能解决的，他还必须处理好行当外的关系，尤其是要给在杂吧地有影响的黑白两道的头面人物“请安”，这在天桥尤其如此。一个前来天桥撂地卖艺的街头艺人在处理好与同行当艺人之间的关系的同时，还必须拜见或间接知会天桥“五霸天”中的一位或数位，以寻求其保护，给自己撂地卖艺减少麻烦。就是常年在天桥撂地卖艺的街头艺人，不但与不同行当的街头艺人结拜把兄弟，他们也尽可能地与警察等非街头艺人结拜把兄弟，以最大限度地给自己的卖艺提供顺畅的环境。

虽然街头艺人在学艺时就经常随师父撂地卖艺，但在其出师后，无论是经过严格的盘道，还是宽容式的默许，他在当地获得表演权之后，要想能留下来靠卖艺挣钱谋生、养家糊口，还更需要其衣食父母，即观众对其表演的认同。

七、“逗乐”的表演

无论是杂技艺人，还是说唱艺人，从最早在天桥撂地的朱少文起，会说能说是一个街头艺人的基本功，否则演得再好也是瞎子点灯白费蜡，竹篮子打水一场空。这也在一定程度上决定了天桥街头艺人的表演特征和不同行当之间的亲缘关系，俗语“天桥的把势——光说不练”就是从此种意义上说的。圆脸的方式有说笑话、讲故事或体态表演等，都伴有“卖口”。这些卖口都是街头艺人临时现场编的，至少都能逗人一乐，从而招呼人。杂技艺人成月川因“卖口”好如相声，因此有不少老观众。钻刀圈的杨振林初到天桥卖艺时不善说口，经常招揽不到人而饿肚子，朱国良就多次主动帮忙圆脸。

近代，天桥云里飞场子一直都声名远播，有着很强的吸引力，它主要是以打诨、出洋相的形式演唱京剧，即滑稽二黄。云里飞（白宝山）的怪相主要在他穿戴的行头，如帽子是用颜色各异的纸烟盒糊成的，有的上面插几根鸡毛，胡子的制法是用长头发系在铁丝上，戏衣有的是用不同颜色的布片拼凑而成的，有的就是打执事、抬杠穿的绿衣服，这些配上其本身就五官乱动、充满滑稽表情、瘦长的脸，滑稽好笑之感自然而生。[1]就云里飞的扮相，金水的《首都杂咏》有诗云："小戏争看云里飞，蓝衫破帽纸盒盔。诙谐百出眉开眼，惹得游人啼笑非。"[2]庚子年间，天桥艺人韩麻子每逢表演完就"叉腰"要钱，"韩麻子叉腰——要钱"也成为北京人耳熟能详的歇后语。

杂技艺人在天桥的表演虽不一定滑稽，但却往往是触目惊心而且充满诱惑力的。卖药糖的"大兵黄"拖着一条辫子，穿着长袍，见啥骂啥令人心情舒畅的骂街；朱国良的"双风贯耳"、"钉板开石"；"神弹张"张玉山"心心准"的弹弓；张宝忠挥舞的180斤重的大刀和能拉开五张硬弓的上下牙齿，其他还有"飞飞飞"曹鹏飞的杠子；成连宝的"八字顶"；王雨田父女的空竹；金业勤的车技；沈三的中幡和狗熊程家叫做什么就做什么的狗熊；等等。"天桥八大怪"之一"赛活驴"关德俊的表演颇具有代表性。撂地时，他钻入用黑绒布制成的空心驴型中，躬身猫腰，手拄两条拐杖作驴的前腿，然后手脚并用，跑起来抖动红色笼头上的铃铛，就跟活驴一样。他的妻子关金凤就跨在驴背上，骑着这条驴上桌，进而爬上放在桌上的三条腿的板凳。

可见，在天桥街头艺人的表演中，圆脸、表演、打杵是联系很紧的，艺人们会抓住时机，不失时机地向观众讨钱。如果是一个小的班社，演完一段，几个艺人都会拿着小笸去打钱。对于天桥落子馆、小戏院子、茶馆中的有一定名声的艺人，是有人专门为之"戳活"（点段子）、打钱的，而刚出道的鼓姬为了较快出名，有捧角（追星族）则不得不亲自在观众中戳活，亦不乏媚态言行的引诱、挑逗。这些媚态言行在艺人内部是默许的，也是源远流长的，是将女人视为玩物、衣履和性工具的中国传统主流文化所认同的，更是轻薄、寻乐的观众穷于捕捉的。为了有更多的生路，清末民初的很多刚出道的没名的鼓姬一般都会在"穴头"的带领下去妓院拜妓女做姐姐。这除了为晚上串妓院卖艺能赚更多的钱，还和街头女艺人与妓女身份、地位及天桥更早期的妓女卖身兼卖艺等同质性原因有关。

如前文所述，前往天桥逗留或者寻乐子的，观看街头艺人卖艺的多是穷人。从经济状况而言，天桥街头艺人与观众有一定程度的同一性，他们会利用惺惺相惜的心理，向观众要钱。但街头艺人又毕竟是艺人，在身份的认同上受传统观念的影响存在很大差异，当主流社会的良民说"卖艺的"、"唱戏的"时，本身就暗示着轻蔑鄙视。这种蔑视也部分地被街头艺人认同，从其"咱们都是老合"，"咱们都是住小店的"，"咱们都是吃张口饭的"等自述皆可窥知。街头艺人亦深知观众在鄙弃他们的同时也愿意看他们表演，但这些穷苦的观众只要有一线生机就不愿像他们那样卖艺为生。所以，从上面所列的卖口、怪相，我们都能从中或多或少地看到街头艺人自贱自轻，扭曲、陌生化自己，以求观众一乐的成分。

云里飞父子的滑稽二黄实际上就是无视京剧的戒规，"调侃"京剧。在天桥，街头艺人的表演只要能逗观众发笑就行。赛活驴的妻子关金凤晚年曾说："至于那七怪，我都见过。唉，这些怪人，都同赛活驴一样，装出怪样子来吸引人看。这些怪样子，又多

① 成善卿：《天桥史话》第242-243页，生活·读书·新知三联书店1988年版；《天桥一览》第82-83页。

② 雷梦水辑：《北京风俗杂咏续编》第209页，北京古籍出版社1987年版。

是丑化自己的，把自己丑化得不成样子，供人笑乐。"[①]朱国良曾说：无论春夏秋冬，练把势的都是光脊梁。你要是同观众一个样，他们就不可怜你了，不可怜你就不给钱了。由于唯一的目的是吸引人，为了谋生，也为了满足观众的口味，激发观众的热情，早年天桥相声中的荤段子、洋片中的春宫图和部分女艺人卖艺兼卖身以及以色诱人的表演在天桥有了存在的理由和土壤。[②]对"色"的把握和使用也就成为街头艺人表演和谋生的策略，这也是长时期自诩为洁净和自甘洁净的良民不愿染指、涉足天桥并贬视天桥的原因之一。

八、宠辱俱在的绰号与艺名

观众对一位街头艺人承认最好的表示莫过于给他起绰号或者呼喊其绰号。艺人之绰号的播布在一定程度上意味着该艺人与观众的一种互相示好的亲昵关系和艺人与观众对艺人演技以至扮相的有限认同，绰号也就成为观众和艺人的中介和黏合剂。

街头艺人因为是撂地演出，并不一定张贴海报，所以在他们的观众中留传就主要是这些街头艺人的绰号，其本名和师父给起的艺名倒很难为一般人所知。除了部分研究者，笔者曾访谈的辈分较高的相声艺人杜三宝等也很难说清在天桥最早两代相声艺人的名字，但一般相声艺人是都知道"穷不怕"、"贫有根"、"富有本"、"万人迷"等的。在天桥长期卖艺的街头艺人差不多都有绰号，如前文已提到的云里飞、穷不怕、赛活驴、大面包、神弹张、大金牙、小蘑菇、小金牙、小老黑、小百岁、狗熊程等。这些绰号①缘于师承，如罗沛林是大金牙焦金池的徒弟，虽没像大金牙包两颗金牙，仍被称为小金牙；②由于艺人自己独特的表演风格或形象，如百鸟张、空手卢、赛活驴、狗熊程、飞飞飞；③艺人外表有突出特征，如朱国良因脸上有麻子遂被称为朱大麻子，滑稽双簧艺人孙宝才因硕大的脑袋遂被称为大狗熊，另外还有汤瞎子、田瘸子、小鼻子小眼、架冬瓜等等。[③]显然，这些绰号既有赞誉性的也有贬斥性的。对于身体的突出特征的绰号，有的街头艺人在其身份地位发生变化后就表现出排斥。解放后，孙宝才曾对一位人力车夫说："观众叫我大狗熊，我没的说，谁让我靠卖艺吃饭呢？……咱们都是伺候人的人，伺候人的不能拿伺候人的开心……"[④]

无论哪类绰号，只要有了，无论雅俗、毁赞，它就在一定程度上意味着这位艺人可以在此地靠卖艺为生了。但绰号不仅仅是他群体对街头艺人的认可，一旦它与艺人连在了一起，它也巩固和强化该艺人在街头艺人群体内部的地位，因为这意味着该艺人有了

---

① 《天桥》第 87 页。

② 天桥的色、俗，尤其是相声中的荤段子，也可以从张寿臣、侯宝林、马三立等在解放后的回忆和自述中强调其所说相声的"干净"、文明、讨观众喜欢得到反证。

③ 在《天桥八怪大狗熊专访录》一文中，可能是由于听音的问题，周纯一将孙宝才误写成了"孙不才"。参看周纯一：《天桥八怪大狗熊专访录》，《民俗曲艺》（64）第 5-11 页，1990 年。

④ 《中国曲艺志·北京卷》第 587 页。

较为独特并得到观众认可的演技。虽不乏排斥心理，但群体的认同仍变相地强化了街头艺人之间的认同。尤其是源于师承的绰号，它对该艺人的生活有着更多的积极意义和良性功能，它标示着该艺人在街头艺人群体内部的先天优势。因此，现在健在的艺人和其他感兴趣的人都还在争论谁究竟是真正的小金牙，除罗沛林外，还有一说是大金牙自己的儿子。云里飞祖孙三代都沿用了云里飞这一绰号。相声艺人也有老万人迷和万人迷。相声世家常连山的常宝堃等几个儿子依次被称为小蘑菇、二蘑菇、三蘑菇等。对于赞誉性的绰号，艺人之间也是乐于相互称谓的。因此，无论是对艺人群体内部而言，还是对观众等他群体外部而言，绰号对于一位街头艺人乃身份的标志和象征，绰号的获得也就成为街头艺人一个对其身份建构的主动实践过程和阶段。这样，也就很难辨别清楚常年在天桥撂地卖艺的街头艺人的绰号究竟来自观众还是街头艺人自己或其同行。

与男性街头艺人不同，天桥的女性说唱艺人显然艺名多于绰号，艺名对说唱女艺人的重要性正如同绰号对于男艺人。由于在街头卖艺的女艺人其身世常常比男性艺人更迷离叵测，很多街头女艺人小时候或是随养父母长大，或是艺人收养的孤儿，或是从良家被拐骗而落入江湖，再加之女孩先天性地被歧视，不少女艺人在其拜师学艺前，就没有名字，常以"小女儿"等代称。这样，拜师时的艺名也就成了这些女艺人的正式名字。如常人相信人名与人的命、运、气相连并能左右之或促进、败坏之一样，街头卖艺群体和女艺人也将艺名的好坏与将来技艺优劣、卖艺是否红火联系起来，正所谓"起个好艺名，就能唱得红，艺名起不好，一世跑龙套"。因此，女艺人的艺名常常镶嵌着意味向上、旺盛、红火、发达、吉利等含义或者是惹人思绪万千、怜爱的字眼，前者亮丽、鲜艳，如红、艳、美、霞、凤、玉、翠、香、喜，等等；后者柔美、温馨，如波、月、楼、霜、桂、莲，等等。像花莲舫、筱月楼、白玉霜、新凤霞、小荷花等艺名对于善于形象思维的国人来说，其本身就是一幅幅灿烂的工笔画或隽远清新的山水画，能激发起人不同的遐思。这些形神兼备、韵味无穷的艺名不但艺人自己喜欢，也为观众认同。女艺人本身有些宿命的信仰和街头艺人群体内外文化认同的合力使天桥街头女艺人的名字更加雕琢，出现了完全与该群体文化水准反差强烈的表征。

民国后，不但有"自见天桥冯凤喜，不辞日日走天桥"诗句流传，主流社会的良民们，尤其是这些女艺人的捧角们和当时的报纸都参与到对天桥及莲花池落子馆的女艺人的哄抬中。根据张次溪的记录，1914 年，有人戏拟如意轩鼓姬内阁，有人戏拟鼓界十二公主；1919 年，《燕风报》发起鼓选；1922 年，《小公报》亦开鼓选；1934 年《真报》鼓选；1935 年《箴报》鼓选。[①]结合天桥街头女艺人在相当长的时期内较之男性艺人更少的人身自主性的生活实况，他者的聒噪和女艺人渴求对自己命运的改变也进一步激发了女艺人对悦耳、艳丽、吉利、温馨的艺名的追求。所有这些因素共同创造了天桥街头女艺人或繁丽或典雅的艺名，并使这些艺名成为女艺人身份的象征和标签。

---

① 张次溪：《人民首都的天桥》第 149 页，修绠堂书店 1951 年版。

九、跨地域流动卖艺

我们可以说拜师、学艺、摆知、盘道的公开文本是街头艺人群体内部的认同，成功的表演而获得的绰号的公开文本是以下层民众为代表的主流社会对其街头艺人身份的外部认同。但正如对这些过程的隐蔽文本的分析，每个过程都动态地兼具街头艺人师徒之间、群体内不同行当之间、街头艺人这个另类社会与主流社会之间、街头艺人与良民之间等多重不同优势－劣势之间的互动支配，和在结构性冲突中的情境折冲。同时，近代都市街头艺人的形成还是一个跨地域的过程。尽管中国社会的近代化提供了较为便利的交通，但以长江为界的北中国和南中国而言，艺人流动还是有着较为明显的区域性。

天桥街头艺人流动范围主要是在京津唐地区的城乡。在国民政府南迁之后，在日伪时期，迫于生计，不少艺人都前往济南的大观园、奉天的北市场卖艺。京城内，他们常流动于隆福寺、护国寺、白云观庙会，东安市场、西单市场、什刹海的荷花市场、厂甸，遍布京城的显贵的堂会，京郊的妙峰山庙会、丫髻山庙会，天桥的妓院、茶馆、杂耍园子等。在京城之外，天桥街头艺人与三不管流动尤其频繁，说唱艺人有“北京是出处，天津是聚处”的说法。对一个说唱艺人而言，一个艺人在天桥学成了，如果能得到天津人的认可，那么他才算是真正的有名了，回到北京后也就能立住脚跟了。在三不管成名的艺人也是急于到天桥一试身手的，新凤霞虽然在三不管已经有了名气，但她依然在 1949 年来到北京天桥，并一举成名。

随着社会动荡的加剧，天桥街头艺人的流动范围也日益扩大。在日伪时期，一个天桥街头艺人在实在没辙时，为了养家糊口或者活命，也会冒着生命危险“闯大穴”，即走关东，到伪满洲国奉天北市场等地卖艺。马三立、侯宝林除经常往返于天桥和天津的三不管，在三四十年代也去过奉天北市场，比他们成名要早得多的万人迷李德锡就客死东北。

在长江三角洲，街头艺人们经常在上海的徐家汇、南京的夫子庙、苏州、扬州等都市和乡镇农村流动，王少堂的说书生涯就典型地体现了南方近代都市街头艺人从艺的流动性特征。①在 20 世纪三四十年代，济南的大观园在南北艺人流动中也扮演了中转站的角色，不少北京的街头艺人就是从大观园再进一步到了上海的徐家汇的。实际上，元代以来，连通南北的京行大运河成了艺人南来北往的主要通道，运河沿岸市镇的文化娱乐生活也就格外的丰富。明末清初，有名的说书艺人柳敬亭就基本是沿运河北上说书的。

十、结语

在长达百年的近代社会，不同社会属性的人汇聚天桥，是由天桥数百年来发展形

① 李真、徐德明著：《王少堂传》，江苏文艺出版社 1996 年版。

成的作为权力配置结果的，边缘、贫贱、低下、脏、乱、穷等空间属性决定的。天桥街头艺人社会化过程是以其所在的都市杂吧地为核心，在一个开放的纵深的立体性空间和“文化权力网络”中完成的，是由街头艺人群体所构成的另类社会与涵括它的主流社会合力重塑的结果。同时，天桥街头艺人不但个体经历了迥异于常人的社会化过程，而且这个特殊的群体也长时段、跨地域地经历着心灵集体的社会化过程。

天桥街头艺人个体的社会化主要是从象征性的仪式层面而言的，是以街头艺人群体所形成的另类社会为主体、对来此的个体教化的过程，也是这个另类社会内部对其成员的同化过程。它由拜师、摆知、盘道和绰号的获得等一系列环环相扣的可视的仪式实践组成。在师徒双方、街头艺人与良民的结构性冲突中，学艺的新人能动地回应着位居优势者对他的教化。每经历一个仪式，新人的身份也就多了一层街头艺人的属性。对主流社会而言，街头艺人所构成的另类社会对街头艺人个体的社会化过程是一个把主流社会中的常人陌生化、异化的过程。它以祖师爷信仰和种种行规禁忌充斥了街头艺人的内心并成为他们日常生活的基本规则，教给个体的是在这个另类社会中生活的基本知识、技能，一种迥异于常人，靠体态语言或口头语言表演谋生的知识和技能。从日常生活语言到谋生的手段，这个另类社会都有着自己的规范和模式，其组织结构是通过师徒关系、师兄弟关系、把兄弟等“父子”、“兄弟”式的拟亲属关系。一个街头艺人只要按照其所在谱系中规定的原则行事，那么这个另类社会所展现的就是一种以祖师爷为核心的大家庭式的其乐融融的氛围。

同时，虽然这个另类社会是由不同行当的异质性群体构成，但只要不同行当的人不违背行当之间的基本界限和侵占他人最基本的生存资源，那么不同行当的人和同行当的艺人都会表现出相当程度的宽容，给异地新来的师出有名的艺人、落难的艺人盘缠，扶持新出师的艺人，允许生意并不是很好的艺人或者演技不高的艺人在自己的场地上抄肥，等等。也即由街头艺人所形成的这个另类社会在信仰、观念、社会组织、伦理道德、谋生手段、生活习惯、语言、行规禁忌等方面都呈现出与主流社会有别的特征。也正因为这些特征，街头艺人在杂吧地的生活才成为近代都市社会一道独特的人文景观。

我们可以说师父对徒弟的教化是在相对封闭、狭小的空间中完成的，但出师后的街头艺人是在主流社会的大环境下，面对没有他们这种谋生技能的群体维持生计的，他们必须在不同程度上重新融入到主流社会更为开放的空间中。这样，天桥街头艺人群体还经历了一个心灵集体的社会化过程，该过程不仅体现在其内部对个体的社会化，从历史性和跨地域性两个层面而言也是非常明显的。

从历时性的角度而言，近代都市街头艺人多数最初并非出自艺人世家，他们之所以走向天桥是社会变迁所导致的社会流动的结果，是一个“虎瘦了拦路伤人，人穷了当街卖艺”的被动过程，是其有限生命机会中的主动抉择，他们到天桥之前就背负了中国传统社会对下九流贬视的集体记忆。因此，天桥街头艺人的社会化过程是一个更为长时段的过程。如果把街头艺人个体不得不来天桥谋生称为“前社会化过程”，那么，在其出师并能自由出入天桥卖艺之后，还有一个“后社会化”或者说“续社会化”的过程。因为他们还不断地在审视自己的职业、地位、身份，同时在通过观察他者眼中的自己之后，继续对自己进行建构。也就是说，不同社会时期的他叙和自叙都是天桥街头艺人对自己社会化过程的结构性部分。在不同历史时期、不同的主流话语的影响规约下，他们也及时调适其形象。因此，街头艺人社会化的空间不但是一种实在的物质空间，也是一种他构、自构的精神空间，其社会化是在以具体的物质空间为依托的心理场中完成的。

如果说清末的天桥街头艺人还完全从属于被人瞧不起、不屑为之、耻于为之的伺候人的下贱人的行列，那么，民国时期的天桥街头艺人则是靠自己本事谋生的，有着自己特定生活规则的平民形象，新中国的天桥街头艺人则是善于忆苦思甜的优秀的公民形象，改革开放后的天桥街头艺人则代表了天桥、北京甚至中国的这些不同级序社会空间的文化特色，是被人们积极开发和利用，具有丰富内蕴的文化使者形象，乃天桥地方感（sense of place）的象征体。当然，这种时段的划分只是相对的。但也正是他们的这种伸缩性和调试，不同时期的主流社会也才容许他们或有形或无形地存在，使其生活得以部分延续，并表现出与主流社会的合作与共谋之表征。

从共时性角度而言，天桥街头艺人的身份建构与获得又是跨地域完成的。他们因种种原因先脱离了原有的生活空间或者是被阻绝了士、农、工、商等传统意义上被认为是正当的谋生之路，由不同的地方汇聚到天桥。在他们学艺卖艺的过程中，他们都不得不在京城内外流动，尤其是自己出师单独卖艺时，他们还得面对同行的盘道。他们也经历了从街头、乡村，到席棚、戏院、话匣子、镜头里，再到象征国家权力所在的中南海、象征情意的异国辉煌的舞台，直至今天主流社会又欲使他们重回“露天”撂地的种种变化。

天桥街头艺人个体的社会化和群体心灵集体的社会化的区分是相对的，二者很难截然分离，实际上是一个互动和互相包涵的过程：主流社会自始至终都参与到了街头艺人身份的建构过程中，不同时期、不同人都对他们有着不同的言说；同时，街头艺人又是按照他在天桥街头艺人群体这个另类社会习得的知识、技能，以这个另类社会中的一员在主流社会生存。在不同时期、不同地点，他们都通过自己的言行鲜明地表达着自己街头艺人的身份。街头艺人个体被天桥街头艺人所形成的另类社会社会化，是相对常人，主要是从求异，从与常人、主流社会的脱离的角度而言，解决的是个体对这个另类社会知识的掌握和相互认同的问题。天桥街头艺人群体心灵集体的社会化主要从与主流社会的常人求同，从融入主流社会的角度而言，主要解决的是在个体掌握了另类社会的知识并与之认同后，如何自如地在主流社会中运用这些知识在主流社会中自在地生存的问题。

从个体和群体两个层面而言，天桥街头艺人这一复杂的长时段的社会化过程都包涵一个从脱离到融入、再脱离到再融入的循环过程。在此层面上，我们也可以把天桥街头艺人长时段的社会化过程看做是一个“通过仪礼”（the rites of passage）。[①]前述的前

① 台湾学者余光弘曾重新评价 Gennep 的生命仪礼理论。他认为：1. 生命仪礼中的边际人物是多范畴的，包括新人、新人的家人及仪式的赞助者，所有边际人物在仪式后都有地位的转变；2. 转变界限并非一定就是从一个清楚的地位到另一个清楚的地位，还存在从未界定到已界定和从已界定到未界定两种情形；3. 他还将生命仪礼的模式重写为：结合仪式→分割仪式→结合仪式。参看余光弘，《A. van Gennep 生命仪礼理论的重新评价》，《中央研究院民族学研究所集刊》第 60 期，1985 年，第 229-257 页。

社会化、社会化和后/续社会化与 Gennep 及其后继者 Turner 所分析的通过仪礼的隔离（separation）、过渡（transition/marge）和重新融入（incorporation/aggregation）三阶段之间有着大致的对应关系。①当然，这两组关系的内涵是全然不同的。

天桥街头艺人的社会化过程不论哪个阶段，无论是对街头艺人而言，还是对主流社会而言，都是他们双方之间复杂的被动与主动的合谋过程，而且，这个通过仪礼是没有明确的时空界限的。到天桥学艺的新人面临的每一个社会化阶段，在社会变迁、动荡的背景下，都存在某种程度的不确定性和偶发性。拜师并努力学艺并不一定就意味着能出师；出师之后也不一定就能讨得生活或靠此讨生活；能讨生活的名艺人可能骤然间就终结卖艺生涯；进入新中国并归依主流意识形态的街头艺人的前景本来看似是一片光明，但随后面临的可能就是审查、检讨和批斗。

同时，如前文所分析的，每个象征仪式中所涉及的边际人物不仅仅是街头艺人自己，而是多范畴的，同行当的师父、师伯、师叔、师兄等、亲戚邻里、捧角等支持者及失意文人均在其中。一个新人拜师或一位艺人收徒，对行当内部而言，长辈艺人的辈分会再长一辈，而先拜师的同门年龄再小也会由师弟晋升为师兄；对家庭而言（如果有的话），通常一个人拜师学艺本身就意味着其所在家庭的末路，他自己首先就可能面临家人的指责或支持。随后，要么被家人遗弃要么就成为家人生活中心并被家人寄予希望。但因为他拜师，其亲人的身份也会发生相应变化，或被状况好的街坊亲戚嗤之以鼻，或被境况雷同及更糟者羡慕。当一个街头艺人学成出师、通过盘道并艺名日盛时，荣光不仅仅是他自己，也是他师父、他所在的行当、他的徒弟和他的家人与支持者的。所有这些，正所谓"一人得道，鸡犬升天"，"一荣俱荣，一损俱损"。街头艺人社会化的长时段、跨地域、前景可能有的模糊性和对多范畴人身份、地位的影响都构成了本文所指的社会化延展性的内涵。因此，无论从哪个角度而言，近代社会天桥街头艺人的社会化过程都是一个多方面多向互动的复数过程，也是一个层累和叠加的过程。

本文对近代都市社会街头艺人的社会化研究仅仅是初步的，有很多问题还需要进一步探讨。如：近代中国不同都市的街头艺人形成过程有着怎样的个性？近代都市杂吧地在城市空间学上究竟有着怎样的意义？为什么在社会的巨变下，街头表演如此繁荣并观者如潮？这种现象反映了中国民众怎样的心理？靠表演卖艺为生，被人习惯性视为低贱的街头艺人与良民有着怎样本质的区别？一直处于强势的儒家传统文化究竟对街头艺人的信仰、伦理道德和日常生活产生了多大程度的影响？街头艺人本身建构的过程在什么样的程度上影响了其表演？如何审视通常被他者津津乐道的街头艺人表演的艺术性？等等这些，都只有留待他文了。

---

① Gennep, Arnold van ,*The Rites of Passage*, Trans. Monika B. Vizedom and Gabrielle L. Caffee. Chicago: University Chicago Press,1960; Turner, Victor W., *The Ritual Process: Structure and Anti-Structure*, Chicago: Aldine Publishing Company, Chicago, 1969.

从“改正朔”到“废旧历”
——阳历及其节日在民国时期的演变

左玉河（中国社会科学院近代史所研究员）

近代以来，由于国际社会普遍使用阳历，中国欲与世界接轨，必须采用国际通用的阳历，放弃传统中国使用之阴历。民国成立，将传统的夏历（阴历）改为阳历，对民众的日常生活影响甚大。改用阳历，民国革故鼎新、万象更新之举，也是社会进步的标识和体现。但在它的推行过程中，阴历仍然占据主导地位，民众除民国纪年外，对阳历并未完全接受，从而形成了历法问题上的“二元社会”格局：社会上层（机关、学校、团体及报馆）主要用阳历，下层民众（商家、一般市民及广大农民）主要用阴历。阴历在整个社会上占主流、阳历仅为点缀。[①]然而，1928 年后，南京国民政府却采取了一种非常激进的手段，依靠政治强力进行了一场自上而下的废除旧历运动。这场运动，既反映了政府与民众在历法问题上的严重对峙与冲突，又是逐步将中国时钟拧到世界时钟发条上的关键步骤。

一、民初阴阳历并行局面的形成

中国历法，来源甚远，相传在伏羲、神农时，已有上元太初等历，以建寅之月（即夏历正月）为岁首，黄帝轩辕氏作，岁首改为建子（即夏历十一月），自是屡有改革，建子、建丑、建寅、建亥，代各不同。汉武以后，除新莽曾一度短期更张外，其余历代历法，一律沿用夏正。清袭明制，也是以夏历纪岁。

1911 年 10 月（辛亥旧历八月），武昌起义后的军政府以黄帝纪年，各省响应，有用同盟会天运干支者（宣统三年岁次辛亥年，即用天运辛亥年）。1912 年 1 月 1 日，孙中山在南京就任临时大总统后，正式通电各省：“中华民国改用阳历，以黄帝纪元

① 详见拙文：《评民初历法上的二元社会》，《近代史研究》2002 年第 3 期。本文所谓“国历”，指阳历，即格勒果历；所谓“旧历”，指农历、阴历。中国农历严格意义上应该是阴阳合历，笔者为了行文方便，尤其为了与民国初期旧历与阳历并行的状况区分开来，统称为“旧历”或“阴历”。

四千六百零九年十一月十三日为中华民国元年元旦。”[①]孙中山以阳历1912年1月1日为民国元年元旦，其目的是显而易见的：一是共和成立，不用皇帝年号，而改为民国纪年，便于民众记忆；二是阳历没有闰月，减少了农历中闰月的换算，便于年度预算；三是与国际上普遍采用阳历的潮流相适应，便于在对外贸易和对外交涉上与国际接轨，实现最终的世界大同。孙中山的立意不可谓不高远，因此这一改革得到了响应革命、宣布脱离清政府而独立的各省的普遍支持。1912年1月13日，孙中山发布《临时大总统关于颁布历书令》，令内务部编印新历书。内务部编撰的这部《中华民国元年新历书》，与旧历书相比，其特点有三：一是新旧二历并存；二是新历下附星期，旧历下附节气；三是旧历书上吉凶神宿一律删除。这部新历书体现了共和精神，剔除了封建迷信的文字。1912年6月，原来负责为大清皇朝编修《时宪历》的钦天监改归教育部，筹组北洋政府教育部观象台，负责编撰《中华民国元年历书》。由于教育部观象台有着较好的天文观象设施和编撰历书经验，所以，它所编订的这部新历书，具有一定的权威性，替代内务部编新历书而风行全国。从民国元年到北洋政府垮台，民国每年所用的“新历书”都由北洋政府教育部观象台编撰。

教育部观象台编订的这套民国元年新历书，继承了内务部编订新历书的优点，并在历书中得到体现：一是“民国采用阳历，则旧历自在应删之列，惟习俗相沿未可以朝夕废，故旧历月日仍附注于阳历月日之下，以从民便”，阴阳历并行；二是“民国历书以授时为主旨，力破一切迷信，凡旧历书中之所谓方位临直宜忌等项悉数删去，而以天文图说代之”，体现了历书的科学性。[②]

袁世凯就任临时大总统后，赞同南京临时政府“改正朔”举措，并于2月17日发布公告，强调遵行阳历：“现在共和政体业已成立，自应改用阳历，以示大同。应自壬子年正月初一日起，所有内外文武官行用公文，一律改用阳历，署中华民国元年二月十八日，即壬子年正月初一日字样。”[③]民国初期的政府公文也是阴阳历并用的。

民国初年采用阳历而不废阴历，必然会形成历法问题上“二元社会”格局：社会上层（机关、学校、团体及报馆）主要用阳历；下层民众（商家、一般市民及广大农民）主要用阴历；阴历在整个社会上占主流、阳历仅为点缀。对此，一些方志明确载曰：“民国创兴，起义者纷纷不一，众议改用阳历，即以其年一月一日为‘元旦’，各省军、政学界普同庆祝，由是造印历书者阴阳并载。军、政俱用阳历，民众、农、商，凡年节一切仍用阴历。”[④]这种“二元社会”格局，可以从阳、阴历新年的庆祝规模，及政府、民众对它们的关注程度上体现出来。

1913年1月1日，是民国成立后第一个元旦。民国政府由于1912年元旦没有赶上庆贺，虽然1月15日在南京补庆，但由于南北对立，广大的北方地区仍用“宣统”年

---

① 《临时大总统改历改元通电》，《孙中山全集》（第2卷）第5页，中华书局1982年版。

② 教育部观象台编：《中华民国元年历书·凡例》，1912年铅印版。

③ 转引自许师慎：《国父当选临时大总统实录》（上册）第216页，台北国史丛编社1967年版。

④ 云南《昭通县志稿》，民国二十七年铅印本，丁世良等主编：《中国地方志民俗资料汇编·西南卷》（下）第741页，书目文献出版社1991年版。

号。1913 年的元旦则情况不同。南北统一、政府北迁，就任临时大总统的袁世凯格外重视阳历新年，并举行了一系列庆贺活动。在阳历新年时，社会上层重视并以庆贺方式进行粉饰，那么在随后阴历新年到来时，社会上层及下层民众的态度如何？如果将两者略作比较，就会发现，民众对于阴历与阳历的观念存在着巨大差异，不仅出现了“民国新年”与“国民新年”的分立，而且出现了“新新年”与“旧新年”的区分：“新旧两名词，处于极端反对之地位，既曰新则必非旧，既曰旧则必非新，不意关于全国之岁历，竟以反对名词，联合一气，如旧新年之名目，胜播于国人之口，殊为可怪。”[①]

正因民众对民国阳历新年与阴历新年有着截然不同的态度，所以，以官厅、机关、学校为主要庆贺者的阳历新年，被称为“民国之新年”，以一般社会民众为庆贺者的阴历新年，被视为“国民之新年”：“民国之新年，乃前总统纪元受命之新年，今总统承兆继统之新年也，故凡享民国权利者，均得而庆之。国民之新年，乃四千余年祖传之新年，四百兆人普通之新年也。”[②]“民国之新年”与“国民之新年”的分野，显露出政府与民众在采用阴历与阳历问题上的分歧。

如果说民国初年“二元社会”仅具雏形的话，那么随着时间的推移，这样的格局越来越鲜明，并逐渐成为一般社会的共同认识。无论出于何种目的和动机，即便仅仅是为了点缀，社会上层于阳历新年，照例要放假、停公、庆贺，逐步加深着人们对“官府之年”的印象。1915 年阳历新年，庆贺者仅为上层社会人士：“弹指光阴，新年已过。庆贺也，封赏也，宴会也，演剧也，以及一篇励精图治之官样文章，许多善颂善祷之照例祝词。”[③]1916 年仍是如此，1918 年的阳历新年，仍旧是官府热闹，民众冷淡的情况。对此，有人评议说：“辛亥以还，改行新历，于是一国中过年景象，遂有官派与民俗之分，一岁过两年，相沿成习者，又六载于兹异。”[④]此处“官派与民俗之分”，赫然揭示了民国初期历法问题上“二元社会”的分立与对峙。

到 1919 年时，阳历在社会上也推行了八年。当人们回顾民国改用阳历的历史时，发现“官家之年”与“民间之年”已经泾渭分明。在采用阴阳历问题上，中国社会形成了比较明显的“二元社会”格局。这种格局，已经成为民国社会的一种普遍现象。这种情形，烘托出一个上层社会“官家之年”的热闹景象。也正因如此，“新历年者，官家之年也”，已经成为当时中国社会各界的共识。

从“民国之新年”与“国民之新年”的分立，到“官派与民俗之分”，再到“官家之年”与“百姓之年”的对峙，清楚地为人们呈现出一幅历法问题上“二元社会”的奇特景象。随着时间的推移，人们对“二元社会”的格局也逐渐习以为常：“吾国自光复以来，首改正朔，无如社会习惯不易改变。名义上虽遵用阳历，而种种事实，仍依阴历行之。每值年头岁尾，学校都放假，报界且停刊，工商亦休业。”[⑤]有好事者署春联讥讽

---

① 无妄：《旧新年之新祝词》，《大公报》1913 年 2 月 11 日。

② 梦幻：《闲评一》，《大公报》1913 年 2 月 11 日。

③ 无妄：《闲评一》，《大公报》1915 年 1 月 6 日。

④ 无妄：《又与丙辰惜别矣》，《大公报》1917 年 1 月 19 日。

⑤ 《改良旧历新岁消遣之商榷》，《申报》1923 年 2 月 19 日。

曰："男女平权，公说公有理，婆说婆有理；阴阳合历，你过你的年，我过我的年。"①

"自新旧历并行，政学农工商各界，各行其是，于是才过新年，又过旧年，年年如是，已变成特殊的惯例。"②这样的概括，已经明白地说明：在阳历推行后仅仅数年，在历法问题上出现了阴阳历并行、社会上层与下层分立的"二元社会"格局。

二、国民政府废除旧历与查禁旧历书

历法问题，向来是关系社会民生的大问题，每个新政府建立之初，都要通过改正朔、定历法等方式，来表示革故鼎新的姿态，希望通过变革历法，达到政治统一的目的。国民政府北伐成功，自然希望改变北京政府的正朔：由阴阳历并用，改为专用阳历，并将阳历定为国历，而将阴历视为旧历、废历，以示自己是新的革命政府。这样一改，便将国民党与北洋军阀区别开来，将南京国民政府与北京政府区别开来。前者只采用阳历，后者采用"阴阳合历"，隐然与旧政府的"正朔"区别开来，无形中改变了北京政府之"正朔"。

在北洋政府统治的十多年间，阴阳历并行导致的"二元社会"格局基本保持未变。阴阳历并行，是北洋政府屈从于民间习惯势力而采取的一种暂时的、无可奈何的默认。而这种无奈的默认，显示了北洋政府对民间社会控制力的软弱。作为与北洋势力相对立的国民政府，自然不会再如北洋政府那样默认阴阳历并行的局面。南京国民政府建立后，将阳历定为"国历"，将旧历视为"废历"，并"特制国民历颁行各省，凡属国民，均应遵守"。③国民政府做出这种姿态后，其控制下的江浙地区，废除旧历的呼声逐渐演变成一种实际行动。1927 年 12 月底，江苏省民政厅通令全省各县遵用阳历、废止阴历。1928 年 5 月 7 日，内政部长薛笃弼草拟《普用国历办法八条》，呈请国民政府允准。11 月 8 日，行政院召开第二次会议，不仅确立了废除旧历运动"以由政府提倡领导为原则"方针，而且对内政部提案作了明确规定。12 月 8 日，国民党中央执行委员会提出《中央对普用新历废除旧历协助办法》，通令国民党各级党部及民众团体，协助国民政府废除旧历。这样，行政院所属的内政、教育、工商、财政等部，乃至国民党中央党部，均参与废除旧历运动。

当时民间所流行的旧历书，是按照阴历排列四季年月日期的文本，称时宪书、阴阳合历，俗称黄历、万年书等，其内容除了年历外，还有许多与民众生活相关的文字，如建屋、迁居、行止、婚丧等的宜忌，这些显然是有封建迷信色彩的。正因旧历书是民间沿用旧历的物质载体和主要依据，所以要废除旧历，关键在于查禁旧历书的印制、销售与使用，使民众无旧历书可资凭借。国民政府从中央到地方，特别注重禁止出版、使用

---

① 王锡彤著、郑永福、吕美颐点注：《抑斋自述》第 183 页，河南大学出版社 2001 年 6 月版。

② 无妄：《与己未年话别》，《大公报》1920 年 2 月 16 日。

③ 《内政部致国民政府呈》，中国第二历史档案馆编：《中华民国史档案资料汇编》第 5 辑第 1 编《文化》第 425 页，江苏古籍出版社 1994 年版。

旧历书，加紧编制、推售新历书。1929年7月2日，国民政府发布543号命令，通令各省市政府一律遵行，它规定"以后历书，自不应再附旧历，致碍国历之推行"，"不得再于十九年历书及日历内附印旧历，以利国历之推行"。7月16日，国民政府行政院发出2327号训令，规定今后的历书不再附旧历，各地书店不得再印制、发行旧历书；各地编制的新历书必须完全用阳历年月日，不准有任何阴阳合历的痕迹。国民政府及行政院训令发布后，教育、内政部也向各省市转发了同样的通令，严令执行。

推行国历、废除旧历，一方面是要查禁旧历书，另一方面是要编制、印行新历书，以取代旧历书，供民众采用。国民政府便委托教育部与中央研究院负责编制《民国十九年新历书》。1929年12月，中央研究院天文所编制的《民国十九年国民历》经教育、内政部审核通过，向全国出版发行，用以取代民间流行的各种旧历书。但在这部新历书未印行前，各地为了满足社会上对新历书的需要，按照国民政府所规定的编撰原则，印行了各种各样的新历书。以上海市政府编撰印行的《民国十九年新历书》为例，该历书出版以后，首批印行数万册，不到一个月便销售一空。

旧历沿用与商家账目及民间契约有很大关系，这是当时许多人的共识。内政部规定：不仅要改正商店清理账目及休息时间，而且还要严令人民按国历收付租息及订结财产上之契据。国民党中央宣传部提出了《查禁民国十九年历书日历月份牌等附印阴历案》，建议将阴历、阴阳历并用的做法"一并取缔，以崇国历"。1929年10月5日，国民政府发布964号训令，严令全国各级政府："从民国十九年一月一日起，凡商家账目，民间契约，及一切文书簿据等，一律须用国历上之日期，并不得附用阴历，方有法律上之效力。"①

上海是国民政府经济、商业和金融中心，上海商界是否能够切实遵照行政院训令改变商家结账日期，直接影响到其他各地国历的推行。因此，上海市政府对于行政院训令执行得格外严格，曾三番五次向商界发表通告，督促实施。国民政府以行政命令的方式，通令商家改变结账日期，带有很大的强制性。商家尽管有些不满和抵触情绪，但出于经济利益的考虑，也不得不遵行。从当时的实施情况看，国民政府变更商家结账日期，确实抓住了废除旧历问题的关键。因为商界结账及契约的有效与否，必须以政府的规定为准，所以，与废除旧历岁时年节相比，这种强制性的办法，收到了显著效果。以国历日期作为商家结算及订立契约及其他商业活动的日期，从此以后成为商界的主流。

三、废止旧历岁时节令、代以国历纪念节日

中国有几千年的文化传统，在使用旧历过程中，逐渐形成了富有民族特色的岁时节令，如立春、元旦、元宵、填仓日、龙抬头、清明、端午、乞巧、中元、中秋、重阳、冬至、腊八、过小年、除夕等。这些岁时节令，尽管各地有很大差异，但赋予它的文化

---

① 《训令第964号》，《国民政府公报》第289号，国民政府文官处印铸局印行，1929年10月8日。

含义及各地的风俗习惯大体上是相似的，已经成为民众日常生活的一部分。民国初年改用阳历后，北京政府逐渐确立了一些国家纪念日，与这些旧历节令并行。据1925年印行的《泗阳县志》记载，北京政府所奉行的阳历纪念日及节日有：阳历1月1日为中华民国成立纪念日，4月8日为国会开幕纪念日，5月9日为“国耻日”，4月5日为“植树节”，10月10日为国庆纪念日，12月25日为云南起义纪念日等，①这些都是北京政府确立的国家纪念日。但由于阴阳历并行，这些新纪念日，主要是上层官厅、学校来纪念，在民间社会中并无太多的表示。如双十节虽然为中华民国的“国庆节”，是北京政府规定的最重要之纪念日，但它也仅仅为官厅机关及学校纪念，而民众漠然：“是日，凡衙署、局、所、学校以及各项机关，一律升旗祝贺，放假休息，以襄盛典。但乡曲农民仍不甚着意，概无何等表示。”②

国民政府在废除旧历过程中，也采取了确定和增加国历纪念日、用根据国历推定的民国纪念日来代替旧历岁时年节的办法。国民政府除了沿用一些北京政府法定的国历纪念日外，还重新审定并增加了许多新纪念日。上海市党部及上海市政府颁定之《革命纪念日一览表》，确定了诸如国历1月1日为中华民国成立纪念日、3月8日为国际妇女节等29个革命纪念日。1930年7月10日，国民党中央执行委员会第100次常务会议通过了《革命纪念日简明表》及《革命纪念日史略及宣传要点》，将革命纪念日分为两种：

一是《国定纪念日》，国历1月1日为中华民国成立纪念日，10月10日为国庆纪念日，以上两纪念日“各休假一天，全国一律悬旗扎彩提灯志庆，各地党政军警各机关各团体各学校均分别集会庆祝，并由各该地高级党部召开各界庆祝大会”。5月5日为革命政府纪念日，7月9日为国民革命军誓师纪念日，11月12日为总理诞辰纪念日，这三个纪念日“各休假一天，全国一律悬旗庆祝，各地党政军警各机关各团体各学校分别集会纪念，并由各该地高级党部召开各界纪念小会”。3月12日为总理逝世纪念日，“是日休假一天，全国一律举行追悼纪念，停止娱乐宴会，各地党政军警各机关各团体各学校均分别集会纪念，并由各该地高级党部召开各界纪念大会”。3月29日为革命先烈纪念日，“是日休假一天，由各高级党部召集当地各机关团体学校分别祭奠所有为革命而死之烈士并举行纪念大会”。5月9日为国耻纪念日，“全国党政军警各机关团体学校一律分别集会纪念，停止娱乐宴会，并由各该地高级党部召开民众大会兼作废除不平等条约运动，不放假”。8月27日为先师孔子诞辰纪念日，“是日休假一天，全国一律悬旗志庆，各党政军警机关各学校各团体分别集会纪念，并由各该地高级行政机关召开各界纪念大会”。③

二是《本党纪念日》，规定国历3月18日为北平民众革命纪念日，4月12日为清党纪念日，5月18日为先烈陈英士先生殉国纪念日，6月16日为总理广州蒙难纪念日，8月20日为先烈廖仲恺先生殉国纪念日，9月9日为总理第一次起义纪念日，9月21日

---

① 《泗阳县志》，民国十四年铅印本，丁世良等主编：《中国地方志民俗资料汇编·华东卷》第531页，书目文献出版社1995年版。

② 《新民县志》，民国十五年石印本，《中国地方志民俗资料汇编·东北卷》第54页。

③ 《革命纪念日简明表》，《中华民国二十四年国民历》第13页，行政院内政、教育部1934年颁布。

为先烈朱执信先生殉国纪念日，10 月 11 日为总理伦敦蒙难纪念日，12 月 5 日，肇和兵舰举义纪念日，12 月 25 日为云南起义纪念日。国民党中央规定："以上各纪念日由各地高级党部召集党员开会纪念，各机关团体学校可派代表参加，不放假。"①

国民党中央规定的这些纪念日，因是以国民政府命令之形式通令各地党政机关严格遵行，故各地党政机关学校及团体基本上均能做到。1935 年刊印的《青城县志》载：元旦为中华民国成立纪念日，"是日宴集娱乐，庆贺新年，政府、机关、学校举行纪念会"。3 月 12 日为孙中山先生逝世纪念日，"是日扫墓筑坟，并举行纪念会，实施造林运动"。②随着国历的推行，国民政府法定的新阳历新纪念日及按照国历规定的新节日逐渐增多，到 40 年代中期以后，民国各种纪念日及国历节日已经达到了数十种之多，除了上述纪念日外，还有司法节（1 月 11 日）、戏剧节（2 月 16 日）、童军节（3 月 5 日）、国医节（3 月 17 日）、美术节（3 月 25 日）、青年节（3 月 29 日）、儿童节（4 月 4 日）、音乐节（4 月 5 日）、母亲节（5 月 12 日）、禁烟节（6 月 3 日）、工程师节（6 月 6 日）、陆军节（7 月 9 日）、父亲节（8 月 8 日）、空军节（8 月 14 日）、教师节（8 月 27 日）、记者节（9 月 1 日）、体育节（9 月 9 日）、商人节（11 月 1 日）、医师节（11 月 2 日）、世界学生节（11 月 17 日）及农民节、诗人节、护士节、合作节等等。③

国民政府规定了如此众多的纪念日和国历节日，一方面说明了政府以国历纪念日及节日取代旧历岁时节令态度之坚决，另一方面也表明国历逐渐成为社会上层通行之历法，已经在整个社会生活中占据了非常重要的地位。随着国家庆典之规模越来越大及频率越来越多，它作为一种发动和组织民众的有效方式，对增进民众政治意识和国家观念，是有积极意义的。

国民政府所采取的这种办法，强化了国历为机关学校团体采用之力度，上层社会采用国历的现象更加普遍，这是值得肯定的。但广大的社会下层民众没有接受官厅规定之纪念日及国历节日，则说明他们依旧沿用旧历岁时年节，这种情况显然是政府所无法容忍的。因此，对政府来说，废除旧历、推行国历的关键，固然在于推广国历纪念日，但更重要的则是禁绝旧历岁时节令。

国民政府在对待旧历岁时节令问题上，采取了双管齐下的办法：一方面推行新的纪念日和节日，另一方面直接将旧历岁时年节废除，将旧历节气，原封不动地移为国历月日，并将在旧历年节的习俗及活动，统统移到国历年节来做。

早在 1927 年底，冯玉祥在河南、陕西和甘肃等地推行国历时，不仅将旧历的除夕、正月初一、正月十五元宵节、五月初五端午节、八月十五中秋节，及七月十五、十月初一的鬼节等节令，统统作为社会恶习"一律废止"，而且明确规定民众只准过国历元旦，原来庆贺旧历年的种种活动，统统移到国历年来办。④尽管冯玉祥规定的种种办法未能落实，但将废除旧历等同于废除旧历岁时节令、将旧历年节的民众庆贺活动强令移到国

① 《革命纪念日简明表》，《中华民国二十四年国民历》第 14 页。

② 《青城县志》，民国二十四年铅印本，《中国地方志民俗资料汇编·华东卷》第 182 页。

③ 《杭县志稿》，民国三十五年至三十七年修，《中国地方志民俗资料汇编·华东卷》第 600-601 页。

④ 《开封废旧历运动——规定办法十条，通令三省遵行》，1928 年 1 月 16 日《大公报》。

历年节来举办的思路，已经形成，并且为南京国民政府继承。1928年4月，内政部明确通令各省区市："将一切旧历年节之娱乐、赛会及习俗上点缀品、销售品一律加以指导改良，按照国历日期举行。"[①]这就是说，将旧历年节应有的各种点缀品及正月间一切娱乐活动，移至国历新年元月举行，其基本的思路仍是冯玉祥在豫陕甘推行的办法。即使后来国民政府开始对废除旧历作了一些变通后，仍然没有放弃这种简单的"挪""移"办法，并明确规定："移置废历新年休假日期及各种礼仪点缀娱乐等于国历新年"，"各地人民应将废历新年放假日数及废历新年前后所沿用之各种礼仪娱乐点缀，如贺年、团拜、祀祖、春宴、观灯、扎采、贴春联等一律移置于国历新年前后举行"。[②]

国民政府废除旧历岁时节令，是一种简单粗暴而牵强附会的做法，故受到了社会各界的普遍反对。在政府看来，政府并非不许百姓过年，只是要他们照阳历去过；也并非不许民众娱乐，并非是要废除过年的一切礼俗风气，仅仅要改一个日期罢了。可是在民众看来，问题并不那样简单："不能改日期，改了便不是那个味儿。"[③]这句非常普通的话语，潜含着政府与民众在观念意识上的深层分歧及冲突。在民众看来，将过旧历时令年节时的庆贺活动挪到国历上来，已经从根本上"变味"。因为改变的不仅仅是一个日期，而是附属于这个日期上的一套民俗文化和生活习惯，是民众日常生活习俗的整个改变或转轨。

四、旧历的合理性及其变通之道

中国旧历，严格说来是阴阳合历，并非纯粹的阴历。它之所以能沿用数千年，说明它自有"特长"之处。有人经过研究后断定：在世界已行的13种历法中，除现行的阳历（即格勒果历）外，中国旧历是最进步的，其原因有二：一是因为中国社会是农业社会，中国经济是农业经济，"而旧历中之季节，即与此种社会、此种经济有锐敏之呼应"。二是因为"旧历新年可谓数千年来之民族的休息日"，也是"公认之结算日"[④]。这就是说，旧历最有价值的地方，恰恰在于它的岁时节令。这些岁时节令之所以有价值，是因为它与中国的农业社会密切相关："中国旧历并不悖于科学，且与农田水利经济社会有密切之关系，颇有不容漠视之价值。以农事言，二十四节气为农民所奉之圭臬；以水利言，朔望两弦，为航行所恃之指南，而三大节算账之质度，尤与中国经济组织有密切关系。"[⑤]

不仅如此，旧历岁时节令，还与一般民众日常的祭祀、婚娶、赛会等重大活动密切相关。单就祭墓为例，1930年刊印的《桓仁县志》载："夏历正月十五夜间，民户皆向

① 《内政部致国民政府呈》，《中华民国史档案资料汇编》第五辑第一编《文化》（一）第426页。
② 《推行国历办法》，《中华民国史档案资料汇编》第5辑第1编《文化》第435页。
③ 《论禁过旧历年》，1931年2月16日《大公报》。
④ 《论旧年》，1930年1月29日《大公报》。
⑤ 《废除旧历宜顾实际》，1929年12月31日《大公报》。

祖先坟墓设烛，名曰‘送灯’，或有以面为之者。清明节，民人均祭墓，焚化纸钱、包裹、冥衣，并有修坟添土者。夏历七月十五日，民人均祭墓，焚化冥镪。夏历十月初一日，俗称‘鬼节’。是日除墓祭外，并焚化纸钱、冥衣于墓侧，曰‘送寒衣’。除夕前一二日或本日，皆往祭于墓，去墓远则奠于路口。”①这样看来，旧历自有其生命力所在：“而民间于祖宗忌辰、自己生日，均必不肯改易，且亦与政体无干。况蜒人之于潮水，农夫之于耕植，尤有绝大关系，必不忘也。”②这些附于旧历岁时节令上的风俗文化，实际上是中国传统文化中仍然有生命力的东西。国民政府骤然间要废除旧历，所要面对的不仅仅是数千年中国的民众日常习惯，而且是几千年来中国民众所赖以生活的深厚的风俗文化。因此，看似简单的变更日期，实际上包含着巨大的社会变革，同时也意味着这场社会变革的难度，远远超出了当时推行者的预料。

既然旧历有其合理性，而国历不能不推行，那么唯一的出路，便是如何将国历与旧历进行调适。人们在批评政府废除旧历岁时节令时，开始寻求一些变通之道。有人建议：“欲推行新历于中国农家，只须将节令注明于阳历月日之下，便可收事倍功半之效，以节令固彼所习用也。”③而《大公报》提出的解决的原则，更具有代表性：“第一，应于新历之中注明二十四节气，以利农时；第二，注明望朔上下弦，以便航政；第三，保存古节，以便历史回忆。总此三点，非仅事实理论两方所必需，且使新历益臻美备。”④国民政府在调适“二元社会”冲突时，也多少参考甚至采纳了这些意见和办法。

民众对国历年的冷淡、旧历新年的热闹，以及政府与民众的冲突的情景，对积极推行国历的国民政府产生了强烈的刺激。国民政府鉴于“各界狃于习惯，废历节序依旧举行”⑤的现实，也不得不有所变通，被迫保留一些旧历节令。1930 年 3 月，内政部长杨兆泰、教育部长蒋梦麟，参考日本“将旧有节日移于阳历”的办法，制定了一个《旧历节日替代办法》。在该呈文中，他们意识到，移风易俗“宜取渐衰渐胜之道，孰因孰革，或张或弛，自当权衡轻重，斟酌变通，以期无碍推行”，所以必须“另定相当之替代节日，亦资民间休息及赏乐”。为此，决定仍旧保留旧历元宵、上巳、端阳、七夕、中元、中秋、重阳、腊八等岁时节令。这显然是政府对于民间社会的屈从和妥协。

在内政、教育两部看来，“元宵上巳端阳七夕中元中秋重阳腊八等节，民间习俗相沿，由来已久，恒以此类节日为休息或娱乐之期，而端阳中秋尤为一般民众所重视”，这已经成为中国社会习惯，如将这些旧历节令骤然废除，“似亦尚有未当”。国民政府承认消灭旧历岁时节令的办法是“未当”的，因此必须加以“变通”。其变通之道，就是保留这些旧历节令，但必须“一律改用国历月日计算”，“凡民间于沿用旧历时，所有之观灯、修禊、竞渡、乞巧、祀祖、赏月、登高等娱乐及休息之风俗，均听其依时举行”，政府不再加以干涉。政府想通过这样的“变通”和“移置”，达到“寓酌改旧俗之意，

---

① 《桓仁县志》，民国十九年石印本，《中国地方志民俗资料汇编·东北卷》第 89 页。

② 如是：《阳历谈》，1930 年 1 月 17 日《盛京时报》。

③ 陈振先：《送旧历文》，1929 年 12 月 31 日《大公报》。

④ 《废除旧历宜顾实际》，1929 年 12 月 31 日《大公报》。

⑤ 《夏津县志续编》，民国二十三年铅印本，《中国地方志民俗资料汇编·华东卷》第 142 页。

因革张弛，并顾兼筹”的目的。[①]

该呈文提交行政院，行政院再提交国民政府讨论。国民政府第 68 次国务会议决议，交文官处审查。文官处略作变动便基本照准：“修正七夕，不列端阳，改名重五，重阳改名重九，上巳改名契辰，元宵改名上元，余悉照原呈所议办理。”[②]1930 年 4 月 1 日，国民政府发布 195 号训令，令行政院转饬内政、教育两部遵照办理。

国民政府这个替代节日办法，在印行的《中华民国二十年国民历》时，分别载明于国历月日之下，供各地党政军警机关团体学校执行。如国历 1 月 15 日，为“上元”；3 月 3 日为“契辰”；4 月 5 日为“清明”；5 月 5 日为“重五”；9 月 9 日为“重九”；12 月 8 日为“腊八”等。从当时的实施情况看，这个代替办法很快得到了落实。据浙江 1930 年《遂安县志》载“民国十九年废止旧历，凡节日如‘元旦’、‘上元’、‘禊辰’、‘重五’、‘中元’、‘重九’、‘腊八’一律改用阳历，惟‘中秋’用最近‘秋分’之望日，均得依照娱乐及休息风俗随时举行。”[③]

国民政府改变了“旧历既废，则凡附带之旧习惯应一律废除”的过激办法，认定“只须不背党义党纲，并于风俗习惯公家治安无所妨害，均无废除之必要”。[④]这确实比过去务实多了，是一种明显的“取渐衰渐胜之道”的变通办法。但这样的变通，将旧历节期移于国历，不免牵强，不仅与原来日期不符，而且失去了各种纪念的意义，实际上并没有超出上述冯、薛等人之“移”和“挪”办法。

值得注意的是，当国民政府寻找变通之道时，各地政府在岁时节令上采取了一些更可行的变通办法：保持旧历中的岁时节令，但不是按照国历来强行“移挪”，而是相应地将它换算成国历的月日，按国历月日过旧历岁时节日。这是一种阳奉阴违的“障眼法”，但也不失一种高明的折中办法。据贵州《平坝县志》载：“‘立春’、‘雨水’、‘小寒’、‘大寒’等二十四节气，‘端午’、‘中秋’等三大节等名目，一同旧历，惟变成国历日期计算。凡社会过旧节气之种种仪式，其无碍于善良风俗或涉及迷信者，仍听群众于新节气内举行。”[⑤]而云南《韶通县志稿》则是目前见到的为数不多的、以阳历为主来叙述岁时的方志。它采取的变通办法，就是在阳历月日下，注明旧历的节气。如阳历 1 月 1 日元旦约在旧历“冬至节”后，2 月上旬约当旧历之“除夕”，4 月中旬即旧历之“上巳日”，6 月中旬约当旧历的“端阳”，8 下旬为旧历的“中元节”，9 月下旬为旧历的“中秋节”，10 中旬为旧历“重阳节”等等。[⑥]这显然是一种既照顾国历年月日、又不废除对旧历节令的变通办法。

这种现象的出现，典型地体现出政府的两难困境：不推行国历不行，但推行了也不为民间接受；保持旧历不行，但又无法废除旧历，因此只好采取这种折中办法。这种办

---

① 《旧历节日替代办法》，《国闻周报》第 7 卷第 21 期。
② 《国民政府训令第 195 号》，《中华民国史档案资料汇编》第五辑第一编《文化》第 431 页。
③ 《遂安县志》，民国十九年铅印本，《中国地方志民俗资料汇编·华东卷》第 632 页。
④ 《旧历节日替代办法》，《国闻周报》第 7 卷，第 21 期。
⑤ 《平坝县志》，民国二十一年贵阳文通书局，《中国地方志民俗资料汇编·西南卷》第 563-564 页。
⑥ 《昭通县志稿》，民国二十七年铅印本，《中国地方志民俗资料汇编·西南卷》第 740-741 页。

法之所以显得“高明”，是因为：它既达到了推行国历的目的——毕竟在表面上要按照国历的日子来计算岁时年节，同时又不违背民间习俗、并为习俗所认同——尽管表面上按国历日子算，但过的毕竟是旧历年节岁时。

正是在这种政府寻求变通之道、向民间社会作有限的妥协与退让，同时民众受潜移默化影响、逐渐参与国历庆典的相互调适中，国历及其新节日逐渐为社会各界认同，从而改变了民初那种阴历为主、阳历为附的格局，在30年代以后逐步确立了国历在整个社会上的主导地位，形成了一种以国历为主、旧历为附的新局面。

五、结论

近代以来，中国逐渐纳入世界现代化的发展轨道上来，放弃中国惯用之阴历、采用国际通行之阳历，既是传统中国走向近代世界的必要步骤，也是近代中国与国际社会接轨之重要表征。但中国时钟要拧到世界时钟的发条上，并不是件简单容易的事，而是经历了一个复杂而缓慢的演进过程。民国初年采用阳历而并不废止阴历，是中国时钟向世界时钟靠拢之重要一步，但并未真正将中国时钟拧到世界时钟的发条上。

民国初年改用阳历，这是社会进步的一种标识，也是革故鼎新、万象更新之明举。为了“改正朔”、求“世界大同”，民国政府必须适应世界潮流，采用并推行阳历，庆贺阳历新年。但考虑到民众习惯势力的强大和民俗文化的深厚，又不可能骤然废弃阴历，不得不阴阳历并行。然而，阴阳历并行，必然会出现历法问题上“二元社会”的对峙格局：社会上层（机关、学校、团体及报馆）主要用阳历；下层民众（商家、一般市民及广大农民）主要用阴历；阴历在整个社会上占主流、阳历仅为点缀。

中华民国改用阳历，以公元纪年，在当时许多人看来是非常自然的，并没有引起太大的异议。从民族主义立场出发，改变清廷的“正朔”，是主张推翻清政府的革命者与主张改良的立宪派的共同思路。晚清革命志士用孔子诞辰纪年，以黄帝诞辰纪年，都含有这样的意思。以阳历纪年，还有一义，即与世界历法接轨，“求世界大同”之义。“辛亥鼎革后，民国纪元，改用泰西历法，一以趋世界之大同，一以新国人之耳目，意至善也。”[①]实际上，“改正朔”观念和“趋于大同”思想，正是推行阳历的两大动力。

然而，这次“改正朔”，与中国历史上开国之时的“定正朔”有本质不同：过去仅仅是改了一个皇帝的年号，沿用的仍是中国夏历（农历），主要的岁时和与之相关的礼仪习俗、风俗信仰等，基本上都得到了保存，并没有根本触动。但民国改用阳历则不然，它所用的是一种迥异于阴历的西方新历法（阳历），它的推行，意味着旧历中的岁时、节气及因此附带的民俗文化的变革，甚至推翻，这自然是社会一般民众难以接受的。这不仅仅是风俗习惯上的不合，而且涉及到民众日常生活的改变，是整个下层民俗文化的转型或转轨。这些民俗文化，与中国农业社会相适应，与农民的日常农业生产相

---

① 陈振先：《送旧历文》，《大公报》1929年12月31日。

关联，如果中国以农立国的基本社会形态不改变，要根本变革这种民俗文化，显然是不可能的。既然旧历与中国农业社会的农业生产、经济组织、商业利益及民俗文化有如此密切的关系，它便具有相当顽强的生命力，阳历取代阴历绝非易事。在民国初期推行阳历而形成的“二元社会”格局中，采用阳历的社会上层占据着主要的社会政治资源，貌似力量强大，但推行社会变革的影响力还比较脆弱。遵循阴历的社会下层看似势力弱小，但却是一股不可小视的强大的、持久的社会势力，是可以与上层社会相对峙的无形的潜在势力。社会下层民众的强大，来自几千年形成的与其息息相关的日常生活习惯情势，来自下层民众的深厚的日常民俗文化。

民国初年采用阳历而不废阴历，乃是民国政府照顾一般民众的习惯和尊重中国的民族文化传统而不得不采取的折中办法。中国阴历沿用 2000 多年，早已为社会一般民众所熟习，更重要的是，与阴历岁时相关，民间社会已经形成了一套复杂而丰富的节日喜庆、祭祀祖先、婚丧礼仪等相关的民俗文化，这种民俗文化，已经渗透到民众的日常生活的方方面面，绝非骤然能改变的。同时，中国农历的岁时节气，是从几千年中国的农业文明中提炼出来的，已经融入广大农民耕耘劳作的日常经济生活之中。阴历除夕，作为一般商民结账的时节，也已成为社会民众日常经济生活的惯例。面对如此强大的传统习惯和浓厚的民俗文化，民国政府在改用阳历后，是不可能立即废除阴历的。阴阳历并行，是必然之策，但也确实是稳妥之举。

民初改元，一般民众虽没有接受阳历纪岁及阳历节日喜庆，仍然照过阴历节日喜庆，但他们毕竟承认“民国”纪元，废止采用清廷“宣统”年号，接受了民国政府“改正朔”观念。由晚清的纯采阴历，到民初的阴阳历并用、以阴历为主，再到 30 年代的阳历为主、阴历为辅，体现了民国时期阴阳历法演进的基本轨迹。

南京国民政府在北伐成功后发起的废除旧历运动，显然是结束阴阳历并行局面的重大举措，也是将中国时钟拧到世界时钟发条上的重要步骤，其积极意义是不言而喻的。其推行的结果，使国历在上层社会更加流行，越来越多的人接受并使用了民国阳历纪年。从前那种阴历为主、阳历为辅的格局有了很大改变，旧历虽在民间社会沿用，但国历毕竟在中国社会占据着主导地位。尤其是民间的契约、房租、商家结账等，逐步改为国历办理，确实是社会进步的表征，也是废除旧历运动最大的成果。从这个意义上说，这场运动基本达到了国民政府“改正朔”的政治目的。关键的问题是：一个沿用了 2000 多年并与广大民众日常生活融为一体之中国记时系统，如何才能平稳而顺利地与国际社会接轨，融入到国际通用的世界计时系统中？南京国民政府采取的激进措施，是颇值得商榷的。这场运动主要是依靠政治力量进行的一场自上而下的社会变革运动。其推行的结果，使国历在上层社会更加流行，越来越多的人接受并使用了民国阳历纪年。

然而，这场运动并没有彻底改变阴阳历并行的“二元社会”格局。从空间上说，机关学校团体为代表的社会上层接受了国历，但广大的社会下层民众并未完全接受；从地域上看，沿海通商大中城市民众多数接受了国历，但广大的内地乡村仍以旧历纪岁；从时间上看，直到国民党在大陆垮台，国历也没有完全取代旧历而一统天下。因此，从这个意义上看，这场废历运动并未达到预期的变革社会习俗的目标。由于政府认识上的误区及推行策略上的偏激，由于民众沿用旧历习惯的顽固及旧历代表的民俗文化的深厚，从而出现了政府与民众在历法问题上的直接对峙与暴烈冲突。这种暴烈冲突表明，民众与政府之间存在着巨大的隔膜：政府没有认识到旧历岁时节令中包含的合理性，没有看到民众沿用旧历背后的强大习惯势力和深厚的民俗文化，将废除旧历视为易事而强令推行；而一般社会民众则囿于日常惯习，视政府废除旧历为粗暴干涉其日常生活，因而加以冷漠观望、消极对抗。

国民政府发起的废除旧历运动，是政府利用自己的政治权威和政治强势，打破“二元社会”格局，破除迷信、革新社会的重大举措。当运动伊始，国民政府就确定“由政府提倡领导为原则”，政府负有领导与推行的最大责任，而废除旧历能否有效，很大程度上取决于政府的政治号召力和强制力。在废除旧历运动中，政府就是依靠其占优势地位的政治力量，强制民间社会改变习俗、遵行政府号令，带有非常明显的政治强制性。国民政府废除旧历运动中所采取的这种政治强制性，显示了政府移风易俗的决心和变革社会习俗的强烈愿望。但这种强制性号令，有一定的适用范围。在政府管辖的范围内，其政治强制力能够发挥有效的作用，对改变民间社会的习俗有所裨益；但超出政府职权范围的号令，对民间社会并没有太大的作用，并且容易引起民众对政府行为的反感与抗拒。如国民政府在废除旧历运动中，强制查禁旧历书、颁行新历书，这是政府能够发挥积极作用的领域；通令全国商界改变结账日期，并规定一切公私契约必须用国历日期方有法律效力，也是属于其可控制的范围。这些方面均无可争议，也是其取得最大成效的方面。

然而，当政府采取触及民众日常生活习惯的举措时，问题就显得复杂得多。因为旧历年节岁时中固然有敬神、祀鬼等许多封建迷信的成分，但它更多的是与民众日常生活的农时、祭祖、喜庆等息息相关。政府推行国历、废除旧历的目的，即便是旨在扫除封建迷信，因这些迷信是与民众日常生活习惯纠缠在一起的，很难简单地一概废除。况且政府仍以强制性号令来废除民众惯行的日常习俗及旧历岁时节令，不仅显得不近人情，而且是粗暴简单的做法。这种简单粗暴的做法，必然会导致尴尬的局面：政府的训令、命令、布告频频发布，宣传大会、庆祝大会时时召开，而民众仍然置若罔闻，我行我素。

从当时客观情景看，社会各界对国民政府从变革商家结账日期、查禁旧历书入手废除旧历，并没有提出太多的批评；而对国民政府废除旧历岁时节令的做法，则进行了猛烈的抨击，这是颇值得注意的。国民政府废除旧历岁时节令的办法，根本漠视了旧历在中国沿用数千年并仍然有其生命力和存在价值的现实。与旧历岁时节令相关，民间社会早已形成了一套复杂而丰富的节日喜庆、祭祀祖先、婚丧礼仪等相关的民俗文化，并且这种民俗文化，渗透到民众的日常生活的方方面面，并仍然在支配着民众的日常生活。所以，旧历岁时节令绝非骤然能废除，而政府采取强制性的政治手段，对旧历节令加以近废除、取缔、取消和禁止，不可能取得实质性的成效。况且政府的强制推行，只是一种虽有效力但却短暂的力量，民众迫于政治高压或许会勉强听命，但一阵猛烈的振动之后，往往是习惯势力的反弹：“民国改用阳历，提倡过阳历年节，始尚举行，后督促渐懈，仍然趋重阴历，旧日习惯照旧存留。”[①]这样的教训不可谓不深刻。

面对如此强大的传统习惯和浓厚的民俗文化，国民政府意识到调适的必要，不得不寻求变通之道。国历自身的科学性和便利性，决定了它必然要在中国流行起来；但旧历自身包涵有许多合理性因素，民众对它有一种实用的文化上的需求的客观现实，说明旧历是仍然生长在民众生活中的“活文化”，也不会轻易消亡废弃。正因如此，政府在推行国历时，只能是逐渐剔除旧历中封建迷信的成分，吸收旧历中那些与农时、民俗有关的，仍然具有生命力的东西，形成一种以国历为主、同时参以旧历节令的真正的“国民历”，才能真正做到既顺应世界大同的趋势，又不失民族的特性。

“两千年来的习惯的改革，非一朝一夕之功”，[②]政府在推行带有移风易俗性质的社会变革时，必须采取和平渐进的方式。在剧烈的对峙与冲突之后，政府与民众必然要进行妥协与调适，寻求“渐衰渐胜之道”。新旧势力之间的妥协与调适，乃社会进步之正态。这或许是国民政府废除旧历运动昭示后人的真谛所在。

---

① 《续修广饶县志》，民国二十四年铅印本，《中国地方志民俗资料汇编·华东卷》第193页。

② 《过了新年过旧年》，《大公报》1930年1月26日。

仪式与舞蹈

马盛德（文化部非物质文化遗产司副司长）

仪式是人们在共同的时空环境中，由参与者共同举行的行为方式。在仪式中，表达了人们对于神圣者的尊重、崇敬和惧怕的感情，也表现了人类对时间、自然界生命节律的敬畏和礼赞。仪式多以信仰为基础。在神灵信仰的前提下，实际上包含着不同的信仰心态，也产生出了不同的价值观念，形成了不同的仪式方式。

中国的仪式活动自远古时期就和乐舞相结合，形成了以舞蹈为重要手段的仪式传统。这一传统至今仍然盛行，并深刻影响着人们的生活。当我们去关注中国不同民族地区各种世俗与宗教仪式时，可以清晰地发现，用人的肢体语言来表达内心情感的舞蹈艺术在仪式活动当中发挥着特殊的作用。大凡公开的仪式，很少是完全静止不动的，仪式过程中大都贯穿着动作的表现形式。几乎所有人类重大的民俗活动和仪式都离不开舞蹈，仪式和舞蹈是紧密相连的。

与仪式相关的舞蹈，我们统称为仪式舞蹈。具体来说，仪式舞蹈是在形式上和风格上与特定仪式的环境、情绪、目的相吻合的，可对仪式参与者产生生理和心理效应的舞蹈。仪式舞蹈形成于特定的社会及其文化传统，并依存、归属和受制于其所处的社会和文化传统。

本文着重从仪式与舞蹈的关系、仪式舞蹈的类型、仪式舞蹈的主要功能等角度，探讨人类在仪式活动中如何运用舞蹈，舞蹈在仪式当中又是怎样发挥其独特的作用及二者之间的深层关系。

一、仪式与舞蹈的关系

仪式是人类历史长河中最古老、最普遍的一种社会文化现象。舞蹈是仪式的重要组成部分，许多仪式过程都借助仪式舞蹈来完成，通过仪式舞蹈的作用，在歌舞的氛围中将仪式的宗旨传递给大众。同时，仪式也是仪式舞蹈赖以产生和生存的空间和土壤，是仪式舞蹈得以流传和发展的途径。

从舞蹈的发生与发展历程来看，早在原始社会时期舞蹈就已作为祭祀礼仪的形式为神灵服务，它与原始宗教就有着密切的联系。关于原始舞蹈，恩格斯在谈到印第安人的宗教观念和崇拜仪式时指出："各部落各有其定期的节日和一定的崇拜形式，特别是舞蹈和竞技；舞蹈尤其是一切宗教祭典的主要组成部分。"[①]这一论点，揭示了原始歌舞与原始宗教之间的关系。从我国考古发现的广西地区花山崖画、内蒙古自治区狼山地区的阴山岩画、新疆呼图壁岩画等大量原始社会时期的岩画资料，都形象地反映了古代人的宗教仪式及文化生活，其中包括了丰富多姿的舞蹈活动。这些舞蹈从其形式上看，有独舞、双人舞、三人舞和群舞，舞姿造型丰富，风格多样。1973 年在青海大通县上孙家寨出土的新石器时代的"舞蹈纹饰彩陶盆"，属马家窑彩陶文化，距今已经有 5000 余年历史。这是至今发现的舞蹈形象中最早的牵手而舞的图形，画面上先民们手拉手，走向一致，舞姿整齐，生动地记录了人类历史上早期的舞蹈场景。1995 年在青海省海南藏族自治州同德县宗日墓葬中出土的"舞蹈彩陶盆"，同属新石器时期，一组 11 人，另一组 13 人，连臂起舞的场景，场面壮观，给我们又一次地展现了原始人类"顿地为节，连臂踏歌"的生动景象，使我们充分领略了古代舞蹈的艺术魅力。这些都印证了原始社会时期舞蹈与仪式的密切关系。随着人类社会的发展和文明的不断进步，舞蹈的功能虽然逐渐由娱神转向娱人，但舞蹈仍然是宗教礼仪和人们世俗生活中重大仪式所不可或缺的重要手段。

以北京雍和宫"打鬼"为例，"打鬼"是雍和宫"大愿祈祷法会"中第七日的内容，又称"金刚驱魔神舞"，藏语称"羌姆"，蒙语称"布札克"，蒙汉结合语称"跳布扎"。"打鬼"起始于 1409 年，是传播佛教教义、弘扬佛法、祈愿国泰民安的一种宗教仪式。整个"打鬼"仪式由六个小段的仪式舞蹈（《色日吉木舞》、《阿修罗舞》、《骷髅面具舞》、《地狱主舞》、《尸陀林舞》、《牛、鹿舞》）构成。仪式舞蹈中朴素粗犷的舞蹈动作及其鲜明的人物形象，将各种神幻以具体可感的动态形象表现出来，使人们明白了每场舞蹈的寓意。并显示出整个大愿祈祷法会庄严、稳重、神圣的气氛，将整个仪式推向高潮。

从仪式舞蹈在各种仪式中的地位来看，不论是在民众自发的祭祀活动中，还是在宗教色彩浓郁的寺院庆典中，舞蹈始终融入庄严的仪式之中，在相沿持久的特定民俗活动中传承，并反映出仪式的基本内容和特征。仪式舞蹈受仪式中各种戒律的约束，其舞蹈表演形式受仪式本身各种规定的限制，舞蹈风格也深深地烙上了仪式的印记，并在这些规定的约束下形成固有的模式、韵味和艺术特征。可见仪式舞蹈依赖于仪式而存在，并与仪式浑然一体。

以苗族地区盛行的芦笙舞为例，芦笙舞是苗族地区人们手持芦笙载歌载舞的一种艺术形式。在苗族人平日的生活中，芦笙舞以轻巧、快速、旋转、翻滚、灵活等特点而闻名。可是当芦笙舞进入到祭祀活动中进行表演时，由于仪式是庄重、肃穆的，祭祀中的芦笙舞也大多显得沉静、缓慢、柔和，给人一种肃穆、庄严的感受。祭祀性芦笙舞所形成的风格特点与仪式的整体气氛有着最直接、密切的关联。

在全民信教地区，这些仪式性很强的祭祀舞蹈则在一定意义上成为人们信仰的载体。"卓舞"是藏族民间震慑邪魔、祈求吉祥的舞蹈，距今有 1000 多年的历史。在歌舞发达

---

① 恩格斯《家庭、私有制和国家的起源》，《马克思恩格斯选集》第四卷第 90 页，人民出版社 1995 年第 2 版。

的青海玉树藏族地区，人们这样描述舞蹈的功德：“每跳一回求卓，有念一万遍‘六字经’的功德，每朝觐一次求卓，能驱散你来世的业障。”可见，这种祭祀舞蹈早已成为善男信女们观赏与朝觐的对象。从中我们也能感受到仪式与舞蹈的关系是何等的密切。

“求卓”是流行于青藏高原玉树藏族地区（康巴藏区之一）的一种古老的舞蹈，“求卓”又称“新寨求卓舞”，因主要流行区域位于玉树州结古镇的新寨村，因此而得名。“新寨求卓”，俗称“嘉囊都锐求卓”，由结古寺第一世嘉囊都锐·项秋帕旺活佛（简称“嘉囊活佛”）创编。

据史书记载，嘉囊活佛学识渊博，多才多艺。他一生共创编“求卓”180余种，但到了20世纪60年代初只传下来80种。约在公元1715年（藏历拉宗五年），嘉囊活佛在新寨举行了盛大的“世间第一嘛呢堆”的奠基仪式，来自四面八方的僧侣群众和商贾云集新寨，嘉囊活佛用射箭的方式选定地界，据《嘉囊传》载，丑嘛呢石奠基仪式当天，嘉囊很兴奋，饮了些酒，有点似醉非醉，似狂非狂，他把人们领到新寨对面汉白玉山上，在采下的第一块石上亲自刻下了第一首六字真言（这块刻石至今收藏在新寨的庙宇内），之后就在山顶的平台上向人们传授了他的第一个“求卓”——《金色的山顶》。舞蹈由慢板和快板两部分组成。慢板深沉、庄重、缓慢，讲究韵律，音乐用了藏族山歌较为自由的散板和低沉浑厚的诵经声，显示出宗教的威严、深邃，而又有卓的优美可欣赏性。旋律中运用了山歌中密集性短时置音和各类装饰音，有一种富丽堂皇、随风飘舞的艺术效果，加之它自由、随意的节奏和大量运用的切分、连音，使舞蹈的重拍往往落在拍子的弱位或弱音上，而拍子的弱位弱音，又常常在舞蹈的强拍上，强弱交错，相辅相成，构成了嘉囊“求卓”独特的艺术风格。

嘉囊活佛为了使“求卓”能保留延续下去，把它列入到宗教祭祀仪式中，赋予宗教思想，成为神圣的带有民间歌舞欣赏性的宗教仪式，与寺院“羌姆”同等并列。规定它只能在嘉囊嘛呢的宗教仪式上表演，为了体现它的神圣、尊严，起到敬神驱邪的作用，规定只有男性才可以传唱表演，只有新寨的人才可以传唱。又为了不因这些禁令而影响“求卓”的发展，他说：“每表演一回求卓，有诵万遍六字真言的功德；每朝觐一回求卓，能驱散你的业障。”因此，人们把表演“求卓”和观赏“求卓”都作为一项宗教活动，作为积累功德、消除业障的径行而积极地投入。

几百年来，新寨村近百户人家不论贫富贵贱，大家都以雕刻嘛呢石为职业。能来新寨转一圈嘛呢堆，能在这里添放一块嘛呢石，观看一次新寨嘉囊“求卓”，被视为一次很大的功德。因此，来自各藏族地区的信奉者络绎不绝，嘛呢石越积越多，嘛呢堆越积越大，而且全是汉白玉石，真正成为“世间第一嘛呢堆”。从嘛呢堆奠基仪式的第二年起，奠基日这一天成为远近闻名的宗教节“嘉囊邦琪”，新寨也成为藏族地区很有名的朝圣地。为了使“求卓”成为每年嘉囊邦琪节上的一个重要项目，也为了使“求卓”在内容上和形式上都更加完满，嘉囊活佛不停地创编，逐年增加，内容以敬奉三宝、歌颂宗教、讲述宗教故事、赞颂嘉囊嘛呢等为主。同时，嘉囊活佛也很注重“求卓”表演的艺术效果和宗教思想的潜移默化。他把嘉囊邦琪的纯宗教活动和物资交流放在白天，而“求卓”的表演则放在夜晚。当夜幕开始降临时，首先燃起篝火，举行庄严的煨桑祭礼，让人们进入到一种威严、神圣的宗教气氛之中，产生肃穆之心。继而众女子高唱嘉囊嘛呢调（据传是嘉囊活佛编的嘛呢长调），紧接着表演晚会的第一个“求卓”《今日正是良辰》。这是为了纪念这一节日而编的“求卓”，它又是晚会的第一个节目。这首“求卓”从结构上看也由两个部分组成，但由于前面的煨桑，高唱嘛呢调，形成了三部曲的效果。从带有委婉的女子齐唱到舞蹈慢板的男声齐唱，到最后进入快板高潮，不论从情绪的发展，还是强弱的变化，都进行了精心的设计，层次分明，对比强烈，引人入胜，显示出嘉囊活佛很高的艺术修养和审美意识。他利用宗教的威严、神圣，为艺术表演制造一种气氛和环境，使艺术表演达到最佳效果，同时也利用艺术表演手段宣扬教义，感化众生，使人们在欣赏享受之余，感悟到佛性的深奥，佛法的浩荡，产生对佛的虔敬赤诚。

二、仪式舞蹈的类型

在探讨仪式与舞蹈之间的关系等方面问题的时候，我们对仪式舞蹈进行合理的分类是十分必要的。对仪式舞蹈进行分类的前提是要对人类的仪式活动类型进行必要的梳理。从人类漫长的历史发展来看，仪式在人们日常生活中，一般分为宗教仪式与世俗性仪式两种。宗教仪式是人类以采用特定的手段沟通、取悦、祈求神灵的一种仪式行为，此类仪式的主要对象包括天神、地祇、祖先、鬼怪、精灵及各种超自然的灵物。各种宗教性的节日、活动庆典为其主要形式，例如佛教的庆典节日，常以宗教法会形式进行活动；类似的还有伊斯兰教的“古尔邦节”、“开斋节”等节日的庆典仪式活动等。此外，还有民间进行的各种世俗性仪式。世俗仪式是在宗教神学向世俗化发展的趋势下形成的，主要指我们常经历的各民族的传统节日和人们生活中的礼仪性活动。例如春节、元宵节、端午节、中秋节、婚礼、葬礼、成人礼等。

仪式分类图表

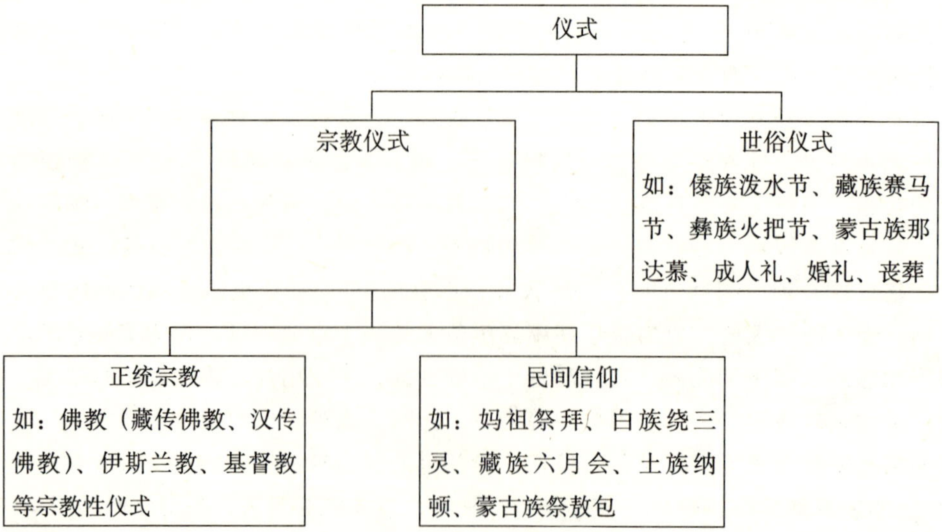

由于仪式舞蹈是指与仪式相关的舞蹈，仪式舞蹈的分类也沿用了仪式的分类方式，分为宗教性的仪式舞蹈和世俗性的仪式舞蹈，其中宗教性的仪式舞蹈又分为正统宗教仪式舞蹈和民间祭祀舞蹈。

仪式舞蹈分类图表

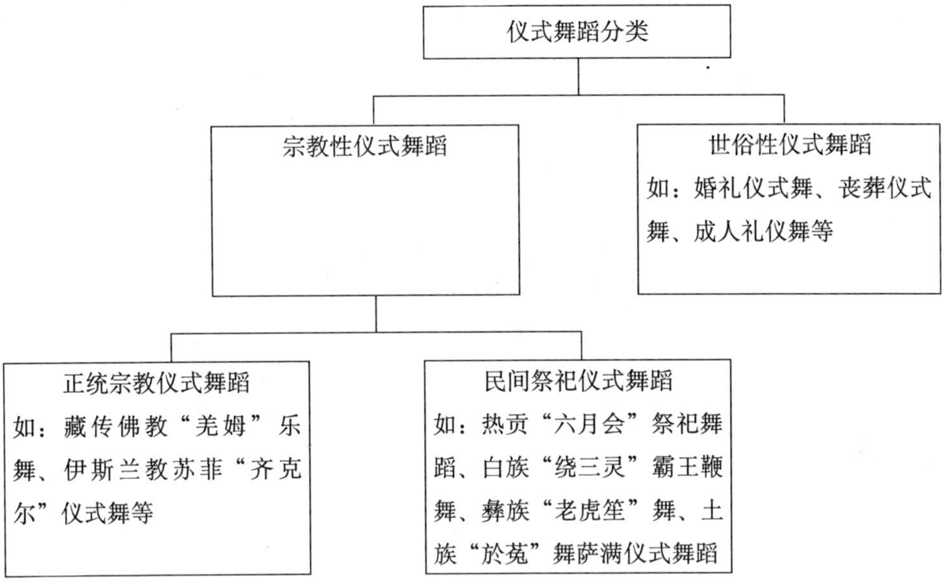

所谓宗教仪式舞蹈是指与宗教仪式相关的舞蹈。由于正统宗教仪式本身具有的完整性、正式性并由专业的神职人员参与，其仪式舞蹈一般具有十分规范、严格的程式，固定的舞蹈群体、表演场地和演出程式，注重舞蹈的形式感等特点。在仪式表演中，舞蹈常采取象征性的表演形式。例如藏族佛教宗教乐舞——羌姆，就是以人体语言表现宗教仪轨的正统宗教性的仪式舞蹈。羌姆的舞者头戴各种神灵面具，形象威严，舞蹈步伐稳健，节奏舒缓，气氛严肃、隆重。这种舞蹈形式，只能是在寺院由神职人员表演，在民间不能被使用。这是一种被宗教化了的艺术，艺术化了的宗教。正是有了这一特征，千百年来这一艺术形式始终兴盛不衰，在艺术的传承方面凸显出了相当的稳定性。

民间祭祀仪式是指社会民众以特定的仪式活动来沟通、取悦、祈求神灵的行为。例如青海热贡地区藏族、土族村落的“六月会”，因在每年农历六月中、下旬举行而得名，意为“六月的祭神盛会”。“六月会”是在同一区域、同一季节内，以神巫为核心、以村庄为单位分别举行的大规模民间传统祭祀仪式，内容包括沐浴、迎神、诵经、送神、神附体、贡献食品、煨桑、献牲、祭拉木泽、放风马旗、插铁签、开山红、舞蹈娱神、滑稽表演、情歌演唱等一系列仪式。其主旨是通过祭祀本村保护神，以祈求风调雨顺、人丁兴旺。舞蹈是整个“六月会”仪式活动的主要内容，祭场上的仪式主要是在法师指挥和参与下的男女舞队的一系列舞蹈表演，其他祭祀手段如煨桑、献祭等都是穿插于舞蹈节目之间的活动。仪式中，法师、领舞和队舞的分组舞、群体舞配合着，有序地展现出仪式的总体风貌和主体风格。舞蹈对“六月会”仪式形态结构和关系结构都具有直接的结构意义。舞队跳舞的目的在于娱神，而神附体后代表着神显身于祭场的法师同样用舞蹈与舞队交流，此刻人神共舞，人和神在同一时空中感受着身体的律动引发的狂热欢娱，体验着舞蹈的激情带来的宗教体验。同时，舞蹈者也用身体律动来表达着自己的宗教情感。

世俗仪式舞蹈主要指在世俗生活仪式之中表演的舞蹈，包括各种与年节庆典仪式和人生礼仪相关的舞蹈。例如婚礼、成人礼、葬礼上的舞蹈。与宗教仪式舞蹈相比，世俗仪式舞蹈要相对简单、朴素。

在众多的世俗性仪式舞蹈中，丧葬仪式舞蹈是一种十分特殊的舞蹈形式，它是现世的人们以舞蹈的独特手段对亡灵的一种祭奠，歌颂、缅怀他们的功德。这一仪式舞蹈所表现出的是人们对待死亡的一种态度和文化观念。

英国著名人类学家马林诺夫斯基指出："对于面临死亡的个人来说，不朽的信念、临终的仪式与最后的安慰（无论哪一种形式总是普遍的现象），都证实了这样一种希望：死亡并不比今生更糟糕，也许会更好。临终前的仪式，证实了人们面对最高冲突时所需要的信念情感。如果不举行丧葬仪式，死者就会被抛入一片混乱的情感之中。这对于每个人，对于整个群体都是十分危险的。召魂与丧葬的宗教仪式都是帮助离去的灵魂，它们表达了死后继续存在和死者与生者之间保持联系的信仰。当活下来的人经历过多次丧葬仪式之后，他也为自己的死亡做好了准备。人们在生活经历中保持着对父母、兄弟、朋友不朽的信仰，从而也使其更加坚定了自己来时的信仰。所以，对不朽的信仰乃是祖先崇拜、家庭祭礼、丧葬仪式和万物有灵论的基础。而这种信仰本身则产生于人类社会的组织结构。"①在我国少数民族地区流行的丧葬仪式舞蹈中，我们会发现各种形式的丧葬仪式舞蹈都与人们的世俗信仰有着密切的关系。早在隋唐时期，土家族先民就有"其父母初丧，击鼓以道哀，其歌必号，其众必跳"之俗。至今，土家族的老者仙逝以后，附近乡亲皆来跳丧。《跳丧舞》是南方土家族地区广泛流行的丧葬舞蹈。在土家族地区，每当老人死亡，死者亲属及邻里乡亲都来参加吊唁，民间有"人死众家丧，一打丧鼓二帮忙"的俗语。"在出丧前的晚上，于亡者灵柩前由击鼓发歌，亲朋好友、邻里乡人随着鼓点节奏应歌接舞以兴哀，边歌边舞，宴饮多达数百人。群众性的跳丧活动，不仅是尊重死者和丧家的礼俗，也是乡人自娱的需要，跳丧的群众中走上几十里山路，去"热热闹闹跳一夜"者为数不少。"②可见，这种"跳丧舞"源于先民古老的丧葬习俗，它以其古朴的气息传达出原始群体强烈的生命意识，是人们生活习俗的组成部分，体现着人们的信仰和观念。正如土家族民间老艺人说的："跳丧是让死者在入土前再一次享受人间的快乐，死了的人不能光听哭声，还要看点舞蹈高兴一下。"老百姓这种极为朴素的话语，却道出了丧葬仪式舞蹈的深刻内涵。在我国海南岛地区的黎族"打柴舞"自古就是吊丧、送葬仪式中所跳的舞蹈。全部舞蹈分为七个舞段，通过一系列对生活场景、动物的模仿动作来歌颂先人的业绩和勤劳品德。

---

① 史宗主编：《20世纪西方宗教人类学文选》（上卷）第98页，上海三联书店1985年版。

② 纪兰慰：《南方少数民族的丧葬习俗与丧葬舞蹈》，《中央民族大学学报》（社会科学版）1997年第3期。

婚俗类的民间舞蹈，也是世俗性仪式舞蹈中十分重要的形式。它是以歌舞的特有形式为婚礼这一重要的人生礼仪营造隆重、热烈和喜庆的氛围，人们在舞蹈和歌声中去感受和体味人生的美好。如，在我国西部的甘、青、宁等回族、撒拉、东乡、保安族聚居区普遍流行的“宴席舞”，就是一种典型的婚俗民间舞蹈。西北地区回族、撒拉、东乡、保安族群众称儿女嫁娶这一人生之礼为“吃宴席”，因此，凡在婚礼场合表演的歌舞即被称为“宴席曲（舞）”，它曾是这些民族民间传统婚礼仪式中不可缺少的艺术形式。在婚礼上，民间艺人们载歌载舞，唱古颂今，热闹非凡。宴席舞是一种在特定历史条件下形成的载歌载舞的民间艺术形式。以歌为主，舞蹈为辅，歌舞相融，并与富于抒情性的口头文学融为一体，成为宴席舞最显著的特征。同时，它又是一种众伊斯兰民众进行自娱自乐体现自我审美价值的重要方式。回族等伊斯兰民族的风土人情，直接或间接地融化到宴席舞中，使舞蹈具有浓厚的民族色彩。宴席舞并非简单的情感的抒发，而是以真、善、美来表现一个民族的思想情操。舞蹈的形式与内容，与民俗有紧密的内在联系。

三、仪式舞蹈的功能

首先，仪式舞蹈与其他任何一种舞蹈一样，是为了发挥功能而存在的。以舞献祭、祭神愉悦是仪式舞蹈的最终目的。丰富多彩的民间仪式舞蹈是祭神愉悦的重要载体。它是不同地区民间宗教保持其多神崇拜的原始形态，更是民间艺术得以存活而又兴盛不衰的根本所在。

仪式舞蹈是祭祀仪式的重要载体，借助仪式舞蹈的肢体表现串联仪式的程序，掌控仪式的过程。舞蹈以其独特的动态感和节奏感渲染仪式的气氛，营造出一个直感而神秘的空间。它通过象征性或表演性的方式在特定群体或文化中起着相互沟通的作用，具体地说是在人与神灵之间、人与人之间的沟通和交流，在娱神的同时也达到了娱人的目的。

祭祀活动从本质上说就是古人把人与人之间的求索酬报关系，推广到人与神之间而产生的活动，所以祭祀的具体表现就是用礼物向神灵祈祷或致敬。祈祷是目的，献礼是代价，致敬是手段。自从有了神的观念，原始的祭祀也随之产生。青海热贡地区“六月会”的祭礼仪式以法师率其神队为各家请神祝福为序，祭祀“拉卜则”为开场，以献舞祭祀送神为结尾，自始至终无不以祭神娱神为目的，是这种沟通人神的典型代表。仪式中，代表着保护神的法师和代表着全村人的队伍之间通过仪式舞蹈中的舞姿与韵律作为交流的手段来强化人与神之间的关系。

仪式舞蹈的动作无论简单还是复杂，它本身就具有对仪式参与者产生潜在影响的能力，当舞蹈的这种潜在能力应用于相应的仪式活动，成为仪式舞蹈时，就能成为仪式活动的一种驱动力。常见的神灵附体现象是各种仪式活动中非常重要的一个部分，舞者通过节奏和律动的舞蹈表演，产生出戏剧化或节律化的舞蹈动作，并在连续反复中进入迷狂状态，推动整个仪式达到高潮。

仪式舞蹈的另一重要功能表现为民族的一种凝聚力。在仪式活动中，个体通过集体的仪式舞蹈融入到集体中，人们将相互依赖、互勉互助的群体情谊熔铸在共同的歌舞之中，在这种整体的仪式氛围中，舞蹈的节奏和动律不仅使人成为整体，而且也用共同情感把个体的舞者联系起来。当群体中不同年龄、不同性情、不同职业的舞者们手牵手地跳动时，大家就像是被一种情感所激动而舞蹈的同一体。合着同一的节奏，同踏一个步子，做着同一个舞姿，群聚群舞，舞者们感受到的不光是一种自身的活力，更多的是整体的动力和强大，作为其中的一员，有一种集体认同的自豪感，从而增强民族或族群的团结和凝聚力。即个体成员通过仪式舞蹈强化了个体对集体的归附感，同时也强化了仪式的集体力量，将微弱的个体力量提升到了强大的集体力量之中。在这个过程之中，仪式舞蹈的功能就是凝聚团结、强化集体力量。

（原文发于《文艺研究》2010 年第 9 期）

文化母题：蕴藏于传统之中的生命动力
——以七夕的牛郎织女传说故事为例

陈华文（浙江师范大学文化创意与传播学院教授）

七夕是文化的节日，伴随着这种节日文化的是家喻户晓、影响深远的牛郎织女传说。我们不否认，七夕的节日文化在中华民族中的广泛存在和丰富多彩，即使在汉民族的范围内，不同区域或是不同历史时期内，七夕节日文化也存在着较大的差异。近些年来，随着一些地方学者和地方政府的介入，将七夕作为中国情人节的呼声也越来越高。然而，七夕节日文化的存在是与七夕传说，尤其是牛郎织女传说紧密结合在一起的，所以，不研究牛郎织女传说，就没有办法找到那把开启七夕文化的钥匙。

一、被文化提倡的母题：重七、男耕女织的夫妻生活

七夕，顾名思义就是七月初七的晚上，但它的所指，却是七月初七晚上所举行的各种仪式性活动。在此，我们并不想探讨七夕有哪些文化规定或习俗，也不想讨论各个民族或各个地方的文化规定与习俗有哪些差异。我们仅仅选取了两个被提倡的与七夕有关的文化母题进行讨论。

重七，习惯上指的是七月初七。在中国，传统节日在时间的选择上，有一个几乎成为规律性的事实——选择那些与月份相重叠的日子作为传统节日——如正月初一是春节、二月初二是龙抬头、三月初三是上巳节、五月初五是端午节，此外还有六月初六（天贶节）、七月初七（七夕）、九月初九（重阳节）等。这种日子除了好记之外，实际上还包含着古人对这些日子的特别理解和所赋予的特殊含义。春节不用说，是新年的第一天，万象更新、去旧迎新，期待新的一年有好的开头，值得庆贺。三五六九，中国人都有自己的解读。重七也是这样。古人认为，“七月七日为良日，……七月黍熟，七日为阳数”。[①]七既为阳数，重七就是一个吉庆的日子。《说文解字》云：“七，阳之正也，从一，微阴，从中衺出也。”七是一个微阴的阳数，重七往往是一个轮回的标

① （晋）周处：《风土记》，转引自《说郛三种》。

志，“七七四十九”历来就蕴含着循环再始的蜕变之际的意味。《西游记》里的孙悟空不正是在太乙真人的炼丹炉里呆了七七四十九天吗？七七正是一个关数，民间很早就有七七四十九岁是人生中的忌数之年的俗信。这种月日相重的选择习惯和对数字“七”的特殊爱好，虽然表面上看似乎只是偶然的巧合，但其中潜藏的却是对阴阳的直接感受和对某些不可知究的数字的神秘向往，这种向往在世代相传之后会渐渐变成一个民族的思维定势，从而给节日日期的选择带来一定的影响——对月日相重日子情有独钟——而这正是被民俗文化特别提倡的一个文化母题。

另一个被提倡的文化母题是男耕女织式的夫妻生活。从考古发现看，大约距今1万年前后，我国的一些地方已经出现了定居农业。[①]而在距今7000年前后，男耕女织式的生活方式已经广泛地分布到了广大的长江、黄河流域（如河姆渡文化、仰韶文化就是这一文明模式的典型代表）。我们经常说中华民族拥有5000年文明史，实际上这里所讲的文明，就是以男耕女织为代表的传统农耕生活。进入封建社会后，这一观念得到了更进一步的强化。自给自足的小农经济和鸡犬之声相闻老死不相往来的小国寡民思想，使男耕女织这种夫妻生活模式，成为几千年来中国民间社会一直追求的理想和目标。七夕的有关牛郎织女的传说，其主要结构要素包括以下几层含义：一个未婚男性——牛郎；一个非同一般的未婚女性——织女；一头牛——农耕文化中最主要的生产要素；几亩田——生存的依托、农民的命根子。当然，在牛郎织女的传说中，还加入了很多重要元素：牛郎不是花花公子，不是帅哥，也不是纨绔子弟，而是诚实又勤劳的小伙子，是一标准的在泥土中长大的农家孩子，表现出典型的农民特征。这种文化特征决定了他们即使有所谓的爱情，也是一种中国式的“爱情”。这种“爱情”更多地表现出实实在在过日子的中国式的夫妻生活的典型。织女，一个身份非凡的中国仙女，她并不追求浪漫而虚幻的爱情生活，而是梦想“你耕田来我织布”的典型中国传统的男耕女织生活。因此，在这种文化传统的影响下，传说中男耕女织式的夫妻生活主题也被整个社会所认同、追求，并被人们作为一种理想加以倡导。

文化存在的意义就在于使一个民族或一个地方的人们获得模式化的生存方式，不管是精神形态的还是物质形态的。从本质上说，创造文化模式是很困难的一件事，但循着文化模式的生活却是轻松快乐的。在现实生活中，我们看到的最多的是那些在民族或区域文化中如鱼得水地遵循着文化模式生活着的人，从众并获得大众的认同，是芸芸众生几乎与生俱来的特性。反映并沿续传承着民众文化传统的传说，在很大程度上体现了一个民族或是一个区域的民众的文化追求。七夕节中有关重七的选择，尤其是有关男耕女织夫妻生活方式的定位，是牛郎织女传说历两千多年而不衰的一个最重要的原因。实际上，它也是构成七夕节日文化不断传承的一个最重要的原因。

文化的生命力就在于它是我们生存下去的必需的知识和动力，因此，我们总是试图通过各种途径和方式去获得这种文化知识。否则，我们就不能融入一个民族或是一

① 如浙江浦江县的上山文化，水稻种植的时间大约出现在距今11000年前后，是中国最早的新石器时代文化遗存。

个区域的生活之中，也就不能获得民众的认同，当然也就不可能获得如鱼得水般的发展机会。选择重七与选择男耕女织生活方式，都是由中华民族的文化传统决定的。而且，正由于它所包含的深层的文化意识，它才能够得到人们的普遍认同，并在更多民族或地区传承，并成为本民族或是本地区民众追求的理想化的生活模式和具有典范性质的文化传统。

二、被文化痛恨的母题：夫妻分离

传统的农耕社会提倡的是男耕女织，为此，平和、安宁、恬静、和谐、天伦之乐的家庭生活方式是所有中国人在几千年历史长河中所追求的，“几亩地，一头牛，老婆孩子热炕头”几乎成了中国农民的理想和最完美的生活形态。

我们知道，男耕女织、自给自足的小农经济的最大特点就是，男的从事农业生产，女性则在家“主内”，家务事之外，再从事纺织工作，除了家用，多余则可出售以补贴家用之不足。因此，夫妻之间互为表里、互相协作，他们大都日出而作，日入而息。总之，双栖双飞是中华文化中对于夫妻生存的最基本要求。而夫妻分离，包括因为感情等因素的分离，在中国人看来都不是正常的可以接受的方式。在先秦时就强调，夫妻结合，“壹与之齐，终身不改”。[①]现在民间还有谚语：“嫁鸡随鸡，嫁狗随狗，随只螃蟹横着走。”当然，中国文化中还有“七出”等对女性很不平等的文化，[②]但实际上，那是礼制的规定，民间不见得会执行。即使那些因为感情不合而可能离婚的夫妻，在民间也是劝合不劝离的。至于拆散婚姻，那是中国文化当中不可饶恕的。人们相信，夫妻关系是

① 《礼记·郊特牲》。

② 有关“七出”实际上是对女性所谓违反了妇道妇德的一种处罚，“七出”也叫“七去”或“七弃”，是中国传统社会夫妻离异的条件。早期是礼制规定，后来入于律法，丈夫可以凭此单方面终止夫妻关系。《大戴礼记·本命篇》载：“妇有七去，不顺父母，去；无子，去；淫，去；妒，去；有恶疾，去；多言，去；窃盗，去。不顺父母去，为其逆德也；无子，为其绝世也；淫，为其乱族也；妒，为其乱家也；有恶疾，为其不可与粢盛（黍稷等祭祀之谷曰粢，在器曰盛，粢盛此即指祭祀）也；口多言，为其离亲也；窃盗，为其反义也。”而对于一些曾经为文化所坚持的行为，则还有“三不去”加以保护，即“有所取，无所归，不去；与更三年丧，不去；前贫贱后富贵，不去。”见《大戴礼记·本命篇》。

由上天确定的，月老的传说便是例证。[①]而民间俗语说“百年修来同船渡，千年修得共枕眠”，则强调夫妻关系是一种极其重要不容易获得的关系。因此，在民间对于夫妻关系的分离人们并不认同，甚至非常痛恨。而在七夕的牛郎织女传说故事中，人们之所以将全部同情心都投给牛郎与织女，就是因为作为权力与长辈象征的王母娘娘生生地将他们俩自主选择（在民间传说中这是缔结婚姻的一种重要方式，白蛇传说、梁山伯与祝英台传说等著名传说故事中，都有这一情节）的婚姻拆散。如果说，自主选择的婚姻不符合礼制的规定，那么，拆散一对已经既成事实的婚姻远远超过了这种婚姻结合的不可接受性。更何况这种婚姻的缔结还有诸如老牛等象征媒人的介质存在，加上民族文化中对于追求男耕女织夫妻生活的终极性价值因素。牛郎与织女的婚姻是一种几乎符合了民众习俗期待的世俗模式，将之拆散才是需要彻底谴责的。

七夕中牛郎织女最终分离的主题，是对民众认同文化的一种漠视和悖离，虽然，这种分离在社会现实中也十分常见。但是，由于它违反了民众对于夫妻男耕女织恩爱生活的准则，从而深受民众和主流文化的痛恨。因为夫妻的被迫分离至少在下述方面，带来了对传统的破坏：

1. 男耕女织因为夫妻的分离而使终极追求的生活方式失去了意义。从本质上来看，男耕女织不仅是各自不同的生产方式，更是这两种生产方式天衣无缝的配合，实际上是代表了男与女、阴与阳、天与地的和谐。虽然不是夫妻，男照样还得耕，女照样还得织，但那时的耕与织已经仅仅是一种生产形态，而不是一种理想的生活模式。因此，男耕女织必须是由夫妻共同参与完成的，才是中华文化所追求的理想模式。

2. 夫妻的分离导致阴阳失调，人伦丧失。就像天与地、阴与阳一样，男与女也是上天与生俱来造就的，男女结合为夫妻是一种本能基础上的文化规定。生生拆散这种本能性质的夫妻，不仅破坏了男耕女织的生活，也破坏了阴阳的平衡。金华有谚语说“乡里夫妻，寸步不离；乡不离里，夫不离妻。”[②]夫妻就像乡里，没有里也就没有了乡，相互之间是互为依存的。因此，夫妻分离不仅不符合天道人伦，也不符合文化规定，导致人伦丧失。

---

① 唐代李复言的《续玄怪录》卷四《定婚店》记述了这样一个故事：杜陵韦固，少孤，欲早日娶妻成家。然而，高不成低不就，耽搁日久，只得暂罢。后将游清河，旅次宋城南店。“客有以前清河司马潘女为议者，来日先明，期于店西龙兴寺门，固以求之意切，且往焉。斜月尚明，有老人依布囊，坐于阶上，向月检书。固步觇之，不识其字，既非虫篆、八分、科斗之势，又非梵书。因问曰：‘老父所寻者何书？固少小苦学，世间之字，自谓无不识者，西国梵字，亦能读之。唯此书目所未睹，如何？’老人笑曰：‘此非世间书，君因何得见？’固曰：‘非世间书，则何书也？’曰：‘幽冥之书。’固问君何主，老人曰：‘天下之婚牍耳。’固问及议潘司马女可否成？老人曰：‘未也。’而且告之固之妇适三岁，‘年十七，当入君门。’固问：‘囊中何物？’曰：‘赤绳子耳，以系夫妇之足。及其生，则潜用相系，虽仇敌之家，贵贱悬隔，天涯从宦，吴楚异乡，此绳一系，终不可逭。君之脚，已系于彼矣。他求何益？’曰：‘固妻安在，其家何为？’曰：‘此店北，卖菜陈婆女耳。’”后来虽然韦固见陈婆女幼小遣奴行刺，终未果，十余年后遂应了月下老人的前定缘分，与陈女结秦晋之好。因为婚姻是月下老人在前世即已定下的，后来将为人牵线因成百年之好的媒人，也称“月下老人”，或简称月老。根据这个传说，在杭州西湖孤山下的花神庙旁建有月下老人祠，后毁，清末改建于白云庵中。其中的一副对联非常著名：愿天下有情人都成了眷属；是前生注定事莫错过姻缘。

② 《浙江省民间文学集成·金华市歌谣谚语卷》第 587 页，浙江文艺出版社 1991 年版。

3. 夫妻分离可能带来大量家庭与社会不稳定因素。从家庭来看，夫妻与子女之间的关系将受到直接和最严重的影响，子女将被选择与父或母生活，而父母不全的生活会给孩子的成长带来巨大的阴影。从社会来看，夫妻的分离使邻里，尤其是相关的社会关系被迫改变。因此，不管从哪一种角度看，夫妻分离都有不能回避的家庭问题和不良的社会后果。

由于夫妻分离从根本上破坏了男耕女织的生活模式，最终也就成了中国民间文化最痛恨的形态。牛郎织女传说中的夫妻被迫分离，从反面凸显民众所追求和坚持的男耕女织生活的重要性。这是牛郎织女传说长期以来保持这一情节并代代传承的文化因素，而正是这一因素，使牛郎织女传说有了文化传统的依靠和鲜活的生命力。

三、被文化颂扬的母题：夫妻团圆

既然夫妻分离是被民众所痛恨的，那么，夫妻团圆就应该是民间文化所颂扬的。事实上也确实如此。团圆的文化主题在大量的传说故事中被作为终极的追求目的不断地展现，有时哪怕是象征性、想象性、虚幻性的团圆，也成为支撑人们对文化理想坚守的象征。如四大民间传说中，孟姜女虽然没有实现夫妻的现实团圆，但孟姜女通过哭倒长城而获得其夫万喜良的骨殖，从而完成了一次夫妻团圆的终极意义上的实现。因为在中国文化传统中，“生同衾，死同穴”也是一种团圆。而找到了丈夫的骨殖，本质上就可以实现“死同穴”的永久“团圆”。白蛇传说中虽然没有实现夫妻团圆，但却完成了母子的团圆，这是一种具有夫妻团圆替代性的团圆形态，因为儿子是作为家庭成员或家庭圆满的象征而出现的。至于梁山伯与祝英台的传说，他们不是夫妻但在情感上却胜过夫妻，因此，人们以同情的文化心态，让这对有情人最终实现了合葬与化蝶团圆。这是一种永久的团圆，符合中华民族文化中的天道伦理观念。

从牛郎织女的传说故事中，我们同样感受到了这种浓厚的传统文化积淀。从织女的母亲王母娘娘用金簪将牛郎与织女分隔于银河的两边开始，夫妻分离所带来的文化痛恨就让所有传承这一传说的民众充满了对造成分离者的极度不满。然而，正是这种不满使最后的团圆带来了满心欢喜的冲击，哪怕这种团圆几乎是象征性的一年一度且只有一天一次。正如秦观在《鹊桥仙》中所咏叹的：“纤云弄巧，飞星传恨，银汉迢迢暗度。金风玉露一相逢，便胜却人间无数。柔情似水，佳期如梦，忍顾鹊桥归路。两情若是久长时，又岂在朝朝暮暮。”传说故事强调的是具有终极意义的团圆，王母娘娘最终让步使牛郎与织女这对夫妻有了实际上的相聚，它的文化符号意义已经超越了实际上短暂的团圆。这就像黑夜前出现的曙光，毕竟它代表了一种文化精神的胜利，这种胜利哪怕是仅仅在心理或精神层面的，也是人们所期待的。

牛郎织女传说最终的夫妻象征性一年一度的团圆，给传说注入了生命力的同时，更多地体现了中华民族文化中对于夫妻存在意义的认同。而事实上，正是这种团圆的结局，使传说故事在民众中拥有巨大的市场。人们在颂扬团圆、认同团圆实际上就是在痛恨或否定分离。如果说七夕节日文化的存在是对于织女心灵手巧的肯定，那无疑是正确的，但这种肯定的动力却来源于牛郎与织女最终团圆所带来的美好的结局，人们是带着颂扬与欣赏的眼光认同团圆，并将它作为美好事物的典型来传扬的。很难想象，如果没有这分离背后一年一度的七夕夫妻团圆，传说将失去传承的意义，节日将失去传说的支撑，而没有文化作为节日和传说的底蕴，上述所有的内容也就没有了存在的意义和价值。因此，被文化颂扬的团圆母题，至少在这几个方面是具有特殊意义的。

1. 团圆符合中国传统文化中圆满的心理。许多人也许会说，传说当不得真。这话本质上来说是对的，但传说虽然不是真实的历史，却是现实生活的一种真实的反映。而作为文化动物的人，不仅需要真实的现实，也需要一种具有真实感的心理寄托。传说中牛郎与织女的最终团圆结局，在最大的层面上满足了人们的功德圆满的心理需要，这是中国式的故事结尾，也是中国传统社会与个体自我抚慰的精神疗法。

2. 团圆的结局符合中国传统家庭伦理的夫妻团聚期待。中国人不仅期待人丁兴旺，也期待家庭和睦的天伦之乐，而上述期待的根本在于夫妻不分离，夫妻能团聚或团圆。试想若让牛郎长期地带着孩子不得与其妻织女团聚，那么，这种家庭是不圆满的，这种家庭是不和睦的，也就无法享受天伦之乐，更无法满足人丁兴旺的文化期待。所以，牛郎与织女的最后团圆，实际上并不完全是王母娘娘开恩或想通了，而是中国传统文化使然。因为没有这最后的团圆，哪怕是象征性的团圆，传说就没有了生命力，自然也无法让民众接受，它的存在也就没有了意义。

3. 团圆的结局给传说带来新生活的希望。中国的四大传说几乎都有相同的结尾模式，不是人们缺乏创造力，而是一个对新生活充满希望的民族对未来抱持信心的表现。东方文化与西方文化在这方面的不同之处就在于，东方人用希望鼓舞人，而西方人用悲情鼓舞人。所以，东方文化中多有团圆的喜剧式结尾，而西方文化中多有悲情的悲剧式结尾。中国人坚信，团圆的结局能给人带来希望和力量。七夕中牛郎与织女传说的最后结局，就表现了典型的中国式的对新生活的希望：只要团圆，我们就灿烂。

4. 夫妻、家庭团圆的追求，是中国传统文化对人性光辉的颂扬。关于悲惨，中国人经常用具体的妻离子散、家破人亡来形容。确实，还有什么比这种妻离子散、家破人亡结局更悲惨的呢？人生在世，无非结婚生子、创造文化、传承文化、奉献社会，但这一切都是以夫妻存续、家庭完满为基本前提的。[①]中国传统文化中对于夫妻、家庭等的尊崇，将它视之为几乎与本能相近的文化追求，体现了中国传统文化中对人性的理解；而传说故事中通过艺术的方式进行表现，则更体现了中国传统文化对此的颂扬和追求。

---

① 当然，它不能算是绝对的，有人就在丧夫丧妻之下做出成就，有人也在失去家庭之后成就伟业，但那不是常态。

四、被文化赞美的母题：心灵手巧

中国人历来赞美心灵手巧，尤其是在女性身上，这一母题在生产、生活和社会关系层面被全面提倡和弘扬。这是一种积淀于中国文化传统之中，将内在美通过手巧这种具有外在美的形态加以表达的独特审美观念。因此，心灵手巧既具有生产过程中对于女性生产方式精细独特的表达，也有家庭生活中对于女性细心细致照顾家庭成员方面的内容，还有在女红等独特的工作层面的精工细作的表扬。在七夕的牛郎织女传说中，心灵手巧这一主题，一方面是对女性所具有的这一文化特性的肯定，另一方面又是对这一文化母题特性的进一步追求。因此在习俗仪式层面，就有大量相关的祈求获得心灵手巧的内容，如乞巧中的银针漂于水面、结蛛网以观巧，甚至有些地方还有相关的手巧比赛等。

传统的中国文化主张男主外女主内，这不仅仅是一种居住方式方面的划分，实际上是一种生存方式和生产方式方面的划分。女性除生存空间受到限制外，在生产方式上也有自身的一些规定性和特点。这些诸如女红之类的细活，必须通过女性的细心才能完成，至于说做得出色，则必须心灵手巧。所以，在一个很长的时期，社会提倡和女性自我确认，都在强化着心灵手巧这一母题。而织女作为中国女性心灵手巧的象征性人物，不仅是女性生活中膜拜的人物，同时也是女红等生产过程学习的榜样。人们希望通过七夕乞巧这一方式，得到织女的护佑，在家庭生活和女红生产方面有所长进。

五、文化母题：被蕴藏的生命动力

文化的被接受与传承，究竟取决于什么因素（元素）或母题？在现实生活中为什么我们有时会倾向于接受这种文化形态而不愿意接受另一种文化形态？我们可以容纳这种思想观念而拒绝那种思想观念？我们可以接受这种指责却不愿意接受那种批评？当然，在此我们不想研究上述这些命题。然而，我们必须注意文化学上对于这一问题的关注，实际上文化除了对于异文化具有的先天抗阻之外，文化的传承是由其同质文化的一些基本元素（或母题）决定的。因为这种文化内部的同质性，决定了文化没有接受过程的抗阻现象，在不同区域的传播也就变得顺理成章，易于不断传承。

从传说故事角度来看，这种被蕴藏于同质文化之中的母题就属于民族或区域认同的文化传承的接受元素。我们知道，母题是蕴藏于传说故事之中，被不断使用的一种最小的基本情节或故事要素。由于它的重复出现而成为人们文化认同的基本构件，在文化学中被称为传统元素，当然，这种传统元素是经过提炼而获得的，属于民众认同的优秀的部分。它被蕴藏于我们的现实生活之中，在口耳相传之间完成它们的传递。重七、男耕女织的夫妻生活、分离、团圆就是其中非常重要的传统元素。人们将之串接于传说故事之中，通过颂扬、欣赏、赞叹的方式完成过程传递，从而达到对传统文化的接受和传承。

七夕节日文化被长期传承延续，实际上是文化同质性的优秀传统文化元素被蕴藏于传说故事之中，从而让每一个接受它的人产生文化的亲近感和亲和力并反过来又以欣赏和习惯方式传承的结果。不管七夕的节日文化在地方上如何丰富多彩和千变万化，但本质内核中都蕴藏着上述传说故事中传承的传统元素，而它的生命力在最大程度上支持了文化的延续。这是一种被蕴藏着的生命力，一种有时被我们忽略但却又是真实存在的生命力，一种在最无形处发挥着巨大作用却让我们摸不着的生命力。

颜文姜庙会信仰文化圈研究

陈　杰（中国艺术研究院研究生院研究生）

在文化地理学研究领域中，民俗地理是一个重要内容，它是研究我国各种民俗文化事象形成、发展、演变、空间分布规律、区域特征及其与地理环境关系的一门学问。①而民间信仰的地理学研究是其重要内容。山东淄博市博山区的颜文姜庙会由来已久，它所影响的地理范围可以通过民间存在的庙群和人们信仰心理的不同，划分为以颜文姜祠为中心的婆家信仰文化圈和以颜文姜娘家庙为中心的娘家信仰文化圈这两大区域，这两大区域又各自呈现出不同的特点。

一、以颜文姜祠为中心的婆家信仰圈

1. 颜文姜祠概况

颜文姜祠又名“灵泉庙”、“顺德夫人祠”，俗称“大庙”，位于博山城郊西南境内凤凰山南麓，现存庙宇均为明、清时期的建筑，为淄博市现存规模最大的古建筑群，2006年被评为全国重点文物保护单位。全祠南北长 64 米，东西宽 61 米，主要建有山门、香亭、正殿、东西两庑、寝殿等计 73 间，建筑面积 1324 平方米。山门，坐北朝南，面阔 3 间 11 米，进深 1 间 6 米。歇山顶，单檐琉璃瓦，前后均有斗拱，门上悬“颜文姜祠”匾额。山门两侧有石狮 1 对，门内顶梁有“大清乾隆二十四年岁次乙丑六月吉旦中书科中书令蒋今长重建”，“时大清道光八年岁次戊子桂月吉旦重修”和“公元一九八二年九月重修”三道嵌梁，建筑风格庄重朴实。院内迎门有重檐四角攒尖式香亭 1 座，为人们进香之处，高 8.5 米，长 5.1 米，宽 4.7 米。重檐歇山，后墙及两侧底部为石基，中砌青砖，门窗皆为朱色木雕隔扇，布局协调，玲珑别致。前院中央是灵泉，这也是孝妇河的主要源头，灵泉池是座 7.5 米见方的正方形水池，深 3 米，四周围有兽雕石栏。泉旁有一石碣题云：“孝妇河名自古今，泉头一派更弘深。何当汲去为霖雨，洗尽人间不孝心。”现在古泉已干涸，已改为人工泉水循环。前院正中为正殿，俗称“无梁殿”，是颜文姜祠的主体建筑，殿内顶梁上有“大清顺治丁酉九月吉旦钦命督抚，山东尚书孙廷

① 高曾伟：《民俗地理学》第 3 页，苏州大学出版社 1996 年版。

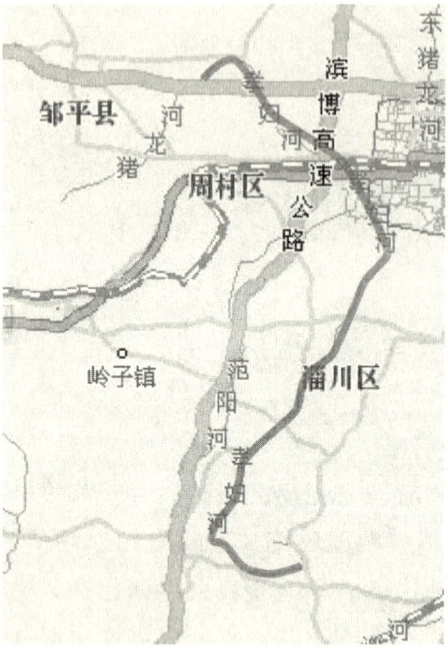

孝妇河流域图

铨、御史赵班玺重建”、“中华民国拾叁年岁次甲子荷月上浣吉旦邑重修”、“1982 年大修”三道嵌梁。前院两庑均为硬山式斗拱建筑，面阔各 5 间，进深各 1 间。颜文姜祠的后院北殿一列正中，为“寝殿”，面阔 4 间，进深 1 间，悬山顶。东、西两侧分别为“公婆殿”和“爷娘殿”，均系硬山顶，木隔扇，为清代一般建筑；西殿一列为郭公祠、百子殿；东殿一列为钟鼓楼、王爷殿。东跨院为三公祠，西跨院为颜神辖处。祠内碑碣石刻较多，计有宋以来历代碑碣 79 块，多嵌于祠内各殿的墙壁上。

2. 以颜文姜祠为中心的颜文姜婆家信仰圈

需要说明的是，颜文姜婆家信仰圈所指的这个婆家并不是真正的婆家及其后人，而是以婆家为中心沿孝妇河向外辐射的这个地域范围之内的人群信仰，这个信仰的代表并不是婆家人，甚至不是民间，而是历届政府。这大概是因为：婆婆太恶，即或是婆家有后人，人们通常也不愿意承认这样一个婆婆，所以，政府也就成了这一信仰圈的唯一合法代表。该信仰圈分布范围主要集中在孝妇河流域，具有辐射范围大、神圣性强、官方色彩浓重等几大特点。

首先，以颜文姜祠为中心的颜文姜婆家信仰圈具有辐射范围大的特点。流传在博山当地的传说说，颜文姜祠前的灵泉就是颜文姜坐化成神的地方，是孝妇河的发源地，当然，这里同时也是传说中颜文姜婆家的所在地。以颜文姜祠为中心的颜文姜婆家信仰圈主要分布在孝妇河这 1733 平方公里范围内的淄博市淄川区、张店区、周村区、桓台区、东营市的广饶县和博兴县等地。经过这些城市之后，孝妇河最后汇入小清河，并注入渤海，全长 117 公里。颜文姜庙会期间的香客基本来自上述区域，其中尤以博山淄川的香客为最多，约占香客总数的 90% 以上，少数来自博兴、莱芜等淄博市的周边地区。远道来的香客少，这一方面由于路途较远方面的原因，同时也与经济能力有关。如笔者 2009 年采访到的一个来自潍坊青州的香客团体就是由于经费的问题，决定明年不再来了。[①]其实，远处的上香者都存在一个来回费用的问题，这成为导致外来上香者少的一个重要原因。

其次，以颜文姜祠为中心的颜文姜婆家信仰圈具有很强烈的神圣性和浓重的官方色彩。神庙的结构与信仰活动的功利性密切联系在一起，参拜的殿或亭，给人以肃穆的感觉，形成庄重而神秘的氛围，以颜文姜祠为中心的婆家信仰文化圈的形成，与颜文姜祠

① 这 16 个人的香会团体为首的张姓，她说：“我们一共 16 个人，早上 6 点就从家出发往这边赶，还有很多人没来，不愿意来，花费太大，光路费就一个人花 35 元，这还得买门票，明年我们都不准备来了，这费用承担不起。”

本身的神圣性紧密相连。宗教学家伊利亚德认为："'神圣'意味着与日常的世俗时空区别开来，并超越了世俗时空的序列，重新回归神圣时空之中。"[①]而区别与超越的可能之一即源于神圣能够自我表证，即展示自己与世俗的完全不同之处，人才能够从中感受到神圣的存在。伊利亚德引入一个词汇，即显圣物[②]（hierophany），意思是神圣向我们展示它自己。以颜文姜祠为中心的颜文姜婆家信仰圈无处不在地都在彰显神圣性和国家意志的存在。

颜文姜祠如何显示自己？将自己与世俗世界区分开来，展示自己的神圣性，让人油然而生神秘感？神圣性是以颜文姜祠为中心的颜文姜婆家信仰圈的特点之一。这种神圣性体现在以下几个方面：

（1）与颜文姜祠相关的神话传说与当地风物相结合，从而增强了神灵的可信性。传说说颜文姜成神的地方正是如今颜文姜祠中的灵泉，同时，灵泉也是现在孝妇河的源头，这样，颜文姜祠就被增添了一笔浓厚的神话色彩，而孝妇河又是现实中实实在在的存在，神话传说中的地点均与当地风物一一对应，从而增强了神话传说的真实性，使当地民众对此深信不疑。

（2）颜文姜祠的修建附会为唐王李世民的所为，从而提高了颜文姜祠在民众心目中的社会地位，也进一步增强了它的正统性和知名度，使人们对颜文姜崇拜更甚，也使得颜文姜祠更加庄严肃穆，更具有神圣感。

（3）民间通过传说故事的形式将颜文姜与碧霞元君联系起来，从而提高了颜文姜的神格，也增强了颜文姜信仰的权威性和神圣感。颜文姜祠坐落在博山凤凰山南麓，整个建筑随凤凰山山势升起。凤凰山又称"小顶山"，上面建有一座泰山行宫。而行宫的建设在民间看来又与碧霞元君和颜文姜的一段身世有关。这段传说说：碧霞元君与颜文姜结拜为姐妹，情投意合，一次，两人拉起掌管山、泉的事儿，颜文姜告诉碧霞元君灵泉水势太旺，碧霞元君则告诉颜文姜泰山上的松树缺水快荒了。后来，两个人彼此解决了对方的难题。碧霞元君为报答颜文姜，将蟠桃汁洒入颜神一带的每一个泉眼，让那儿的泉水都变得洁白清香。后来人们知道了这件事，便邀请她常来颜神做客。因为她是颜文姜拜了干姐妹的干姐姐，于是人们便在颜文姜祠的上面——凤凰山上修建了一座碧霞元君的行宫。因为泰山碧霞元君祠建在泰山大顶上，所以凤凰山也就被当地人称为小顶山。[③]传说将颜文姜和著名的泰山碧霞元君联系起来，将凤凰山叫做小顶山，无疑都是在增加颜文姜祠的神圣色彩，而且将颜文姜祠建在小顶山下，也是为了沾上泰山的灵性，颜文姜祠和泰山行宫遥相呼应，不得不让普通百姓肃然起敬。

（4）颜文姜祠本身也无处不在地彰显其神圣性，在颜文姜祠的建筑布局中，神圣感恰好是通过对人们熟知的人间世界秩序进行模拟而展现的。颜文姜祠由山门、香亭、正殿、寝殿、土地祠、火神祠、三公祠、王爷殿、公婆殿、爷娘殿、郭公祠、百子殿等组成，加上东西两庑，左右配院共 4 个院落，83 间房屋。正殿是颜文姜祠的主体建筑，

---

①② 米尔恰·伊利亚德著，王建光译：《神圣与世俗》第 3、4 页，华夏出版社 2002 年版。

③ 博山民间文学集成编委会：《博山颜文姜祠》，详见《博山民间文学集成》第 61-63 页，2002 年版。

俗称“无梁大殿”，颜文姜所在的正殿处于颜文姜祠的正中央位置，其他众神位于正殿左右或后方，从这个建筑的安排和顺序可以看出博山的神灵次序，即颜文姜神处于中心地位，是地方的最高神。清初，内秘书院大学士，本邑耋宿孙廷铨恐正殿年久侵损，遂以砖石围筑东、西、后三面，致有今日之规制，并独具匠心，增建殿前卷廊。殿内塑有高达 3 米的颜文姜木雕金身坐像，两侧有为其站班的五位先生塑像，神态各异，栩栩如生。庙中颜文姜高高在上，居中而坐，享受着人间的香火。民众在像前席地而跪，这种人、神之间的交流与民、官交流十分类似。宗教学家奥托认为，神圣感同时伴随着畏惧与神往两种情绪而生。[①]森森庙堂体现的就是神的崇高，由崇高而生敬畏，颜文姜祠的神圣性自然油然而生。当然，民众仅仅瞻仰还不够，他们往往还会前去用手抚摸颜文姜的塑像，通过抚摸颜文姜身体的某些部位，进而达到治病的目的。正是因为当地老百姓怀有这种心理，所以颜文姜神像凡是普通人能够到的地方，基本上都很光滑。穿过大殿，在后院，有公婆殿、寝殿、爷娘殿和王爷殿四个殿，规模和气势上远远不及正殿，但却构筑了一个真实的“神圣的存在”——一个颜文姜真实的家庭生活场景。另外，在颜文姜祠中，水的存在占了重要位置，过香亭便可见到灵泉，位于正殿前院中心，甃石为池，7 米半见方，深 3 米，四周雕栏环抱，柱头狮、兽、莲等石雕颇为精致，当地人认为泉水清凉洁净，饮用它可祛病强身，是疗病、养生的“圣水”，历史上这里的取水者往往络绎不绝。由于现在泉已经被围栏围起来，加之这里所谓的泉水全都是用泵打出来的自来水，所以在人们的信仰中，它已不是往日的灵泉，缺少了几分往日的神圣性。

从另一个角度上看，以颜文姜祠为中心的颜文姜婆家信仰圈无处不在地都在彰显国家权力的在场，具有浓重的官方色彩，这也进一步加强了神圣性的确认。历史上，如前文所述，颜文姜祠历经数个朝代的翻修，每次都是地方政府直接参与，可以说这直接代表了作为国家权力的地方政府对民间祭祀的有效干预。他们力图通过树立颜文姜这样一个封建孝道的典型，达到维护统治秩序的目的。

宋代，颜文姜信仰被逐步正统化，其标志就是皇权的册封。宋熙宁八年（1075 年），宋神宗下诏：“神聪明正直，庇于一方，供民之求，如应影响。守臣列上，朕甚嘉焉。疏锡宠名，以昭灵德，且俾民奉事不懈，今可特封顺德夫人，仍赐灵泉庙为额。”[②]这是官方第一次以诏书的形式肯定了这一信仰的合法性，从此，颜文姜神被国家正式承认，进一步树立了颜文姜的权威性。元代，颜文姜又被敕封为“卫国夫人”，应该说册封是封建政府与民间颜文姜信仰最有效的互动方式，一方面，地方神灵借助敕封，使其社会地位一步步提高；另一方面，政府也可利用颜文姜这样一个孝道典型的树立而达到统治的目的。除此之外，修缮建设颜文姜祠，通过具体实在的帮助，让民众看到政府对颜文姜的态度，也是政府参与颜文姜信仰传承的一个重要方式。

其实，政府的参与并非古代才有，只要社会需要调节人际关系，政府就会祭出颜文姜。建国后，当地政府对颜文姜祠也进行过多次大的改造。在 1956 年颜文姜祠被列为

---

① 鲁道夫·奥托著，成穷、周邦宪译：《论“神圣”》第 21-48 页，四川人民出版社 1995 年版。

② 康熙《颜神镇志》卷三，飨祀。

省级重点文物保护单位，1957年人民政府拨款将其重新修整并作为淄博市博物馆。“文革”中，颜文姜祠遭到一定破坏，但主体建筑犹存。改革开放后，随着国家文化政策的进一步宽松，对颜文姜祠的修建也进入高潮，现将历年修建情况列表辑录如下：①

时间	出资方	投资规模	施工方	修建内容	备注
1981年	博山区政府	26万元	曲阜文物管理委员会古建维修队	按颜文姜祠原貌对“文革”期间的损毁进行修复	历时1年，在祠内建立淄博陶瓷博物馆，组建博山区文物管理所，并驻颜文姜祠内办公
1993年	淄博市，博山区政府	30万元	曲阜文物管理委员会古建维修队	再次按颜文姜祠原貌对“文革”期间的损毁进行修复	
1995年	淄博市，博山区政府	30万元	曲阜市古建筑工程公司	严格按照原规格、原形制、原材料、原工艺对颜文姜祠正殿前增建于清康熙五年的前厦卷廊实施落架大修保护工程	
2003年	博山区政府	60万元	曲阜市古建筑设计院	新扩建后上院一处，占地面积1100平方米，新建姊妹殿一座	
2004年	博山区政府	300万元	湖北省大冶市楚风园林古建有限公司	开工建设的孝园地处颜文姜祠后面的山坡上，总占地面积7000平方米。其中建筑面积2500平方米，绿化面积3000平方米，建设二十四孝故事蜡像陈列馆、历代文化名人碑刻长廊和钟楼等设施	历时3年，于2007年建成近300年来最大的一次扩建工程

通过上表，我们可以看出，改革开放后，当地政府对颜文姜祠的修复修建工作渐入高潮，短短10余年时间，就有超过5次的修建工程，而且每次修建的出资方都是当地政府，特别是博山区政府。从投资规模看，出资额呈逐年递增态势，从最初的26万元到最近一次的300万元，一次比一次投入大。同时修建内容也逐渐丰富，从简单的修复开始过渡到扩建工程，尤其是最近的孝园扩建工程成为近300年以来规模最大的工程。而地方政府如此大手笔的目的，一方面，是试图通过修缮颜文姜祠来打造孝文化品牌，

① 根据博山区文物管理所前任所长穆若信提供的档案资料整理。穆若信，65岁，原淄博市陶瓷博物馆馆长、博山区文物管理所所长，正局级干部，博山区叠阳路人。

发展当地的旅游事业；另一方面，也是想通过树立地标式文化，吸引人的目光，提高博山的知名度，进而达到发展经济的目的。

从2002年开始，博山区政府每年都会举办文姜庙会，2002年举办“山东·博山首届文姜庙会”，2003年到2009年举办“山东·博山2003年民俗文化旅游节暨文姜庙会”，特别是2002年“山东·博山首届文姜庙会”的成功举办进一步挖掘和弘扬了孝文化，提高了博山知名度，促进了当地地区经济的发展。2002年的“山东·博山首届文姜庙会”，历时五天，期间在文姜广场举行山东·博山2002文姜庙会并组织民间艺术表演活动；在文姜广场及周边区域安排各商家摆摊设点开展经贸活动，并划定区域设立博山风味小吃、民间工艺品、陶瓷、琉璃、料器、内画、刻瓷制作摊位。自博山公园桥至大洪泉河段上方悬挂民间花灯，沿河树株装饰蛇皮、满天星灯，举办民间花灯展。在文姜广场周边规定区域内，设民间打铁、纺线织布、花轿娶亲、锣鼓吹打、民间说唱、民间杂耍等民俗文化，传统制作展示活动，在文姜广场组织举办“文姜颂”歌舞晚会，京剧票友晚会，连同大型文艺晚会扮玩队伍表演，安排组织文姜庙会期间的“博山游”活动。这次庙会参加人数多，方圆数百里内的游人蜂拥而至，每天达5万余人次，仅8月8日晚上不下10万余人赶庙会，可谓盛况空前。可以说，每年当地政府举办的颜文姜庙会展现出来的是博山浓郁的地域文化，神圣性在每年的这个时候不断重复加强，得到普通民众的不断确认。当地政府通过每年举办的颜文姜庙会，对庙会加强了管理，把颜文姜祠作为历史文物，加强保护和修葺，改造为旅游胜地、集贸中心和娱乐中心，都体现了国家权力在民间文化事象中的介入和彰显，同时，这种国家权力的在场反过来又极大地增添了颜文姜信仰的神圣性。然而，我们不得不注意：民众才是文化遗产的创造者、传承者，政府的任务是有效调动民间社会的积极性，而非让民间操办的传统节日一夜间变成政府工程，变成了来宾讲话、领导讲话、政府颁奖、嘉宾剪彩的仪式。“作为对非物质文化遗产所知不多的政府——并不是非物质文化遗产的传承主体，而是非物质文化遗产的保护主体，它不可能，也不应该直接参与到非物质文化遗产传承工作中来，否则，非物质文化遗产保护工作就会因为制度上的错误安排，而给非物质文化遗产带来灾难性的破坏。”[①]颜文姜庙会作为博山当地的非物质文化遗产，保护好它是每个人的责任，特别是当地的政府身上责任重大，一旦政府干预过大，就会演变成千篇一律的“官俗”，使这种民间文化变样，走味，不利于这种文化的长期传承。

二、以颜文姜娘家庙为中心的娘家信仰文化圈

1. 以颜文姜娘家庙为中心的娘家信仰文化圈概述

在民间社会中，颜文姜祠相当于颜文姜的婆家，那么颜文姜的娘家又在何处？根据民间资料，“颜文姜是青州府颜家庄人，颜文姜家居于长城岭下，岳阳河畔，圩头顶东，

① 苑利、顾军：《非物质文化遗产学》第77页，高等教育出版社2009年版。

少时常去黑山前的柳树井取水，洗衣”，[①]据笔者调查，现今博山区八陡镇的阁子前村就位于黑山齐长城岭下，岳阳河穿村而过。阁子前村内黑山大街最高处现在仍叫圩头顶，传说中颜文姜舂米的大石臼还在，而为纪念颜文姜修建的“奶奶棚”就位于圩头顶东。柳树井位于黑山前，而今井、泉、柳树尚在，因泉水流入井中，井旁有株大柳树，形成井泉柳树相连的景象，故称“柳树井”。民间传说凤凰山下颜文姜的婆家和颜文姜的娘家颜家庄相距不过20里，根据笔者调查，博山周围20里范围内并无颜家庄，只是阁子前村村南的唐罗顶有块地叫颜家林，据说这里是颜氏的祖茔。还有传说对颜文姜的娘家做了这样的解释：“相传南北朝北周（557-581）年间，砂锅店（今博山区崮山镇南庄）西北，八古台下有一个小庄叫颜家庄（八陡镇耐火材料厂境内），庄内住着一位姓颜名广城的老翁，自幼娶王家庄（今八陡镇石炭坞十六亩地）薛氏为妻，生一女名文姜，[②]生一子名文竹。因幼子夭亡，父母视文姜为掌上明珠，像对待男孩子一样，父亲教识字，母亲教纺织，十多岁就能绣一手好花，裁一身好衣。十六岁时，经舅父介绍，嫁与凤凰山下郭家庄郭仪之子郭忠为妻。没想到刚刚过门，夫君便死了，颜文姜的婆婆认定文姜克夫，害死了她的儿子，便经常虐待文姜。父母得知后，特从颜家庄搬到五龙溪（今八陡镇青石关村）观音殿，在殿东盖起三间茅屋（后称颜家宅）居住了下来，每日打扫观音殿，掌灯加油，诵经念佛，以使文姜早日走出苦海。老两口的所为感动了观音，特派太白金星下凡送文姜一只马鞭，从此文姜再也用不着去远处挑水。后来，唐王李世民打算在颜奶奶原籍颜家庄建庙以纪念文姜，但后因该庄被大水淹没，五龙溪观音殿的颜家宅又紧挨观音殿，不宜建庙，这件事便被搁置下来。一次，颜文姜走娘家时在圩头顶东的茶棚避雨，而该棚距颜神镇正好20里，于是便在茶棚旧址盖了‘顺德馨祀庙’（又名奶奶棚）。”[③]从上述两种解释可以看出，在博山当地，人们对颜文姜娘家的旧址是存在争议的，有的说是八陡镇阁子前村，即“长城岭下，岳阳河畔，圩头顶东”，另一种说法则认为颜文姜的娘家在八陡镇青石关村，即现今青石关村内的八陡镇耐火材料厂所辖区域内，该传说说的也非常具体，并与颜文姜的主流传说相吻合，同时又有今天的观音殿等做物证，也较为可信。但这毕竟是传说，史实有待进一步考证。不过，说颜文姜娘家在现在的八陡镇还是比较可信的。

因为颜文姜确切的娘家所在地存在争议，所以几乎整个八陡镇就都成为了颜文姜的娘家，每年祭祀和迎送颜文姜的仪式和庙会，在八陡镇的每个角落展开，除了少数几个村如西山、十六亩地、苏家沟等因为人少庙会活动归入其他村，以及福山、茂岭、大黑山后、小黑山后较远以外，剩余村每年都会组队积极参加迎送颜文姜的仪式，每个村都有自己独立的队伍。在这些队伍中，又以上面提及的“争夺”颜文姜真正娘家的两个村——青石关和阁子前村最为踊跃，人数也最多。可以说，在颜文姜娘家信仰圈的范

① 申维龙、李森：《孝乡八陡风情录》第14页，香港天马图书有限公司2002年版。

② 之所以取名文姜，应该与历史上西周时期流行的对女子的称谓有关，即用姜来泛指姜姓家族中的大姑娘和齐国的美貌女子，取名此，大概是当时父母对女儿的美好期望，或是后人将颜文姜附会成了齐国贵族家中的女孩。

③ 根据青石关村魏书高口述整理。魏书高，男，62岁，博山钢厂退休工人，八陡镇青石关村人。

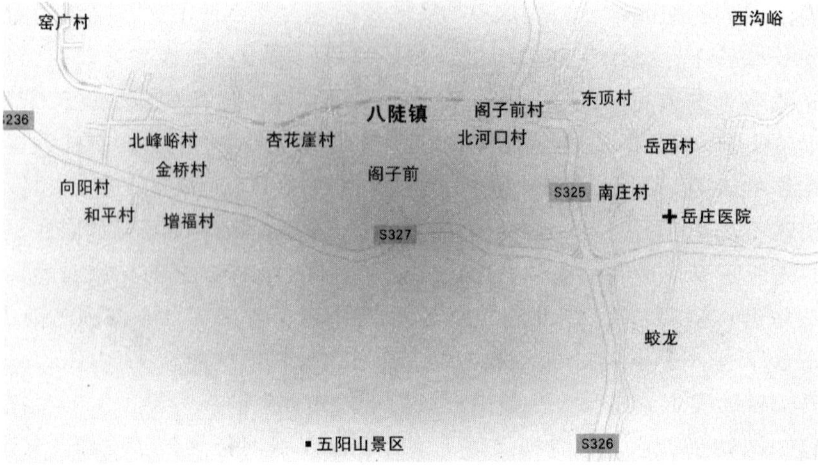

娘家信仰圈示意图

围内，当地人都以是颜文姜的娘家人而倍感自豪。“我们是颜文姜的娘家人，走到哪儿都很受欢迎，放炮仗的特别多，我们走到哪儿都走不动了，炮仗炸的都得躲着走。”[①]而其他村落又用亲缘关系将自己与颜文姜联系起来，如八陡镇东顶村说自己是颜文姜的姨家，石炭坞的和平、向阳、北峰峪等村则称自己是颜文姜的舅舅家，总之，八陡镇所辖的各个村落共同构成了颜文姜娘家信仰圈，这里也在朦朦胧胧的信仰中由世俗升华到了一个神圣的令人艳羡的彼岸。

2. 娘家庙群的分类及其形成的原因

传统小农经济时代的自给自足使得人们无需太多的对外交往便可满足人们的日常生活需求，所以，这一时代人们的社交圈是极其狭小而有限的，它们多半仅局限于本村落之内。但是，由于地域的相接、婚姻的互通以及其他种种原因（例如对某种资源的共享或争夺），村落间也常常打破原有的隔绝状态，产生或冲突或友好的关系。在这个关系中，民间信仰扮演着重要角色。在很多地方，村落以对某一神灵的共同信仰为纽带而变得非常密切。颜文姜娘家信仰圈就是这样一个以颜文姜娘家亲属关系确立的，由八陡镇各个村落共同构成的颜文姜亲属系统文化圈。他们是庙会仪式的主要参加者，共同组成了颜文姜的“娘家人”。但是，由于种种原因，这些村落对颜文姜的信仰也存在差异，特别是体现在由每个村落颜文姜庙的不同形制而形成的颜文姜娘家庙群的不同特色，这些差异基本上能体现出这些村落在历史发展过程中因发展不平衡而造成的村落差异。与颜文姜婆家信仰圈所具有的官方色彩和神圣性不同，颜文姜娘家信仰圈具有更多的民间性与亲和力，庙会的组织和管理也具有更多的民主意识和志愿色彩，具有更多的世俗性。

通过对八陡镇各村的走访调查，我们发现颜文姜娘家庙群大致可以分为颜文姜娘家庙和颜文姜亲属庙两大类。其中颜文姜娘家庙以八陡阁子前村和青石关村的颜文姜庙为

① 青石关村庙会巡行队伍组织者魏书高，男，62岁，博山钢厂退休工人，八陡镇青石关村人。

代表，颜文姜亲属庙以八陡镇东顶村（颜文姜的姨家）等为代表。

阁子前村颜文姜庙就是上文提及的“奶奶棚”。“奶奶棚”又叫“顺德馨祀”，清嘉庆二十三年建，据传说阁子前村是颜文姜的正娘家，因此每年庙会期间阁子前村总会受到沿街香客们的礼遇。“大家伙都知道我们是正娘家，所以都等着我们到了才拿出炮仗放炮仗。”[①]民间信仰对多数村落的社会整合也有不可忽视的作用。在中国，村落往往是血缘、地缘的结合体，是村民终生相守的家园。“村运之盛衰，不外神恩之眷顾”，[②]把村运的兴衰与否归结为有无神灵的护佑，村落的发展与神灵融为一体，村众对神灵的依赖与虔诚无以复加。村中各种神灵满足了村民求雨、禳灾、祛病、祈福、决疑、解惑等多种需求。尤其是神灵高度融合、功能几无不备的大型庙宇，整合了村民的多种信仰、祈愿，是全村人的信仰中心，在精神上把全村人凝聚在了一起。“每年一到庙会，我们村上基本上是全村出动，特别是这些老娘娘（老太太），闲着在家没事就都来庙上帮忙值班，我们都是自愿来，一天两拨人，白天一拨，晚上一拨，白天三个人，有时还会多，因为白天来上供的香客特别多，所以人少了忙不过来，晚上就不要那么多人了，一般是两个，有时是一个。”

在阁子前村，庙会的组织结构是相当松散的。在采访过程中，笔者一直想搞清楚颜文姜庙会的组织结构，但由于当地庙会团体松散，所以，博山既没有像河北范庄龙牌会那样固定的庙会组织结构，也没有严格的会头遴选。以至于我们在博山当地用“会头”这个词与他们交流，都很难获得当地人的认同，他们只会很谦虚地说自己是来帮忙组织组织大家的。负责阁子前村庙会活动的会头王志芬（57 岁）为我们讲述了颜文姜庙会期间的仪式安排：每年农历五月二十九（或三十）晚，是八陡镇迎接颜文姜回娘家的“大日子”，这一天，几乎全八陡的人都被调动起来，各村队伍在傍晚时纷纷组织好本村的队伍，敲起锣鼓，扭起秧歌，准备到 20 里外博山凤凰山下颜文姜祠（颜文姜婆婆家）接颜文姜回娘家避暑歇伏。沿途百姓走出家门，在路边摆供上香迎接颜文姜回娘家。颜文姜被接回娘家后，要在八陡供奉一个月，一个月后，也就是农历六月二十九（或三十）晚，再被送回婆家（颜文姜祠）。

阁子前村一直被大多数当地百姓特别是阁子前村村民认为是颜文姜的正娘家，理由是：一、上述传说已经告诉人们，颜文姜的娘家应该就是在现今阁子前村附近；二、阁子前村现存顺德馨祀庙是八陡唯一一座历史上（封建社会）修建的专门用来祭祀颜文姜的专门庙宇；三、在改革开放前，周边许多村落的村民一直都有参加阁子前村迎送颜奶奶的传统；四、阁子前村不但队伍规模一直是最大的，他们使用的神辇也是最大的（神辇的大小，是一种文化象征。不是颜文姜正娘家的村落是不能使用大号神辇的）。

正是以上四个原因，使当地村民对阁子前村是颜文姜正娘家的身份深信不疑，当地人常说：“我们才是（颜文姜）正宗的娘家，你看我们村的辇是最大的，这还是我们专

---

① 赵钦涛，男，66 岁，博山矿务局五二五厂学校退休教师，庙会期间负责阁子前村记账工作。

② 王守恩：《诸神与众生：清代民国山西太古的民间信仰与乡村社会》第 23 页，中国社会科学出版社 2009 年版。

门请的师傅设计制作的，完全按照古时候皇帝出行的辇设计的，别的村都比不上我们的大，你看别的村那辇，真寒酸，咱这个，怎么也得八个小伙子才能抬得动！”[①]因为大家伙都认为阁子前村是正娘家，所以，阁子前村的上上下下都因此而自豪，庙会期间，每年村子里都会有大的投入。“1993 年，阁子前恢复迎送颜奶奶活动，村委会起了很重要的组织领导作用，老百姓集资建庙，村上建院墙，观音阁共花费 300 多万，集资不够全由村上补，每年队伍中乐器的更换都由村上出钱。”[②]在笔者调查的所有村子中，阁子前村村委的投入算是最大的，村里这样做显然是与阁子前村是颜文姜“正娘家”的身份密不可分，他们认为：“我们作为正娘家，可不能给奶奶丢脸。”[③]阁子前村在颜文姜庙会中，其社会地位已经远远超过了别的村落。他们在承担更多的社会责任和义务的同时，也更多了一份责任感、自豪感与使命感，而别的村落也对阁子前村多了一些尊敬和羡慕。德国学者西美尔认为，神是人的翻版。[④]人创造了神，世俗世界的生活内容必然会渗透到神的世界。因此，人与神之间的关系也就会反映出人与人之间的关系。在当地人的心目中，颜文姜是非常灵验的，因此，颜文姜的娘家阁子前村也就因为颜文姜的灵验而受到更多村落的艳羡。在庙会期间，特别是把颜文姜接回来的头几天，别的村子会前来进献大礼（博山当地香客们对用纸叠制而成的金元宝、金山、银山等祭品统称为“大礼”），以寻求颜神的护佑。此时阁子前村为表欢迎，还要组织锣鼓队、秧歌队等在村口迎接，并留香客在庙上吃饭。饭食很简单，一般都是用绿豆萁子（当地的一种面食，用白面擀成菱形面片儿下水煮熟后食用）或者渣豆腐（做豆腐剩下的下脚料用水煮后食用的一种食品）来招待别村香客，因为这些食品都是素食，比较适合庙会这种场合食用，制作方法比较简单，省去了大量的人力物力，这种汤汤水水的食品还有解渴作用，比较适合夏季路人的需求。东西虽然简单、便宜，但足以代表当地人对香客们的敬意。

颜文姜娘家庙在八陡还有一处，这就是八陡青石关村的颜文姜庙（但这里并不叫颜文姜庙，当地人称南庙）。八陡镇青石关村原称“五龙溪”，系因五条小溪汇总一处，经五龙溪桥（当地又称“南北桥”）流入八陡的岳阳河。在五龙溪中有一座观音殿，据当地人讲，这座观音殿始建于南北朝时期的梁武帝天监三年（505 年），该殿初建时为石垒小庙，占地不足 12 平方米，因庙位于八陡庄南，故当地人常称为“南庙”。隋末唐初（约 618 年），五龙溪村民对南庙进行了第一次翻修，由原来的石垒小庙扩建为三间有梁大殿，并砌有院墙、庙门，大殿门前上书横匾“观音殿”三个大字。“这个观音殿已经有很长的历史了，1993 年我们完成了第 7 次修缮，2006 年才专门给颜文姜修建了颜奶奶殿，所以这里其实不叫‘颜文姜庙’，而叫‘观音殿’或‘青石关南庙’，只不过以前奶奶接回来后都会请到这里，所以这个庙也就和颜文姜发生了联系。其实颜奶奶是没有专门的殿的，2006 才集资修建。”[⑤]青石关村和阁子前村有时都认为自己才是颜文姜的

---

①②③ 阁子前村委会主任赵明俊，男，57 岁，八陡镇阁子前村人。

④ 格奥尔格·西美尔：《宗教社会学》第 19 页，上海人民出版社 2003 年版。

⑤ 根据青石关村魏书高口述整理。魏书高，男，62 岁，博山钢厂退休工人，八陡镇青石关村人。

正娘家，从某这种意义上说，他们是竞争对手，所以提起阁子前，青石关村负责人魏书高似乎有很多话要说，他告诉我们，大家以为阁子前是正娘家，其实是个误会，传说里说，阁子前村的颜文姜庙（也就是顺德馨祀，“奶奶棚”）本是颜文姜去远处汲水途中避雨的地方，所以叫奶奶棚，至于顺德馨祀那只是后来的叫法了，所以阁子前绝不是真正的正娘家，青石关才是。62 岁的魏书高是被青石关当地人公认的颜文姜“专家”。他认为，青石关之所以是颜文姜的正娘家。理由有五：

（1）传说颜文姜的娘家就在颜家庄，就在八陡镇耐火材料厂，这厂子就在青石关，而且，历史上颜文姜父母从颜家庄搬到了观音殿，诵经念佛，让观音救文姜免受婆婆虐待。

（2）每年迎送颜奶奶的时候，青石关的所有人都有权进入博山凤凰山下的颜文姜祠，而别村队伍只能部分进入，更多的人只能在外面等待。这是因为颜文姜祠的管理者认为青石关村才是颜文姜的正娘家。

（3）按规定，所有进入颜文姜祠的队伍都需集体买票，青石关村的人进门也要买，青石关的人虽然也要买票，但他们拥有优惠打折的特权，每次都能比别的村子优惠 50 到 100 元不等。比如 2009 年他们买了 150 元的集体票，而其他村都在 200 元以上。

（4）每年迎送颜文姜活动基本都是从傍晚开始，直到深夜才能结束，无论是接还是送，颜文姜祠的大门总是等着青石关的队伍到了之后才关门，至于其他村到没到就基本不管了。

（5）在 20 世纪 90 年代，每次青石关的队伍到达颜文姜祠以后，颜文姜祠的工作人员往往会准备些简单的餐食、饮料供这个村子的人食用，这也是对青石关村的特殊待遇。

应该说，上述特殊礼遇主要来自于颜文姜祠对青石关村是颜文姜娘家人这一结论的肯定。颜文姜祠是博山区文物局所在地，里面的工作人员绝大多数都是政府的公职人员，带有明显的官方色彩，他们对青石关村的特殊关照，实际上表达的是政府对青石关村正娘家身份的肯定，从而使青石关村具有了合法的社会地位。但与阁子前村的民间公认不同，他们的所谓公认，更多的是来自政府的认可和肯定，即使沿路百姓不那么“认他们”（魏书高语，意思是当地百姓不认为青石关是颜文姜的正娘家），他们也因为能得到官方的认可而感觉脸上生光。以前青石关迎送颜文姜活动的负责人是一个名叫王会彩的老太太，王老太太去世后，因为人们“看他勤快，乐于助人”，便把负责人的位置传给了魏书高。魏书高自豪地告诉我们，颜奶奶接来后，魏书高要负责接待来自别村和本村的香客。据魏讲，每年也有很多来自外村的人前来给奶奶送大礼，另外，就是做好值班工作，每天都要给颜奶奶整理床铺，晚 7 点铺床，早 5 点铺床。同时，还要每天更换上供的东西（如白水和酒等）。有些东西需要天天更换，水杯、酒杯都要刷干净放好。更为重要的是，魏书高还要管理庙上的钱财。据他讲，2009 年老百姓大概捐钱 4100 多元，但支出就有 5000 多元（包含水电费，烟、茶、面条，以及锣鼓更新等）。由于村企业效益不好，只有在村上需要做大型建筑工程时才会给上一部分支持，平时只能靠百姓捐钱，所以迎送颜奶奶基本是“取之于民，用之于民”。2009

年迎送队伍的车是大企业无偿援助的，而以前都得花钱（一晚上 50 或 60 元）。由于经济原因，“青石关的队伍组成和规模并不是最大的，甚至算不上前三名，这可能也是导致老百姓不认青石关村的原因”。①

除了阁子前村和青石关村，其他村落都自认为是颜文姜的亲戚。八陡镇东顶村位于八陡的东部。据东顶村人讲，东顶村是颜文姜的姨家。他们是从 2008 年开始迎送颜奶奶的，之前并没有，原因是村上没有人组织。2006 年那年陈勇当上了书记，这才开始恢复迎送颜奶奶的活动。“大家都愿意跟着这个书记走，因为这个新书记给上了 60 岁的老人每月 60 元的退休金，以前的书记分文没有，书记比那儿子强，所以大家对现在的书记是一呼百应。”②2008 年恢复迎送颜奶奶后，村子在村东头找了一间民房作为颜文姜的庙，每次请来奶奶，大家都到这间民房里去祭拜。

与东顶村相似的还有八陡镇的金桥村、增福村、向阳村。这些村都是在村委会的支持下，在村里找间民房作为颜奶奶的临时庙舍的。原因是这些村落迎送颜文姜的活动恢复得都比较晚，历史上又没有专门修建过颜文姜庙，所以只能找间房子作为颜文姜的临时居所，条件成熟再建新庙。现在像增福和向阳村这样的村落已经开始筹建新庙。颜文姜娘家信仰除了集中在八陡镇外，还沿文姜路向东拓展传播。如八陡镇的近邻崮山镇的某些村落，如岱庄村和岳庄村也都参与过迎送颜文姜的活动。这些村落与八陡镇交界，人们的交往也非常密切，相似的文化背景孕育了这方水土同样的崇拜颜文姜的文化情结。顺着文姜路往西，与八陡镇交界的山头镇窑广村也隶属于颜文姜娘家信仰圈。在这里有个名叫淄博三菱股份有限公司的公司，其前身是八陡镇镰刀厂。原镰刀厂于 20 世纪 70 年代就从八陡镇迁到了山头镇窑广村，大量的八陡人也随之迁徙至此，颜文姜信仰也随之带到了这里。

从 20 世纪 90 年代起，八陡镇的颜文姜迎送仪式开始恢复，到 21 世纪初，几乎每个村落都有了自己的队伍，修复或修建了本村颜文姜庙宇的活动也开展起来。但是，由于各村经济发展不甚平衡以及历史上的某些原因，这些村落的庙宇和活动组织也都呈现出明显的不同。由于他们与颜文姜的亲属关系不同，所以，每个村子都会据此为自己做出明确的文化定位，姑姑村有姑姑村的口号，舅舅村有舅舅村的主意，于是乎，颜文姜信仰就在这样一些号称娘家、姑家、舅舅家村落的簇拥下，迅速发展起来。

---

① 根据青石关村魏书高口述整理。魏书高，男，62 岁，博山钢厂退休工人，八陡镇青石关村人。

② 八陡镇东顶村村民王凤兰，女，71 岁，庙会期间负责值班，八陡镇东顶村人。

博物馆与非物质文化遗产保护

陈　为（中国艺术研究院研究生）

非物质文化遗产之中蕴涵着人类的智慧，体现着人们的生活方式和思维方式。非物质文化遗产与物质文化遗产以及其他文化形式共同构筑了人类丰富多彩的精神空间。然而随着人类社会的发展和全球化趋势的加强，这些宝贵的遗产不断流失、加速消亡。值得庆幸的是，人们逐渐认识到了这一问题，目前社会各界对于非物质文化遗产保护都表现出了极大的热情，并形成一股非物质文化遗产热的浪潮。虽然博物馆是一个文化教育机构，但传统的博物馆以实物的收藏、研究和展览为主，有形的藏品是博物馆一切活动的基础，实物性是博物馆展览和教育活动的基本特点。那么在这场声势浩大的非物质文化遗产保护运动中博物馆能扮演什么角色？具体地说，博物馆和非物质文化遗产到底有着什么样的关系？博物馆在非物质文化遗产保护中有什么优势，能发挥什么作用？反过来，参与非物质文化遗产保护对博物馆自身的发展有何意义？这些都是博物馆投身于非物质文化遗产保护时必须理清的一些基本问题，本文试图对此做以阐述。

一、博物馆与非物质文化遗产

博物馆是遗产保护的专业机构，其以遗产保护为己任。不论古代形态的博物馆还是近代的公共博物馆，征集和保存各类文物一直是其基本业务。博物馆的雏形在奴隶社会即已出现，1682 年在英国建立的阿什莫林考古与艺术博物馆，是世界上第一座向公众开放的近代博物馆。从这个角度讲，博物馆是出现最早的保护文化遗产的专业机构。

人们对文化遗产的认识是逐步拓展和深化的。对物质文化遗产的认识较早，而对非物质文化遗产的认识则是近些年的事，也是在物质文化遗产认识的基础上扩展而形成的。对非物质文化遗产认识的深化，使人们对遗产体系的认识臻于完善。在中国，博物馆通常和文物联系在一起合称“文博”，如文博界、文博事业。文物是一个有中国特色的概念，按照我国的文物分类体系，文物分为可移动文物和不可移动文物。国际上将文化遗产分为物质文化遗产和非物质文化遗产，其中物质文化遗产的概念大致相当于我国的不可移动文物。2005 年我国出台的《国务院关于加强文化遗产保护的通知》中也将文化遗产分为物质文化遗产和非物质文化遗产，其中物质文化遗产基本上与以前文物的概念相同。文化遗产的概念，更加强调代际平衡、文化传承，强调人人共享、为人民服务、为社会发展服务，比“文物”一词有着更深更广的含义。文物的内涵和外延已无法满足文物事业国际交流以及遗产事业发展的需求，文物事业大有向遗产事业转变的趋势。[①]一般而言，博物馆主要保护的是可移动文物，或者说博物馆擅长保护可移动文物。保护可移动文物从博物馆出现之日起便是其基本工作，现在也是其最主要的工作。但随着社会的发展，博物馆的理念也在不断地发展，博物馆越来越关注人，并把为社会和社会发展服务作为自己的使命。随着人们对文化遗产概念认识的深入，博物馆也在积极地承担更多的社会责任。在博物馆与时俱进的发展中，博物馆事业逐渐由文物事业的一部分转变为遗产事业的一部分。

博物馆将自己的保护对象从可移动文物向不可移动文物延伸始于20世纪50年代。1946年国际博物馆协会（简称国际博协）成立之后，就一直主张将不可移动的文化遗产的保护置于博物馆的旗下。但这个过程是曲折和艰难的，这一主张遭到了强烈的反对，最终导致联合国教科文组织于1965年另外设立国际古迹和遗址保护理事会来负责不可移动的文化遗产保护方面的事务。1958年，中国的半坡遗址博物馆已在西安半坡遗址建成开放，而当时国际博物馆界还在争论遗址能不能进入博物馆，能不能由博物馆来保护。时至今日，遗址类博物馆已成为博物馆中很普遍的一类，在遗址上建博物馆已被认为是保护这类文化遗产的一种非常有效的方式。

目前非物质文化遗产的保护对博物馆而言，似乎和半个世纪以前博物馆遭遇遗址类文化遗产一样，既是一个挑战也是一个机遇。回顾一下非物质文化遗产保护的国际化历程以及博物馆关注非物质文化遗产的历程，我们可以看出博物馆也是一支较早关注非物质文化遗产的力量。1989年11月联合国教科文组织通过了《保护民间创作建议案》，这个文件中虽然没有明确使用“非物质文化遗产”的概念，但其所谓的“民间创作”与“非物质文化遗产”的概念大致相同。1998年联合国教科文组织颁布《人类口头与非物质文化遗产代表作宣言》，2001年颁布《世界文化多样性宣言》，2002年第三次文化部长圆桌会议通过了《伊斯坦布尔宣言》，这一系列文件不断强调非物质文化遗产保护的重要性，使非物质文化遗产的概念逐渐明晰。2003年联合国教科文组织第32届大会通过的《保护非物质文化遗产公约》，是迄今为止联合国教科文组织关于保护非物质文化遗产最重要的文件，它使非物质文化遗产保护工作成为全球行动。由此看来，非物质文化遗产被国际社会普遍关注是从20世纪的最后10年逐渐开始的。

国际博物馆协会在1997年墨尔本大会期间已开始关注对非物质文化遗产保护的责任。2000年在德国慕尼黑召开的国际博协博物馆学委员会年会就将“博物馆与无形遗产”作为讨论主题。国际博协2001年巴塞罗那大会上，在章程修改中第一次把保护无形遗产列入博物馆定义的外延。2002年在中国上海召开的国际博协亚太地区大会也将“博物馆与无形遗产”作为主题，并在大会结束时通过了以《博物馆、非物质文化遗产

---

① 刘世锦主编：《中国遗产事业发展报告（2008）》（文化遗产蓝皮书）第95页，社会科学文献出版社2008年版。

与全球化》为主题的《上海宪章》。2004年在韩国汉城召开的国际博协代表大会更是将大会主题确定为“博物馆与无形遗产”，并将当年5·18国际博物馆日的主题也定为“博物馆与无形遗产”。可见博物馆对于非物质文化遗产保护的关注，在一开始就与其他各种社会力量同步。以“博物馆与无形遗产”为主题的一系列国际会议，逐渐将博物馆的保护伞伸向了非物质文化遗产领域，这也表明博物馆在积极地关注并参与非物质文化遗产的保护。

二、博物馆在非物质文化遗产保护中的优势

非物质文化遗产是丰富多样的，每一个具体的博物馆能发挥的作用可能大小不一，个别博物馆难有用武之地也是可能的，但是丰富多彩的博物馆作为一个整体在非物质文化遗产保护中能够发挥巨大的作用。博物馆有其自身的特点，正是这些独特性使博物馆在保护非物质文化遗产中具有不可替代的优势。就传统的博物馆而言，博物馆是征集保存、研究和展示物质遗产的机构，但物质遗产本身和非物质文化遗产之间有着密切的联系。博物馆在物质文化遗产保护方面的宝贵经验和资源可以直接转化为保护非物质文化遗产的力量，这主要体现在以下方面。

1. 收藏保存优势

博物馆是各类文物的收藏机构和专业的保护机构。有专业的设备和库房、完备的保护制度、训练有素的管理人员。非物质文化遗产也并非与物质隔绝、独立于物质之外，非物质文化遗产依赖一定的物质载体才得以表达和展现。只是非物质文化遗产强调的是遗产所蕴涵的文化、艺术、精神等方面的价值，保护的对象是呈现这种文化和精神内涵的所有元素，保护的重点是呈现这种文化和精神内涵的整个过程。但道具、器物、场所等物质载体也是非物质文化遗产的组成部分，和非物质文化遗产密不可分。非物质文化遗产的文化价值和精神内涵可以通过其物质载体传达给受众，有些非物质文化遗产的物质载体本身就是珍贵的文物。对物质载体的保护也是非物质文化遗产保护的一项重要工作。而且非物质文化遗产的保护原则中首要的便是“物质化”原则。[①]博物馆是一个永久性的收藏机构，在保护遗产方面它的稳定性是其他任何机构所无法相比的，非物质文化遗产保护的目的也是希望将其永久保护下来、永远传承下去。因此，博物馆是非物质文化遗产的物质载体和“物质化”的实物最为理想的收藏和保存机构。

2. 科研优势

博物馆收集和保存文物的目的是为了研究和发掘蕴藏于其中的科学、历史和艺术等方面的信息。博物馆汇集了包括人类学、考古学、文物学、历史学、民族学、民俗学、文学（包括民间文学）、美术等方面的人才。他们从事馆藏文物藏品研究，在研究中涉及许多非物质文化遗产方面的内容，或与之相关的内容。中国的博物馆以文史类最多，

---

① 苑利：《非物质文化遗产保护教程》第281页，国际亚细亚民俗学会2007年版。

在这些博物馆里大都有为数不少的青铜器、玉器、陶瓷。比如在博物馆中，对青铜器、玉器、陶瓷的研究时不仅要研究它们的造型、纹饰、功能，还要研究它们的制作工艺。对于青铜器要研究其制模、铸造、焊接、镶嵌技艺，玉器要研究其开料、雕琢、打孔、抛光技术，陶瓷要研究其制坯、装烧、施釉、彩绘技艺。博物馆的研究可能是侧重古代技艺，但是这和非物质文化遗产中的铸造、雕刻、陶艺等项目亦有许多相似之处，因此博物馆完全能够承担相关的非物质文化遗产项目的研究工作。博物馆收藏非物质文化遗产载体以及"物质化"的实物也是为了对非物质文化遗产进行研究，研究其文化、精神和内涵，以此来为展览、传播和教育服务。将非物质文化载体以及"物质化"的实物收藏进博物馆，不是让活态的、鲜活的非物质文化遗产静止、固化，而是让它更加丰富和系统。

3. 展览宣传优势

展示和宣传是非物质文化遗产保护的一个重要方面，通过展览和宣传，让更多的人认识和了解非物质文化遗产的价值，让更多的人关注和热爱非物质文化遗产。这样，非物质文化遗产就能得到群众的支持而更好地传承和发展，就能深化非物质文化遗产的群众基础。博物馆作为一种信息的传播机构不同于一般的媒体，其传播给大众的是一种客观的、真实的信息，带有教育性质，这正是非物质文化遗产宣传保护中所追求的。博物馆的场馆、展厅是展示非物质文化遗产的理想场所，博物馆的观众是非物质文化遗产展示的直接受众，博物馆的观众是多元化的，这有利于非物质文化遗产在不同人群中广泛宣传。也正是因为博物馆在展览和宣传方面的优势，我国两次最大规模的非物质文化遗产的展览都是在博物馆中举办的。[①]但是我们也不能否认，长期以来博物馆的展览模式是实物性的、静态的，这种展览模式在面对活态的、动态的非物质文化遗产时会有巨大的困难。好在随着中外博物馆理论与实践的发展，这一问题能够得到解决，具体来说就是动静结合、有形与无形的结合。动态的表演辅以静态的陈列，通过大屏幕滚动播出非物质文化遗产的资料片、艺人现场演示制作、互动性的操作、参与性的活动对非物质文化遗产进行全方位的展示。营造一种动态的历史文化氛围，这样的展示将成为观众与非物质文化遗产亲密接触和对话的平台，观众能够在这里体会到非物质文化遗产的科学、艺术、历史价值和文化内涵，这是今天博物馆陈列展览所应追求的一种完美境界。

如果说传统的博物馆在非物质文化遗产保护方面还有鞭长莫及的地方，那么数字博物馆和生态博物馆这些新的博物馆形式便能够在一定程度上弥补传统博物馆的不足。在

---

① 第一次是2006年2月9日至3月16日，由文化部、国家发展和改革委员会、教育部、国家民委、财政部、建设部、国家旅游局、国家宗教局、国家文物局主办，中国艺术研究院、中国国家博物馆承办的《中国非物质文化遗产保护成果展》，此展览在中国国家博物馆举行。第二次是2009年2月9日至2月23日，由文化部、国家发展和改革委员会、教育部、科学技术部、工业和信息化部、国家民族事务委员会、财政部、住房和城乡建设部、商务部、国家旅游局、国家宗教事务局、国家中医药管理局、国家文物局、中国社会科学院、北京市人民政府主办，中国非物质文化遗产保护中心、北京市文化局承办的《中国非物质文化遗产传统技艺大展》，此展览在中国农业展览馆展览。中国农业展览馆与中国农业博物馆是同一套领导机构，博物馆位于展览馆内，农展馆具有博物馆的文化氛围。所以，《中国非物质文化遗产传统技艺大展》在中国农业展览馆举办亦相当于在博物馆中举办。

非物质文化遗产保护中发挥更大的作用。

1. 数字博物馆在非物质文化遗产保护中的作用

数字博物馆是伴随着信息技术的发展及其在文物博物馆领域的拓展应用而产生的一种新生事物，至今尚没有一个确切的概念。数字博物馆主要运用计算机技术（包括虚拟现实、多媒体、网络、数据库技术等）采集、整理和管理文物信息。从内容上讲，它是某类文物或遗产信息的集合。从形态而言，数字博物馆存储的信息包括文字、图形、图像、视频、音频、三维模型等不同数据类型。从作用而言，数字博物馆能优化和拓展传统博物馆的功能。数字博物馆能不受时空限制，以网络的方式将海量的信息传输给观众，使观众能够迅速快捷地获得所需要的信息。数字博物馆的这些特点使之能够成为非物质文化遗产保护的一种有效方式，其在非物质文化遗产保护中的作用主要体现在非物质文化遗产调查、整理、宣传等环节。在调查中，对采集的资料进行数字化处理，建立数字档案、数字资料库。整理和研究中，充分利用数字博物馆技术，可以对信息资源整合共享，能够使工作科学化和高效化。在对非物质文化遗产宣传和弘扬方面，数字博物馆增强了博物馆的宣传力度和广度。

目前已开通的非物质文化数字博物馆主要有以下三个："中国非物质文化遗产网·中国非物质文化遗产数字博物馆"（http://www.ihchina.cn），于 2006 年 6 月 9 日中国第一个"文化遗产日"前开通。这是在非物质文化遗产保护工作部际联席会议的领导下，由中华人民共和国文化部主管，中国艺术研究院主办的公益性非物质文化遗产保护专业网站。"非物质文化遗产数字博物馆——蜀风雅韵"（http://www.cdclib.org/immaterial），2006 年 4 月建成。它是由成都图书馆通过采集、加工、整理成都及其周边地区的非物质文化遗产资源创建起来的，是目前成都地区资源最全、信息量最大、专业化程度最高的非物质文化遗产资源中心。"羌族文化数字博物馆"（http://www .qiang.ihchina.cn），2008 年 7 月 23 日开通。羌族文化数字博物馆用文字以及图片、影像等多媒体资料，通过不同的专题展现羌族古老悠久的历史文明和丰富多彩的文化遗产。

2. 生态博物馆在非物质文化遗产保护中的作用

生态博物馆产生于 20 世纪 60、70 年代，是在环境科学和生态观念对博物馆的影响下出现的。我国著名的博物馆学家苏东海先生对生态博物馆的描述是："生态博物馆是对自然环境、人文环境、有形遗产、无形遗产进行整体保护、原地保护和居民自己保护，从而使人与物与环境处于固有的生态关系中并和谐向前发展的一种博物馆新理念和新方法。"[①]生态博物馆强调对社区自然生态和人文生态整体保护。人文生态包括物质方面的文化遗产以及生活方式、民俗事象等。社区内的每件物品以及村民本身都被视为文化的载体，社区内的一切包括语言、声音都要记录下来建立资料中心保存。在原地由原居民自己来保护，居民自身既是文化传承的主体也是保护主体，这是一种动态的、活态的保护。生态博物馆的这些特点对于非物质文化遗产的保护来说尤为重要。非物质文化

---

① 苏东海：《我对生态博物馆特征的描述》，见《博物馆的沉思苏东海论文选（卷二）》第 509 页，文物出版社 2006 年版。

遗产的保护原则中，最主要的几点就是整体保护、活态保护和原生态保护。整体保护包括两个层面的含义，既要保护构成非物质文化遗产的所有要素、所有事象，又要保护其生存空间和生存环境；活态保护是因为非物质文化遗产是无形的，通过人的行为呈现出来，存在于民间，存在于人们的生活之中；原生态保护就是要在原地保护、在其原初的生态环境中保护，这是由非物质文化遗产的地域性决定的，原生态保护也是保持非物质文化遗产原真性（authenticity）的基本要求。

生态博物馆的理念和非物质文化遗产保护的这些原则是相吻合的，生态博物馆和非物质文化遗产生态保护区的理念也是一致的，在这种保护理念上，生态博物馆也算得上一个先行者。虽然生态博物馆和非物质文化遗产生态保护区在实践上还存在一些问题，但是这种理念、这种模式是好的。随着理论与实践的深入，随着当地民众文化自觉意识的提高，生态博物馆一定能对非物质文化遗产的保护起到重要的作用。

三、参与非物质文化遗产保护对博物馆的意义

1. 保护非物质文化遗产使博物馆拓展了保护对象的范围

传统的博物馆一直是把物质形态的文物的收藏和保护作为自己的核心任务，从博物馆的定义中便可以看出这一点。国际博物馆协会第 16 届全体大会通过的《国际博物馆协会章程》第二条给出的经典定义为：“博物馆是为社会和社会发展服务的非营利的永久机构，并向社会大众开放。它为研究、教育、欣赏之目的征集、保护、研究、传播并展示人类及人类环境的见证物（material evidence of people and their environment）。”在这个定义中，博物馆所保护的对象被描述为“人类及人类环境的见证物”，明确说明博物馆保护的对象是物质形态的实物。即使遗址类博物馆出现之后，博物馆的保护对象从可移动文物延伸到不可移动的遗产，其保护对象也没有超出物质的范围。非物质文化遗产的概念提出来之后，改变了原来的遗产体系，博物馆也必须适时地调整保护对象的范围，才能维护自身作为永久性遗产保护专业机构的地位，进而才能以更主动、更积极的状态参与到非物质文化遗产的保护之中。也正是出于这样的目的，国际博物馆协会在 2007 年 8 月 24 日重新修订的章程第三条博物馆的定义中，将博物馆的保护对象调整为“人类及其环境的有形和无形遗产（tangible and intangible heritage of humanity and its environment）”。①博物馆所保护的对象是博物馆研究、教育、传播等一切工作的核心和基础，面对遗产理念的发展，博物馆对自身保护对象做出的适时调整也将会革新博物馆的工作理念和工作方法。

2. 保护非物质文化遗产是博物馆为社会和社会发展服务的具体体现

19 世纪后期至 20 世纪前期的第一次博物馆革命突出了博物馆的教育功能，使博物馆开始融入社会。经过 20 世纪 80 年代的第二次博物馆革命，博物馆开始思考其自身

---

① http://icom.museum/statutes.html#3。

与当代社会、环境的关系，博物馆的理念实现了由“以物为核心”向“以人为核心”的转变。目前这一理念还在继续发展，博物馆把“为社会和社会发展服务”作为自己的宗旨，努力成为促进社会发展和社会变革的力量。非物质文化遗产内容丰富，涉及民间社会生活的方方面面。保护非物质文化遗产要求博物馆关注整个社会，关注社区、村落、居民和民族，关注蕴藏于其中的文化。博物馆在保护非物质文化遗产的过程中，弘扬了优秀的传统文化，维系了民族的精神纽带；在这一过程中，博物馆也密切了和社会的联系，从而也促进了自身的发展，这也正是新博物馆学运动所推崇的。

3. 保护非物质文化遗产是博物馆追求多元文化终极使命的召唤

文化的多样性对于人类社会和生物多样性对于自然环境一样重要。自然界中，食物链越丰富生态系统越稳定，而简单的往往是脆弱的。人类社会也是如此，文化类型丰富，社会群体相互融合，才能形成多元一体、和谐统一的局面。维护世界文化的多样性有利于促进世界和平和社会和谐。正如《伊斯坦布尔宣言》所强调的那样：“无形文化遗产的多种表现形式从主要方面体现了各民族和社会的文化特性，无形文化遗产是全人类的共同财富。”“无形文化遗产是一个生动活泼以及实践、知识和表现可以不断再创造的整体，它可以使社会各层次的个人和社区都能够通过各种系统的价值观和伦理标准来表现自己的世界观。无形文化遗产在社会中产生归属感和连续性，因此，它被认为是创造性和文化创作的主要源泉之一。”①非物质文化遗产是文化多样性的熔炉，又是可持续发展的保证。②多元文化是博物馆的起点与归宿，保护和传承多元文化是博物馆的终极使命。③鉴于非物质文化遗产在多元文化方面的重要性，以及博物馆自身的使命召唤，保护非物质文化遗产对于博物馆似乎是责无旁贷的。

明确了博物馆在非物质文化遗产保护工作中的优势和意义的同时，我们还要认识到博物馆在非物质文化遗产保护中的地位和局限。由于非物质文化遗产类型丰富、涉及行业领域众多并具有动态、活态传承等特点，而且非物质文化遗产的保护也是一项复杂的系统工程，它包括对遗产的确认、立档、研究、保存、保护、宣传、弘扬、传承（特别通过正规和非正规教育）振兴方面的措施，所以非物质文化遗产保护不是哪一个专业机构或社会力量能独立完成的，它是全社会共同的责任。《上海宪章》指出“博物馆是保护人类非物质文化遗产建设性合作伙伴关系的推动者”（museums as facilitators of constructive partnerships in the safeguarding of this heritage of humanity），④我国关于非物质文化遗产保护的工作原则中写道，“政府主导、社会参与、明确职责、形成合力”，⑤说的也是这个意思。

博物馆作为一个整体在非物质文化遗产的保护中作用是巨大的，但是每一个具体的博物馆能发挥多大的作用就不尽相同了。每一个具体的博物馆可以根据自身的特点选择

---

① 《伊斯坦布尔宣言》。

② 《保护非物质文化遗产公约》。

③ 段勇：《多元文化：博物馆的起点与归宿》第 5 页，《中国博物馆》2008 年第 3 期。

④ 《上海宪章：博物馆、非物质文化遗产、全球化》，http://icom.museum/shanghai_charter.html。

⑤ 国务院办公厅《关于加强我国非物质文化遗产的意见》，国办发 [2005]18 号。

与自己方向相关的非物质文化遗产项目，选择自己力所能及的环节和措施进行保护。如故宫博物院可以对古建筑维修的相关技艺、书画装裱等文物修复技艺进行保护，首都博物馆和北京民俗博物馆可以对北京的民俗进行保护。有些博物馆与非物质文化遗产的相关项目密切相关，如北京中医药大学中医药博物馆、南京云锦博物馆；有些博物馆是为了保护特定的非物质文化遗产项目而建立的，如中国昆曲博物馆。这些博物馆在非物质文化遗产的保护中发挥了重要的作用，同时也不断有人提议建立专门的非物质文化遗产博物馆。①总之，博物馆应认清自己的作用，积极探索，必将会在非物质文化遗产保护中大有作为。

---

① http://culture.people.com.cn/GB/40473/40476/9146823.html，来源：人民网《人民日报》，国家文物局局长单霁翔呼吁在北京建立“中国非物质文化遗产博物馆”。

非物质文化遗产保护工作中博物馆的地位和作用

李　晨（北京皇城艺术馆副研究馆员）

博物馆作为一个专门收藏、研究和展示人类环境见证物的公益机构，对于保护人类共同遗产发挥着重要的作用。随着遗产概念的不断扩大，博物馆保护的遗产内容也正在日益增加。在今天，博物馆的职责不应局限于保护有形的文化遗产（可移动文物和不可移动文物），而应当扩大到整个的遗产家族，这就包括自然遗产和非物质文化遗产。特别是没有物质形态的非物质文化遗产，它与博物馆有着密切的联系，博物馆理应成为非物质文化遗产保护工作中的一支重要力量。

一、非物质文化遗产与博物馆

非物质文化遗产与博物馆的关系是一个由来已久的论题，这一问题曾经一度引起国际博物馆学界的高度关注。2000 年在德国慕尼黑召开的国际博协博物馆学委员会年会就将“博物馆与无形遗产”作为讨论主题；2002 年在中国上海召开的国际博协亚太地区大会也将“博物馆与无形遗产”作为主题，并在大会结束时通过了以《博物馆、非物质文化遗产与全球化》为主题的上海宪章；2004 年在韩国汉城召开的国际博协代表大会更是将大会主题确定为“博物馆与无形遗产”，并将当年 5·18 国际博物馆日的主题也定为“博物馆与无形遗产”；2007 年国际博协正式修改了博物馆定义，将非物质文化遗产保护正式作为博物馆的一项职责写进了最新版的博物馆定义。多年来，在国际博协为代表的国际博物馆学界极力倡导下，国内外众多的博物馆和文化、艺术方面的学者曾针对“博物馆与无形遗产”这一主题发表了大量的论述。在此，笔者通过对前辈学者论述的领会与归纳，将博物馆与非物质文化遗产的关系从以下四个方面作一论述。

1. 博物馆与非物质文化遗产的概念联系

博物馆与非物质文化遗产的关系，首先就表现在概念上的交汇，这个论点可以通过详细审读博物馆与非物质文化遗产的概念得到证实。

关于博物馆的概念描述很多，比较精确的一般认为是 1974 年国际博物馆协会第 11

届大会通过的《国际博物馆协会会章》第三条中关于博物馆的定义，即“博物馆是一个不追求营利，为社会和社会发展服务的、公开的永久性机构，对人类和人类环境见证物进行研究、采集、保存、传播，特别是为研究教育和游览的目的提供展览”。我国的《博物馆管理办法》将博物馆定义为：收藏、保护、研究、展示人类活动和自然环境的见证物，经过文物行政部门审核、相关行政部门批准许可取得法人资格，向公众开放的非营利性社会服务机构。关于非物质文化遗产的定义学界仍有较大的争议，联合国《保护非物质文化遗产公约》将其定义为“被各社区群体，有时为个人视为其文化遗产组成部分的各种社会实践、观念表述、表现形式、知识、技能及相关的工具、实物、手工艺品和文化场所”。我国国务院办公厅发布的《关于加强我国非物质文化遗产保护工作的意见》中指出：“非物质文化遗产是各族人民世代相承、与群众生活密切相关的各种传统文化表现形式和文化空间。”

通过对以上两个概念的阅读，我们不难发现其中的联系。博物馆的职能是研究、采集、保存、传播人类和人类环境见证物，而非物质文化遗产则是与人类（群众）生活密切相关的各种传统文化表现形式，不论是博物馆还是非物质文化遗产，都与人类和人类活动有着密切的联系。传统的博物馆学认为物是博物馆的基础，但在这样的理论基础上，我们往往会忽视对于人的关注。国际博协博物馆学委员会前主席鹤田总一郎就曾说过：“博物馆必须把对人的研究提到与物平等的水平。”也就是说博物馆应当关注人，关注人的生活，关注与人的生活密切相关的非物质文化遗产，这是博物馆的固有职能，也是非物质文化遗产与博物馆之间内在的必然联系。

2. 博物馆藏品是非物质文化遗产的载体

如前文所述，传统的博物馆学认为物是博物馆的基础，对于这一点笔者并不持异议。早在20世纪中叶苏联学者就曾经提出“博物馆的物是博物馆一切工作的物质基础”，2005年我国著名的博物馆学者苏东海先生又更加具体地指出：“博物馆的物是博物馆存在的物质基础，是博物馆功能发生的根据，是博物馆价值的源泉，有什么样的物就有什么样的博物馆。”这一切都说明了物对于博物馆的重要性。博物馆的藏品都具有物质形态，而非物质文化遗产却是没有物质形态的文化表现形式，但是我们并不能因此割裂非物质文化遗产与博物馆的联系。非物质文化遗产虽然没有物质形态但有物质载体，其物质载体包括了与非物质文化遗产相关的工具、实物、手工艺品、文化场所和对其过程记录的文字、声音、影像资料。这些物质载体与博物馆藏品之间有着相当大的交集。许多原来的博物馆藏品可能因为其自身可以揭示某一非物质文化遗产的过程与工艺而成为非物质文化遗产的物质载体，反过来大量的非物质文化遗产的物质载体又可能因其自身的艺术性被博物馆收藏而成为博物馆的藏品。就这样，有形的博物馆藏品与同样有形的非物质文化遗产的物质载体之间形成了一种相互对应的紧密联系。

将非物质文化遗产进行物质化保护是遗产学界公认的一种非物质文化遗产的重要保护手段，而收藏非物质文化遗产的物质载体也是博物馆参与非物质文化遗产保护的一条重要途径。无形的非物质文化遗产和有形的博物馆藏品就好像一个事物的两个方面，物质遗产也有其非物质性，非物质文化遗产也有物质性。正如温家宝总理在2007年文化遗产日参观中国非物质文化遗产专题展时所说："非物质文化遗产也有物质性，要把非物质文化遗产的非物质性和物质性结合在一起。物质性就是文象，非物质性就是文脉。人之文明，无文象不生，无文脉不传。无文象无体，无文脉无魂。文化文化，文而化之，化而文之，两者要很好地结合起来。"

3. 非物质文化遗产是博物馆文化的精髓

博物馆作为一个开放的文化机构，弘扬、传播某一主题文化是博物馆的必然职能。每一座博物馆都会有需要其整理、发掘、弘扬、传播的主题文化存在，这种主题文化存在于博物馆这一文化空间之内，体现于博物馆的展览陈列中，并将传播到每一位博物馆参观者的心里。为了表现这种主题文化和其中蕴含的科学、文化知识，博物馆工作者往往会调集大量的文物藏品，制作一定数量的辅助展品，并配套以声光电手段，以便每一位观众都能直观便捷地了解其中的内涵。之所以要下如此之大的心力去表现，正是因为这种文化是活态的文化，并不是一件有形的文物。而这种活态的博物馆文化的精髓往往就是我们所说的非物质文化遗产。

目前在国内，直接展示某一项或某几项非物质文化遗产，或者以某一项或某几项非物质文化遗产作为主题文化的专业博物馆为数不少。比如展示印刷工艺的中国印刷博物馆、中国雕版印刷博物馆（扬州博物馆），展示昆曲艺术的中国昆曲博物馆，展示制瓷技艺的景德镇陶瓷博物馆、宜兴陶瓷博物馆，展示苏州评话、弹词艺术的苏州评弹博物馆，综合展示各类民间工艺的北京工艺美术博物馆、广东民间工艺博物馆，综合展示各类民俗文化的北京民俗博物馆，等等。这些专业博物馆的建设时间大都在全国大规模开展非物质文化遗产普查与申报之前。在建设之初，它们只是为展示某一主题文化而存在，随着非物质文化遗产概念的提出和非物质文化遗产名录的公布，它们原有的主题成为了非物质文化遗产，非物质文化遗产也成为了它们不变的主题。即使没有非物质文化遗产这一概念的提出，它们也会一直从事着遗产的保护工作，非物质文化遗产正是这些博物馆主题文化的精髓。

除了这些专业博物馆之外，对于许多综合博物馆，以及许多不直接以某一项或某几项非物质文化遗产作为主题的专业博物馆来说，非物质文化也并非与它们的主题文化毫无关系。非物质文化往往会是它们主题文化的重要组成部分。比如新落成的首都博物馆新馆专门开辟了北京民俗展厅展示北京民俗文化，而北京民俗文化的许多内容都是北京市级非物质文化遗产。又如坐落于北京市东城区古刹智化寺中的北京文博交流馆（智化寺管理处），展示主题本是智化寺历史文化，但由于智化寺京音乐数百年来始终在寺内传承，国家级非物质文化遗产智化寺京音乐也就自然而然地成为了该馆主题文化的重要组成部分。由此可见，无形的非物质文化遗产与同样无形的博物馆主题文化有着相当大的交汇。博物馆弘扬传播主题文化的过程也就是弘扬传播非物质文化遗产的过程，就这样，博物馆与非物质文化遗产在主题文化这个层面上又一次紧密地联系在了一起。

4. 保护非物质文化遗产是博物馆的神圣责任

非物质文化遗产与有形的文化遗产一样，都是人类祖先在历史上创造并遗留给我们的一笔珍贵的文化财富，保护好非物质文化遗产对于维护文化多样性、促进文化创新、和谐文化建设乃至维护世界的和平与发展都有着重要的意义。作为公益性文化机构的博物馆，不论在概念、藏品、文化还是职能方面，与非物质文化遗产都有着千丝万缕的联系。保护非物质文化遗产是博物馆不可推卸的神圣职责，这一点在今天的博物馆学界已经达成共识。

2002 年 10 月 20 日至 24 日在上海举行的国际博物馆协会亚太地区第七次大会专门通过了以“博物馆、非物质文化遗产与全球化”为标题的《上海宪章》,《宪章》指出：作为保护非物质文化遗产建设性合作伙伴关系的推动者，博物馆应创立跨学科、跨行业的方法，使可移动与不可移动、物质与非物质、自然与文化遗产融为一体。制定全面开展博物馆和遗产保护实践活动的档案记录方法与标准。开展试点项目，为建立社区参与制定非物质文化遗产资源清单的方法做出示范。同时，支持联合国教科文组织通过各种活动项目为保护与宣传非物质文化遗产所做出的努力，并强调在拟订国际非物质文化遗产保护公约过程中专业机构参与的重要性。《宪章》这样的规定已经将博物馆与非物质文化遗产在职责层面上紧密相连。

二、非物质文化遗产保护体系中博物馆的地位

如前所述，非物质文化遗产与博物馆在定义、藏品、文化、职责方面均有着紧密的联系，积极参与非物质文化遗产保护工作是博物馆的神圣职责。随着全国性非物质文化遗产保护工作的大规模开展，一套有别于原有的文化文物体系的非物质文化遗产保护工作体系正在逐渐形成。作为博物馆工作者我们不禁发问：在这个正在形成体系中，博物馆应当处于什么地位？在这场轰轰烈烈的工作中，博物馆应当发挥什么样的作用？准确界定非物质文化遗产保护工作中博物馆的地位，对于博物馆而言是一个急需解决的重要问题。解决这一问题的重要意义主要表现在以下两点：

首先，准确界定非物质文化遗产保护工作中博物馆的地位有助于理顺非物质文化遗产保护工作各参与者之间的关系。目前，我国非物质文化遗产保护工作的参与者众多，除博物馆之外，按职能划分还要包括政府管理机构（文化部和地方文化厅局)、保护工作机构（中国艺术研究院和各地文化馆、艺术馆或艺研所)、传承人或传承团体（各工艺协会、社团)、具体项目申报机构（基层政府)、具体项目保护机构（基层文化工作组织)、学术研究机构（各高等院校、科研院所)、社会支持机构（文联、专业艺术家协会）等。在这多部门的协同配合中，由于地位不清、作用不明，难免会发生权能的交叉或权能的真空，使得遗产的保护工作重复进行或无法得到完整保护。如果能由博物馆做起，率先界定自身在保护工作中明确的地位，再依次界定各部门的地位，就可以理顺非物质文化遗产保护工作各参与者之间的关系，确保对遗产保护的完整和适当。

其次，准确界定非物质文化遗产保护工作中博物馆的地位可以促进博物馆与非物质文化遗产保护工作参与者之间的分工合作。非物质文化遗产保护工作是一项需要众多参与者相互配合、共同努力才能完成的系统工程，博物馆是这项工作中的一支重要力量，

但绝不是唯一的力量。毕竟非物质文化遗产是一种需要活态传承的无形遗产，博物馆不可能作为遗产的传承人。非物质文化遗产保护工作的管理机构和工作机构属于文化部门，而博物馆也大多隶属于文物部门，在这样的大背景之下，如果不能正确处理好博物馆与传承人之间的关系，不能正确处理好博物馆与非物质文化遗产保护工作的管理机构和工作机构的关系，那么博物馆在非物质文化遗产保护工作中就难免会出现“参与却越位，帮派却添乱”的尴尬局面。所以，只有准确界定非物质文化遗产保护工作中博物馆的地位，同时确定博物馆与非物质文化遗产保护工作其他参与者之间的分工，才能在博物馆与非物质文化遗产保护工作其他参与者之间形成良好的合作，使博物馆更好地发挥自己的作用。

所谓“名不正则言不顺，言不顺则令不行”，准确界定非物质文化遗产保护工作中博物馆的地位，是博物馆积极参与非物质文化遗产保护工作基本保障。关于非物质文化遗产保护工作中博物馆的地位，目前在国内论述还相对较少，在国际上也比较模糊。在此笔者遵循非物质文化遗产的基本理论和博物馆学的一般规律，将非物质文化遗产保护体系中博物馆的地位以及非物质文化遗产保护工作中博物馆的作用归纳为以下六个方面，仅供参考。

1. 史料实证的支持者

日本学者樱井龙彦先生在《为了文化遗产的和平有效利用》一文中将非物质文化遗产保护归纳为评价、保存和有效利用三个方面。这三个问题中第一个需要解决的就是评价问题，即在多种多样的文化中，把什么作为遗产“选出”并“认定”的问题。我国目前正大规模开展的非物质文化遗产普查、非物质文化遗产申报以及非物质文化遗产名录建立工作所要解决的就是遗产的评价问题。评价问题的主导应是非物质文化遗产的管理部门和保护工作机构，而主要参与者应当包括某一项遗产的传承人或传承团体、申报机构和具体项目保护机构。在评价问题中博物馆既非主导者，亦非参与者，那么博物馆的地位到底应如何体现呢？笔者认为博物馆在遗产的评价问题中应当是为评价主导者和参与者提供史料实证的重要支持者。

说到博物馆的功能时，我最喜欢引用史树青先生的一句名言，即“藏文物、藏图书、藏人才”，而历史文物、图书资料和专业人才都是开展遗产评价必不可少的重要条件。在对遗产的调查与申报过程中说明非物质文化遗产的主要内容必须有相应的作为道具或制品的文物藏品作为佐证，说明非物质文化遗产的传承谱系必须以详实的文史资料作为辅助，讨论遗产的历史渊源、文化价值必须要有文博专业人员共同参与，探讨论证。总而言之，有了博物馆在史料实证方面的支持，非物质文化遗产的普查与申报工作会进行得更加周详、便利。参与到非物质文化遗产的普查与申报工作当中，博物馆也会更好地理解文化遗产，使自己拥有的历史文物、图书资料、专业人才更好地发挥自身价值。做好史料实证的支持者，正确处理与非物质文化遗产的管理部门和保护工作机构、传承人或传承团体、申报机构和具体项目保护机构的关系，这就是博物馆在遗产评价问题中应有的地位和应发挥的作用。

2. 物质载体的收藏者

保存遗产是非物质文化遗产保护工作中的另一个重要问题。关于非物质文化遗产保存的一项重要手段就是将非物质文化遗产物质化。在苑利撰写的《非物质文化遗产学教程》一书中列举了非物质文化遗产保护的十条基本原则，其中第一条就是“非物质文化遗产保护的物质化原则”。正如书中所说，任何一种文化遗产，大到建筑，小到剪纸，都是由物质和非物质这两个方面共同构成的，它们相互依凭，难解难分。因为技能与技艺这类非物质文化遗产“看不见”、“摸不着”，所以保护难度很大。但是，既然我们搞清了物质文化遗产与非物质文化遗产的关系，那么，在保护非物质文化遗产时，我们则完全可能通过实物收藏的方式，来保护这些非物质文化遗产，从而实现对非物质文化遗产的多元化保护。

如前文所讲，非物质文化遗产的物质载体与博物馆藏品之间有着相当大的交集，大量的非物质文化遗产的物质载体都可能因其自身的艺术性被博物馆收藏而成为博物馆的藏品。因此，通过实物收藏的方式来保护这些非物质文化遗产，无疑是博物馆保护非物质文化遗产的最主要手段。博物馆收藏非物质文化遗产物质载体的范围是多样化的，除了收集一些道具、制品作为藏品以外，还可以收集针对非物质文化遗产的影音记录载体（如录音、录像等）作为资料馆藏。特别是在目前全国性非物质文化遗产普查的大形势下，必定会有一大批工艺精湛、历史悠远、文化底蕴深厚的非物质文化遗产物质载体被从民间收集上来，也会有一大批有关非物质文化遗产的影音资料被从传承人那里采集出来。笔者认为，不论从文化价值的角度，还是从保护手段的角度，这些物质载体和影音资料都应当走进博物馆，成为馆藏，这样也最有利于遗产的传承与发展。博物馆的收集物质载体，开展物化保护，与传承人开展活态传承，对于技艺的保护正好形成了一组对应关系。在博物馆与传承人的密切配合下，物化保护与无形保护共同开展，文化遗产必然能得到最好的保护效果。做好物质载体的收藏者，正确处理与非物质文化遗产传承人的关系，这就是博物馆在遗产保存问题中应有的地位和应发挥的作用。

3. 遗产内涵的研究者

保存非物质文化遗产分为两个方面，一方面是对其物质载体的保存，另一方面是对其非物质性因素即技艺、技能的活态保存，这种保存才是对非物质文化遗产本身的保存。在非物质文化遗产保护工作中，博物馆虽然不是传承人，无法直接参与非物质文化遗产的活态传承，但博物馆作为非物质文化遗产保护工作的参与者，担负着收藏非物质文化遗产物质载体的责任，又掌握着有关遗产的文史资料和专业人才，完全可以通过对遗产内涵进行深入研究，促进遗产的活态传承。

在自发状态下成长起来的非物质文化遗产，在传统社会中无需通过研究即可进行良好的传承。但是随着社会的发展，非物质文化遗产的传承环境正发生着巨大的变化。许多在农业社会产生的文化遗产，进入工业社会后慢慢失去了赖以生存的社会环境，正在面临着快速的消失，在这个时候就需要研究者通过深入研究，使人们对遗产的文化价值和传承、变化情况有全面的了解，给非物质文化遗产的保护和传承工作提供理论支持。这种研究工作对于遗产的保存具有非常积极的意义。

另外，非物质文化遗产往往蕴藏着丰富的文化底蕴，传递着大量的文化信息，对于历史学、民俗学、人类学研究有着很大的指导意义，并对于今天的科技发展也有一定的启示意义。深入研究、发掘非物质文化遗产及其内含的文化信息，对于今天的科研工作有着十分积极的意义。博物馆收藏的遗产载体，拥有的文史资料和学术人才，都是开展遗产研究工作的重要基础，凭借这方面优势，博物馆开展非物质文化遗产的研究将会事半功倍。与学术界合作做好遗产内涵的研究者，这是博物馆在遗产保存问题中的另一个重要地位，博物馆应当立足于这个角色中发挥出应有的作用。

4. 教育推广的工作者

“有效利用”是非物质文化遗产保护的又一个重要问题，日本学者樱井龙彦先生始终将保存和有效利用看做是一个一体化的问题，认为“有效利用”是“保存”的主要目的之一。的确，非物质文化遗产要想得到传承发展，就必须得到广泛的社会认知，需要得到广泛的社会认知也就必须在社会范围内被有效利用。在非物质文化遗产的有效利用问题上，博物馆的作用是不可忽视的。一项文化遗产需要被社会有效利用，首先要向社会广泛推广。博物馆作为一个公开的文化机构，举办展览展示，开展社会教育，是其固有的基本职能。而博物馆的展览展示和社会教育恰恰又可以成为向全社会开展遗产主题教育重要手段。2006 年初文化部、教育部等九部委在国家博物馆联合举办了《中国非物质文化遗产保护成果展》，2007 年文化遗产日期间又在中华世纪坛世界艺术馆举办了《中国非物质文化遗产保护专题展》，两个展览都在北京引起了相当大的轰动，上至党和国家领导人，下至普通市民竞相前往参观。展览给遗产带来的社会认知，超乎了主办方的想象。两次展览同样轰动，两次展览同在博物馆举行，博物馆的展览展示、社会教育对于推广文化遗产的作用可见一斑。随着全社会对文化遗产的了解与认可，遗产必然会得到社会的有效利用，从而走上产业化的道路，形成传承与发展的良性循环。综上所述，在遗产的有效利用问题中博物馆应当做好教育推广的工作者，为促进遗产的有效利用与传承发展发挥应有的作用。

5. 文化空间的守护者

在非物质文化遗产中有一个特殊的门类被称为文化空间。所谓文化空间就是指那些在特定时间内举行各种非物质文化遗产活动及仪式的特定场所。文化空间的概念具有时间和空间的双重含义，在空间上它是从事文化活动的场所，在时间上只有在举行非物质文化遗产活动及仪式的特定时间文化空间才能形成。文化空间是非物质文化遗产赖以生存的特定环境，它一方面关系到其空间内承载各项文化遗产的保存和传承，同时它自身也是一种特殊的非物质文化遗产，具有时间性、区域性、承载遗产复杂性的特点，具有十分重要的文化价值。

联合国公约和我国非物质文化遗产保护的若干基础文件中都有关于文化空间的明确表述。虽然在我国首批非物质文化遗产名录中文化空间并没有作为一个单独的分类，但是在民俗一类中的许多项目都带有文化空间的特点，其中比较典型的如妙峰山庙会、祭孔大典等都带有文化空间的特点。通过对概念的了解我们不难发现，被作为文化空间的场所往往都是具有一定历史价值的不可移动文物，一般由文博单位管理，有的本身就是博物馆的馆舍。这些特殊的博物馆在文化遗产保护工作中肩负着守护文化空间的特殊职责，它们不仅要像普通文博单位一样保护好自身管理的有形的文物，还要守护好有形文物中无形的非物质文化遗产。一方面要保持文化空间的历史面貌，确保其举行各种非物质文化遗产活动及仪式的功能不变，另一方面还要对文化空间中的各种非物质文化遗产活动及仪式进行有效保护。做好文化空间的守护者是坐落于文化空间内博物馆在非物质文化遗产保护工作中特别的地位和作用。

6. 遗产项目的整体保护者

除了以上五类外，一部分博物馆还可以直接深入参与到非物质文化遗产的保护工作中，在遗产管理部门、保护工作部门和传承人的支持下，自主开展针对某一具体遗产的调查、申报和后续保护、利用工作，成为某一遗产项目的整体保护者。这种保护方式并非毫无先例可循。在第一批国家级非物质文化遗产名录中的516号“农历二十四节气”就是由中国农业博物馆自主调研、整理并申报的，而第96号智化寺京音乐也是由北京文博交流馆在北京市文化部门的支持下自主调研、整理后通过北京市进行申报的。随着非物质文化遗产保护工作的不断深入，必然会有越来越多的与非物质文化遗产拥有密切联系的博物馆直接深入参与到非物质文化遗产的保护中来，承担遗产项目的整体保护者这一光荣的责任。

三、非物质文化遗产保护工作中博物馆的作用

通过前文的论述我们不难得出一个结论，那就是博物馆在非物质文化遗产保护的工作体系中占有着重要的地位，是非物质文化遗产保护工作的一支重要力量。可是这支重要力量的作用何在呢？这就是我们下面所要解决的一个问题——阐释博物馆在非物质文化遗产保护工作中的作用。如果说准确界定博物馆在非物质文化遗产保护工作中的地位，给博物馆参与非物质文化遗产保护工作提供了身份上的保障的话，那么明晰地阐释博物馆在非物质文化遗产保护工作中的作用则是给博物馆开展非物质文化遗产保护工作提供了方向上的指引。阐释作用与界定地位一样，都是理清博物馆与非物质文化遗产之间关系的重要一环。

所谓“知其然不知其所以然”，如果仅仅只界定博物馆在非物质文化遗产保护工作中的地位，我们只知道博物馆应当去参与非物质文化遗产的保护工作，但我们却依然不知道博物馆应当如何去开展非物质文化遗产的保护工作。通过准确地界定博物馆在非物质文化遗产保护工作中的地位，可以理清博物馆与非物质文化遗产保护工作中的各种力量之间关系，便于分工合作开展保护工作。而明晰地阐释博物馆在非物质文化遗产保护工作中的作用，则可以明确博物馆在非物质文化遗产保护工作中所应开展的工作和工作的方法，以便于博物馆更好地在非物质文化遗产保护工作中发挥作用。

非物质文化遗产是一个纷繁复杂的概念，其中包含的门类繁多，要求博物馆在每一个门类的非物质文化遗产的保护工作中都发挥同等的作用是不现实的。因此，笔者认

为，阐释博物馆在非物质文化遗产保护工作中的作用，应当依照非物质文化遗产的不同类别，分类展开。关于非物质文化遗产的分类，在国际和国内的学界都存在着很大的争议，即使在官方文件中的表述也往往有着较大的区别。《保护非物质文化遗产国际公约》（巴黎公约）在第二条第（二）项中将非物质文化遗产分为5大类；《国务院关于加强文化遗产保护工作的通知》（国发[2005]42号）中关于非物质文化遗产的分类方面在巴黎公约的基础上增加了文化空间的概念，使之成为了6大类；在国务院办公厅关于加强《我国非物质文化遗产保护工作的意见》（国办发[2005]18号）的附件《国家级非物质文化遗产代表作申报评定暂行办法》中将非物质文化遗产的分类在《国务院关于加强文化遗产保护工作的通知》的基础上具体分为了传统文化表现形式和文化空间两大类，并将原来的6个大类列为6个范围；在国务院发布的《第一批国家级非物质文化遗产名录》（国发[2006]18号）中将非物质文化遗产分为10个具体类别；在中国艺术研究院中国非物质文化遗产保护中心编辑的《中国非物质文化遗产普查手册》（以下简称《普查手册》）中更是将非物质文化遗产具体分为了16大类（不包含文化空间，文化空间应为第17大类）169个子类，并据此编制了分类代码和每个类别的调查工作提纲。

经过比较，笔者决定依照国内官方文件的位阶次序，尊重《国务院关于加强文化遗产保护工作的通知》（以下简称《通知》）中确定的非物质文化遗产分类方式，作为分类论述博物馆在非物质文化遗产保护工作中的作用的依据，即将非物质文化遗产分为口头传统、传统表演艺术、民俗活动和礼仪与节庆、有关自然界和宇宙的民间传统知识和实践、传统手工艺技能等以及与上述传统文化表现形式相关的文化空间六个类别。由于博物馆与文化空间的关系已在前文中得到讨论，不再赘述，故在此仅讨论上述六个范围中的前五项，而这五种分类也正好与《保护非物质文化遗产国际公约》（巴黎公约）在第二条第（二）项中确定的非物质文化遗产五种分类相同。关于博物馆在非物质文化遗产保护工作中的作用，博物馆学者已有许多论述，但对于各类非物质文化遗产保护工作中博物馆所能发挥的具体作用，至今尚没有见到一个完整的描述。“管中窥豹，可见一斑”，在此结合一些近年来见诸媒体和文献的相关博物馆保护非物质文化遗产的工作经验，针对博物馆在非物质文化遗产保护工作中的作用作一简要梳理讨论，若能让大家略受启发，笔者之愿足以。

1. 口头文学类遗产保护工作中博物馆的作用

这里所说的口头文学类遗产在《通知》中称为口头传统，在《暂行办法》中明确描述为“口头传统，包括作为文化载体的语言”。此类遗产包括了《普查手册》中所列的民族语言和民间文学两大类，而民间文学又包括神话、传说、故事等9个子类。由于民族语言的调查、保护工作方式、方法《普查手册》中没有列出，有关部门也没有做出进一步的确定，故此在本文中不作讨论。在这一部分中，笔者将着重讨论与民间文学类遗产相关的问题。

民间文学是指产生并流传于民间社会，反映社会情感与审美情趣的文学作品。《普查手册》中将民间文学又分为神话、传说、故事、歌谣、史诗、长诗、谚语、谜语和其他9个子类。丰富多彩的民间文学作品是中华传统文化的重要组成部分，也是中国非物质文化遗产的重要组成部分，对民间文学作品的保护具有重要意义。但是，由于民间文学类遗产较之其他类别遗产具有更强的“无形性”，物化载体较少，所以在博物馆保护民间文学类遗产，会使博物馆很难发挥自身的物质化保护特色。但是，面对这种种的困难面前，博物馆在保护民间文学作品中仍然是可以大显身手的。

因为每一件民间文学类遗产都是经过相当长时间的历史传承流传至今的，在流传过程中往往会流存下各种各样的稿本、画图、文献，以及说唱使用的道具，甚至是与之相关的文物遗迹，这些都是需要由博物馆来保护的遗产载体。博物馆做好对遗产载体的保护工作，就从物质化的层面保护了遗产。博物馆如果能进一步做好对遗产载体的研究工作，则会更好地确保遗产的原样活态传承。在上述保护的基础上，博物馆还可以充分利用自身的教育优势，通过将传说纳入博物馆讲解词、将说唱传承人请进博物馆，在展陈中放映音像记录等方式，让博物馆的观众在参观过程中接受民间文学遗产的口头传承教育，从一定方面促进民间文学遗产的口头传承。

在口头文学的保护方面，博物馆目前已经开展的工作还相对较少，但还是有些许先例可供参照。比如宁波市的梁祝文化博物馆就在保护国家级非物质文化遗产梁祝传说中发挥了很好的作用。梁祝文化博物馆位于鄞州区高桥镇，它是梁祝故事的发源地，是一座以梁祝爱情故事为主线的爱情主题公园。整个博物馆以梁山伯庙为主体，梁山伯庙由门楼、正殿、后殿组成。宫后为梁祝坟墓，双墓双碑，又称为“蝴蝶碑墓”。公园内搭有高大精巧的古戏台，梁祝文化碑林林立，极具江南园林的风貌。博物馆每年举办中国梁祝婚俗文化节，为梁祝传说的保护与传承作出了应有的贡献。

2. 表演艺术类遗产保护工作中博物馆的作用

表演艺术类遗产在《通知》和《暂行办法》中均称为“传统表演艺术”。这类遗产是指通过唱腔、动作、台词等各种表现形式来表达演出者内心世界的演出活动，其中包括说唱、戏剧、歌舞、音乐、肢体语言等多种表现形式。表演艺术类遗产是非物质文化遗产的一个重要组成部分，也是比重较大的一个组成部分，这类遗产包括了《普查手册》中所列的民间音乐、民间舞蹈、戏曲、曲艺、民间杂技 5 个大类 30 个子类，是各类非物质文化遗产中类目数量较多的一个组成部分。

在我们博物馆工作者的工作实践中，表演艺术类遗产与博物馆的联系比较密切，在全国范围内也有一定数量的博物馆以表演艺术类文化遗产作为研究主题或专门研究方向，比如北京的戏曲博物馆、崔永平皮影博物馆、苏州的中国昆曲博物馆、评弹博物馆等都属于专门发掘展示传统表演艺术遗产的专业博物馆，除此以外还有许多与表演艺术相关的人物纪念馆（如梅兰芳纪念馆）、古迹类博物馆（如北京智化寺）、综合博物馆（如湖北省博物馆）也都在开展针对表演艺术类遗产的专题研究与展示工作。博物馆对于表演艺术类遗产的保护一般是以收集物质载体（演出服装、道具、乐器等）和相关资料（影音资料、曲谱等）的形式展开的，但有时又不局限于上述形式，经常要在以静态形式展现遗产物质载体之外还要以适当的形式展现表演艺术的动态一面。特别是一些专业博物馆开展的多种形式的综合保护，对于博物馆同仁十分具有借鉴意义。比如中国昆曲博物馆对于人类口头和非物质文化遗产代表作昆曲的保护工作就是一例。

中国昆曲博物馆是由江苏省人民政府报告文化部，并经文化部正式批准成立的全国性的昆曲专业博物馆。中国昆曲博物馆建于昆曲的故乡苏州古城区内张家巷，坐落于全国重点文物保护单位全晋会馆内。中国昆曲博物馆自创办之日起，就把动态的、原生态的、活化石的昆曲表演定为博物馆最主要的陈列品，并以此作为博物馆的特色和与其他博物馆的最大区别。昆曲博物馆内有精美的清代古戏台，展演昆曲优秀的传统剧目，这些剧目从剧本、音乐（包括乐队的编制和所用的乐器）、演唱、表演、服饰、化妆到舞台演出形式都基本不做修改，保留检场、三面突出舞台、太上板、出将入相、一桌二椅等，甚至副末开场、老旦团圆等都尽可能地保持原样，像活文物一样展览演出。除了通过展演体现遗产的动态一面外，博物馆还重视收藏展示昆曲的静态一面。中国昆曲博物馆现收藏有全国最多的昆曲抄本和珍贵脚本，以及数以千计的昆曲文物、实物和资料。并设有“昆曲江湖脚色行当行头展示”、“与古人交——昆曲文物史料展”、“兰苑书香——昆曲作家与作品”等多个展室、展厅，通过丰富多彩的陈列，展示出昆曲宁静的美丽。博物馆还专门组建了“昆曲音像视听中心”，让观众能更好地了解昆曲艺术。除此之外，博物馆在展演昆曲历史剧目的同时，还像历史类博物馆开展考古发掘那样，着重开展对非物质状态的昆曲传统演出剧目的挖掘和抢救。经过整理重排了《长生殿》等已经失传或濒临失传的昆曲传统剧目，将博物馆保护非物质文化遗产推向了一个更深的层面。

3. 民俗活动类遗产保护工作中博物馆的作用

民俗活动类遗产在《通知》中的正式称谓是“民俗活动和礼仪与节庆”，是指人类历史上创造并以活态传承至今的、具有重要历史价值、艺术价值、文化价值以及科学价值的传统仪式、节庆、信仰、习俗等各类民俗活动。这类遗产包括了《普查手册》中所列的生产商贸习俗、消费习俗、人生礼俗、岁时节令、民间信仰、传统体育竞技与游艺 6 个大类 40 个子类，是各类非物质文化遗产中类目数量最多的一个组成部分。

民俗类遗产的博物馆保护在国内已经开展多年，北京、南京、苏州、洛阳、哈尔滨等许多城市都设有民俗博物馆。此类遗产在博物馆内的保护形式也是丰富多样的，除了静态的民俗文物展出外，还可以依托博物馆举办动态的民俗活动。以北京民俗博物馆为例，北京民俗博物馆坐落于繁华的朝阳门外大街 141 号，馆址设在全国重点文物保护单位——北京东岳庙内，是京城唯一国办民俗类博物馆。博物馆 1997 年成立，旨在征集、保护北京地区民俗文物，研究、展示、弘扬中华民族优秀传统文化，馆内常年举办老北京民俗风物系列展，每逢春节、端午、中秋等重要传统节日都举办形式多样、丰富多彩的民俗活动。

随着人们对民俗文化保护意识的不断提高，在文化的原生地保护文化，以民俗的原生态保护民俗已经成为民俗学家的一个共识。为了能够尽可能真实、完整、详细地保护一个地区的民风民俗，生态博物馆的保护方式应运而生。

所谓生态博物馆，就是原封不动地把整座村寨连同其中居民的习俗当做“遗址”，采取一些保护措施，将其保存并展示出来。1971 年，在法国巴黎近郊的一个工业小镇，诞生了世界上第一个生态博物馆。至今，全世界已有生态博物馆 300 多座。1995 年，在中国和挪威的多位知名博物馆学者倡导下，由中国政府和挪威政府合作在贵州省六盘水市创办了中国的第一座生态博物馆——梭戛生态博物馆。

挪威博物馆学家约翰·杰斯特龙认为，生态博物馆的观点对于处在多数或统治地位文化包围之中的少数民族及其文化精华的保护和延续，具有重要意义。生态博物馆向社会提供的是一个正在生活着的社区的环境、经济、文化的整体，是一个正在生活着的社会的活标本。

梭戛生态博物馆自成立至今，已先后接待了挪威、法国、日本、美国等20多个国家和地区的人士到长角苗社区考察、观光、旅游，接待中外游客8万多人次。通过生态博物馆，有效地保护了长角苗族生活中的生产习俗、消费习俗、人生礼俗、岁时节令、民间信仰以及传统工艺美术和表演艺术等文化事象，为这一地区的非物质文化遗产保护工作发挥了重要的作用。受到梭戛生态博物馆的良好示范作用影响，在贵州其他地区和广西等地也开展了通过建设生态博物馆保护少数民族民俗遗产的相关工作。目前中国已经建立7座生态博物馆，分别保护有关苗族、布依族、侗族、瑶族、蒙古族、汉族的各不相同的多种文化。这些古老文化之所以能够传承至今，是因为它们仍生活在产生这些文化的古老环境中。它们一旦融入主流社会，古老文化就逐渐丧失了固有的社会环境而濒临消失。因此，在一些正在摆脱贫困的民族村寨中建立生态博物馆，利用原生态保护民俗遗产，是一种非常有效的民俗类非物质文化遗产保护手段。

4. 工艺美术类遗产保护工作中博物馆的作用

工艺美术类遗产在《通知》中的正确称谓是“传统手工艺技能”，是指产生并流传于民间社会的历史悠久的、能够反映一个民族情感及审美情趣的工艺美术技能和作品。这类遗产包括了《普查手册》中所列的民间美术和民间手工技艺2个大类14个子类。

工艺美术类遗产具有较其他类型遗产更强的物质性，这种物质性为工艺美术类文化遗产的博物馆保护提供了更大的便利，大多数博物馆都会根据其学术主题和陈列需要收藏一定数量的古代和近现代民间美术和民间手工艺作品。在北京、上海、广州、苏州等许多城市也都设有工艺美术或民间工艺博物馆。对于民间美术和民间手工技艺的博物馆保护，已经形成了一套相对完整的工作方法。但是，非物质文化遗产的保护要求是对文化遗产的活态保护与传承，保护的对象是活态的美术技法和手工技艺而非静态的作品，保护的目的也是让遗产得到活态传承而非以静态的形式保存于博物馆。面对这样的要求，我们博物馆对于民间美术和民间手工技艺的传统保护方法也就显得有些捉襟见肘了。为了解决这个问题，许多承担着工艺美术类遗产保护职能的博物馆进行了许许多多的有益探索。广东民间工艺博物馆的例子似乎可以给我们一些启迪。

广东民间工艺博物馆于1959年设址于陈氏书院，是一家收藏、研究和展览以广东地区为主兼及全国各地历代民间工艺品的艺术类型博物馆。馆内藏品丰富，陈列众多，长年设有“广东象牙雕刻”、“广州彩瓷”、“广东剪纸和麦秆贴画”等展览，同时也经常举办一些短期的、临时性的展览以充实陈列，活跃气氛。根据非物质文化遗产保护的新形势和新要求，博物馆工作人员在近年来围绕着抢救、保存、继承和发展广东传统民间工艺开展了多方面的工作。博物馆的具体做法是：

第一，博物馆通过加强宣传，唤醒全社会对传统民间工艺的保护意识。在近几年，博物馆先后多次利用便利条件举办了有关广州刺绣、广州彩瓷、佛山年画等各类传统工艺的专题展览，并与新闻媒体合作为振兴传统工艺大声疾呼。通过宣传，一方面使得政府意识到了保护民间工艺的重要意义，先后数次给广州各工艺厂家拨款资助，另一方面也使得民众意识到了传统民间工艺中蕴藏的艺术价值，积极加入到保护民间工艺的行列。第二，博物馆发挥自身优势，让最具代表性的优秀传统工艺品得到保存，博物馆看准形势收购了广州织金彩瓷厂的艺术大师和老艺人作品，使得厂家几十年留存的工艺品不致流失。同时还积极向政府寻求支持，最终让广州市政府出资将广州多家工艺厂家收藏的百鸟朝凤广彩瓶、大型广绣挂屏、五十四层镂空雕象牙球、酸枝木雕大圆桌等一大批“厂宝”级艺术珍品统一收购并调拨给工艺博物馆。第三，博物馆还积极合作，寻求保护和发展传统民间工艺的有效途径。除了收藏、展示、研究工艺美术作品的传统保护方式以外，广东民间工艺博物馆还大胆地参与到民间工艺的发展经营层面，为民间工艺的生存寻求出路，为民间工艺的发展捕捉市场信息，铺路搭桥，使之能够被开发利用，在转化为经济价值的同时得到传承与保护。几年来博物馆先后帮助石湾山公陶艺、广州刺乡牵线搭桥，成功帮助它们走向国际市场，并在经营中得到发展、传承和保护。

5. 生产生活知识类遗产保护工作中博物馆的作用

生产生活知识类遗产在《通知》中的正确称谓是“有关自然界和宇宙的民间传统知识和实践”，主要是指与人们生产、生活密切相关的知识技能与经验。这类遗产主要是指《普查手册》中所称民间知识类遗产，其中包含医药卫生、物候天象等 8 个子类，其中的医药卫生部分在编码时作为民间知识类的子类，而在调研提纲部分被作为一个大类单独编写了调研提纲，在第一批《名录》中也被单独作为一个大类，加以列举。

按照《普查手册》所述，民间知识类遗产共包括医药卫生、物候天象、灾害、数理知识、测量、营造、纪事和其他 8 个子类，范围比较广泛。在博物馆行业中，就这一大类遗产尚无统一保护的先例可循。但就其中一些具体子类开展保护的例子却比较多见，列举一些，我们便可以对博物馆在保护民间知识遗产中所能发挥的作用有所认识。比如第一批国家级非物质文化遗产名录中唯一一项由博物馆直接申报的遗产，即由中国农业博物馆申报的“农历二十四节气”就属于“物候天象”一类的遗产。此外，关于传统医药一类遗产，在我国还有许多专题博物馆在从事其保护工作并发挥重要的作用，如北京中医药大学中医药博物馆就是一例。

北京中医药大学中医药博物馆（亦称“逸夫科学馆”）创建于 1990 年。总建筑面积 3160 平方米，是一座现代化建筑。博物馆分为中药标本和中国医学史两部分，中药标本展厅面积 1500 平方米，中国医学史展厅面积 800 平方米。

中国医学史展厅收藏宏富，计有历代医史文物 900 余件、古代线装医籍 200 余种、中医书刊 6000 余册。展览厅以中国医药学的形成与发展为主线布展，共分为中国医药学的起源、医药学的新发展、中国医药学的新成就等 10 大部分。

中药展厅以宏大的规模充分展示了中药学体系的各个方面，主要包括：中药综合展厅、中药材标本室等。现已收藏植物蜡叶标本 3000 种（12000 份）、中药材标本 2500

种、各类中药饮片600余种、中成药千余种、药用动物剥制与浸制标本近200种及数百幅药用植物彩色照片。博物馆多年来通过具体的工作为保护中国传统医药遗产作出了巨大的贡献。

保护非物质文化遗产是一项漫长而系统的工作，它需要多方面的共同参与和协同配合。有了博物馆的加入，非物质文化遗产的保护体系必将更加完整。相信在博物馆工作者与遗产工作者的共同努力下，博物馆便会像《上海宪章》所说的那样，成为“保护非物质文化遗产建设性合作伙伴关系的推动者”和非物质文化遗产保护的一支重要力量。

《齐民要术》中的农业减灾技术研究

邵　侃（吉首大学历史与文化学院副教授）

我国古代的自然灾害具有时间和空间上的普遍性和连续性，给正常的农业生产活动不断带来冲击。在生产力水平极为低下的原始社会时期，人们忍受着自然灾害的肆虐，几乎毫无办法扭转其给农业生产带来的破坏。伴随着人类文明的进步和科学技术的不断发展，人们逐渐认识到农业生产技术在防灾减灾中的重大作用，开始了以改善农业生产条件、改进农业生产技术以减灾备荒的探索和实践。精耕细作的传统农业支撑起了中华民族辉煌灿烂的文明，其中的减灾技术措施在历史时期减灾备荒活动中的突出贡献更是不容小觑。一方面，传统农业技术的减灾功能大大提高了我国历史时期减灾行动的主动性，有效地减少了灾害损失；另一方面，频率高、强度大的自然灾害也迫使传统农业生产技术不断地向前发展和自我完善。

《齐民要术》是我国后魏时期杰出的农业科学家贾思勰编撰的一部内容丰富、规模巨大的农业生产技术著作。从灾害学角度审视，《齐民要术》也颇有功绩。书中从农业生产的各个环节入手，采取防旱保墒的耕作栽培技术、调整作物种植结构、病虫害防治等农业技术措施减灾防灾，同时，还重视野生植物、南方植物的利用价值，以及救荒植物的栽培利用。这些传统农业减灾技术措施，是我国劳动人民长期与各种自然灾害斗争实践经验的总结，在当时的农业减灾备荒中发挥了重大的作用，并且很大程度上做到了防止灾害的发生和减轻灾害的破坏。

一、以防旱保墒为中心的耕作栽培技术体系

《齐民要术》中反映的农业地区在黄河中下游，这里“春多风旱”、“春雨贵如油”的气候特点决定了该地区在农业生产上最大的威胁是春旱问题。我国古代劳动人民在长期的生产斗争中创造了一系列的耕作栽培技术，注重“籍泽”、“保泽”，做到了收、蓄、保三方面的结合，解决了这一问题。《齐民要术》一书中全面、完整地总结了以耕—耙—耢为主体，以防旱保墒为中心的旱地耕作技术体系，指出不同季节、不同土质、不同地势、不同墒情，应当采用不同的耕作措施，除了整地以外，播种和中耕等作物栽培技术也同样围绕防旱保墒采取有利措施。

（一）土壤耕作中的防旱保墒

在《齐民要术》时代，北方整地重在保墒抗旱的一套耕－耙－耮耕作技术已经定型。土壤耕翻之后，再耙碎、耱细土块，可形成细碎、松软的土层，切断土中毛细管，有利于保持土壤水分，克服了不耙碎土块而造成跑墒的缺陷。《齐民要术·耕田》篇不仅反映出上述耕作体系，还提出不少具体的耕作措施。

1. 耕地时机以土壤墒情为标准

掌握在湿度适度的时候去耕田，可以使土壤形成结构，达到"膏润"的状态，"膏"即肥美、"润"即湿润，这样的土壤状态有利于长苗、保墒。卷一《耕田》篇提到："凡耕高下之田，不问春秋，必须燥湿得所为佳。"这是因为"湿耕坚土各，数年不佳。""坚土各"指湿耕翻起的土垡，干燥后坚硬不易破碎。卷二《旱稻》说的"燥则坚土各，湿则污泥"，正是这种状态，土壤燥时坚硬而板结，湿时泥泞且易于长草，"难治而易荒"，对农业生产有长期的不良影响。正如谚曰："湿耕泽锄，不入归去。"意思是指湿耕"无益而有损"。但是燥耕晒后一经遇雨却极易酥散，"燥耕虽块，一经得雨，地则粉解"。故"若水旱不调，宁燥不湿"。另外，还应针对作物的生理学特性把握耕地时机。如《大豆》篇写道："大豆性炒（燥），秋不耕则无泽也。"大豆的生理特性决定了其需水量较多，后期开花结荚时更需要水，容易使土壤缺水干燥，加上叶落尽后收割，地面暴露较久，水分蒸发快。因此，必须在收割后立即进行耙耕，秋收后正是北方多雨的季节，使之尽可能地收蓄秋雨，为种麦和明年春播作物提供良好的墒情。

2. 耕地深度应当因时制宜

卷一《耕田》："凡秋耕欲深，春夏欲浅。犁欲廉，劳欲再，犁廉耕细，牛復不疲；再劳地熟，旱亦保泽也。""初耕欲深，转地欲浅。"因为"耕不深，地不熟；转不浅，动生土也"。华北地区秋季常有阵雨，秋耕深了有利于接纳雨雪，收墒、蓄墒，为来春播种提供良好的底墒，争取渡过春旱季节，能接上夏雨的到来；秋耕后经冬入春，土壤经过反复冻融，促进风化，使土体酥散，结构良好，而且深耕加深了耕作层，有利于深土熟化，所以秋耕宜深。春夏就没有这样的条件，因为北方春季干旱多风，夏季高温，深翻等于揭底跑墒，土壤又不易熟化，所以不宜深耕，浅耕可以防止水分蒸发，也不至于翻出生土，影响作物播种和生长。

3. 耙地保墒

仅仅做到及时耕地，远解决不了春播生长的要求。耕地后土壤中的水分通过毛细管孔隙由下向上运行，可直达地表，由地表汽化蒸发，因而失墒。耕地后随后耙地，把土块耙碎耙细，切断和打乱毛细管通道，使上行水分阻断在细土层之下，可以保住土壤中的水分，满足出苗生长的需要。卷一《耕田》指出，开荒地耕翻之后就用"铁齿镉楱再遍杷之，漫掷黍稷，劳亦再遍。明年，乃为中穀田"。卷二《旱稻》也说："候水尽，地白背时速耕，杷劳频烦令熟。"这些措施都是为了熟化土壤和保墒。

4. 耮与耕、耙相配合

耕后随即就耮，耙耮配合，是整地中的关键性措施。正如谚曰："耕而不耮，不如作暴。"因为耙松土壤后虽然切断了毛管水的上升蒸发，但松土层还会存在大量的非毛管孔隙，会有小土块架空着，这样，水分会以气态水的形式通过松土层的非毛管孔隙扩散跑失。因此，必须以“耢”补救，因为耢有盖压的功效，通过耢，使上层松土压紧，堵塞非毛管孔隙，避免漏风气化失墒。卷一《耕田》中说：“春耕寻手耢，秋耕待白背劳。”因为“春季多风，若不寻耢，地必虚燥，秋田湿实，湿耢令地硬。”文中反复强调耕后耙耢要及时，并且强调要多耢几次，“再耢地熟，旱亦保泽也”，指出耢可避免干风汽化而失水，再耢才能做到保泽全功、无碍春播。卷前《杂说》同样强调耕后随即盖耱，“每耕一遍，盖两遍，最后盖三遍，还纵横盖之”，说明了耢盖的重要性和紧迫性。

（二）播种和中耕中的防旱保墒

播种和中耕是作物栽培技术体系中的关键，特别是中耕，是农作物田间管理的核心。《齐民要术》中所见的传统的播种技术和旱地中耕技术已经基本定型和成熟。

1. 播种保墒

书中对作物播种期、播种量、播种深度之间的关系有了进一步的认识，还总结了因时、因地播种的一系列技术经验。记载了十多种作物的播种期，并有“上时”、“中时”和“下时”之分，其中“上时”是最适宜的播种期。《齐民要术·种穀》：“良田宜晚播、薄田宜种早，良地非独宜晚，早亦无害；薄地宜早，晚必不成实也。”“凡种谷，雨后为佳，遇小雨，宜接湿种”，播种时将土地肥力和土壤墒情两方面都考虑进去了。

作物栽培的第一件大事是土壤中应保持适宜的水分以利于种子的发芽生长。在北方春旱的条件下，常怕水分不足，所以播种后应当继续保墒防旱，《齐民要术》中的办法是播下种子后进行镇压或者耢。

首先是根据土壤墒情灵活掌握种后“掩撻”。“撻”是一种覆土并镇压虚土的农具，用牲畜或者人拉，撻上面压的东西重就叫做“重撻”。“撻”的作用有二：一是镇压浮土使种子和土壤密接，不致虚悬而死；二就是为了保墒，避免水分的气态扩散损失。《齐民要术·种穀》中提到：“凡春种欲深，宜曳重撻。夏种欲浅，直置自生。”这是因为：“春气冷，生迟，不曳撻则根虚，虽生则死。夏气热而速生，曳撻遇雨必坚土各。其春泽多者，或亦不须撻；必须撻者，亦须待白背，湿撻令地坚硬故也。”除了“撻”，也可以在播种沟内接脚板踏过：“凡种，欲牛迟缓行，种人令促步以足蹑垄底。”“牛迟则子匀，足蹑则苗茂。足迹相接者，亦不可烦撻也。”

同时，种后耢盖也是为了保墒，《齐民要术》中以多种方式贯彻着耢平地面和盖压松土保墒的精神，但耢的强度由具体情况而定。例如，卷二《小豆》篇提到：“熟耕，耬下以为良。泽多者，耧耩，漫掷而劳之，如种麻法。（未生，白背劳之极佳）”由此可见，雨泽多时，先用耧耩，然后撒播耢平是首选的播种法之一。卷二《种麻》篇：“泽多者，先渍麻子令芽生。待地白背，耧耩，漫掷子，空曳劳。”因为地墒足，气温高，并已经催过芽，出苗快，只能空耢轻盖，避免损伤根芽。同样需要拖空耢轻盖的还有芝麻，卷二《胡麻》篇提到：“漫种者，先以耧耩，然后撒子，空曳劳。”因为“劳上加人，则土厚不生”。其他还有，夏种蔓菁，“漫撒而劳”；春种胡荽，“以手撒子，即劳令平”，等等。其他诸如种柘、榆、梓、紫草等不是畦种育苗移栽而是直接播种在地里的，都采用种后随即加耢保墒。

2. 中耕保墒

中耕具有除草、调节土温和养分分解以及促进根系发育等作用，在北方旱作地区，中耕松土更是作物生长期中重要的保墒措施。《齐民要术》中对秦汉以来的中耕除草经验作了进一步总结，强调早锄和多锄。在耕作中，尽量发挥中耕的多种性能，保墒措施也灵活多样。

《齐民要术·种穀》中提到："春锄起地，夏为除草。"这是适应北方旱地农业特点的管理措施，春季干旱多风，所以春锄重在起地松土，切断毛管水的联通，以利抗旱保墒。夏季气温高，雨水又多，杂草长得快，而且苗已长高，需肥量大，所以夏锄重在除草壮苗。《齐民要术》中在强调把握锄地时机的同时，着重强调要多锄。卷前《杂说》中提到："谚曰：'锄头三寸泽。'""古人云：'耕锄不以水旱息功，必获丰年之收。'"这几句群众总结的谚语最能够表明锄地的保墒作用，是不可磨灭的真理。还提到黍粟要锄三遍以上，第一遍要浅，第二遍要深，第三遍又要浅锄，形成浅—深—浅的中耕程式，既松土除草保墒，又不损伤植株根系。《齐民要术·种穀》中又指出："凡五谷，惟小锄为良"，"锄不厌数，周而复始，勿以无草而暂停"。由此可见，当时人们已经充分认识到"锄者，非止除草，乃地熟而实多，糠薄米息"。卷二《种瓜》篇也讲道："多锄则饶子，不锄则无实。"并且概括地指出："五谷、蔬菜、瓜果之属，皆如此也。"卷三《种蒜》："二月半锄之，令满三遍。""勿以无草而不锄，不锄则科小。"《大小麦》篇："正月、二月，劳而锄之。三月、四月，锋而更锄。"因为"锄麦倍收，皮薄面多"。

春播出苗后除了"春锄起地"之外，必须采取盖压措施，才能防止水分由于温度升高而气化散失。所以《种穀》中又提到："苗既出垄，每一经雨白背时，辄以铁齿鳎楱纵横杷而劳之。"其他谷物、蔬菜在种植时也都十分重视耢盖保泽。旱稻需水较多，"每一经雨，辄欲杷劳"，不但是为了熟化土壤，还为了给难得的雨水采取盖压保泽。种黍穄"苗生垄平，即宜杷劳"；《小豆》："凡大小豆，生既布叶，皆得用铁齿鳎楱纵横杷而劳之"；种大小麦也要"劳而锄之"；种葵"每雪则一劳之"。

有两种特殊的锄法值得注意，一是种瓜，在瓜根部锄成一个四周高中央低的"土盆"，以便承接雨水，即所谓的"微雨时，得停水"；二是不准锄，冬种葵菜至次年三月初叶片只有"如钱"大小，只能"有草拔却，不得用锄"，因为苗小根浅，容易起根锄死，严重时还会成片波及，同时冬蓄雪、水，也不宜破土接底跑墒。

（三）其他防旱保墒的作物栽培技术

1. 晒垡

晒垡是指把耕翻的土地曝晒，土垡经过曝晒，遇水后酥散，有利于接纳雨水，收蓄良好的底墒，同时还能改善土壤结构，提高地温，促进养料分解。直至今日，晒垡仍是有效的增产措施之一。卷二《大小麦》篇提到："大、小麦，皆须五六月暵地。"并且"不晒地而种者，其收倍薄。"关于此，《晋书·食货志》[①]中也写道："大兴元年诏曰：'徐扬二州，土宜三麦（小麦、大麦、元麦），可督令熯地，投秋下种。'"种旱稻时也

① （唐）房玄龄：《晋书》，中华书局1974年版。

“宜五六月暵之”。

2. 蔬菜栽培的压雪和冬灌

除了靠晒垡、秋耕等收蓄夏秋两季的雨水外，对可贵的冬雪也要设法加以利用，从而产生了压雪和冬灌的保墒技术。

冬季在未冻冰前播种蔬菜，将种子埋在地下，若要使来春早出苗，必须供给充足的水分，压雪是充足供水的措施之一，并有防冻作用。压雪技术最早见于《氾胜之书》，[①]上面记载了冬雪停止后随即用重物在上面掩压盖实，不让风吹走，再下雪便再压上。这样，立春后土壤中还保有水分，“来年宜稼”，麦地进行压冬雪，“则麦耐旱多实”。《齐民要术》中的记载又进了一步，明确指出压雪余墒完全可以渡过春旱季节。卷三《种葵》篇记载到：“有雪，勿令从风飞去。”并且“每雪辄一劳之”，因为“劳雪令地保泽，叶又不虫”。到来年春天，“春暖草生，葵亦俱生”。压雪的防旱效果非常持久，可以保持到来年四月，“四月以前虽旱亦不需浇，地实保泽，雪势未尽故也”。

假如冬季无雪，就要汲井水普遍浇灌一次，要全面浇透，即冬灌。这样，除了使土壤保蓄墒水外，还有促进冻后聚墒和反复冻融的酥土作用，是防止来春干旱的主要手段之一。《种葵》篇有关于冬灌的最早记载：“若竟冬无雪，腊月中汲井水普浇，悉令彻泽。”

二、病虫草害防治

到《齐民要术》时代，通过农业防治来减轻病、虫、草害的技术进一步发展，包括用轮作、选育抗病虫害品种、耕作、合理贮藏等各种措施来抑制病、虫、草害的发生。

（一）杂草防治

前文已经提到，中耕具有除草的功用。除此之外，《齐民要术》还认识到合理的轮作可以防除杂草，明确指出穀子、水稻不宜连作，连作则杂草、稗子猖獗。卷一《种穀》中提到：“穀田必须岁易。”并且：“子则莠多而收薄矣。”穀子吸肥量多，为了减少杂草有轮作的必要。农谚有：“穀后穀，坐着哭。”山西寿阳地区《马首农言·种植》：[②]“不怕重茬穀（坏了补种），只怕穀重种（重茬）。”“子”指落子发芽，即播子与原先的落子同地重芽，亦即重茬，落子重芽成为莠草，故“莠多而收薄”。莠草传播多种病虫害，为害极大。同理，卷二《水稻》也提到：“稻，无所缘，唯岁易为良。”对于没有办法做到每年一换，连年种植水稻的田地，“既生七八寸，拔而栽之”。因为：“既非岁易，草稗俱生，芟亦不死，故须栽而薅之。”《齐民要术》是直播水稻，杂草顽固难除，人工拔尽田中杂草，然后再栽回去才比较彻底干净。但是此法也有不足之处，即拔草重栽太费劳力，不过它进一步发展就是后代的育秧移栽，书中所介绍的似乎是从直播到育苗移

---

① 万国鼎辑释：《氾胜之书辑释》，农业出版社 1980 年版。

② （清）祁寯藻著，高恩广，胡辅华注释：《马首农谚》，农业出版社 1991 年版。

栽的过渡类型。

（二）作物病虫害防治

1. 通过合理轮作防治病虫害

如卷二《种麻》指出："麻欲得良田，不用故墟。"因为"故墟亦良，有点叶夭折之患，不任作布也。""故墟"即连作地，"点叶"指麻叶的一种病害，是说茎叶发生病害而夭折。这种麻不好织布，可能是一种土壤病菌传染的立枯病，换茬可以避免。卷二《胡麻》篇也指出："胡麻宜白地种。"这里的"白地"指对同种作物有一定年份"空白"的非连作地。清订宜曾《农圃便览·四月》也提到："种芝麻忌重茬。"芝麻连作后茎点枯病、枯萎病、细菌性点叶病等严重，可导致苗期全部死去，即使不死也长不好。据今人栽培经验：第一年很好；第二年还好，但是植株矮些，少数枯萎；第三年大部分枯萎而死，即使不死也矮了半截，叶黄茎斑，苟活也很少结荚，等于报废。

2. 根据昆虫生活规律和环境因素防虫

例如，卷三《蔓菁》篇提到："近市良田一顷，七月初种之。""六月种者，根虽粗大，叶复虫食。"卷四《种枣》篇："三步一树，行欲相当。欲令牛马履践令净。"因为杂草是害虫窝，"荒秽则虫生，所以须净"。防患于未然，非常合理。卷五《伐木》篇也提到，伐木成才，适当之时可以不生虫，如在不适当的时候伐木也有避虫的方法："凡伐木，四月、七月则不虫而坚韧。榆荚下，桑椹落，亦其时也。然则凡木有子实者，候其子实将熟，皆其时也。（非时者，虫且脆也。）凡非时之木，水沤一月，或火煏取干，虫皆不生。（水浸之木，更益柔韧）"其中把原伐树木较长期地浸入水中防蛀之法使用得更为广泛，直至今日也多有采用。

3. 合理贮藏防虫

小麦具有可趁热进仓密闭保藏的特性。由于在密闭状态中的高温延续，能将日晒时尚未死去的虫菌进一步消灭。《齐民要术》中有关于小麦热进仓处理法的最早记载。卷二《大小麦》篇讲用"劁麦法"的办法解决麦粒中的虫害，将成熟的麦子割下放倒，铺成薄层，顺风放火，火燃着后，赶快用扫帚扑打灭火，然后脱粒贮藏，就不会生虫。这种用火力杀死麦粒上的虫卵、虫蛹的办法也可能因为温度太高，麦胚就会被烫死，所以"劁麦法"只可食用，不能留种。"多种久居供食者，宜作劁麦"。晒麦法就比较科学，利用烈日曝晒，降低麦粒含水量，又有杀死和抑制虫卵的作用，书中说："窖麦法：必须日曝令干，及热埋之。"所谓"及热埋之"就是乘热带进窖内，就是今天小麦热进仓技术的先驱。以后《四时纂要》采取在烈日下地面最热时烤晒，并且做到快晒快收，可使麦温更高，效果更好。两部书中都强调在立秋前进行，除利用伏日高温外，还有赶在小麦休眠期终了前完成，避免影响种子发芽率的作用。

《齐民要术》中还引《食经》藏生栗采用沙藏法，至春生芽无虫。现在各地量多时采用层积沙藏法，其理相通。卷四《种栗》篇提到："《食经》藏干栗法：'取穰灰，淋取汁渍栗。出，日中晒，令栗肉焦燥，可不畏虫，得至后年春夏。'藏生栗法：'著器中，晒细沙可燥，以盆覆之。至后年二月，皆生芽而不虫者也。'"其中前半条是藏干栗的，用于食用，后半条是藏种栗的，用于催芽播种。

4. 通过作物品种选育减轻病虫害

据惠富平《中国农书概说》[①]中统计，《齐民要术》中记载了粟的品种97个，黍12个、穄6个、粱4个、秫6个、小麦8个、水稻36个；除列述各品种的名称外，往往还按照成熟期、产量、性状以及对干旱、虫害、风害的抵抗力等进行归类描述，并指出选种的原则、标准、方法和保纯措施，把中国古代的选种育种技术提高到一个新的水平。例如，按照卷一《种穀》中记载，当时穀子品种多至86个，按照形态、性状分为四大类，分别指出其耐旱、耐水、耐风、免虫、免雀暴等抗逆性能。其中“朱穀、高居黄、续命黄、百日糧、焦金黄”等14种“早熟、耐旱，熟早免虫”，指的是由于早熟而逃出虫口，不受或者少受虫害；“今堕车、下马看、雀民泰、李浴黄、青茎青、陌南禾”等24种“穗皆有毛，耐风，免雀暴”，已认识到穀子小穗基部刚长毛的，有缓冲穗子因风撞击避免落粒的作用，也使雀鸟避而不敢啄食；“竹叶青、忽泥青、青子规”等10种“晚熟、耐水、有虫灾则尽矣”。由此可见，要根据气候条件和虫情慎重选种。

三、预防冻害

（一）果树熏烟防霜法

《氾胜之书》中记载有使用拉索赶霜防冻技术。书中说：“植禾夏至后八十、九十日，常夜半候之，天有霜若白露下，以平明时，令两人持长索相对，各拾一端，以概禾中，去霜露日出乃止。如此，禾稼五谷不伤矣。”又说：“黍心初生，畏天露。令两人对持长索，搜去其露，日出乃止。”《齐民要术》中最早记载了果树预防霜冻法，采用的是行之有效的熏烟法，直到现在还常被人们采用，比《氾胜之书》的刮霜法是一大进步。果树开花时对低温极为敏感，最怕春季晚霜为害。霜冻实际是随着水汽的凝华而带来的冻害，对果树的花朵危害严重。防冻的首要问题便是预测哪一夜有霜，卷四《栽树》篇中告诉人们一条科学规律，那就是：“天雨初晴，北风寒切，是夜必霜。”比《氾胜之书》每半夜在田间守候是一飞跃进步。熏烟法是烧着带湿的烧燃物不冒火焰，使烟雾上腾，即所谓的“放火作煴”，在地面上形成烟幕，同时烟堆分布合适，时间掌握得当，就有提高果园气温的作用，能起到防霜的良好效果，即“少得烟气，免于霜矣”。

（二）通过对种子的特殊处理增强植株的抗寒能力

种子经过低温的处理，可以增强植株的抗寒能力。例如卷二《种瓜》篇提到：“冬天以瓜子数枚，内热牛粪中，冻即拾聚，置之阴地。”能使瓜“肥茂早熟，虽不及区种，亦胜凡瓜远矣”。这明显是利用冬季自然低温来影响种子，收到增加抗寒力和早熟、早苗的效果。

（三）通过混作减轻冻害

通过调整作物种植模式也可以减轻冻害。例如，楮子中和如大麻子播种，可利用麻

---

① 惠富平、牛文智：《中国农书概说》，西安地图出版社1999年版。

株给楮苗保暖。卷五《种穀楮》中记载有："二月，耧耩之，和麻子漫散之，即劳。秋冬乃留麻勿刈，为楮取暖。"因为："若不和麻子种，率多冻死。"

四、救荒植物的栽培利用

《齐民要术》卷十中介绍了 149 种产于南方的"五谷果蓏菜茹"，其中多为野生植物，有些植物在以后一些野菜专书中也多有提及，如莪蒿、棫等。书中不仅记载有植物的形状特征、生长环境等，有些还涉及其食用方法。字里行间不难看出《齐民要术》对野生植物和南方植物利用价值的重视，以及对救荒植物栽培利用的重视。

例如：卷十《薯》篇中提到："引《异物志》曰：甘薯，似芋，亦有巨魁。剥去皮，肌肉正白如脂肪。南人专食以当米谷。蒸、炙皆香美。宾客酒食亦施设，有如果实也。"《莪蒿》篇提到，《诗经》曰："菁菁者莪。""莪，萝蒿也。"《義疏》云："莪蒿，生泽田渐如处，叶似斜蒿，细科。二月中生。茎叶可食，又可蒸，香美，味颇似蒌蒿。"莪蒿作为一种野生植物，关于其记载也颇多。李时珍认为莪蒿就是抱娘蒿，不过《救荒本草》和《野菜博录》中都认为其是猪牙菜，如在《救荒本草》中记载："猪牙菜，《本草》名角蒿，一名莪蒿，一名萝蒿，……生田野中，苗高一二尺，茎叶如青蒿，叶似斜蒿叶而细，……菜嫩苗茎叶煠熟，水浸去苦味，油盐调食。"《藤》篇也引《异物志》曰："葭蒲，藤类，蔓延他树，以自养。子如莲，菆著枝格间，一日作扶相连。实外有㲉，裹又无核。剥而食之，煮而曝之，甜美。食之不饥。"《棫》篇曰："《尔雅》云：'棫，白桵。'注曰：'桵，小木，叢生，有刺。实如耳璫，紫赤可食。'"棫，即白蕤，关于此，《植物名实图考》、《本草图经》、《救荒本草》中都有证实。

五、结语

近年来，灾害史学界的研究多侧重于从社会政治方面探讨自然灾害与人类社会之间的互动关系及其影响，关于农业生产技术减灾备荒的专论比较鲜见。概因传统观念认为"在某种社会关系制约下，即有某种技术水准，技术不能超越社会的历史条件以自求发展"。[①]中国封建社会固有的矛盾以及封建王朝周期性的动乱更替固然为农业技术的改良、推广应用等设置了重重障碍，但是并未阻挡古代中国在农业技术方面取得举世瞩目的成就，其中的减灾技术措施在历史时期减灾备荒活动中的突出贡献更是不容小觑。

随着科学技术的不断发展，人类对灾害的防治能力也逐渐提高，但是灾害并未因此退出历史舞台。相反，随着人口的增长和世界范围内生态环境的恶化，自然灾害的发生频率、影响范围和危害程度均有加剧的趋势，有时甚至会给人类社会带来毁灭性的破

① 邓拓：《中国救荒史》，北京出版社 1998 年版。

坏。就我国而言，自然灾害仍是影响农业生产的主要因素，如果处理不好，就会影响到整个国民经济的协调发展。为此，研究《齐民要术》中的农业减灾技术，总结其历史经验，对于今天的灾害防治工作是大有裨益的。一方面，可以因时、因地制宜地将简单易行、投入少、效果好的农业减灾技术措施应用于当今的农业生产；另一方面，中国古代农民同灾害斗争的决心和勇气、不屈不挠的防灾救灾精神也鼓舞着我们做好当今的农业防灾减灾工作。

民间知识解码：传统婚制“舅姑”称谓之秘

王亚南（云南省社会科学院研究员）

上古文化曾经留下一个至今尚未彻底解开的历史之谜，那就是所谓“新妇见舅姑”。中国传统婚礼俗称为“拜天地”，在“一拜天地”之后，新婚夫妇还要“二拜父母”。在上古婚礼中，新媳妇通常必须在“亲迎”次日清晨拜见“舅姑”，所谓“舅姑”即公婆，古时称之为“见舅姑”仪式。这在《仪礼·士昏礼》和《礼记·昏义》里都有相近的记载：“夙兴，妇沐浴以俟见”，夫君“赞（助）见妇于舅姑”。不举行见“舅姑”之礼，新媳妇的身份就得不到承认，理学方兴的宋代更是将此礼俗作为制度明确规定下来。

《尔雅·释亲》就此解释道：“父之姊妹为姑，……母之兄弟为舅，……妇称夫之父曰舅，称夫之母曰姑。姑舅在，则曰君舅君姑；没，则曰先舅先姑。”丈夫的父母，即汉语亲属称谓里的公公婆婆，儿媳妇为何谓之“舅姑”？清代段玉裁注《说文解字》曰：“白虎通云：舅者，旧也；姑者，故也。旧故之者，老人之称也，故其称可泛用之。”这一解释毫无道理可言，恰恰暴露了汉语训诂对于此类问题的无奈。为何不见在其他地方也“泛用之”？

亲属称谓是各民族语言传统的重要组成部分，自然也是各民族口承文化中历时久远的固有成分。结合古远时期传承下来的民间口承文化诸方面内容，尤其是相关历史传说和民间谣谚，有可能复原各类古婚制的结构形式，或许可以解开亲属制度中的诸多历史谜团。

亲属制度是文化人类学研究的重要课题，不同的亲属制度往往正是打开不同的社会组织结构之谜的专用钥匙，这也就是文化人类学之所以历来格外看重亲属制度研究的基本原因所在。人世间的亲属制度是人们身边最贴近的一种社会制度，各种亲属制度的核心内容即为不同的世系制度，世系传承是人们身边最贴近的一种历史传承。一定的世系制度总是同一定的婚姻制度相联系，形成特定的社会结构和社会关系。人们熟悉的女儿外嫁风俗，便是传统的父系世系制度与古老的亲族外婚制度相结合的产物。

世系制度即为亲子继嗣关系，可分为单系世系与双系世系两个大类。在理论上，其间不同排列组合只有6种可能情况，而在全世界所有民族里，事实上恰好也只存在6种世系关系，即：父系世系（patrilineal descent）、母系世系（matrilineal descent）、双重单系世系（double unilineal descent）、双系世系（bilateral descent）、子从父女从母世系（sex-linked descent）、女从父子从母世系（cross-sex descent）。父系世系与母系世系在可以任选的情况下便表现为两可系世系（ambilineal descent），这也可视为双重单系世系的一种特例。

其中，除了女从父子从母世系以外，其余 5 种在我国各个民族中，特别是在云南各民族中都可以见到。包括汉民族在内的中国大部分民族的世系制度都主要是一种父系世系，而以摩梭人（纳西族一支）母系家族和布朗族母女连名为代表的世系制度则是一种典型的母系世系。父系世系仅仅以男性传承世系，凡遇女性子代（女儿）则到此为止，最明显的外部表征即为亲子姓氏单传。母系世系则正好相反，仅仅以女性传承世系，凡遇男性子代（儿子）则到此停止。

在久远的历史传统上，汉民族其实是奉行父系世系制度，因此，以往才有了民间所称的舅表亲、姑表亲直至姨表亲之间可以婚配而堂亲不婚的习俗，即所谓“同姓不婚”。《春秋左传·僖公》二十三年曰：“男女同姓，其生不蕃。”而《国语·晋语》称：“同姓不婚，惧不殖也。”《唐律》甚至已有明文规定：“诸同姓为婚者，各徒二年。”这里所说的“同姓”实指世系同宗，“同姓不婚”的内在含义即为“同世系不婚”。其实，就遗传亲等而言，堂亲与舅表亲、姑表亲、姨表亲之间没有任何区别，同为一从表亲。单系世系并未反映出真实的遗传亲等，其间以同姓与否来区分同宗与否，从遗传学角度看来毫无道理可言。

汉民族的世系制度一方面长时期主要实行父系世系，但另一方面却又体现出双重单系世系的显著特征。其具体表现就在于，将母方视为“外家”，父系与母系之间诸多亲属的称谓完全不同，甚至对父方亲属还要进一步辨别其父系与母系，区分出同姓的堂亲与不同姓的姑表亲。亲属称谓是世系制度乃至整个亲属制度的象征符号系统，从中可以一览无遗地揭示出全套的亲属社会结构编码。用文化人类学亲属制度研究中常用的图解来表示，即以三角形表示男性，以圆形表示女性，以双连线表示夫妻婚配关系，以单连线表示亲子世系联系，再运用汉语中的相关亲属称谓，便可得出汉民族社会双重单系世系的示意图，如图 1。

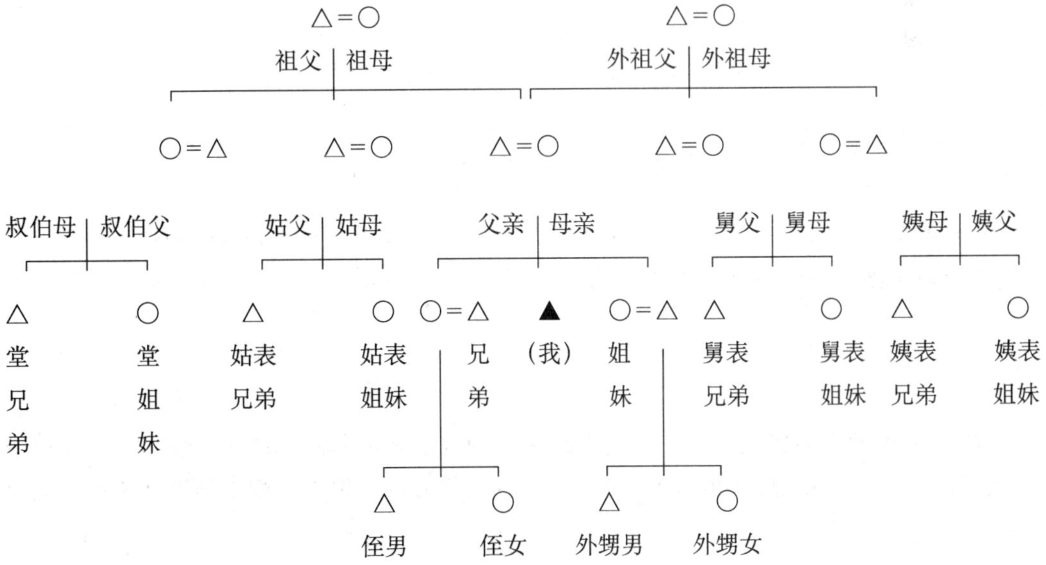

图 1　双重单系世系

实行双系世系的民族并不多，美国和西欧一些民族自己认为是典型，其基本标志就是父方与母方的诸多亲属不做区分，视为同类，因而使用同样的亲属称谓。不过，在那里，姓氏却仍然是依父系单传。仅此说来，丽江纳西族的原有亲属称谓与之相近，勐海部分布朗族的亲属称谓也是如此，只是对于同胞兄弟姐妹与一从兄弟姐妹未加区分，但其兄弟姐妹称谓不仅分出性别，而且分出长幼。特别注意区分亲属间的长幼关系，这是汉文化圈内亲属制度的一大特色。丽江纳西族曾经有过母系世系的传统，勐海布朗族更长期保持着母女连名制度。现根据英语、纳西族语和布朗族语亲属称谓（后二者采用汉语注音[①]），描画出此类双系世系示意图（如图 2）。

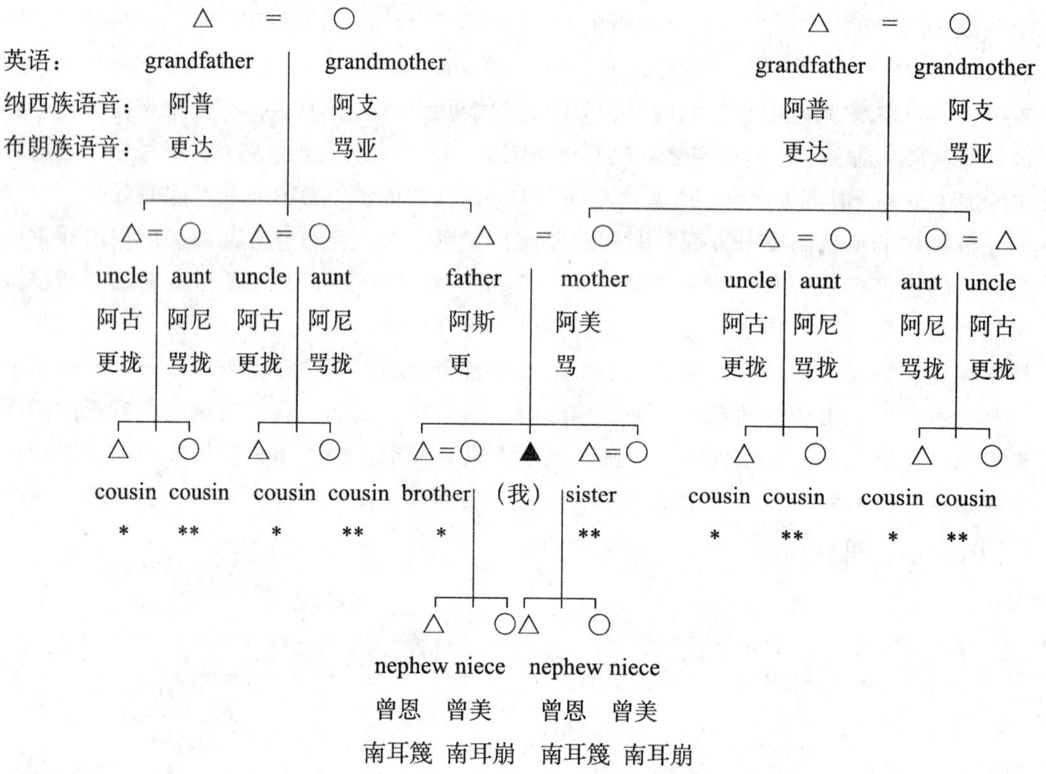

注：* 纳西族语音：厄布（兄）、格日（弟）；布朗族语音：得耳篾（兄）、肮耳篾（弟）

** 纳西族语音：梅美（姐）、姑美（妹）；布朗族语音：得耳崩（姐）、翁耳崩（妹）

图 2　双系世系

在全世界的众多民族当中，人们婚配关系的社会规范通常都禁止同姓同宗的血缘近亲通婚，也就是《礼记·郊特牲》所说："夫昏礼，万世之始也。取于异姓，所以附远厚

① 纳西语亲属称谓汉语注音经著名纳西族学者杨福泉、和钟华校正，布朗语亲属称谓汉语注音见《布朗族社会历史调查》（三）第 32 页，云南人民出版社 1986 年版。

别也。”这首先是指直系亲子之间、同胞兄弟姐妹之间存在着一种非性关系禁忌，偶有触犯之人便是所谓的乱伦者。按照血缘遗传的亲等来计算，亲兄弟姐妹之间无疑是亲缘系数最高的，其间血缘全等，而亲子之间却减半。至于其他亲等上的婚配关系，却远不是这般严加禁止，有的甚至还曾经是古老的外婚制所指定了的，至少也曾经处于古老婚姻制度中的优先级，最典型、最广泛的就是导致新媳妇得以“见舅姑”的各种不同形式的交互从表婚。

毛南族传说是一位“母老”的后代，并长期保持妇女婚后“不落夫家”的传统，至今舅权明显，人称舅父为“水之源，树之根”，其地位超过父亲，这些都是母系世系的遗痕。他们曾推崇姑舅表优先婚，有俗语说：“富家姐仔娶弟女，穷户姐女嫁弟仔。”基诺族始祖传说称，最早建立基诺族村寨的人是一位妇女，她的众多后代分成两个寨子，相互间男女交叉通婚。拉祜族传统上向来以母系计算血缘，保留有明显的母系世系的遗痕。另据有关社会历史调查，以往农闲时，两个村寨各自的男女青年们常常相聚在一块儿，A 寨的男青年对 B 寨的女青年，B 寨的男青年对 A 寨的女青年，一起集体过夜。据此种种，可以勾勒出旧时母系亲族间双向的交互从表婚规范示意图，如图 3。为了便于表述及理解，图中将惯常用以表示男女性别的符号直接换成汉语叙述式亲属称谓。解读该图的立足点在“兄弟”处，即后代的各类亲属称谓以“兄弟”为本位而定（后同）。

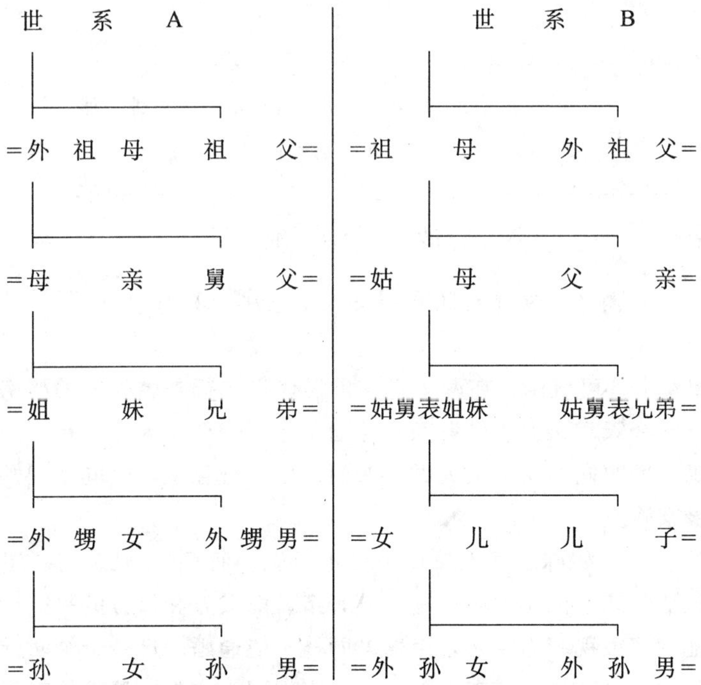

图 3　母系世系双向交互从表婚（姑舅表婚）

羌族早已经实行父系世系，也曾盛行双向的姑舅表婚，他们称之为“亲上加亲，雪上加凌”，因此常常形成两两相对的固定对婚姓氏。彝族也行父系世系，在凉山曾经有双向姑舅表优先婚的习俗，舅家有女，倘若姑家有儿要娶，舅家不得将此女他嫁；反之，姑家有女，倘若舅家有儿要娶，姑家也不得将此女他嫁。普米族以往亦然，姑家和舅家的儿女互为理想配偶，而且这种双向姑舅表婚有三代续娶的风俗，人称“亲三代”。阿昌族、哈尼族局部地区也曾经实行这种父系世系制度下的双向姑舅表婚。图3做相应颠倒，即可得到父系亲族间双向的交互从表婚规范示意图，如图4。

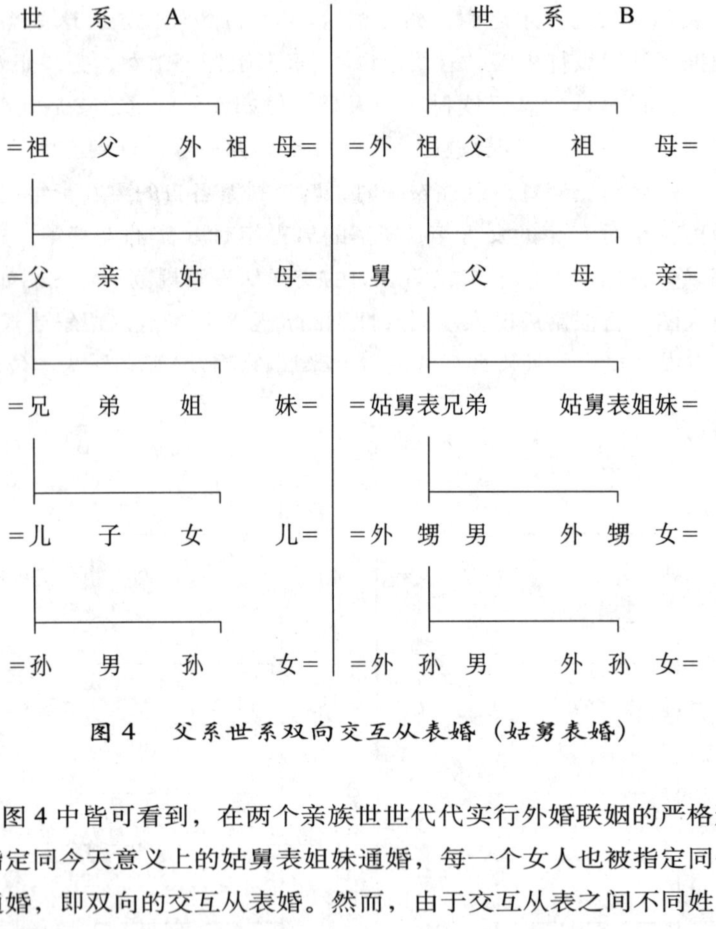

图4　父系世系双向交互从表婚（姑舅表婚）

从图3、图4中皆可看到，在两个亲族世世代代实行外婚联姻的严格形式下，每一个男人都被指定同今天意义上的姑舅表姐妹通婚，每一个女人也被指定同今天意义上的姑舅表兄弟通婚，即双向的交互从表婚。然而，由于交互从表之间不同姓、不同宗，便不被认为是血缘亲族。

在其中，同胞兄弟姐妹之间无法通婚自不用说，而且，“兄弟”、“姐妹”称谓还包括现今的同辈叔伯堂亲，他们同时又是两姨表亲，即父方和母方的平行从表。在类别式亲属制度下，他们都被视同为亲兄弟姐妹，同样不能通婚。迄今，纳西族、门巴族都认为，叔伯堂亲即父方平表和两姨表亲即母方平表同属一家人。景颇族亲属称谓甚至将叔伯堂亲和两姨表亲视为同胞，怒族的此类称谓更是意为“生于同一根脐带者”。

需要进一步强调，其间各种亲属称谓所指称的人，均为类别式亲属之复数，即同一亲族内同性别的全体同辈。以“兄弟”为例，即包括同胞兄弟、父辈叔伯父家的一从平表兄弟、祖辈叔伯祖父家的二从平表兄弟、曾祖辈叔伯曾祖父家的三从平表兄弟……直至多从平表兄弟。同样，交表兄弟姐妹也包括了一从至多从交表关系。其余亲属关系亦然，譬如“父亲”类别，即包括父亲、叔伯父及一从至多从表叔伯父。以同父同母情况而论，同胞间血缘完全相同，一从表亲间 1 / 2 血缘相同，二从表亲间 1 / 4 血缘相同，三从表亲间 1 / 8 血缘相同……但在类别式亲属制度下，他们都被视为同胞。拉祜族便同称父诸兄弟为“阿巴”，同称母诸姐妹为“阿移”；怒族则同称父诸兄弟为“奥扑”，同称母诸姐妹为“奥米”。①所以，图示也包含了原始群婚的情况，因而联姻亲族之间并不要求人数对等方可相互通婚，这也就是后世夫兄弟婚和妻姐妹婚的历史渊源。就多个方面而言，双向的交互从表婚可谓人间婚制滥觞，由此构成的亲族世系及婚姻关系符号系统沿袭久远并传播广泛。

显然，在这样的婚配关系中，姑母即为岳母和婆婆，舅父即为岳父和公公，岳父母及公婆称“舅姑”理所当然。在相关的亲属称谓中，对于姑父、舅父与岳父、公公，怒族语同称“阿白”，傈僳族语同称“阿乌”；对于姑母、舅母与岳母、婆婆，怒族语同称“阿弄”，傈僳族语同称“阿尼”。②少数民族亲属制度中间保留着的这些称谓符号想必已经足以揭开汉族“新妇见舅姑”的古老谜底。

独龙族、德昂族、景颇族久已实现父系世系，他们的传统婚配规范有着共同的特点。在独龙族语里，“婚配”一词为“昂欧”，意思也就是“亲家”。其婚配关系叫做“伯惹”，意即“姐妹和弟兄的婚配”，实则为众兄弟固定娶母方（舅家）的交互从表姐妹为妻；反之却不能，以“防止血统倒流”。德昂族传统的“克勒”外婚规范全然与此相同。景颇族前人称这种婚配规范为“血不倒流”，定舅家为所谓“丈人种”，而姑家为所谓“姑爷种”。其实，此类婚配习俗在中国大地上几乎到处可见，汉满民族称之为“姑母做婆”，布依族称之为“侄女赶姑妈”，阿昌族则有谚语：“表姊表妹表成对，姨姊姨妹姨成双；侄女跟着姑母走，只准淌出不淌进。”达斡尔族认为，父亲与姑母是出自同一血缘，因而他们禁止“回头婚”。红河哈尼族认为，血的倒流会给后代带来灾祸，同样禁止“倒婚”，反之却为优先婚。以古昔的民俗而论，这样的婚配关系曾经是规范性的指定婚，姑家男性生来就是舅家女婿，一概娶母方亲族（舅家）交互从表姐妹为妻，反之则不行，而且历代人间的嫁娶方向保持一致。当然，此处至少还需要再有另一个亲族世系加入，才能构成完整的单向固定联姻的循环之链，见图 5。

---

① 分别见《拉祜族社会历史调查》（二）第 32 页，云南人民出版社 1981 年版；《怒族社会历史调查》第 39 页，云南人民出版社 1981 年版。

② 分别见《怒族社会历史调查》第 71 页，云南人民出版社 1981 年版；《傈僳族社会历史调查》第 99 页，云南人民出版社 1981 年版。另据其他资料补正。

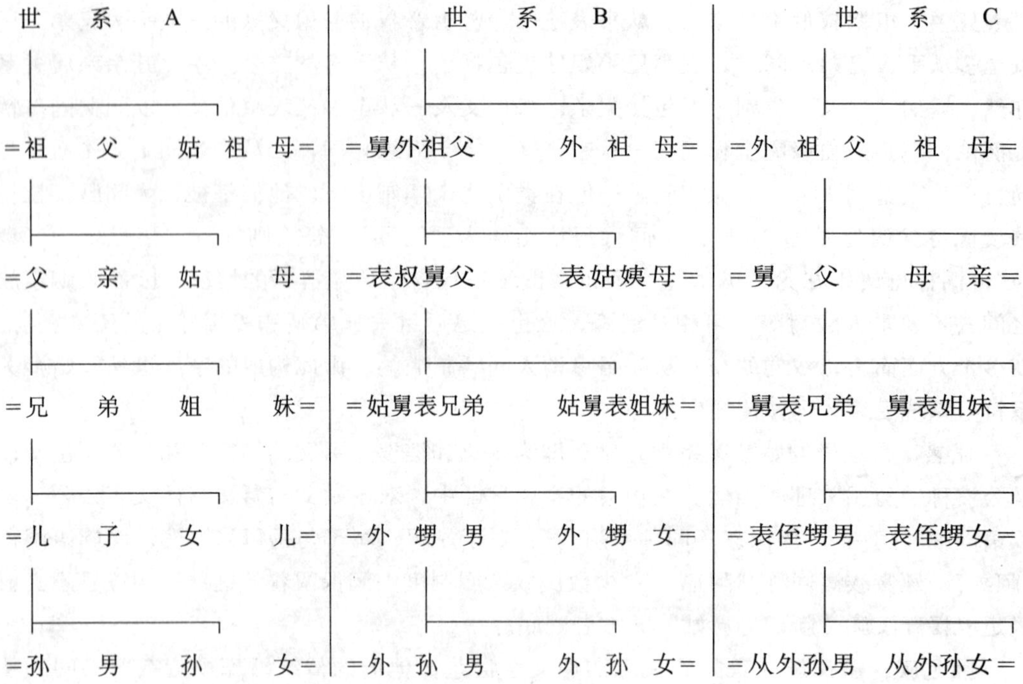

图 5 父系世系单向母方交互从表婚（舅表婚）

在单系世系制度下，世系即为亲缘的体现，涵括范围为亲族，表征符号即图腾或姓氏。因此，在先民们看来，同一姓氏才是同一血缘，世系外婚制的要义便在于同姓血亲不婚。在我国历史上，包括汉族在内的不少民族实质上都否认母方血缘，登峰造极之处便是允许母方平行从表即两姨表亲通婚，上述阿昌族谚语“姨姊姨妹姨成双”说的就是此类事情，这可实在是犯了早先外婚规范的大忌。另一方面，因为姓氏是由父传子，霸道的男权竟然推行到了普天下同姓不婚的无理地步，全然不顾姓氏的来路多源的史实，同姓并不一定同宗。

从中可以看出，此间姑母即婆婆、舅父即岳父，而双向的交互从表婚制下姑母即岳母、舅父即公公的情形却不复存在，岳父母及公婆称“舅姑”的古俗在此湮灭了一半。在景颇族亲属称谓中，这一点得到确切体现：在茶山支系语言中，舅父和岳父均称“尤颇”，舅母和岳母均称“尤迷”，姑父和公公均称“王木”，姑母和婆婆均称“林姆”；在载瓦支系语言中，舅父和岳父均称“阿札”，舅母和岳母均称“傲嫫”，姑父和公公均称“义古”，姑母和婆婆均称“阿赏”；在景颇支系语言中，舅父和岳父均称“阿扎”，舅母和岳母均称“恩尼”，姑父和公公均称“阿古”，姑母和婆婆均称“阿嫫耶”。[①]

在傈僳族、怒族、丽江纳西族中间，尽管早已实行父系世系，但其婚配规范却依旧

① 分别见《景颇族社会历史调查》（三）第128页，云南人民出版社1986年版；《景颇族社会历史调查》（二）第187页，云南人民出版社1985年版；《景颇族社会历史调查》（三）第17页，云南人民出版社1986年版。

存留着母系制的余荫。这当中最突出的便是舅家之子娶姑家之女的优先权。傈僳族有谚语“树最大的是杉树，人最大的是舅舅”，因而他们“有女先问舅”；怒族则有谚语“天下最长的是道路，亲间最长者是舅父”，称舅父为“奥剖”，意即最尊敬的长辈，舅权大于父权；丽江纳西族也有谚语“天下母舅大”，纳西语“阿舅怎美该”即指舅家子优先娶姑家女。墨江哈尼族和梁河阿昌族也是这样，在父系传统中偏偏残存着姑家女回嫁舅家的遗俗。瑶族人也认为“舅爷大过天”，其中“白裤瑶”姑家女需优先嫁舅家长子，而“背篓瑶”则是姑家长女需优先嫁舅家。水族、土家族、侗族同样有此类习俗。土家族民谣曰：“姑家女，伸手取；舅家要，隔河叫。”而据清代方志称：“凡姑氏之女，必嫁舅氏之子，名曰骨种，无论年之大小，竟有姑家之女年长十余岁必待舅氏之子成立婚配。”至于侗族，当地汉文献有记载：“姑之女必适舅之子，聘礼不能措，则取偿于子孙。倘外氏无相当子孙抑或无子，姑有女必重赂于舅，谓之‘外甥钱’，其女方许配；若无钱贿赂于舅者，终身不敢嫁也。”

拉祜族较完整地长久保存母系世系的古俗，他们的舅权甚至可以同神权相提并论。拉祜族人声言：“天上最大的是厄莎（天神），人间最大的是舅舅。”同样，在拉祜族聚居的多数地区，舅父之子有优先娶姑母之女的权利。其中的苦聪人支系还就此解释道：把女儿嫁回舅家，这是对母亲当初嫁离娘家的补偿。对此，苗族称为“还娘头”，鄂温克族称为“还骨头”，那马人（白族一支）的表述极为生动，称之为“格德子表”，意思是用母猪下的一只猪崽作为赔偿。其间婚配关系规范见图 6。

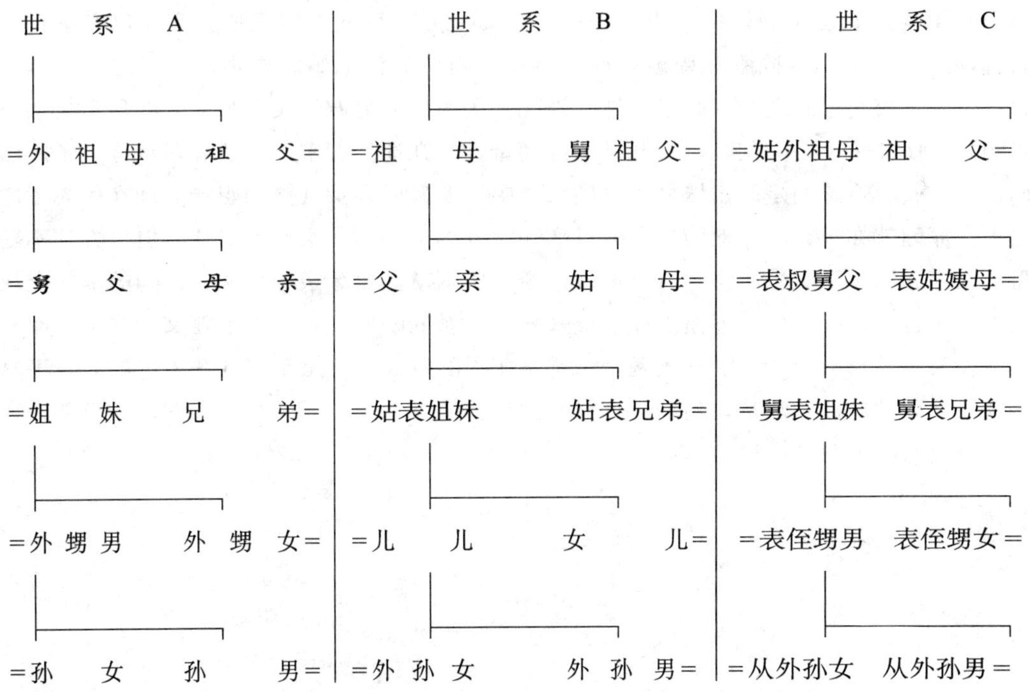

图 6　母系世系单向父方交互从表婚（姑表婚）

对照图5，这里的一切都正好颠倒了过来，各代男子一概娶父方亲族（姑家）交互从表姐妹为妻，反之则不行。而且，相邻两代人之间的嫁娶方向刚好相反，从而在各亲族间形成了代际交换性的婚制。但是，鉴于此间只承认母系血缘，血亲不婚的禁忌似乎仍得以维持。在这里，姑母即岳母，舅父即公公，而姑母却不是婆婆，舅父也不是岳父，恰好反了过来，岳父母及公婆称“舅姑”的古俗保留住另一半。

至此，恐怕已经有一定的理由认为，双向的交互从表婚即姑舅表婚大概曾经是人类社会早期较为普遍的一种婚配组织形式，不管各个民族的历史上是行父系世系还是行母系世系都是如此。其显而易见的根据就在于，在人类世界，曾经奉行单向的母方交互从表即舅表婚制或单向的父方交互从表即姑表婚制的民族数不胜数，而它们实在不过是双向的交互从表婚制在不同的两个方向上的单向扩展而已。同双向的交互从表婚制相比较，单向的母方交互从表婚制和父方交互从表婚制在逻辑关系上更为复杂，实施起来也更为困难，视之为双向的交互从表婚制演化变异的后续产物实不为过。

最后，还需要着重提一下与布朗族的族源及语源极为相近的克木人的传统世系制度。克木人尚未经族体识别和确认，在目前还不具备独立的国内民族的地位。他们一向实行子从父世系、女从母世系，在一个家庭内部传承着两种姓氏和两个世系。这想来是一种十分奇特的世系制度，在中国各个民族当中实属绝无仅有，而相应的婚姻制度也因此显得独具特色。倘若结合特定世系制度下的相应婚配规范来作图，有关克木人亲属社会结构的图示则是最为复杂的。

克木人也有姓氏，代表着他们的世系，不过后代子女却要依性别分开。这样一来，同胞兄弟与姐妹虽不同姓氏，也不得通婚，而父方平行从表即叔伯堂亲，母方平行从表即两姨表亲，均与同胞兄弟或姐妹同姓氏，自然无法通婚。再则，兄弟之子（舅家兄弟）也不可与姐妹之女（姑家姐妹）婚配，因为他们男方的父亲与女方的母亲是亲兄弟姐妹，而儿子正好随父姓，女儿又正好随母姓，在他们看来，这便算是近缘血亲。然而，令人大感奇惑的是，姐妹之子（姑家兄弟）娶兄弟之女（舅家姐妹）却在优先考虑之列。原因就在于，尽管他们男方的母亲和女方的父亲同为亲兄弟姐妹，但男方却不随母姓，女方则不随父姓，便不算是近缘血亲。实则就其血缘亲等来说，其间的确并无任何差异可言。无奈人们总习惯于以姓氏来界定世系的归属，姐妹之子随其父去了，而兄弟之女又随其母去了，分别划入两个仿佛不相干的姓氏，于是乎好像并未突破血亲不婚的禁忌。要准确而又清楚地勾勒出这样一种奇特的世系－婚配关系示意图，还真不大容易。具体情况见图7。

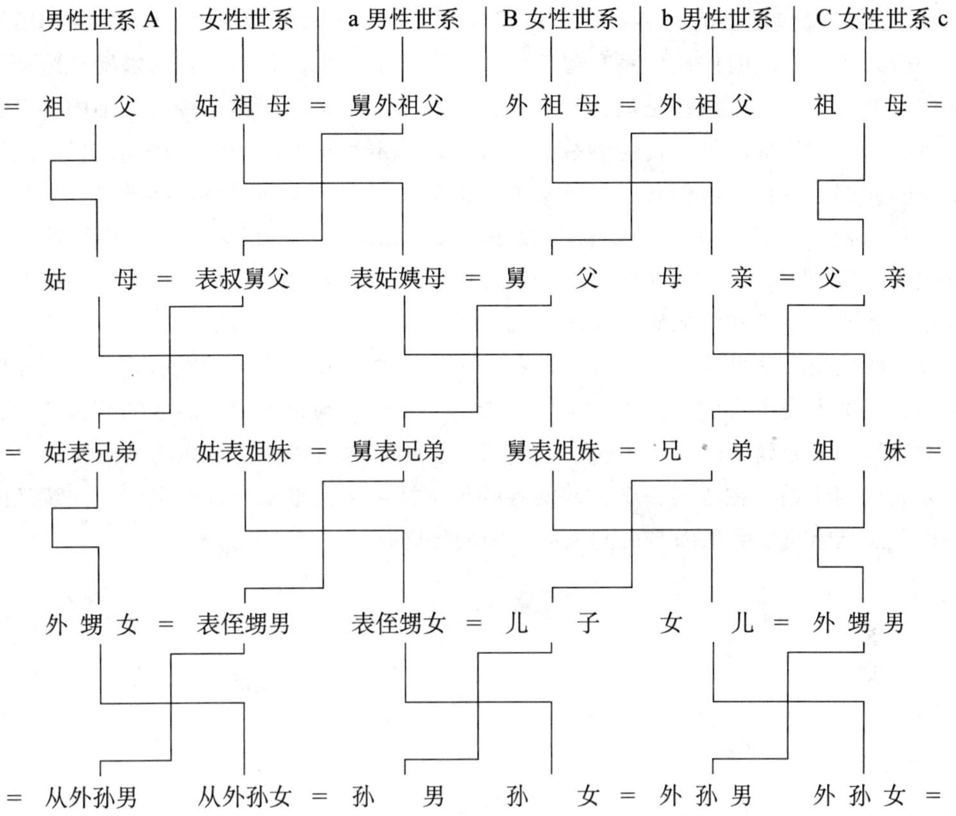

图 7　子从父女从母世系单向母方交互从表婚（舅表婚）

事实上，图中已经昭然显示出，当男方之父与女方之母为同胞兄妹时，此对男女系舅表兄弟对姑表姐妹的关系，二人不可通婚，然而，到了再下一代，当男方之祖父与女方之外祖母为同胞兄妹时，此对男女却正好相遇婚配。有几对男女单性世系加入这种单向轮次的联姻之链，这样的情况就将在第几代上发生，只不过此刻这一对男女却成了姑表兄弟对舅表姐妹的关系。男女诸姓氏各代人的通婚关系，就这样在各个异性世系中间轮次组合，图中即男性世系 A 每一代人分别依次与女性世系 c、b、a 同代人婚配，其余以此类推。

在人类社会的文明历史中，对于血亲乱伦的禁忌是最为古老也最为严格的一种非性关系禁忌，只不过在各个不同的时期，各个民族、各个社会对血亲世系的划定各有不同。各种形式的交互从表婚恰恰不是什么“血缘婚”的遗存物，反而偏偏是同宗血亲非性禁忌的产物。古老外婚制的关键就在于，凡不同世系便被认为不同血缘，先人们并不承认交互从表亲缘，婚姻制度作为世系制度真实底蕴的外在象征体现，已经将这一点充分揭示出来。在不同的世系制度下，人群之间的婚配关系存在着别有意味的差异。反过来，特定的婚姻制度往往反映出一定世系制度的基本特征，并总是维系着相应的世系制度，使之得以“万世一系”。

实质上，现代社会的大多数国家都已经法定推行双系世系制度及其相应的婚姻制度，一个人的世系同时按照父系和母系两个方面向上推溯。我国现行《婚姻法》便已明确规定，无论是父方亲缘还是母方亲缘，三代以内不得婚配。时至今日，国内各民族传统的世系制度作为他们各自古老的社会传统，在一定程度上还保留在民间。目前汉民族以及我国大部分少数民族仍普遍通行父方姓氏单传习俗，实则只是一种难以改变的民俗传统遗痕，而不再具有父系世系制度的外部表征意义。在各民族整个社会行政生活和法律生活的层面上，由于国家社会的行政体制及法律制度的一体化，现代社会普遍实行的双系世系制度及其相应的婚姻制度已经为各个民族的人们、特别是其中的公职人员和知识分子所接受。这种情况在古今中外各国的社会文化整合过程中在所难免，例如摩梭人当中在历史上受中央朝廷授职的上层人士，以及当今与整个中华国家的社会政治、经济、文化体制充分整合的公职人员，便不再奉行他们久远以来一以贯之的母系世系传统和母方居住走访婚。在考察各个民族的各种传统社会文化事象时，必须十分注意其间的古今流变及其精英社会层面与民间社会层面的异同。

非物质文化遗产表述文法研究

林继富（中央民族大学文学与新闻传播学院教授）

非物质文化遗产保护是近年来政府文化工作的重要内容，是学界讨论最热的话题。不同阶层和不同学科背景的操作者和研究者，从促进非物质文化遗产保护出发，提出了中国非物质文化遗产保护的建设性方略，尖锐地指出了存在的问题。一些学者认为中国非物质文化遗产保护工作存在盲目性、机械性、片面性和功利性，更多学者则从正面开出了拯救中国非物质文化遗产传承的妙药良方，诸如整体原则、生命原则、创新原则、人本原则、教育原则等。这些对于推动中国非物质文化遗产理论建设和保护工作具有重要意义。笔者以为，非物质文化遗产是特定历史环境和社会语境下传承的文化传统，具有特定时代的“文化语法”，具有特定时代的文化表述方式。当非物质文化遗产的“文化语法”和“表述方式”出现混乱，乃至缺失的时候，其离濒危的境况也就不远了。因此，非物质文化遗产保护，在很大程度上就是采用正确的、合理的非物质文化遗产表述文法。

一、非物质文化遗产表述危机

之所以提出非物质文化遗产表述文法问题，基于传统意义上的非物质文化遗产表述危机的出现，基于当下“文化持有者”的生活变迁，基于人们对知识的主观性和不确定性的深刻认识。非物质文化遗产出现表述危机的深刻背景主要发生在20世纪80年代以后，此时段的中国民众的日常生活发生了明显变化，传统社会结构不断趋于瓦解，“熟人”生活圈和经验圈逐渐被打破，高度的乡村化逐步走向城市社区，非物质文化传统的表述方法已经很难适应社会发展和人们的审美习惯。比如，以口语传承的叙事表述，以乡间戏台为场地的戏剧表演以及日常生活中的民俗行为表述，等等。在当下文化自觉和文化自我日益强盛的情形下，新的传播手段、新的视听形式等将非物质文化遗产带进了新的文化时空和新的生活环境之中，这些无疑动摇了非物质文化遗产传统表述方式存在的合理性。

除了文化持有者在非物质文化遗产表述时与现代社会难以适应外，非物质文化作为“遗产”被记录、被凝固的那一刻，同样存在着危机。为此，诸多学者在追求文化表述真实性和完整性上殚精竭力，从博厄斯的文化相对主义，到马林诺夫斯基“参与观察”的田野作业和追求客观的描述，再到“主位”与“客位”视角的区分和把握，直至格尔茨以“深度描写”和“地方性知识”为武器，以观察、移情、认知、自觉地追随“文化持有者的内部眼界”去阐释，摒弃一般的方式，寻找个别的方式去重建新的知识结构，均是试图解决文化表述危机的努力探索。然而，学者的努力只能说为保留文化的原真性贡献了智慧。笔者以为，“他者”始终与“文化持有者”分属两种不同的文化，尽管他们极力向研究对象的文化趋近，但其程度和效果则非常有限。这些“文化持有者”的文化及其记述的文本与解释者在时间上存在的距离始终无法抹杀，①自然也就无法将非物质文化遗产原真面貌全景式地、鲜活地呈现出来。哪怕曾经生活在该社区的人，同样难以真实地寻找到描述文化生活化的表述文法。诚如费孝通先生所说：

> 我是这个县里长大的人，说着当地口音，我的姐姐又多年在村子里教老家育蚕制丝，我和当地居民的关系应当说是不该有什么隔阂的了。但是实际上却并不是这样简单。当时中国社会里存在着利益矛盾的阶级，而那一段时期也正是阶级矛盾日益尖锐的时刻。我自己是这个社会结构里的一个成员，在我自己的观点上以及在和当地居民的社会关系上，也就产生事实上的局限性。这种局限性表现在我对于所要观察的事实和我所接触的人物的优先选择上。尽管事先曾注意要避免主观的偏执，事后检查这种局限性还是存在的。②

正是观察方法、观察角度和观察者的知识背景，导致学者表述“他者”生活真实性的权威受到越来越多的质疑。这种情况在当代多样化和另类化的表述情形下，在现代性干预越来越凸显的时代，文化表述过程中出现的矛盾与紧张关系越来越深刻地影响了人们对文化的认识、阐释和接受，也越来越影响到民众对自我文化的流畅表达。

非物质文化遗产表述危机虽然无法直接改变民众的现代生活方式，却在思想上动摇了非物质文化遗产传统叙述的合法性。尽管不同族群在表述过程中着意于文化身份和地域结构上的认同，但是往往事与愿违，常常莫明其妙地出现对具有族群和地域认同文化描述上的偏离和迷误。现代性语境下的非物质文化遗产表述亦不例外。始祖信仰类的非物质文化遗产由于流传时间久，保守性的传统表述在现代生活中的危机更甚于其他类型的非物质文化，主要体现在以下两个方面：

传统表述行为的单一化和现代表述行为的多重性：传统非物质文化遗产表述依赖民众日常生活的需求，构成日常生活内容，其表述行为建立在民众自觉或不自觉的意识之上，很少受到外来力量的干扰，自然而流畅。现代非物质文化遗产表述行为在传统表述基础上，不仅受到来自“他者”的干预，而且时时充满了“他者”对这类遗产的“理性”分析和解释，交结了诸多方面的因素，甚至充斥着不同力量之间的博弈、对

---

① ［德］加达默尔著、汉鼎译：《真理与方法》第 380 页，上海译文出版社 1999 年版。

② 费孝通：《费孝通选集》第 312-313 页，海峡文艺出版社 1996 年版。

抗与妥协，诸如政府、传承人、商业人士和学术界等。他们从各自立场出发提出的非物质文化遗产保护方案及实施的保护行为，反映了非物质文化遗产现代表述的多重性品格：传承人及其文化持有者一方面适应现代生活节奏，另一方面力图与传统生活紧密结合，希望自己的文化传承下来，希望通过自己享有、传承的非物质文化遗产改善物质生活，因而其呈现出来的文化遗产面貌有了迎合考察人员口味、揣摩外来人士欣赏兴趣的倾向，并且具有走向现代性的趋势；政府追求文化政绩，以时间短、见效快的方式实现宣传效果的最大化，这样呈现的往往是那些吸引眼球的非物质文化元素，张扬某些极具冲击力的非物质文化种类；商业人士大多是出资者，他们追求非物质文化遗产经济利益的最大化，他们在表述非物质文化遗产的时候，多截取非物质文化遗产的某个部分或单元，进而加入大量的现代元素，乃至另类文化，在传统与现代对接过程中，更多地采用现代语言和现代方式演绎断片的非物质文化遗产；学术界追求非物质文化遗产的原真状态，期望“原汁原味”的非物质文化遗产得以传续，原封不动地记录民众展演的非物质文化遗产。不同的追求，不同力量的干预，使得非物质文化遗产的现代表述千姿百态也就在所难免了。究其根本，非物质文化传统表述在向现代表述转换过程中没有清晰的理路，各种价值支撑下的表述行为相互牵扯、干扰，有时甚至相互抵牾。为此，我们应对的策略是坚持价值中立，在此基础上寻求非物质文化遗产现代表述的合法性、合规律性和合时代性。

传统表述方式的有限性和现代表述方式的多样性：每个民族有自己讲述历史的方法，有自己表现生活的方式，有自己文化表述的个性。在传统社会中，非物质文化遗产的表述建立在口头传承、行为展演的基础之上，建立在围绕日常生活固有范围和有限的演述方式之中，建立在追求实用价值的作用之下，建立在“熟人”社会的生活圈和文化圈之内，传统社会文化的同质性和表述方式的有限性决定了非物质文化遗产表述结果的趋同性。进入现代社会以后，现代性在一定程度上消解了我们对传统的看法，也严重影响了非物质文化遗产的传统表述方法。比如，现代性将传统的表述淹没在流光溢彩的文化快餐之中，商业化、资本化、娱乐化的杠杆制约着现代表述对非物质文化遗产的深度挖掘，更影响了对非物质文化遗产表述的完整性和原真性。现代社会充满了异质交流中的多元色彩，其表述方式呈现出多样化的特点。又如，以影像方式制作的文化文本，采用影像的科技手段，对研究对象进行视觉与听觉的“深度扫描”。①这类影像文本在较为整体的时空中将生命个体接近田野实况地、立体地展演给观者，成为今天人们乐于操作和鉴赏非物质文化遗产的重要表述形式，但这类文本表述缺乏思维功能，拙于向纵深阐释的文化力量；现代多媒体技术和数字技术为全方位表述非物质文化遗产提供了有效手段和便利条件。它能够把散布于民间及各方的非物质文化遗产资料和实物收集起来，经过综合研究的梳理，建立较为完整的资料系统，使其成为聚合文字、声音、图像、影像等多种文本于一体的超文本结构，从而达到超越先前所有表述文本容量的非物质文化遗

① 张雅欣：《中国非物质文化遗产保护研究》（上）第783-789页，北京师范大学出版社2007年版。

产的全新表述方式。[1]总之，上面列举的所有表述方式都存在追求现代色彩、追求多元文化和多样手法并存的倾向，它们以各自的优势承担着非物质文化遗产的表述，但是传统表述存在危机，现代表述存在不足。因此，我们在保护非物质文化遗产过程中，应该引导非物质文化遗产表述回归到核心价值上来，回归到充满历史感的文化传统基因上来，回归到民众日常生活的鲜活情景上来。否则，从现代性立场出发，不仅不能解决非物质文化遗产的表述问题，反而会导致非物质文化遗产表述危机越来越严重。

二、非物质文化遗产表述原则

近年来，对非物质文化遗产保护主要采取两种策略：对濒临灭亡又无法继续传承的非物质文化实施档案式存留，即采用现代科技手段，尽可能把非物质文化残存的“遗产”活动采制下来，归类存档；对具有活态的非物质文化，进行引导式创新，注入活性文化因子，推动非物质文化传统的延续与发展。我国各地在政府的领导下，开展了有序的确认、立档、保存、宣传、传接，乃至振兴等多种保护方法，以此留存非物质文化的当代状貌，推进非物质文化遗产的现代转换。也就是说，当非物质文化作为遗产被今人有意识、有目的地保护，其过程充满了现代意识、现代思想，充满了现代人的想象、现代人的建构，保护过程贯穿了传统表述方式与现代表述方式的碰撞、交融、拒斥和采借，目的是实现彼此之间的有机对接，适应现代生产方式和生活方式，促进非物质文化遗产的潜在动力机能。因此，当下非物质文化遗产保护的本性在于合目的性和合时代性地将非物质文化遗产的传统表述转换成现代表述。

全球化背景下提出的非物质文化遗产保护带来的挑战，回应现代性语境下非物质文化遗产表述危机，笔者以为应该遵循以下三个原则：

传统性原则：建立在现代性基础上的表述行为无法摆脱传统的羁绊，无法消匿传统张力的影响，我们对建立在日常生活基础上的现代表述应保持历史立场。也就是说，现代文化表述文法与先前的文化表述逻辑理应一脉相承，我们不能背叛历史，不能割断历史，更不能丢弃传统。现代性背景下的非物质文化遗产表述不是远离传统的无稽的、虚幻的表述行为，而是包容传统生活方式、传统信仰结构、传统审美习惯和传统信仰基因的表述行为，延续着传统非物质文化遗产的文法结构。在土家族始祖信仰表述行为中，具有核心价值和文化基因性质的信仰元素及其文化语法应该在当下表述中得到很好的保留。

现代性原则：主要指融合现代审美元素、现代商业元素、现代传播元素的表述结构。在现代表述观念作用下，非物质文化遗产保护过程中想象式建构成为最基本的出发点和表述行为，这些“想象不是闲来无事的胡思乱想，而是人们建构现实生活的手段。

---

① 林继富、王丹：《解释民俗学》第168-169页，华中师范大学出版社2006年版。

在某种意义上，想象是一种行动中的文化，但是文化表述却因人而异”。[①]想象的基础来源于人们对非物质文化遗产的理解，来源于人们在现代生活语境下对非物质文化遗产的建构策略。任何时代的非物质文化遗产表述都充满了想象，但是，现代性作用下的想象自然有别于传统意义下的想象，它往往拥有更多的活性元素和多元文化的互动共融，往往立足于更为广阔的现代生活背景和文化语境。

生活化原则：对始祖信仰的表述要关注始祖信仰的遗留物，但不能把始祖信仰当做遗留物，当做剥离文化语境、社会语境和历史语境的“遗产”来保护。应该将非物质文化遗产纳入到日常生活之中，建立在日常生活的语境之上，只有这样非物质文化遗产的意义才能生成，非物质文化遗产的意义才能得到确证。[②]当然，这里的日常生活应该是时代的，也是民族和地域的。即使与始祖信仰相关的庙宇，也应该站在日常生活立场之上，适时而恰当地使之与生活自然而流畅地结合起来。

参与始祖信仰表述的人员层次复杂，表达形式多样，每一个层次的表述体现了特殊的价值取向。学术表述往往受到始祖信仰现代表述的追捧。政府或其他力量作用下的文化表述有时依赖于学术智慧的表述思维，进而直接影响到非物质文化遗产表述的走向。目前，对始祖信仰的表述主要有四种形式：

语言表述：语言表述主体有民众和地方文化人两类。民众承袭了始祖信仰的传统表述线路，其表述发生的一系列变化建立在民间文化传统逻辑和生活原则之上；地方文化人在民间传承的基础上，根据自己对始祖信仰的理解不断加工，甚至凭自己的想象虚构始祖信仰元素，有时跨越了族群、地域的信仰，以至文类之间的界限。两类语言表述构成了始祖信仰既有联系又有区别的两个信仰世界。

仪式表述：仪式表述主要来自文化人想象式的拟构。他们根据现代祭祀方式，综合土家人传统的祭祀行为，建构了始祖信仰的仪式系列。虽然尽力站在传统立场上，张扬信仰的传统基因，但是，仪式中仍然不乏现代文化元素和商业活动色彩。

修补遗留物的表述：这种表述主要是对先前留存的信仰物进行修补。比如，许多庙宇因自然剥蚀和人为破坏已经损毁，但在政府和民间的共同作用下，这些始祖信仰庙宇得以重建和修缮，即使是“修旧如旧”的文物修补法，却依然带有浓厚的现代色彩。

再造信仰空间的表述：这种表述行为主要将与始祖信仰相关的文化集中在某一个空间予以展示，从而构成始祖信仰系列，凸显始祖信仰在族源上的意义。

始祖信仰更多地沉淀在民众心里，它主要体现为心意传承，为了使始祖信仰在现代社会和当下民族群众生活世界里得到很好的表述，除了加大力度继续强化作为民族身份的情结以外，还要寻找适合现代文化表述方式，导引源自遥远时代的始祖信仰更好地得到今人的认同和接受，从而完成现代性背景下始祖信仰的有效传播。

尽管非物质文化遗产享有民族标志性文化的特殊位置，具有民族身份的特殊价值，

---

① ［美］安德鲁·斯特拉森、帕梅拉·斯图瓦德著，梁永佳、阿嘎佐诗译：《人类学的四个讲座：谣言、想象、身体、历史》第27页，中国人民大学出版社2005年版。

② 林继富、王丹：《解释民俗学》第191页，华中师范大学出版社2006年版。

但是，生活状态中的非物质文化遗产毕竟有限，许多非物质文化遗产需要记录，需要凝固起来永久存留。这就要求我们在保护非物质文化遗产中使用文化书写方法，需要“让不同声音、不同观点在民族志文本中同时展开”，①需要文化持有者“单音位”文化撰写模式。②

无论上述哪一种表述类型，无论采取“多音位”还是“单音位”书写方法，在现代国家和民族思想的影响下均充溢着现代想象。正如安德森所说：“所有比成员之间有着面对面接触的原始村落更大（或许连这种村落也包括在内）的一切共同体都是想象的。区别不同的共同体的基础，并非他们的虚假/真实性，而是他们被想象的方式。”③尽管当下民族地区试图最大限度地避免现代性、乃至后现代带给始祖信仰表述的负面影响，但是，现代表述思维和表述手段的运用成为必需，也是始祖信仰等非物质文化遗产走向未来、获取生命活力的重要理由。

三、非物质文化遗产表述策略

当中国非物质文化遗产出现表述危机的时候，人们常常借助后现代的标新立异作为突破困境的策略，但是，后现代对非物质文化遗产结构颠覆具有革命性意义，则是现代生活语境中对非物质文化遗产表述重新定位必须考虑和研究的问题。客观地看，当代中国非物质文化遗产保护的强大动力不只源于自身对于民族传统和民族文化的重视。更重要的是，在经济全球化背景下，外来文化特别是强势的西方文化促使我们的人民对于民族文化认同的紧迫感和紧张关系。在此，我们应该珍视民族传统的生活方式，引导民众合理地吸纳外域文化，稳步走向现代化，在自然、自在的传统中建设文化和表述文化，进而克服现代性带来的生活危机和文化表述危机。

旅游开发对非物质文化遗产表述产生的影响不亚于政府和知识分子的力量。在旅游发展中，文化表述成为旅游促销和旅游过程的核心环节。各种各样的旅游代理商和导游有意识地夸大旅游地文化的原始性和浪漫图景，旅游界对非物质文化遗产的表述不自觉地影响了非物质文化遗产享有者对自我的表述，从而导致对地方文化的再建构。同时，“不同的机构，从国家到私营企业甚而本土社群均可能被卷入旅游的宣传中，因此在一些独特展示（文化、少数民族、历史名胜等等）之表述的商业中，面对不同层次的游客的不同操作就应运而生，特别是针对国内的与国外的”。④旅游带给民族文化表述的变革成为现代性转换的基本力量。

---

① ［美］乔治·E. 马尔库斯、米开尔·M .J. 费彻尔著，王铭铭、蓝达居译：《作为文化批评的人类学》第106页，生活·读书·新知三联书店1998年版。

② 何明：《文化持有者的“单音位”文化撰写模式》，《民族研究》2006年第5期。

③ ［美］本尼迪克特·安德森著，吴叡人译：《想象的共同体：民族主义的起源与散布》第6页，上海人民出版社2003年版。

④ 杨慧、陈志明、张展鸿主编：《旅游、人类学与中国社会》第6页，云南大学出版社2001年版。

在拯救非物质文化遗产表述危机过程中，学者或知识分子扮演了重要角色，上至国家文化部，下至县乡文化机构，都设置了专家委员会。委员会里的专家往往将自己看非物质文化遗产的视角，以及充满历史感和经验行为的非物质文化遗产认知带进非物质文化遗产表述之中。这种做法无可厚非，却又或多或少地损害了非物质文化遗产的民众思想和原真意义。因此，笔者以为，对当下非物质文化遗产表述行为更多地应该关注非物质文化遗产中的文化基因、社会生活具体环境变迁的基本取向，要做到这一点就必须对各类非物质文化遗产中出现的现实问题保持高度的敏感性和参与热情。

建立科学的现代非物质文化遗产表述的书写方式，走出先前单一学科书写表达的樊篱，从民族学、人类学田野调查和文化书写的各种范式、理念和方法中寻找非物质文化遗产调查和表述的理论方法和经验范本，以此形成生活化原则基础上的非物质文化遗产记录方法。

对当下非物质文化遗产表述危机的拯救，我们不是简单地站到全球化立场上构筑宏大的话语或体系，而是在地方知识发生转移的背景下，更加深入地寻找非物质文化遗产的基因和价值。在历史与现在、中国实践与西方经验、我们与世界以及现代性与非物质文化传承人的多重对话中，寻找和推进中国各民族非物质文化遗产表述的创新，这也是始祖信仰当代表述理应遵循的文化策略。

总之，非物质文化遗产的现代表述既要摆脱传统的包袱，亦要避免对西学的依赖，形成真正反映中国民众需要的具有本土特色的非物质文化遗产表述方式和表述理论。在构建当代非物质文化遗产表述平台上，以当代社会生活实际展开的逻辑为根底，站在历史的高点上，面向世界发展，形成与国际对接的非物质文化遗产表述话语。只有这样，我们的非物质文化遗产表述才能穿透当代社会生活的复杂性，才能实现非物质文化遗产表述的有效转型。

节日纪念物与传统节日现代性的建构

黄　涛（温州大学教授）

节日纪念物是特定节日习俗整体的组成部分，是节日文化内涵的延伸形式和物化形态。节日纪念物的利用与开发有助于传统节日在现代社会的繁荣壮大。它对传统节日现代性的建构作用主要表现在三个方面：第一，维系人们的节日情感，丰富人们的节俗活动。第二，营造浓重的节日氛围。第三，传统节日在现代社会的顺利传承有赖于节日纪念物消费市场的推动。节日纪念物的设计、开发与销售，必须依托、尊重、利用相关的民俗规律。目前传统节日纪念物的性质可分为旧物新用、创用新物、旧物旧用三种情况。民俗总是在传承中不断演变的，节日纪念物也在不断地进行功能调整或品种更新。

近年来传统节日的传承与保护已受到全社会的高度重视，但是在古老的节日习俗与现代生活的契合方面还存在着许多亟需探索的问题。如何使传统节日更好地适应现代社会并增加对青少年的吸引力，成为一个富于挑战力的重要课题。本文认为，在传承、延续节日习俗传统元素的基础上，充分重视、合理利用节日纪念物是增强、建构传统节日现代性的有效策略之一。

一、节日纪念物的民俗属性

节日纪念物指在特定节日习俗活动中反复出现、寄寓着某种文化内涵、能代表节日传统和特色的物品，如春节的鞭炮、水饺、对联、年画等。这些物品是特定地方节日习俗中必不可少的，也是为当地民众喜闻乐见、习以为常的。在年复一年的节日生活中，这些节令物品成为节日习俗的基本元素的一部分。它们可以看作特定节日的象征物，故又称节日象征符号。①

① 本文的写作得益于2006年12月以刘魁立先生为首的“民族传统节日与国家法定假日”课题组在文化部非遗司的一次讨论，会上刘魁立先生提出了“节日象征符号”的概念。借鉴台湾辅仁大学钟宗宪《民俗节日氛围营造与文化空间存续》（收于中国民俗学会、北京民俗博物馆编：《传统节日与文化空间》，学苑出版社2007年版）一文中“民俗纪念物”的提法，笔者采用了“节日纪念物”的说法。在此对两位先生表示感谢。钟宗宪“民俗纪念物”概念则是借鉴柳田国男《传说论》（连湘译，中国民间文艺出版社1985年版）中关于传说中心点即纪念物的阐述。拙作《开拓传统节日的现代性》（河北大学学报，2008年第5期）一文第二部分曾对节日纪念物的概念及功能进行初步论述。

在传统社会，这些节令物品是与农业文明、传统生活相适应的，千百年来被民众在节日生活中故老相传、自然而然地使用，在传统社会的语境中一般还不能叫做纪念物。在现代社会，发源、成长于传统社会的节日习俗基本失去了自然存活的土壤，大多与现代社会有某种程度的脱节，如不加以有意的保护与弘扬，很容易走向衰落；同时，一般节日习俗和节令物品呈现出古旧甚至奇异的色彩，引起和满足着人们对所属族群过去生活方式和历史文化的记忆、怀念，也就具有了纪念物的意义。所以，“纪念物”是现代语境中的说法。固然，节日纪念物只是节日习俗的衍生物，保护传统节日文化最根本的还是传承节日习俗活动及其文化内涵。但问题是，在现代社会，恰恰是作为节日文化根本所在的节日习俗活动及其文化内涵的传承遇到了困难，而节日纪念物凭借其看得见摸得着的物品形态以及能够满足现代人好奇怀旧心态的属性，便于展示、宣扬，因而是保护弘扬传统节日遗产的有效手段，同时注重节日纪念物的使用本身也是传统节日的现代演进方式之一。

虽然节日纪念物是物品，但是如果割断了它与节日习俗的联系，它也就不成其为节日纪念物，而只是一般的生活用品或商品。比如粽子是端午节的重要纪念物，在端午节使用，它就是端午节的节日纪念物。但是粽子作为一种食品，在平时也可以作为一种美味食品享用，这时它也只是一种跟节日无关的食品。

节日纪念物是一种文化消费品。作为节俗用品，它是特定节日习俗整体的组成部分，是节日文化内涵的延伸形式和物化形态。它在节俗活动中具有重要的礼仪功能，也在长期的习俗传承过程中凝聚了深厚的习俗意义和历史印迹。这样，我们所说的节日纪念物就不是指单独的非物质文化，也不是指单独的物品形态，而是指物质形态与非物质形态融合而成的整体。众所周知，作为端午纪念物的粽子，关联着屈原传说，表达着历代民众对这位爱国主义诗人的崇敬和纪念。而据闻一多先生考辨，端午节源于吴越族群的龙图腾祭祀，将粽子投入河中最早不是为抢救屈原，而是为祭祀龙神；后来才被人们附会为纪念屈原。[①]不管怎样解释，包粽子、吃粽子都成为端午节的主要习俗之一，粽子上面都承载着丰富的节俗内涵。人们在农历五月初五吃粽子不只是为了充饥解馋，更重要的是完成一种节日仪式行为。客观上，端午粽子的存在，对端午节习俗及其文化记忆的传承起了很大作用，甚至在不少地方，人们过端午节就剩了吃粽子这一项节俗。

在现代社会，一旦有节日纪念物的消费需求，就会有节日纪念物的制作、生产和销售，因而节日纪念物就免不了也无需回避“商品”“商家”“市场”“利润”等字眼。确实，对厂家和商家来说，节日纪念物就是一种可以带来利润的商品，盛大节日的代表性纪念物如春节鞭炮和中秋月饼还有相当大的市场销售量。但是，本文在这里要强调指出，节日纪念物绝不是普通的商品，它首先是一种节令物品，其次才是一种生活消费品。节日纪念物的设计、开发与销售，必须依托、尊重、利用相关的民俗规律，也就是要了解和符合相关节日的习俗、内涵，熟悉该纪念物的意义、用途、来历、演变趋势以及相关的信仰、典故、口头文学等。否则，节日纪念物的生产、销售就会走入歧途，对节日文化传承造成不利影响，实际上也不能搞好节日消费品的商业开发。

---

① 闻一多：《闻一多全集》（第1册）第221-238页，生活·读书·新知三联书店1982年版。

二、节日纪念物对于传统节日现代性的建构作用

欲使传统节日在现代社会繁荣壮大，必须充分重视节日纪念物的利用与开发，因为这是节日现代性的重要构成因素。这一点我们可以从近年来传入我国的圣诞节的情况看出来。无疑，在人们的感觉中，圣诞节是很新奇、很有现代性的。那么，这种富于现代性的印象是怎样造成的呢？它本来是基督教社会的盛大节日，但它传到我们的社会，过此节的人们中真正信仰基督教的人很少，主要是一些追新求异的青少年在过，其次是一些商业消费场所营造出圣诞节氛围以有利销售。其实那些过此节的青少年很少懂得圣诞节的本义，也不关心圣诞节在西方到底是什么意思，他们只是觉得跟那些重视礼节、过法陈旧的传统节日不同，圣诞节浪漫、新奇、好玩，因而形成时尚。那么圣诞节给他们的浪漫、新奇、好玩的印象是怎样造成的呢？除了圣诞节是来自欧美发达国家，迎合了一些青少年的崇洋心态之外，就主要是靠两方面的因素：一是圣诞节的节日纪念物造成的浪漫新奇的节庆氛围。一些公共场所往往辟出空间造成这样绚丽多彩的场面：冰天雪地、狗拉雪橇，圣诞树挂着五彩缤纷的圣诞礼物，红帽子白胡子的圣诞老人散发着神话的光芒，还有一个浪漫温馨的小木屋。这些当然强烈刺激着青少年的感官、激发着他们的幻想。圣诞节吸引部分青少年的另一个因素是他们过圣诞节的方式不是像过传统节日那样在家长主导下在家里过，而是同学伙伴们凑到一起用他们自己喜欢的方式来过，说到底圣诞节只不过是给他们提供了一个在时尚消费场所聚会欢庆的机会。而公共活动少也确实是我们的传统节日不能很好适应现代社会的另一个弱点。后一个因素其实也跟节日纪念物的利用有关：青少年们聚会的场所一定是用圣诞树等装扮起来的。由此我们可以看出节日纪念物对于节日的现代过法是多么重要。

概括来说，节日纪念物对于传统节日现代性的建构作用主要有以下三个方面：

第一，维系人们的节日情感，丰富人们的节俗活动。

传统节日传承了成百上千年，已经在族群成员的内心积淀了较为稳定的民族情感。这表现为到了节日时间，如果不遵行特定传统习俗，个体成员会感受到情感失落，如中秋节不能跟家人团聚，不吃月饼，会感觉八月十五的生活过得不完满。但是这种节日情感也不是无条件地一代传一代的，需要借助节日里特定的仪式、活动来传承。在传统社会里，人们在节日里进行的特定仪式或活动往往靠相关的信仰来驱动，或靠一定的文化需求来维系。而在现代社会，人们的相关信仰往往淡化以至消失了，与农业文明相适应的那些文化需求也不复存在，于是许多节日仪式、节俗活动就难以传递，而使节日呈现节俗减少、衰弱的状态。如端午节，现代社会的人们已经没有了五月五日为恶日的观念，对于巫术避邪的信仰也淡化以至消失了，那么端午节驱邪避瘟的巫术仪式或避邪习俗就趋于淡化或消失。在这种情况下，节日纪念物的使用对于节日传统的维系就变得很重要了。这些节日纪念物在传统社会只不过是节俗活动的用具，在现代社会往往成为节俗活动的轴心和驱动力。就是因为这些节日纪念物上凝结着民族文化精神，已经成为民众节日情感的寄托，也是节日特色的重要体现渠道。这些节日纪念物也有世代传袭的使

用方式，围绕这些纪念物的行为模式成为节日活动的主要内容。

第二，营造浓重的节日氛围。

过节须有节日气氛。节日对民众而言是不同寻常的时间，人们过节时都要有郑重过节的心情和活动。在传统社会或在保留较多传统习俗的农村，人们过节的庄重感或神圣感一般是由祭祀仪式带来的。比如河北景县农村过春节时，年三十晚饭前，各家男人要去坟地请祖先回家吃饺子、过年，完成请神仪式后，意味着把祖先请回家了。这时人们都有神在家里的意识，家里的氛围变得异常庄重，说话做事都很谨慎，比如煮饺子时大人会叮嘱孩子们不要说“破了”“不够”等不吉利的话，要说“挣了”“富余了”等吉利话。

而在现代社会，在城市里以及许多乡村地区，民间信仰淡化了，在重大节日里也没有祭祀仪式了。如果不用其他节庆方式来弥补仪式的缺乏，节日往往变得冷冷清清。在这种情况下，节日纪念物就派上了用场。用节日纪念物来布置环境，围绕节日纪念物进行习俗活动，是营造节日氛围的重要方式，特别是营造外部可见的节日氛围的主要方式。于是在现代社会，我们对节日时间的“非常”感觉，除了来自在我们的记忆中保持的这些特定时日的重要意义给我们造成的心理影响，就主要来自这些节日纪念物对环境的渲染、使用节日纪念物的习俗活动。

第三，传统节日在现代社会的顺利传承有赖于节日纪念物消费市场的推动。

在传统时期，节日活动主要是在家族的范围内进行的，公共活动很少，节日用品也主要是自家制作的。而在现代社会，家族活动减少，节日用品主要是从市场购买的，同时，节庆方式的社会性和公共性增强了。过节的公共活动和文化消费在很大程度上要依靠商家的经营和推动，而节日纪念物的相关消费就是商家经营的主要方式和目标。

对于商家推动现代节日传承的作用是不能低估和否定的。近年来洋节在中国城市的兴起，商家的推动起了重要作用。甚至商家的炒作能够改变节日的主题，也能产生一个全新的节日。西方的圣诞节本来没有圣诞老人，但是后来由于商家作用，圣诞节几乎成了一个围绕圣诞老人来过的节日。20 世纪 70 年代，台湾的商家迎合社会思潮，把七夕节炒作成了“情人节”，主要做法就是在七夕节大肆造势，销售巧克力、玫瑰花、情人卡等本是西方情人节用的东西。①

当然，商家在西方圣诞节和台湾七夕情人节中的巨大推波助澜作用只是特例，不能推而广之，过度强调商业在繁荣节日习俗中的作用，那也会使传统节日变味。这里只是用两个极端的例子说明在现代社会要繁荣传统节日，不能排斥或忽视商业因素的配合、推动。

三、节日纪念物在现代社会的传承与更新

传统节日纪念物的性质可分为三种情况：其一，旧物新用。就是纪念物是传统节日

① 钟宗宪：《传统节日与文化空间》第 61-63 页，学苑出版社 2007 年版。

习俗中原有的，但是在现代社会其功能或内涵发生了较大的转变或调适。这种情况是常见的。如鞭炮原是过年时用于避邪或交通神灵的，现在主要用来制造欢庆气氛，这样鞭炮虽是过年习用的旧物，但用途已革新。端午香包也属这种情况。其二，创用新物。就是传统节日原本没有某种纪念物，随着社会变迁，现代人根据生活需要创用新的节日纪念物。比如台湾近年来在中秋节兴起吃烤肉的习俗，中秋月圆之夜，人们在露天场所聚在一起边赏月边烤肉，成为超过吃月饼的中秋食俗，那么中秋烤肉便可以成为新兴的节日纪念物。台湾的七夕节被过成了情人节，相爱的人们互相赠送巧克力、玫瑰花、情人卡等，这些本是西方情人的纪念物，现在挪移到七夕节上来，也是属于创用新的纪念物。其三，旧物旧用。即节日纪念物是传统习俗中原有的，而且现在的使用方式与含义都沿袭旧俗。如河北景县农村过年时要在堂屋北墙居中悬挂一幅象征祖先灵位的布质图画，上面画着一座富丽堂皇的四进宅院，两边配着对联，常见的是“祖宗功德传百世，子孙基业福寿昌”。[①]这种神主图画一般是从集市上买来的。如果将它看做节日纪念物，就属于旧物旧用。但这种纪念物是极少的。因为习俗沿用到现代社会都会发生根本性的变化，基本不变的情况是很少见的。我们使用“节日纪念物”术语也是基于传统节日的现代演变而谈的，从这个角度来说，将上述神主图画当做节日纪念物是较为勉强的，它是旧物旧俗在现代社会的遗留。现在过年放鞭炮不属于旧物旧用，但是也可能会有局部的旧物旧用的情况，并不排除个别人或个别地方有放鞭炮以驱邪的想法。

民俗总是在传承中不断演变的，节日纪念物也在不断地进行功能调整或品种更新。在这一问题上，一方面，人们不能故步自封，僵化地强调节日纪念物的原本做法和内涵，这样势必使它不能适合时代需要；另一方面，生产者和商家也不能为了商业利益，违背节日传承的基本规律，脱离民众的节日生活需求而进行功利性的炒作和盲目销售。正确的做法应是在原有内涵的基础上，根据传统物品的特点，根据现代人的需要，在保持节日纪念物基本内涵的基础上推陈出新。下面我们就端午节的纪念物情况作进一步的说明。

为人熟知的代表端午节特色的节令物品或人物形象有粽子、龙舟、菖蒲、艾蒿、香包、雄黄酒、五彩丝、屈原形象等。节日纪念物的市场状况在很大程度上受节日传承状况的影响。节日过得衰微，节日纪念物自然也不会热卖。虽然同是中国的四大传统节日之一，但是端午节受民众重视的程度远不如中秋节。多年以来，在很多地方，人们过端午节只剩吃粽子了，甚至在不少地方，这个节日已经从人们的生活中消失了。跟中秋月饼相比，端午节的纪念物市场是较为萧条的，同时也可以说是大有开发潜力的。近年来政府重视优秀传统节日文化的传承和保护，又给四大传统节日增加了假期，端午节获得了壮大繁荣的历史性机遇，粽子、香包等作为节日纪念物、文化消费品也具备了做大做强的宝贵契机。

就目前来说，端午节最重要的节日纪念物是粽子。但是粽子作为一种速用食品，受到制作成本低、工艺相对简单、不能较长时间保存等自身特点的限制，其市场销售量与

① 黄涛：《语言民俗与中国文化》第 247 页，人民出版社 2002 年版。

开发潜力注定不如中秋月饼。除了粽子以外，最有开发潜力的端午节纪念物就是香包了。高丙中先生也提到这一点：“在城市社会，有必要以新的物质条件来表现端午习俗的传统。实惠的粽子进城了，吉祥的香包也可以进城。情人节的玫瑰是很大的生意，端午的香包也可以是很大的生意。”①粽子与端午节的关联主要在于端午节纪念屈原的传统，而这其实是端午节后来发展出来的次要主题。端午节更为根本的主题是避邪驱瘟，后来由此发展出来了吉祥、卫生、美化的主题，而香包正是与这一主题紧密关联的。

早期端午节避邪、防疫的主题在东汉应劭的《风俗通义》有明确的记载：“五月五日以彩系臂者，辟兵及鬼，令人不病瘟。”上古时期，人们出于古老的数字及五行信仰，认为五月阳气极盛，阴气初起，阴阳相交，故为恶月凶月。而且五在五行中属于火，五五相重，火气过旺，这是不祥、灾厄之相，故五月五日为恶日。故有各种习俗来避忌邪祟。而此时夏至即到，炎夏降临，人要采取措施适应气候骤变；同时也是流行病易发季节，要防病避瘟。古人采取的措施是巫术避邪、以水克火、采药防毒等，佩戴香包习俗便应运而生。香包在端午节中的传统用途主要有两种：一是避邪，香包使用人们认为有避邪之效的香粉或者绣上符图，可以避邪祈福；二是人们认为其中的药物香气可以防病避瘟。现代人已没有五月五日为恶月恶日的观念，巫术观念也基本消失，避邪防病的主题也就相应地调整为祈福迎祥、讲求卫生、美化生活等。

“节日纪念物”概念强调用现代眼光看待和经营节日纪念物，并在保持其优秀传统元素的基础上进行创新性拓展，以适应现代社会生活。比如香包以各种草药香气驱瘟的习俗隐含有一定的医药科学道理，可以使用有防病驱虫效果的原料，制作出各种有利养生保健、治疗疾病的香包。香包同时具有美化环境与人体的功用。香包的香气可以使环境气味芬芳，其秀美外形则可装饰房屋、打扮儿女。而且，香包具有功能多样、品种丰富、工艺考究、适合作为礼品的特点。因而作为节日纪念物，香包有潜力发展成与粽子并驾齐驱甚至超越后者成为端午节最具代表性的象征符号与节令用品，成为具有足够现代性、深受现代人欢迎的节日纪念物。

以上对端午香包的分析不只是理论推测，而且有地方习俗的佐证。在甘肃庆阳，人们古来有很兴盛的端午节佩戴香包的习俗，而且借助当地精湛的刺绣艺术，将香包文化推向极致。②此地香包不仅外形精美，而且品种之繁多令人惊叹。它们一方面是承载着精湛传统工艺和浓厚民俗风味的节日纪念物，另一方面也是有着一定实用价值的生活用品或医药用品。此地农村家家户户做香包，有许多制作、销售香包的小型民营企业，其产品销往国内许多地方，有些销往国外，初步形成了“小香包，大市场”的格局。可以说，蔚为大观的庆阳香包改变了我们心目中香包只是一个形式单一的小小包囊的印象，使我们看到了香包作为端午节的代表性纪念物的无穷魅力。

① 高丙中：《端午节的源流与意义》，载《民间文化论坛》第28页，2004(5)。

② 2008年9月，我随国际亚细亚民俗学会的同行们考察了甘肃庆阳的香包文化和刺绣艺术。

《民族遗产》约稿函

《民族遗产》已于近期出版，现向中外学术界征集稿件，望大家不吝赐稿。

一、主要内容

1. 非物质文化遗产保护前沿话题　有关非物质文化遗产保护方面的前沿话题类文章。

2. 民间文学研究　有关民间文学类文化遗产的调研文章和调查报告。

3. 表演艺术研究　与表演类文化遗产有关的论文及调查报告。

4. 传统工艺研究　传统民间工艺技术方面的调查报告及研究论文。

5. 传统节日与仪式研究　与传统节日仪式有关的调查报告或研究性文章。

6. 民间知识研究：与民间知识类文化遗产有关的调查报告及研究文章。民间知识是非物质文化遗产的重要组成部分，但这方面的研究与调查尚相当薄弱，亟待加强。

7. 文化空间研究　与古村落保护有关的古村落调查与研究。包括古村落在内的传统文化空间是非物质文化遗产的重要载体，保护它们显然是整体保护非物质文化遗产的重要一环。

8. 非物质文化遗产保护法研究　从法律层面研究非物质文化遗产的保护问题。

9. 文物修复技术讲座　收藏实物是对非物质文化遗产实施科学保护的重要一环。但如何才能辨别、修复、保护文物则又是一项相当专业的工作。为解决上述技术问题，我们特别设置了这一主题，并定期聘请著名专家指点迷津。

9. 他山之石　介绍海外文化遗产保护经验，借以提高我国非物质文化遗产保护水平。来稿可以是论文，也可以是翻译成果。

10. 国内消息　主要介绍全国各地，尤其是少数民族地区非物质文化遗产保护工作的最新动态。

11. 海外来风　主要介绍国外非物质文化遗产保护运动的最新动态、最新理念与最新方法和做法。

二、技术要求与注意事项

1. 来稿应论点明确，数据可靠，条理清晰，文字精练，图表规范。

2. 本书虽以介绍、研究中国少数民族非物质文化遗产为主，但对少数民族文化遗产保护有借鉴意义的汉族文化遗产调研报告及论文也在征集之列。

3. 来稿必须包括：题目，作者姓名，单位，正文。其他联络方式（联系电话、电子邮件、通讯地址及邮编）请附在文章后面，以便于联系。

4. 注释一律采用脚注，并采取每页重新编号的方式加注。注释符号统一用①②类符号。

5. 来稿一律使用 word 电子文稿，A4 纸型，小四号宋体字和 1.5 倍行距。

6. 来稿请控制在 1 万字左右。来稿一经采用，通常会在 6 个月内出版。出版后酌付稿酬并赠送样书两册。如贵稿未被采纳不再通知作者本人。

《民族遗产》编辑部

2008 年 10 月 25 日

责任编辑：刘　丰
封面设计：艾博堂书装

ISBN 978-7-5077-3690-8
定价：42.00 元